개혁신학과 교육 시리즈 (2)

개혁교회의 역사와 신학

총회교육자원부 편

한국장로교출판사

● 공동 집필자 소개 ●

김재진(Th. D., 연세대학교 연합신학대학원 연구교수, 조직신학)
유정우(Th. D., 평택대학교 교수, 역사신학)
이형기(Ph. D., 장로회신학대학교 교수, 역사신학)
임성빈(Ph. D., 장로회신학대학교 교수, 기독교윤리학)
임희국(Th. D., 장로회신학대학교 교수, 역사신학)
최윤배(Th. D., 장로회신학대학교 교수, 조직신학)
홍지훈(Th. D., 호남신학대학교 교수, 역사신학)

개혁교회의 역사와 신학

머리말

 총회교육자원부가 제2권「개혁교회의 역사와 신학」이라는 제목으로 개혁신학과 교육에 관한 책을 내놓게 된 것을 기쁘게 생각하며 하나님께 감사드리며 성원해 주신 여러분들에게 감사를 드린다.
 제86회 2002년 9월 총회는 종교개혁 500주년을 앞두고 종교개혁자들의 신앙과 신학과 사상과 정신을 재조명하고 오늘 이 시대에 어떻게 교육하고 실천하도록 하며 21세기를 맞이한 오늘의 교회와 교육지도자들과 평신도 그리스도인들에게 기독교 가치관과 도덕관을 재정립케 하고 종교적 혼란으로 사회가 혼탁한 이 시대에 개혁교회의 정체성을 회복하는 데 기여할 수 있는 책을 만들 것을 결의하고, 그 업무를 총회교육자원부가 주관하여 수행토록 했다.
 120년의 역사를 가진 오늘의 한국교회는 수많은 교파로 분열되었고 개혁교회, 특히 장로교회는 개혁신학의 좋은 전통과 교회성이 있음에도 불구하고 가톨릭적 요소와 의식을 선별선호 인용하려는 경우가 있음을 보게 된다. 개혁교회는 가톨릭의 부패와 잘못을 지적 시정 촉구하는 교회로서 개혁교회의 역사와 신앙의 뿌리와 신학의 정통성을 가지고 가톨릭을 리드하고 개혁한 교회이다.
 21세기를 맞이한 한국교회 특히 우리 장로교회는 장로교회로서의 종교개혁 정신과 신학과 신앙의 전통을 되새기면서 신앙을 재확립하고 개혁신학을 재정리하고 개혁된 교회로서 잘못되어 가고 있는 교회를 재개혁하고 사회를 이끌어 갈 수 있는 저력과 신앙적 영적 능력을 갖추어야 할 것이다.

금번에 만드는 이 시리즈는 총 6권의 책으로 편집 발간되며, 교회학교 교사와 교회학교 및 기독교학교 교육지도자와 남여선교회 지도자와 평신도 여러분들이 쉽게 읽을 수 있도록 하기 위해 만든 책이다. 그러나 역사적 사건과 신학적 인물들의 사상을 설명하기 위해 조금 어려운 용어들도 기록되었음을 이해하기 바란다.

본 서를 집필하고 좋은 책을 만들기 위해 바쁘신 가운데서도 수 차례 회의를 가지면서 좋은 글을 써 주신 전문위원장 이형기 박사를 비롯하여 김재진, 임성빈, 유정우, 임희국, 최윤배, 홍지훈 박사 등 여러분께 깊은 감사를 드리며, 종교개혁자들에 대한 연구 서적 발간 위원장으로 수고하신 당시 교육부장 정길재 목사님과 현 교육부장 조천기 목사님께도 깊은 감사를 드린다. 편집을 위해 수고하신 총회교육자원부 연구원 심재희 전도사, 한국장로교출판사 사장 박노원 목사님과 직원 여러분에게도 감사를 드린다.

2004년 8월 20일
대한예수교장로회 총회교육자원부
총무 **최기준**

서문

이미 출판된 제1권은 16세기 당시의 개혁교회의 유산을 소개하였다. 그런데 개혁신학은 16세기에서 20세기로 계속 이어졌기 때문에, 우리는 제2권의 제목을 「개혁교회의 역사와 신학」이라 하였다. 이처럼 16세기 개혁신학은 480여 년의 신학 전통을 낳았다. 따라서 본 서는 16세기에서 20세기에 이르는 개혁교회의 교회사적 발자취와 더불어 이 역사 속에 나타난 개혁신학을 다 다루었다. 우리는 이와 같은 신학 전통 전체를 통해서 개혁신학을 이해하여야 한다.

그래서 본인은 제1장에서 "개혁교회의 기원과 역사"를, 제2장에서 유정우 교수는 "17세기 개혁교회의 정통주의"를, 그리고 제3장에서 임희국 교수는 "18세기 개혁교회의 개혁신학"을 논하였다. 제4장에서는 19세기를 둘로 나누어, 슐라이에르마허 신학은 홍지훈 교수가, 미국 개혁신학은 본인이 다루었다. 제5장 "20세기 개혁교회의 개혁신학" 가운데, 바르트는 김재진 교수가, 브룬너는 임희국 교수가, 베르까우어와 베버는 최윤배 교수가, 라인홀드 니버와 리차드 니버는 임성빈 교수가, 몰트만은 본인이, 끝으로 로흐만은 임희국 교수가 논하였다.

미국의 개혁교회로부터 이식된 우리 한국 개혁교회의 개혁신학의 자리 매김은 어떠한가? 우리는 아직도 선교사들이 전해 준 18~19세기 모더니즘적 복음주의 부흥운동 전통과 20세기 초 미국의 근본주의 계통의 신학에 머물러 있는가? 아니면 이 책에서 논한 새로운 패러다임의 20세기 개혁신학에 동참하고 있는가? 아니면 16세기 개혁신학 혹은 17세기 개혁신학만을 붙들고 늘어지는 것은 아닌가? 이 책을 읽는 사람들은 개혁신학 전통을 역사적으로 돌이켜 보면서, 자신의 개혁신학이 어디에 위치하고 있는지 인식할 수 있을 것으로 기대된다.

그리고 "결론 : 일치와 갱신 – 개혁교회의 유산에 근거한 개혁교회의 새로운 방향과 사명"에서 본인은 신학전통이란 일정한 시대적인 상황의 도전에 대한 응전 차원에서 형성된다고 보아 17세기, 18세기, 19세기, 그리고 20세기의 시대상황을 제시하면서 각 시대의 개혁신학의 모습들을 그려 보았다. 동시에 본인은 이 결론 부분에서 16세기에서 20세기에 이르는 '개혁신학들'의 퍼레이드로만 만족하지 아니하고, 다양성 속에서 통일성을 모색함으로써 '개혁교회의 보편성'(the catholicity of Reformed churches)을 추구하였다. 하나의 신앙고백으로 통일되기 어려운 개혁신학 전통들이지만, 16세기에서 20세기에 이르는 개혁신학의 공통된 특징들과 그럼에도 불구하고 남아 있는 상이성들을 수집해 보았다.

결론의 제목을 "일치와 갱신"이라고 붙인 이유가 바로 여기에 있으니, 개혁신학은 이미 물려받은 신학유산에 머물러 있지 않고 이것에 근거하여, 항상 새롭게 도전해 오는 새로운 상황에 대응하여 새로운 신학을 펼쳐야 한다는 말이다. 개혁교회의 에토스인 "개혁된 교회는 항상 다시 개혁되어야 한다"(ecclesia reformata est semper reformanda)는 교회의 갱신뿐만 아니라 교회의 신학적 갱신도 포함한다. 바라기는 모쪼록 본 서가 제1권과 더불어 우리 한국 개혁교회로 하여금 개혁교회와 개혁신학의 정체성을 분명히 인식하게 하는 데에 기여하는 책이 되었으면 한다.

2004년 8월 20일
집필위원장 **이형기**

차례 | Contents

개혁교회의 역사와 신학

머리말 / 3
서 문 / 5

제1장 | 개혁교회의 기원과 역사 ——————— 15

Ⅰ. 개혁교회의 기원과 역사 / 17
  1. 유럽의 개혁전통 / 18
    1) 프랑스 / 18   2) 네덜란드 / 20   3) 독일 / 22
    4) 폴란드 / 24   5) 헝가리 / 26   6) 영국 / 29
  2. 미국과 캐나다의 개혁전통 / 38
    1) 미국 / 38   2) 캐나다 / 40
  3. 호주, 뉴질랜드, 남아프리카공화국의 개혁전통 / 41
Ⅱ. 장로교회의 유형들 / 41
Ⅲ. 역사 속의 개혁교회 / 43
Ⅳ. 한국의 개혁교회 / 45

제2장 | 17세기 개혁교회의 정통주의 ——————— 49

Ⅰ. 개혁교회 정통주의의 교회사적 배경 / 51
Ⅱ. 16세기 개혁신학과의 연속성과 불연속성 / 53

Ⅲ. '개혁신학'과 '칼빈주의 신학'이라는 용어 문제 / 55
Ⅳ. 개혁교회 정통주의의 신학적 정통성 확립 / 57
Ⅴ. 개혁교회 정통주의의 보편성 / 59
Ⅵ. 개혁교회 정통주의의 역사와 신학 / 60
  1. 초기 개혁교회의 정통주의 / 61
  2. 스위스 개혁교회의 정통주의 / 64
  3. 독일 개혁교회의 정통주의 / 68
  4. 네덜란드 개혁교회의 정통주의 / 73
  5. 영국 개혁교회의 정통주의 / 75
Ⅶ. 개혁교회 정통주의 신학의 공통분모 : 예정론 / 80
Ⅷ. 결론 / 82

제3장 | 18세기 개혁교회의 개혁신학 ——— 91

Ⅰ. 배경 / 93
Ⅱ. 계몽주의와 경건주의 / 94
Ⅲ. 나라와 지역별 개혁교회 / 100
  1. 유럽 대륙 / 100
  2. 영국과 미국 / 106

제4장 | 19세기 개혁교회의 개혁신학 ——— 111

Ⅰ. 슐라이어마허의 개혁신학 / 113
  1. 서론 / 113
  2. 슐라이어마허와 그 시대 / 115
    1) 경건주의의 영향 / 115   3) 베를린 목회와 낭만주의 / 120
    2) 계몽주의와 슐라이어마허 / 118   4) 할레와 베를린에서의 교수 / 121
  3. 「종교론」(1799) / 122

1) 제1강연 : 변증 / 124
　　　2) 제2강연 : 종교의 본질에 대하여 / 124
　　　3) 제3강연 : 종교교육에 대하여 / 127
　　　4) 제4강연 : 종교 안에서의 교제와 교회 또는 성직에 대하여 / 127
　　　5) 제5강연 : 종교들의 본질 / 130
　　4.「신학연구 입문을 위한 간단한 개요」/ 130
　　5.「개신교 교회의 원칙에 따라 연관성 속에서 서술된 그리스도교 신앙론」
　　　/ 133
　　　1)「신앙론」의 내용분석 / 133　　3) 죄와 은총 / 139
　　　2)「신앙론」의 구조 / 138　　　　4) 그리스도와 구원 / 140
　　6. 결론 / 142
Ⅱ. 미국 개혁교회의 개혁신학 / 144
　　1. 19세기 미국 개신교의 흐름 / 144
　　2. 아치발드 알렉산더, 찰스 하지, 그리고 벤자민 워필드 / 148
　　3. 찰스 하지의 신학 / 149
　　　1) 신학의 방법론 / 149
　　　2) 성경관 / 151
　　　3) 교의학(조직신학)의 '서설' 문제 / 152
　　　4) 성경의 명제적 진리들에 의해서 구축된 신학적인 주제들 가운데
　　　　 한 예 / 153
　　4. 필립 샤아프 / 158
　　　1) 메르세스부르크 신학운동 / 158
　　　2) 필립 샤아프의 생애와 작품 / 160
　　　3) 니케아 교부들과 니케아 후기 교부들의 선집 / 164
　　　4) 기독교 신조들 / 164
　　　5) 프로테스탄티즘의 원리 / 165
　　　6) 평가 / 166

제5장 | 20세기 개혁교회의 개혁신학 ─────── 175

Ⅰ. 칼 바르트 : 말씀의 신학 / 177
  1. 바르트 신학의 배경과 현대 신학사에서의 위상 / 177
  2. 생애와 저술활동 / 180
  3. 저술에 따른 신학적 특성 / 187
    1) 복음의 사회학적 해석 : 사회를 변화시키는 힘으로서의 하나님의 영 / 187
    2) 종교 비판적 생명신학 : 인간은 인간이고, 구원은 하나님의 은총으로 말미암은 것이다 / 189
    3) 역설의 신학 : 복음은 '아주 특별한 것' 이며 '아주 일반적인 것' 이다 / 190
    4) 변증법적 신학 : 인간적인 '긍정' 에 대한 하나님의 '부정' / 192
    5) 신학의 전제로서의 신앙 : 「인식을 추구하는 신앙」 / 195
    6) 기독론적 '계약신학' : 예수 그리스도의 화해사건은 창조의 내적 근거인 계약 곧 하나님의 영원한 결의의 성취이다 / 197
  4. '말씀의 신학' 에 대한 평가와 영향 / 202
Ⅱ. 에밀 브룬너 : 만남의 신학 / 206
  1. 브룬너의 생애 / 206
  2. 브룬너의 신학사상 / 210
    1) 하나님 인식 / 210
    2) 중보자 예수 그리스도 안에 나타난 하나님의 계시 / 213
    3) 대화기법 / 216
    4) 윤리학 / 219
    5) 인간론 / 223
    6) 신앙공동체 / 227
    7) 종말론 / 228
    8) 삼위일체 하나님 신앙에 관한 교의학적 체계 / 229

9) 정리 / 230
Ⅲ. 헤리뜨 꼬르넬리스 베르까우어 : 로마 가톨릭교회와 칼 바르트를 비판하는 개혁신학 / 235
    1. 서론 / 235
    2. 초기 저서 / 237
    3. 로마 가톨릭교회에 대한 베르까우어의 저서 / 238
    4. 바르트에 대한 베르까우어의 저서 / 241
    5. 베르까우어의「교의학」시리즈에 나타난 신학 / 245
        1) 계시론 / 245   2) 하나님의 섭리와 선택 / 248
        3) 인간론 / 251   4) 그리스도론 / 253
        5) 구원론 / 257   6) 교회론 / 260
    6. 결론 : 요약과 평가 / 269
        1) 요약 / 269   2) 평가 / 271
Ⅳ. 오토 베버 : 칼빈과 칼 바르트를 중재하는 개혁신학 / 277
    1. 서론 / 277
    2. 계시론(말씀론) / 278
        1) 계시와 신 지식 / 278   2) 성경 / 280
    3. 신론 / 282
        1) 삼위일체 되시는 하나님 / 282   2) 하나님의 본질과 속성 / 284
    4. 창조론 / 285
        1) 창조자 하나님 / 285   2) 하나님의 섭리 / 287
    5. 인간론 / 288
    6. 기독론 / 291
        1) 기독론의 과제와 방법 / 291
        2) 그리스도에 대한 성경의 증언과 교회의 기독론 / 294
        3) 예수 그리스도 : 위격과 사역 / 296
    7. 성령론 / 300
        1) 아버지와 아들의 영 / 300   2) 칭의와 성화 / 302

8. 선택론 / 303

      1) 은혜의 자유 / 303   2) 교회공동체와 이스라엘의 선택 / 305

   9. 교회론 / 307

      1) 예수 그리스도의 공동체 / 307

      2) 교회공동체 안에서 예수 그리스도의 사역 / 309

   10. 평가 / 312

V. 라인홀드 니버와 리처드 니버 : 미국 개혁교회의 네오칼빈니즘 신학 / 317

   1. 라인홀드 니버 / 317

      1) 라인홀드 니버의 생애와 저서, 그리고 그 사상적 배경 / 317

      2) 라인홀드 니버 신학의 주요 주제들 / 331

      3) 결론 : 라인홀드 니버 신학이 오늘 우리에게 주는 도전 / 339

   2. 리처드 니버 / 340

      1) 리처드 니버의 생애와 저서, 그리고 그 사상적 배경 / 340

      2) 리처드 니버 신학의 주요 주제 / 345

      3) 결론 : 리처드 니버 신학의 도전과 우리의 과제 / 361

VI. 위르겐 몰트만 : 종말론적 개혁신학 / 368

   1. 위르겐 몰트만의 생애와 사상 / 368

   2. 몰트만에게 있어서 셋이 한 쌍을 이루는 저서들과 나머지 저서들과의 관계 / 371

   3. 「소망의 신학」(1964) / 372

      1) 서론 / 372

      2) 종말론적 복음의 부활 차원을 강조하는 종말론 / 373

      3) 복음이해에 따른 새 창조의 미래세계 / 374

      4) 종말론적 비전 하에서의 하나님의 선교 / 378

   4. 「십자가에 달리신 하나님」(1973) / 381

      1) 서론 / 381

      2) 종말론적 복음의 십자가 차원을 강조하는 종말론 / 381

      3) 십자가에 달리신 하나님 / 386

5. 「성령의 능력 안에 있는 교회」(1975) / 388

   1) 서론 / 388

   2) 하나님의 삼위일체적 역사 속에 있는 교회 / 390

   3) 교회의 하나님 역사에의 참여 / 391

   4) 예수 그리스도의 교회 / 391

   5) 그리스도의 현존 안에서 교회의 자리 / 393

   6) 하나님 나라의 교회 / 394

   7) 성령의 현존 안에 있는 교회 / 394

   6. 결론 / 398

Ⅶ. 얀 밀리치 로흐만 : 화해와 해방을 지향하는 개혁신학 / 405

   1. 태초에 – 하나님 / 413

   2. 기독론적 집중과 삼위일체 신학 / 417

   3. 대화와 송영 / 421

   4. 교회와 대학 / 426

   5. 현 상태의 세계는 갱신될 것이다 / 430

제6장 │ 결론 : 일치와 갱신 – 개혁교회의 유산에 근거한 개혁교회의 새로운 방향과 사명 ──── 439

Ⅰ. 시대상황에 대응하는 개혁신학 전통 / 439

   1. 17세기 시대상황에 대응하는 17세기 개혁교회의 신학 / 440

   2. 18세기 시대상황에 대응하는 18세기 개혁교회의 신학 / 443

   3. 19세기 시대상황에 대응하는 19세기 개혁교회의 신학 / 445

   4. 20세기 시대상황에 대응하는 21세기 개혁교회의 신학 / 450

Ⅱ. 개혁신학의 공통분모 / 454

   1. 오직 그리스도 / 455

   2. 만사에 있어서 하나님께 영광 / 455

   3. 구원과 삼위일체론적 사고 / 455

4. 성경의 권위 / 456
5. 신앙고백 / 456
6. 교회 / 457
7. 기도와 예배 / 457
8. 제자도와 치리 / 457
9. 교역과 교회직제 / 458
10. 개교회와 보편교회 / 459
11. 복음증언에로의 소명 / 459
12. 진리와 일치 / 460
13. 교회와 국가 / 460
14. 사회 속에서의 교회의 증언 / 461
15. 하나님의 나라를 향해 순례하는 백성으로서의 교회 / 461

Ⅲ. 개혁신학의 '다름'과 다양성의 문제 / 463
Ⅳ. 개혁교회의 일치추구 / 465

제1장 개혁교회의 기원과 역사

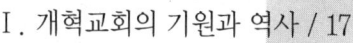

Ⅰ. 개혁교회의 기원과 역사 / 17
Ⅱ. 장로교회의 유형들 / 41
Ⅲ. 역사 속의 개혁교회 / 43
Ⅳ. 한국의 개혁교회 / 45

제1장 개혁교회의 기원과 역사

I. 개혁교회의 기원과 역사

개혁교회는 16세기 종교개혁 시대에서 기원했다. 개혁전통은 16세기의 여러 종교개혁 전통들 가운데 하나이다. 상론하면, 16세기 유럽의 종교개혁에는 독일에서 루터가 일으킨 종교개혁, 스위스에서 츠빙글리, 외콜람파디우스, 칼빈 등이 일으킨 종교개혁, 스위스의 취리히에서 일어난 재세례파 운동과 독일의 토마스 뮨쳐 등이 일으킨 좌경화 종교개혁, 끝으로 로마 가톨릭교회의 반(反)종교개혁(The Counter-Reformation)이 있다.

이상 16세기의 종교개혁 5가지 중 스위스에서 일어난 종교개혁이 개혁교회의 기원이다. 그런데 스위스에서 기원한 개혁교회 전통은 프랑스, 네덜란드, 독일, 폴란드, 스코틀랜드, 영국 등 유럽의 여러 나라들로 확산되었고, 이 중에서 영국의 청교도적 장로교회가 1620년대에 미국으로 건너갔으며, 19세기에는 한국으로 들어왔다.

1. 유럽의 개혁전통

1) 프랑스

프랑스에서 개혁교회의 기원은 칼빈의 제네바 교회에 의해서 선교를 받은 1540년대였다. 1546년에는 슈트라스부르크 교회의 모형을 따르는 개혁교회가 모우(Meaux)에 생겼고, 1559년에는 제네바 교회의 모형을 따르는 개혁교회가 파리에 세워졌다. 1559년에는 15개의 프랑스 개혁교회를 대표하는 '총회'(a national synod)가 생겼다. 교인 수가 급격히 증가하여 백오십 만이나 되었고, 1559년 총회에서 "갈리칸 신앙고백"(Confessio Gallicana)을 채택하였다.

사람들이 프랑스의 칼빈 계통 개신교들을 '위그노'(huguenots)라 일컬은 것은 1560년경이었다. 프랑스의 개혁교회는 왕과 로마 가톨릭교회에 대립해 있는 소수 무리로서 항상 박해를 받았다. 하지만 1594년에 나바르의 앙리 4세가 즉위하면서 1598년에는 낭트칙령(The Edict of Namtes)을 선포하여 종교의 자유를 어느 정도 보장해 주었다. 그러나 1685년, 루이 14세 때 낭트칙령이 취소되자 4만 명 이상이 되는 프랑스의 위그노들은 박해를 못 이겨 영국, 독일, 미국, 남미로 이민하지 않으면 안 되었다. 그리고 프랑스에 남아 있었던 60~70만 명의 개혁교회 사람들은 로마 가톨릭교회로 개종하였다. 프랑스에서 종교의 자유와 다원주의가 시작된 것은 프랑스 혁명 직전인 1787년 자유의 칙령에 의해서였다. 하지만 18세기 동안 내내 법률의 보호 밖에 있으면서도 계속 살아남았다. 교역자들은 흩어져 숨어 있는 양 무리들을 찾아갔고, 예배는 광야에서 드려진 것이나 다름없었다.

1789년 프랑스 혁명 직전에 왕은 개신교 사람들에게 로마 가톨릭교회로부터의 세례식과 결혼식과 장례식을 받지 않고도 자신들의 출생신고와 결혼신고, 사망신고를 자유롭게 할 수 있도록 허락하였다. 개혁파 사람들은 혁명 시기 동안 그들의 역사에 있어서 처음으로 교회생활을 자유롭게 영위할 수 있었다. 1802년에 나폴레옹은 로마 가톨릭교회와 루터교회와 개혁교회가 19세기 동안 공존할 수 있게 하는 제도적 장치를 마련해 주었다. 바야흐로 개혁파 교회들은 국가로부터 봉급을 받는 교역자들을 허락받게 되었지만, 국가가 노회들과 총회들에 관여하는 일을 거부하였다. 복음주의 부흥운동으로 교회의 영적인 삶이 갱신되었고, 평신도들이 복음전도, 학교, 병원 및 각종 구제시설들에서 앞장섰다. 프랑스 개혁파 교회들 역시 1820년대에 시작된 파리 선교회를 통한 선교 활동에 적극 동참하였다.

그런데 개혁파 사람들의 일치는 깨어지고 말았다. 새로운 신학사조의 확산으로 야기된 대립 갈등 속에서 여러 갈래의 개혁파 분파들을 통괄할 수 있는 교회 정치와 장로교적 상회(上會) 구조가 없었기 때문이다. 예컨대, 어떤 개혁파 교회들은 국가와의 관계를 단절하는 길을 선택했다. 감리교, 프리머스 형제단 및 20세기에는 오순절주의자들이 프랑스에 진입했기 때문이었다. 급기야 1906년에는 모든 프랑스 교회들이 국가의 간섭으로부터 완전히 벗어나 비국교도들이 되었다. 그리하여 세 개혁파의 민족교회가 형성되었있는데, 이 셋은 곧 둘이 되었다. 하나는 교리에 있어서 보다 더 엄격하고, 다른 하나는 자유롭다. 하지만 이 둘은 모두 에큐메니칼 운동에 참여하였고 삶과 봉사, 그리고 신앙과 직제 세계대회들에도 참석하였다. 바야흐로 1938년에 이 두 개혁파 교회들은 연합하기로 결의하였고, 나아가서 몇몇 자유교회와 감리교회들과 연합하여 오늘의 프랑스 개혁교회(the Reformed Church of France)를 형성하였다.

알자스와 모젤 현(縣) 지역의 개혁교회 역사는 프랑스의 나머지 지역의 그것과 좀 다르다. 이 지역의 교회들은 1870~1918년까지 독일의 통치 하에 놓여 있었고, 나폴레옹 행정 구조의 틀 안에 있었다. 프랑스가 알자스와 로렌을 되찾았을 때 로마 가톨릭교회와 루터교는 국가교회적 지위를 유지하였다. 그리고 알자스와 로렌의 개혁교회는 프랑스 개혁교회(the Reformed Church of France)와 긴밀한 유대를 유지하고 프랑스 개혁교회 총회에 대표로 파송되지만, 역시 그것과는 구별되는 정체성을 유지하였다.[1]

2) 네덜란드

네덜란드는 1520년에 루터의 작품들을 정죄하였고, 1523년까지만 해도 2명의 루터주의자들을 화형시켰다. 그러나 1523년 츠빙글리와 로드(Rode)가 개혁전통을 네덜란드에 이식시킨 이래, 1550년대 후반에는 개혁교회의 전통이 네덜란드에 정착되었다. 네덜란드의 개혁교회는 로마 가톨릭교회에 대한 투쟁 이외에 스페인으로부터의 정치적 독립이 문제되는 상황에서 자리 잡게 되었다. 이 같은 상황은 프랑스의 위그노들이 왕과 가톨릭 세력에 항거하던 상황과 비슷한 바, 이 같은 상황에서 네덜란드 개혁교회는 "벨기에 신앙고백서"(Belgic Confession)를 작성하였고, 1571년에는 프랑스의 장로교 체제(국교 분리 원칙)를 수용하였다. 스페인으로부터 독립한 17세기 네덜란드는 무역과 식민지 건설의 새 기수로 등장하고, 해상의 패권을 기초로 한 상권과 여기에서 획득한 부 때문에 제한된 국토와 적은 인구에도 불구하고 스페인, 영국, 프랑스 등과 어깨를 겨눌 수 있게 되었다. 1619년 도르트 회의의 국제적 비중에서도 알

수 있듯이, 네덜란드가 초기 칼빈주의의 중심지로 등장한 것은 위와 같은 상황에서였다. 오늘날 네덜란드는 칼빈주의 나라들 가운데 하나이다.

1651년에 네덜란드 개혁교회는 국가교회로서 특권을 누리게 되었다. 그러나 1789년 프랑스 혁명의 영향으로 일어난 1795년의 바타비아 혁명은 네덜란드 개혁교회를 국교분립의 교회로 만들었다. 그 이후로 다른 개신교회들과 로마 가톨릭교회와 유대교가 더 큰 종교의 자유를 허락받았다. 하지만 1848년의 헌법은 모든 교파들에게 종교의 자유를 허락하였다. 제2차 세계대전 때까지 네덜란드 개혁교회(the Netherlands Reformed Church)는 계속 큰 영향력을 발휘하였으나, 그 이후로는 세속주의와 분열이 지배적이 되어 갔다.

네덜란드 개혁교회는 수세기 동안에 걸쳐 분열과 탈퇴에 의한 분리를 경험하였다. 1618~1619년에 있었던 칼빈주의 교회로부터 알미니언주의 교회가 분리하는 것으로 시작, 1834년(Afscheidung)과 1886년(아브라함 카이퍼)에 계속 이어지는 분열은 계속적인 교회 분열로 이어졌다. 그런데 놀라운 것은 네덜란드 개혁교회로부터 갈라져 나온 모든 교회들(the Covenant of Free Evangelical Congregations in the Netherlands는 예외이지만)은 벨기에 신앙고백(1561), 하이델베르크 교리 문답(1563) 및 도르트 신조(1618-1619)와 같은 개혁교회 전통의 고전적인 신앙고백을 공유함에 있어서 하나이다. 그렇지만 이들 가운데 상당수는 이와 같은 고전적인 개혁전통의 신앙고백을 좀더 엄격히 따르기도 하고 상당히 자유롭기도 하다.

1830년에는 네덜란드 인구의 59.1%가 개신교인이었고 39%가 로마 가톨릭 교인이었으나, 1971년에 와서는 숫자에 있어서 로마 가톨릭교회가 개신교를 능가하였고, 1971년에는 교회에 나가지 않는 인구가 23.3%나 증가하였다. 그리하여 1984년에는 예수님을 믿지 않는 인구가 48.7%나 되어 서양에서 세속화의 속도가 가장 빠른 나라로 여겨지기도

한다. 그러나 제2차 세계대전 이후로 수리남, 북아프리카, 터키 등으로부터 이민이 급증하여 이들 중에는 기독교인들도 있으나 믿지 않는 사람들, 즉 이슬람, 힌두교 및 기타 비서양적 종교인들도 많았다.

네덜란드에서는 '개혁주의적'(Reformed)이란 말이 두 가지로 사용된다. 하나는 'hervormd'요, 다른 하나는 'gereformeerd'이다. 1814년 이래로 전자는 국가교회인 '네덜란드 개혁교회'(the Netherlands Reformed Church)에 관련되어 있고, 후자는 1834년의 '분열사건' 이래 국가교회로부터 분리된 교파들과 교회들에 관련된다. 하지만 '네덜란드 개혁교회' 안에 있는 정통주의 개혁파 교회는 'gereformeerd'란 이름을 가지고 있다. 그런데 이 두 교단 사이의 연합운동은 1961년에 시작되었는데, 2004년 1월 1일에는 이 두 교단이 '네덜란드 복음주의 루터교회'와 완전 연합할 예정이다.[2]

3) 독일

독일 내의 개신교회들은 16세기 종교개혁에 그 기원을 두고 있다. 비텐베르크가 개신교의 발원지였다. 독일 내에 있는 대부분의 개신교회들은 루터의 가르침을 따른다. 그러나 종교개혁의 다른 중심 지역들도 있다. 츠빙글리는 취리히에서, 칼빈은 제네바에서, 마틴 부처는 남부 독일, 특히 슈트라스부르크에서 각각 종교개혁을 성공시켰으니, 이것이 다름 아닌 개혁파 전통이었다. 하지만 계속 이어지는 교파적인 갈등으로 개혁파 교회들은 점점 더 소수로 축소되었다. 1648년 개혁교회는 베스트팔리아 평화협정으로 비로소 하나의 교파로 정식 인정을 받았다. 그리고 얼마 후에 프랑스어를 사용하는 위그노들과 왈룽(Walloons) 및 네덜란드 이민자들이 독일의 여러 지역에, 특히 북쪽에 새로운 개혁교회들을 창설하였다.

16세기 당시 슈트라스부르크는 독일령으로 부처(M. Bucer)에 의해서 개혁전통을 받아들이기 시작하였으나, 1555년 아우구스부르크 평화협정 이후부터 루터교가 또한 이곳에 자리 잡았다. 독일 내에서 개혁교회 전통이 보다 더 확고히 뿌리내린 곳은 팔레티네이트(Paletinate) 주의 하이델베르크와 나사우(Nassau)와 베젤(Wesel) 등이었다. 이 중에서 하이델베르크가 가장 중요하다. 왜냐하면 이 팔레티네이트의 영주인 프레데릭 3세는 아우구스부르크 평화협정(1555)의 요구에 따라 루터교의 아우구스부르크 신앙고백(1530)을 받아들이면서, 우르지누스(Ursinus)와 올레비아누스(Olevianus)로 하여금 「하이델베르크 요리문답」(1562)을 작성케 했기 때문이다. 이 요리문답은 17세기 도르트 회의의 칼빈주의 5대 강령만큼 극단적인 칼빈주의가 아니라 루터 신학을 수용함으로써 보편적 개혁주의(Reformed catholicity)를 지향하였다.

1555년 아우구스부르크 평화협정에서 결정된 지역별 종교의 자유(eius regio, cuius religio : 영주국 별로 영주가 루터교든, 가톨릭교회든 선택할 재량권을 갖는다고 하는 원칙)는 정치체제가 바뀐 오늘날까지 유지되고 있다. 이런 맥락에서 개혁교회는 19세기 초인 1817년에 이르러 루터교와의 연합을 이룩하여 '연합교회'(Unions Kirche)를 형성하기도 하였다. 제2차 세계대전 이후, 24개의 지역별 루터교회(Landeskirchen)는 각각 자체 내의 자율을 유지하면서 '독일 개신교회'(EKD, the Evangelical Church in Germany)를 형성하였다. 그리하여 EKD는 이 구성 교회들로 하여금 사회 및 에큐메니칼 운동에 있어서 함께 행동하고 공통의 확신을 표명하도록 허락한다.

독일 개신교 안에서 개혁교회는 소수에 속한다. 모든 개혁교회들과 장로교회들처럼 이들 독일 개혁교회 역시 장로교 체제를 갖고 있다. 독일 개혁교회의 공통 신앙고백은 하이델베르크 교리문답이다. 오늘날 독일 내의 대부분의 개혁교회 기독교인들은 '지역별 교회'(Landeskirchen)의 구성 교회들 가운데 하나이다. 어떤 지역의 개혁교회들은 독립교회 형태를 취하고 있고, 다른 지역의 교회들은 연합교회에 소속되어 있다. 두 교회, 즉 리페 지역 교회(the Church of Lippe)와 바바리아와 북서 독일 지역의 복음주의적 개혁교회는 자율적인 교회이다. 그리고 '하나의 자유 개혁교회'가 있을 뿐만 아니라 개혁교회들의 연맹을 구성하고 있는 여러 개혁교회들도 있다.

    1930년대에 들어서면서 히틀러가 독일을 통치하기 시작했던 바 루터교, 개혁교회, 연합교회가 참여한 독일 고백(告白)교회의 바르멘 선언(1934)은 당시 나치당의 이념에 동조하는 독일교회들을 제1차적 비판 목표로 하고 있다.[3]

4) 폴란드

    보헤미아에서 종교개혁이 시작된 것은 요한 후스에 의해서였는데, 대부분의 후스파 사람들은 루터교인이 되었다. 그리고 이 후스파를 지지하던 귀족들이 종교개혁에 가담하였는데, 이들은 왕과 교회를 제어하려고 오랫동안 안달해 오던 사람들이었다. 물론 루터교 공동체들이 독일인 지역들에서 발전하고 있었으나, 칼빈주의가 폴란드에서 가장 강력한 개신교로 등장하였다. 그리하여 사실상 개혁교회가 이곳에 자리 잡은 것은 1540년대부터였으니, 칼빈의 생애 동안이었다. 칼빈은 지기스문트(Sigismund) 왕과 편지를 주고받으면서 폴란드에 선교하였다. 그리고 런던과 엠덴에서 목회하던 요한 아 라스코(John a Lasko)가 1556년 폴란드에 돌아와 개혁교회를 조직하려 했으나 큰 성공을 거둘 수는 없었다. 그러나 1570년에는 개혁교회, 루터교 및 체코 형제단이 "산도미르 합의 신앙고백"(the Consensus of Sandomir)을 채택함으로써 힘을 합해 나갈 수 있게 되었으니, 이 개신교회들은 수십 년 동안 폴란드의 국가 차원의 삶에 큰 영향력을 발휘하였다.

    그러나 교회의 내적인 개혁의 진행이 교황청 특사(J. F. Commendone)

에 의해서 저지되고 있는 동안에 종교적 긴장이 고조되었지만, 1573년 바르샤바 협약에서 양측이 싸움을 중단하였다. 폴란드에는 1573년 바르샤바 국회에서 종교의 자유를 헌법에 넣을 정도로 귀족들 대부분이 칼빈주의자들이었다. 하지만 1573년의 협약 이후 폴란드 개혁교회는 로마 가톨릭교회의 강세로 인하여 약세의 길을 걸을 수밖에 없었다. 바야흐로 1595년에 루테니안 교회는 동방교회와 관계를 끊고 로마 가톨릭교회에 소속되었고, 곧바로 폴란드의 아르메니언 교인들은 뉴니에트 교회(직제상으로만 로마 가톨릭교회에 종속하고, 나머지 부분들은 동방교회의 전통을 따르는)가 되었다.

17세기에 이르러 예수회의 반종교개혁 세력 확산으로 폴란드에서는 가톨릭교회가 훨씬 우세하게 되었다. 이들은 1573년의 평화협약을 무효로 하고, 부흥되고 확장된 가톨릭교회를 국가적 가치와 유착시켰다. 이 같은 상황에서 폴란드의 개신교도들은 그렇게 자주 공식적인 박해를 받은 것은 아니었지만 1767년 라돔 협약이 완전한 종교의 자유를 추구하기까지 억압과 제약 하에 있었다. 하지만 1768년에 비국교도들의 권리들이 인정을 받게 되자, 개혁교회는 1795~1918년 사이에 일어난 국운에도 불구하고 활력을 발휘할 수 있었다. 즉, 계속되는 전쟁으로 가톨릭교회는 교회조직에 있어서 방해를 받았고, 이와 같은 불안한 상황은 반교회적 느낌을 조장하는 프리메이즌단을 성장시켰다.

폴란드는 1772~1795년 사이에 러시아, 오지리 및 푸러시아에 의해서 정복되고 분할되었으니, 이로 인하여 로마 가톨릭교회가 크게 타격을 받았다. 이와 같은 상황이 19세기까지 이어지다가, 1919년 폴란드의 독립과 더불어 로마 가톨릭교회와 동방정교회가 다시 부흥하였다. 1795~1918년 동안에 리투아니아의 개혁교회가 독립교회가 되었다. 오늘날 폴란드 개혁교회는 소수에 불과하다. 폴란드 개혁교회의 구성원들은 폴란드 사람이거나 서유럽으로부터 이민 온 사람들이거나 체코 형제단 소속 사람들인데, 체코 형제단 사람들은 자기 나라에서의 종교적 박해 때문에 18세기에 폴란드로 피난해 온 사람들이었다. 이들은 모두 자기 나라의 언어와 습관을 유지하고 있다.[4]

1939~1945년의 독일 및 러시아의 침략으로, 그리고 1945년의 공산주의 정부 수립으로 동방정교회와 로마 가톨릭교회는 큰 어려움을 겪었다. 제2차 세계대전 이후 폴란드 정부와 로마 가톨릭교회는 상호 긴장관계 속에 있다가, 1978년 폴란드 출신의 요한 바오로 2세가 교황 자리에 앉으면서 다시 강세를 보이고 있다.

5) 헝가리

데브레첸은 이미 1400년경에 유럽의 다른 도시들에 맞먹는 도시로 발돋움하였고, 1520년대에 루터교가 들어와, 1538년에 이르면 여기에 개신교 대학이 설립된다. 그리하여 많은 학생들이 바젤, 비텐베르크 및 기타 개신교 나라들에서 공부를 끝내고 돌아와 데브레첸을 서구화하였다. 16세기에 이미 데브레첸은 헝가리 학문의 중심지가 되었다. 루터교에 이어 개혁교회가 널리, 그리고 빨리 확산되면서 1560년대에 이르면 데브레첸 노회가 형성되고, 로마 가톨릭교회의 반종교개혁과 30년 종교전쟁(1618-1648)을 거치면서 데브레첸은 바야흐로 개혁전통의 도시 곧 '헝가리의 제네바'(Hungarian Geneva) 혹은 '칼빈주의적 로마'(Calvinist Rome)라 일컬어졌다. 아마도 이번 세계개혁교회연맹 총회(WARC)가 이 데브레첸에서 열린 이유는 헝가리가 1989~1990년을 계기로 공산 전체주의의 불의(不義)의 사슬에서 벗어났다는 것에 못지않게 이상과 같은 개혁교회의 유서 깊은 역사를 배경으로 하고 있기 때문일 것이다.

헝가리 개혁교회는 그 출발부터 민족교회(a unified national church)를 꿈꾸어 왔고, 이 꿈은 역사의 역경을 헤치고 살아남으려는 투쟁 속에서 더욱 강렬해졌었다. 급기야 1881년, 데브레첸 노회가 그것을 위한 헌장을 기초하였다. 향후 헝가리 개혁교회는 해당 지역 대관구들의 자율권을 인정해 주면서도 전체의 통일성을 지향해 나가는 민족교회로 정착하였다. 그리하여 헝가리 개혁교회는 18~19세기를 거치면서 종교의 자유를 더욱 확보하게 됨은 물론, 크게 성장하여 20세기에 이른다.

1930년대에서 1940년대까지 독일의 히틀러에 의하여 점령당한 헝가리 개혁교회는 독일의 '반셈족주의'와 이에 따른 유대인 학살에 힘을 다해 항거했으나 속수무책이었다. 헝가리 개혁교회는 감독들 차원에서 최선을 다하여 구조의 손길을 내밀었고, '선한 목자'라는 조직체를 만들어 스코틀랜드 선교회와 협력하여 박해받는 자들에 대한 구조활동에 힘을 다했었다.

제2차 세계대전 후, 헝가리 개혁교회는 1948년에 헝가리 공산당의 손안에 들어갔다. 제2차 세계대전 후, 헝가리 내의 정치투쟁 과정에서 공산당이 공산 소비에트 연방의 지지로 헝가리의 유일한 정당이 되었다. 헝가리 개혁교회는 사사건건 이 공산당의 지시대로 움직이지 않으면 안되게 되었다. 1956년 헝가리의 반공산 혁명의 날까지 공산당의 승리적 이념을 받아들이지 않는 모든 사람들은 단순한 시민들이든, 교인들이든 엄청난 박해를 당해야 했다.

1956년에 일어난 반공산 혁명으로 헝가리 개혁교회는 혁명 이전보다는 공산당의 박해를 덜 받게 되었다. 그렇게나 불요불굴하고 전투적이던 공산주의 이념이 어느 정도 약화되었으니, 이는 혁명에 가담했던 목사들과 신학자들의 순교의 결과이기도 하다. 그러나 헝가리 개혁교회가 공산당 정부에 대해서 예언자적 직분을 제대로 수행할 수 없었고, 공산당의 제어 아래 있는 감독들과 기타 교회 지도자들 때문에 개혁교회의 개교회들의 연합을 구성, 나라를 살리는 일을 제대로 해낼 수 없었다. 그래서 헝가리 개혁교회의 교세는 내리막길을 걷기도 하였다. 전통적인 농촌생활의 구조를 재편하는 공산국가의 정책 역시 교회의 이미지에 손상을 주었다. 교회가 새로 전개되는 세속화에 충분히 대응할 수 없었기 때문이다. 평신도들이 교회로부터 소외되고, 백성들이 일반적으로 교회에 대하여 거부감을 갖게 되며, 신앙을 지닌 사람들에 대하여 편견을 갖게 되는 등, 헝가리 교회는 여러 가지 요인들에 의해서 약화되었다. 그리하여 점차 교회배경이 없는 세대들이 등장하였고, 교회에 출석하는 사람들은 전혀 공산 사회주의 사람들만큼 진보적일 수 없었다. 헝가리는 윤리적 표준을 갖고 있지 않은 공산 이념 때문에 윤리적 삶에 있어서 하향길로 접어들었고, 헝가리의 민족적 정체성은 프롤레타리아 국제주의에 의해서 대치되었으며, 헝가리 민족의 신앙은 공산 무신론에 의해서 대치되었다. 헝가리 개혁교회는 1960년대에 생기를 다시 찾기까지 침체의 늪에 빠져 있었다.

1989년 공산 소비에트 연방과 동구권의 붕괴, 그리고 베를린 장벽의 붕괴 후 헝가리는 서방을 향해서 제일 먼저 문호를 개방하였다. 1990년 헌법의 개정(제4조)으로 교회들이 공산국가의 탄압으로부터 해방되었다. 제4조의 첫 문장에 이렇게 기록되어 있다. "양심과 종교의 자유는 모든 사람들에게 돌려져야 할 기본적인 인권이다. 헝가리 공화국은 누구나 양심대로 살고 종교의 실천을 펼치도록 보장한다."

현재 헝가리 개혁교회 교인들의 수는 전 인구(1,000만)의 21% 정도로서, 인구의 67%를 차지하는 로마 가톨릭교회 다음에 위치한다. 그리고 루터교, 침례교, 감리교, 동방 정통교회 등이 그 다음을 차지한다. 현재 헝가리의 개혁교회 교회 수는 1,200개이고, 교회 건물은 1,402개이다.[5]

6) 영국

(1) 영국

1534년 헨리 8세(1509-1547)는 "수장령"(The Act of Supremacy)을 공포, 왕이 영국교회 최고의 머리라고 선언함으로써 로마 교황청과 결별하고 종교개혁을 시작하였다. 영국(England)의 성공회가 헨리 8세로부터 기원하는 것으로 본다면, 영국에서의 개혁교회의 기원은 헨리 8세 다음 왕인 어린 소년 왕 에드워즈 6세(1547-1553) 때였다. 이때에 마틴 부처가 그의 여생의 마지막을 영국에서 보냈고(루터교는 이미 헨리 8세 때 영국에 침투했지만), 요한 아 라스코가 런던의 외국인들 교회에서 목회하였다. 또한 칼빈 자신이 에드워즈 6세 때 캔터베리의 대주교인 크렌머 및 에드워즈 6세의 섭정인 서머세트(Somerset)와 직접 편지를 주고받았다. 그리하여 에드워즈 6세의 통치 기간인 1549년에는 성공회의 예식서(The Book of Common Prayer)가 크렌머에 의하여 작성되었고, 엘리자베스의 통치 기간인 1571년에 가서는 영국 성공회가 로마 가톨릭교회로부터 완전 분리를 고하는 「39개 조항」이 국회에 의해서 통과되었다. 그런데 The Book of Common Prayer와 「39개 조항」은 모두 개혁신학으로부터 크게 영향을 받았다.

(2) 웨일스

웨일스는 1536년에 영국과 공식적인 합병을 했다. 그래서 영어가 웨일스의 공식 언어가 되었고, 예배의 언어도 영어가 되었다. 1593년 존 펜리는 엘리자베스 여왕의 "통일령"(the Act of Uniformity)을 범했고, 모국어 설교를 탄원한 이유로 순교하였다. 학자들과 교회 지도자들은 성경과 The Book of Common Prayer를 대부분의 백성들이 사용하는 웨일스 말로 번역하는 일에 착수했다. 그리하여 1588년에 첫 번째 완역

판 성경이 출판되었고, 이것이 웨일스 말 발달에 기여하였다. 이것은 유럽에서 가장 오래된 언어로서 루터의 독일어 성경만큼이나 웨일스 언어 발달에 공헌하였다.[6]

(3) 스코틀랜드

스코틀랜드에는 이미 1520년대에 루터적 종교개혁이 상륙했지만 1525년에 루터의 책이 수입 금지되었고, 1528년에는 루터주의자였던 페트릭 헤밀톤이 화형을 당했다. 스코틀랜드의 국회가 성경읽기와 성경번역을 정식적으로 허락한 것은 1543년의 일이었다. 이 시기의 유수한 설교가는 스위스에서 개혁신학을 배운 위샤트(George Wishart)로서 그는 제1 스위스 신앙고백서를 스코틀랜드에 소개했다. 그 후 칼빈신학에 크게 영향을 받은 존 녹스가 작성한 스코틀랜드 신앙고백서가 1560년 국회에 채택된 이래 스코틀랜드는 개혁전통의 나라가 되었다. 스코틀랜드의 종교개혁은 위그노나 네덜란드의 경우처럼 항거의 대상이 있으니, 다름 아닌 영국과 프랑스의 세력이었다. 이처럼 고전적인 개혁전통들 가운데는 박해와 억압 속에서 종교개혁을 성공시킨 개혁전통도 있다. 이 과정에서 민족주의가 전적으로 배제된 것은 아니었던 것같이 보인다.

바야흐로 스코틀랜드 교회는 개혁교회가 되었으나 그 직제에 있어서 고전적인 장로교 체제가 아니었다. 1570년대에 스코틀랜드 교회가 감독체제 형태의 개혁교회로 나가자 엔듀르 멜빌(Andrew Melville)과 그의 동료들이 장로교 체제(Presbyterianism)를 주장, 1592년 국회가 이를 승인하였다. 얼핏 보아 이로써 장로교 체제와 감독 체제 사이의 문제 혹은 교회와 국가 사이의 쟁투가 해결된 것처럼 보였으나 이 문제는 향후 약 1세기 동안 계속 현안으로 남아야 했다.

제임스 6세(1567-1625)는 스코틀랜드 내에서의 장로교주의를 철저히 반대, 그가 제임스 1세로 즉위하면서(1603-1625) 엔듀르 멜빌을 추방하고, 1610년 런던에 세 명의 스코틀랜드 사람을 새로운 감독으로 세웠다. 그리고 그는 1618년에 다섯 조항을 발표, 개혁교회 전통의 스코틀랜드 교회를 좀더 성공회식으로 몰고 가자, 영국 청교도들이 1603년에 "1,000명의 서명 청원서"를 제임스 1세에게 제출했으나 거부당하였다. 바로 이 시기에 많은 분리주의자들이 네덜란드로 피난하였다가, 1620년에는 메이플라워 호를 타고 항해하여 뉴잉글랜드의 플리머스에 정착하였다.[7]

(4) 청교도들

에드워즈 6세의 뒤를 잇는 가톨릭 계통의 메리 여왕의 핍박으로 영국 내의 개혁교회 목사들과 기독교 지도자들은 취리히, 제네바 등으로 피난하여 칼빈과 불링거 등의 개혁신학을 많이 배우고 엘리자베스 1세 때 돌아와 1560년대부터 개혁교회적 영향력을 크게 발휘하였다. 이것이 영국의 청교도 전통의 시작이었다.

비록 영국의 엘리자베스 1세가 종교적인 화해정책을 널리 펼쳤으나, 좀더 절서한 개혁을 부르짖었던 청교도들을 포용할 수는 없었다. 바야흐로 예배와 성직자 의복에 대한 문제가 발생하자, 1570년에 토마스 카트라이트는 케임브리지 대학에서 장로교 체제론에 대한 강의를 하다가 제네바로 추방되었고, 2년 후에는 존 필드와 토마스 윌콕스가 카트라이트의 사상을 계속 펼치려 하였으나 좌절되고 말았다. 그런데 이들은 분리주의 노선이 아닌 국가와 손을 잡고 개혁을 시도하려 하였으나, 브라운(Roberet Browne), 바로우(Henry Barrow) 및 그린우드(John Greenwood)는 엘리자베스 통치 하의 성공회가 진정으로 개혁될 수 없다고 판단, 분리 독립하여 비국교적인 교회를 세웠다. 바로 이것이 영국에 있어서 장로교, 회중교회 혹은 독립교회의 초기 기원들이다.

찰스 1세(1625-1649) 하에서 반청교도주의는 반칼빈주의와 맞물렸다.

1633년 윌리엄 로드가 캔터베리의 감독이 되어 "로드 예전"을 1637년 스코틀랜드의 세인트 가일즈 교회에 강압적으로 부과하자 에딘버러 시민들이 항쟁하였다. 그리하여 이 항쟁은 1638년에 절정에 도달, 스코틀랜드는 "국민적 언약"에 서명 날인함으로써 장로교 체제의 회복을 다짐하였다.

그런데 스코틀랜드 사람들을 파멸시키려 했던 찰스의 노력은 그 자신의 파멸로 인도되었다. 그는 청교도들과 칼빈주의자들에 의해서 지배되는 영국 국회를 소집할 수밖에 없었다. 결국 그는 1642년 하원에 들어가서 다섯 사람의 의원을 설득하는 데 실패하여 시민전쟁을 맞이할 수밖에 없게 된다. 영국 국회는 1643년 9월에 도움이 필요한 스코틀랜드 사람들을 위해서 이미 스코틀랜드 사람들에 의해 인정된 "엄숙한 연맹과 언약"(the Solemn Leauge and Covenant)을 받아들였다. 이에 따르면 오늘의 연합왕국이 신앙고백, 교회정치, 예배·예전, 교리교육 등에 있어서 하나님의 말씀과 최선의 개혁교회들의 모범을 쫓아야 한다는 것이다.

1643년 웨스민스터 교역자 총회는 영국 국회에 좋은 교회정치 형태를 천거하였다. 같은 해 8월에 스코틀랜드 교회는 자신들의 영국 형제들과 합세하기 위해서 스코틀랜드 사람 대표들을 임명 파송하였다. 따라서 바야흐로 영국 국회는 웨스트민스터 예배모범, 신앙고백, 그리고 대·소교리문답을 작성하였다. 크롬웰이 이끈 영국의 청교도 혁명의 과정에서 확정된 「웨스트민스터 예배지침」(Directory of Worship, 1644)과 「웨스트민스터 대·소요리문답」은 영국 개혁주의자들의 피땀 어린 작품이었다. 특히 웨스트민스터 신앙고백은 영국 본토에서보다도 스코틀랜드와 미국에 정착한 청교도들(장로교, 침례교, 회중교회, 독립교회 등)에 의하여 널리 사용되었고, 19세기에는 선교사들에 의해서 우리 한국장로교회에도 소개되었다.

청교도들은 영국 성공회를 보다 더 철저한 개혁주의 교회로 개혁하자는 사람들로서 영국 성공회의 가톨릭 요소들과 성공회의 예전과 대국가 관계 등을 개혁하려 하였다. 그런데 이 같은 청교도의 투쟁은 20년이나 지속되었지만 '장로교주의'(Presbyterianism)를 펼치는 데 실패하였고, 그 후 영국의 감독교회(성공회)와의 엎치락뒤치락 하는 싸움을 거듭하게 되었다. 그리고 영국의 국교에 대립하여 생겨난 회중교회와 침례교파도 청교도들과 맥을 같이하였고, 개혁교회의 신학적인 유산을 공유하였다.

하지만 스코틀랜드에는 결국 1660년 왕정 복귀로 감독체제적 획일주의가 거세게 몰아쳤다. 스코틀랜드에서는 찰스 2세(1660-1685)가 감독 체제를 법제화하여 스코틀랜드 목사들이 웨스트민스터 사원에서 감독으로 안수례를 받았고, 동시에 2,000명의 목사들이 영국에서 목사 지위를 박탈당했다. 이들 중 대부분은 장로교인들이었고, 약간은 회중교회 사람들이었다. 그리하여 1688년 스코틀랜드에서 장로교 체제가 승리를 거둘 때까지 장로교 체제론과 감독 체제론 사이의 엄청난 갈등이 이어졌다.[8]

(5) 17세기 이래의 영국과 웨일스

윌리엄과 메리(1689-1702)를 옥좌에 앉힌 명예혁명(Glorious Revolution)은 영국과 스코틀랜드로 하여금 각각 자신의 기독교를 추구하게 만들었다. 영국에서는 국가교회의 감독체제가 이어졌다. '관용법'(The Act of Toleration)으로 비국교도들에게 제한적인 자유가 주어졌지만, 이들을 실망시키는 조치들이 전적으로 제거된 것은 아니었다. 18세기 초 십여 년 동안에 영국의 비국교도들의 수는 감소 추세에 있었다. 한편 영국장로교의 경우, 18세기 내내 그 수가 감소되었고 많은 장로교회들이 유니테리언과 독립교회로 전향하였다. 18세기 말 복음주의 부흥운동과 더불어 비국교들은 비로소 다시 성장하였다.

웨일스에 있어서 복음주의 부흥운동은 독립교회(Independency)에게 활기를 불어넣었고 많은 새로운 교회들이 형성되었다. 19세기에는 웨일스 독립교회가 웨일스 사람들의 지성과 도덕을 함양함에 있어서, 특히 그들의 장년 주일학교 운동을 통해서 매우 중요한 역할을 하였다. 1872년에는 웨일스 독립교회 연합이 탄생하였다.

웨일스 복음주의의 부흥으로 연합왕국(Britain 혹은 the United Kingdom) 안에 장로교가 기원하였는데, 이 장로교는 16세기 종교개혁에서 기원한 것이 아니라 이 복음주의 부흥운동에서 기원하였다. 웨일스 장로교(칼빈적이고 감리교적인)의 창설자들과 이들을 따르는 평신도들 및 교역자들은 영국 성공회의 구성원들이었다. 하지만 1735년 직후 이들은 요한 웨슬리와 조지 휘필드에 의해서 영국에 창설된 감리회들(the Meth Societies)과 매우 유사한 기독교인 모임들(religious societies)을 만들었다.

1811년에 이 모임들은 자체 내에서 성만찬 집례자들을 세우면서 영국 성공회로부터 분리되었다. 1832년에는 이 칼빈주의적 감리교적 교단(당시에 이렇게 불렸지만)이 신앙고백, 치리규정, 헌법 및 교회정치 형태를 문서화하였다. 이 새로운 교단의 정치형태는 대체로 장로교 체제를 따랐다. 목사들과 장로들이 교회들을 책임적으로 돌봤다. 1864년에는 이들의 첫 총회가 열렸다.

영국 회중교회의 '런던 선교회'(1795)는 복음주의 부흥운동의 탁월한 결과였다. 그리하여 1832년에는 영국과 웨일스의 회중교회 연합이 형성되었고, 1836년에는 식민지 시대 (후에는 영연방) 선교회가 형성되었다.

1809년 스코틀랜드의 분리파 교회 목사의 아들인 캠벨(Alexander Campbell)이 글라스고우로부터 미국으로 이민, 1827년 미국에 '그리스도 제자의 교회'(the Disciples of Christ)를 창립하였다. 그의 신학사상은 1833년경 다시 영국에 영향을 주어 연합왕국(Britain)에서 '그리스도의 교회'(the Churches of Christ)가 생겼으며, 1930년까지 꾸준히 성장하여 200여 교회에 달하였고, 교인은 16,000명에 달하였다.
　1783년 영국 북부에 있는 장로교회들이 노섬벌랜드 노회를 형성하였다. 그리고 스코틀랜드 사람들의 이민으로 고갈된 영국장로교 지도층이 보충되었고, 1836년에는 영국장로교가 형성되었다. 그리하여 1863년 영국 연합장로교회대회가 형성되었다. 1876년 이 대회는 영국장로교회(the Presbyterian Church in England)와 연합하여 영국의 장로교회(the Presbyterian Church of England)를 이룩하였다.
　1966년 영국과 웨일스의 회중교회 연합은 국가적 계약개념의 성공적인 주창으로 영국과 웨일스의 회중교회가 되었다. 그리고 이 계약에 가입하지 않은 회중교회 사람들은 회중교회들의 복음 협회를 창설하였다. 같은 해에 '런던 선교회'와 '영연방 선교회'가 연합하여 '회중교회 세계 선교협의회'(the Congregational Council for World Mission)를 구성하였다. 그리고 1975년 심사숙고 끝에 이 협의회는 1977년에 CWM(the Council for World Mission)으로 출발하게 되었다. 드디어 보내는 교회와 받는 교회의 패러다임이 동반자 관계에 대한 강조에 의해서 대치되었다.
　1972년 영국과 웨일스의 회중교회와 영국의 장로교회는 영국과 웨일스의 연합개혁교회(URC)를 형성하였다. 그리고 이 연합에 동참하지 않은 회중교회들은 회중교회 연맹(the Congregational Federation)을 형성하였다. 1976년 그리스도 교회 연합과 URC의 연합 제안서가 나오고, 그 다음 해에 URC에 의해서 받아들여졌다. 그런데 그리스도 교회 연합 측이 3분의 2 찬성표를 확보하지 못하여, 이 연합은 1979년에 실패로 끝났다. 그러나 1980년에 개혁교회 연합(the Reformed Association)이 영국(the United Kingdom) 연합개혁교회(the United Reformed Church in the United Kingdom)가 되었다.[9]

(6) 17세기 이래의 스코틀랜드

스코틀랜드에서는 '명예혁명'에 의해서 장로교 체제(Presbyterianism)가 다시 확립되었다. 하지만 감독교회들과 개혁장로교회(Cameronians =Reformed Presbyterian Church)가 이와 같은 장로교 체제의 정착을 배격하였다. 비록 1707년 영국과 스코틀랜드가 대영제국(Great Britain)으로 연합하자 스코틀랜드에서 장로교 정치체제를 유지할 수 있도록 보장하는 약속이 양국 간의 연합 협약에 포함되었었으나, 1712년 장로교에 적대적이었던 웨스트민스터 국회가 이 약속을 철회시켰다. 바로 이때에 만들어진 법령이 훗날 모든 스코틀랜드 교회의 문제의 불씨가 되었다.

1733년과 1761년에 각각 제1, 2차 국교 장로교로부터의 분열이 있었다. 특히, 1843년 분열을 통해서 스코틀랜드 교회(the Church of Scotland)는 국가의 후견적 개입을 둘러싸고 가장 심오하며 손상이 큰 분열을 경험하였다. 스코틀랜드 교회 사람들은 런던에 있는 정부 당국이 자신의 태도를 바꿀 가능성을 보이지 않는다는 사실을 인식하고, 스코틀랜드 자유교회를 세우기 위해서 교회 회중들의 뜻을 거슬러 스코틀랜드 교회 총회로부터 떠나는 목사들의 책임을 둘러싸고 10년 동안이나 싸웠다.

그러나 영국과 호주의 자매 교회들의 연합은 스코틀랜드 교회 역시 그와 동일한 연합을 시도할 것을 생각하도록 격려하는 하나의 요인이었다. 하지만 급기야 1900년에 자유교회(the Free Church)와 연합장로교회(the United Presbyterian Church)는 연합자유교회(the United Free Church)를 형성하였고, 이 교회는 1929년에 스코틀랜드 교회(the Church of Scotland)와 연합하였다. 여기에서 핵심 문제는 국가교회이면서 자유교회인 교회를 정의하고 세우는 데 있었다. 1929년의 신앙항목선언(the 1929 Articles Declaratory)이 이와 같은 일을 해냈다는 사실은 모든 스코틀랜드 사람들뿐만 아니라 대부분의 사람들에 의해서 받아들여지고 있다.

스코틀랜드 회중교회가 장로교의 한 가지라고 보는 것은 어느 정도 타당성이 있다. 물론 어윙(Greville Ewing)은 장로교인이 아니었다. 하지만 글라스티 교인들, 옛 스코틀랜드 독립교회 사람들, 스코틀랜드 회중교회의 선구자들인 베레아 사람들은 모두가 스코틀랜드 교회로부터 분리되어 나온 사람들이었다. 그리고 헬데인 형제들은 스코틀랜드 교회의 평신도들이었고, 복음주의 연합은 연합분리교회(the United Secession Church) 내에서 일어난 칼빈주의에 대한 반항에 의해서 산출되었다.

18세기 말에 스코틀랜드 교회의 두 평신도인 로버트와 헬데인(James Haldane)은 국가 교회로 하여금 대내외적, 선교적 노력을 경주할 것을 촉구하였으나, 이것에 실패하자 독립교회들을 만들었다. 스코틀랜드 회중교회의 진정한 기획자는 이들의 동료인 어윙 목사였다. 바로 이 어윙 목사가 1799년에 목사 훈련을 위한 구역 모임들을 만들었고, 1812년에는 회중교회 연합(the Congregatiponal Union)을 형성하였다. 그리하여 향후 8년 동안 이 작은 교파는 단순한 개교회들의 연합 이상의 것이 되었고, 지역 선교, 주일학교들, 여성 봉사활동 및 기타 봉사활동에 큰 성과를 올렸다. 이 공동체는 알렉산더(W. L. Alexander), 리빙스턴(David Livingstone), 마펫(Robert Moffat), 챠머스(James Chalmers) 및 포사이스(P. T. Forsyth)와 같은 훌륭한 기독교 인물들을 배출했다.

1841년에 모리슨(James Morrison)은 칼빈신학에 대한 반대로 연합분리교회의 대회로부터 축출되었다. 그는 아르미니언 신학과 따뜻한 복음주의적 경건에 의해서 특징지워진 복음주의 연합(the Evangelical Union)을 창립하였다. 1897년에 이 두 연합체는 새로운 스코틀랜드 회중교회 연합을 이룩하였으니, 이들은 명시적으로 회중교회적이었으며 장로교적 요소들도 가지고 있었다. 이 연합교회들은 개교회 차원에서 사회참여에 솔선하였고, 자유주의 신학을 곁들인 복음적 노력을 보였다. 이 연합체는 국가 차원에서 스코틀랜드의 에큐메니칼 진전에 상당한 공헌을 하였다. 또한 스코틀랜드 개혁교회들(Scotish Reformed churches)의 교역과 교회 회원권에 대한 상호간의 합의내용을 함께 나누고 있다.

연합개혁교회(the United Reformed Church)와의 한 걸음 더 나아간 1988년도 연합 제안서가 이 교회의 총회에 의해서 만장일치로 받아들여졌으나 회중교회 연합 안에서 75%의 다수표를 얻는 데는 실패하였다.

한동안 회중교회는 자기숙고의 시간을 갖다가 회중교회 가족의 세 분파(the Scotish Congregational College, the Women's Union, and the Congregational Union)가 하나의 '자발적 교회'(Voluntary Church)인 스코틀랜드 회중교회를 만들면서 이들 각각이 법적으로 독립하게 해야 한다는 제안이 있었다. 바야흐로 1993년에 이 새로운 교회가 등장하였다. 이 연합을 거부하는 소수 교인들은 회중교회 연맹에 가입하였다.[10]

2. 미국과 캐나다의 개혁전통

1) 미국

17~18세기의 유럽 개혁교회들은 개신교의 정통주의와 계몽주의로 인하여 활기를 상실했으나, 17~18세기 미국의 개혁주의는 대륙보다 활기를 띠었다. 1620년대에 청교도들이 매사추세츠의 플리머스에 정착하였고, 1646~1948년 사이에 열린 뉴잉글랜드의 케임브리지 노회는 웨스트민스터 신앙고백서를 수정하여 채택하고, 회중교회식 교회정치 체제와 개혁교회적 삶의 스타일을 채택함으로써 미국 청교도주의의 방향을 정위(定位)시켰다. 그리하여 매사추세츠의 청교도는 급속하게 회중교회화 하여 1931년에는 'Christian Churches'와 연합하였고, 1957년에는

'The Evangelical Churches'와 연합하였다.

영국에서 미국으로 건너온 청교도들 중에는 미국에 침례교를 세운 이들이 있는데, 이들은 칼빈신학을 따랐다. 그도 그럴 것이 1677년 침례교 대회에 의해서 채택되었기 때문이다. 그런데 미국의 침례교 전통은 개혁주의 전통 이외에 알미니우스 신학의 색깔과 침례교 고유의 전통을 포함하고 있다.

네덜란드 개혁교회가 뉴욕(New Amsterdam)에 들어온 것은 1624년이었다. 요나스 미카엘리스가 1628년에 도착하여 뉴욕에 이식된 개혁교회 전통은 1664년에 뉴욕이 영국 영토가 되었어도 그 명맥을 유지하였다. 이 네덜란드 개혁주의자들은 17세기 정통주의적 네덜란드 칼빈주의, 벨기에 신앙고백(The Belgic Confesseion), 하이델베르크 요리문답 및 도르트 신조(칼비주의 5대 강령)를 미국에 가지고 왔다. 네덜란드인 의 이민 증가에 따라 네덜란드로부터 독립된 네덜란드 개혁교회가 미국에 세워졌으니 그것이 'The Reformed Church in America'였다. 그리고 1800년대에 정착한 네덜란드인들 가운데 어떤 이들은 'The Reformed Church in America'에서 탈피하여 'The Christian Church in America'를 구성하였다.

세 번째로 미국에 개혁교회 전통을 이식시킨 이들은 스코틀랜드 사람들과 스코틀랜드 아일랜드 출신들이었다. 1651년에 다수의 스코틀랜드인들이 보스턴에 정착하였는데, 이들은 곧 그곳에 이미 정착한 뉴잉글랜드 청교도들과 충돌하였다. 그리하여 이들은 서부 펜실베이니아, 버지니아, 노스캐롤라이나와 조지아로 이동하였다.

이어서 1746년에는 고지대 스코틀랜드 사람들의 다수가 사우스캐롤라이나에 이민 와서 강한 장로교를 이룩하였고, 1763~1775년에는 2만 5천 명이나 되는 개혁교회 사람들이 스코틀랜드로부터 이민해 왔다. 스코틀랜드인들과 스코틀랜드 아일랜드인들은 개혁주의 신학전통과 교회

정치 체제를 가지고 미국에 들어왔는데, 이미 미국에 정착한 청교도들과 합세하였다. 이들의 최초의 노회는 1706년에 개최되었고, 제1차 대회는 1717년에 열렸다. 이들은 1729년에 웨스트민스터 신앙고백을 채택하였고, 그 후 70년 동안 중부 지역에서 조지아로 파급되었다. 급기야 1788년 뉴욕, 뉴저지, 필라델피아 및 캐롤라이나(4대회)를 포함하는 총회가 형성되었다. 그런데 이들의 총회 형성과정은 스코틀랜드 본토에서처럼 국가가 아니라 회중들에 의해서 주도되었다.

독일의 개혁교회도 미국으로 옮겨 왔다. 처음에는 네덜란드 개혁교회와 긴밀한 관계를 유지하다가 1792년에는 단절하였다. 이들은 펜실베이니아에 메르세스부르크 신학교를 세웠는데, 이 당시 유명한 독일계 개혁신학자로는 네빈(John Williamson Nevin, 1803-1886)과 샤프(Philip Schaff, 1819-1893)가 있었다. 이들은 지나친 예정론보다 그리스도 중심의 신학을 펼쳤고, 고전적인 개혁주의 교회관을 중요시했으며, 성만찬에서 일어나는 그리스도의 신비적 임재를 강조하였다. 그래서 하지(Charles Hodge)는 이들을 "슬그머니 들어온 루터주의자들"이라고 하였다. 그리하여 독일 개혁교회는 1934년에 독일 이민들에 의해서 세워진 북미의 복음주의 대회(Evangelical Synod of America)와 연합하였다.

2) 캐나다

캐나다는 우리 한국의 경우처럼 19세기에 개혁전통을 받아들였다. 즉, 스코틀랜드와 북아일랜드로부터 이민해 온 사람들이 캐나다에 개혁전통을 세웠다. 캐나다의 개혁교회는 다소 분열을 경험하다가 1875년에 하나의 장로교회를 이룩하였다. 그리하여 1925년에는 대부분의 장로교, 감리교, 회중교회가 캐나다 연합교회를 형성하였다. 캐나다의 장로교(개혁교회) 중 이 연합에 참여하지 않은 교회는 소수에 불과하다.

3. 호주, 뉴질랜드, 남아프리카공화국의 개혁전통

호주는 19세기 대영제국 내에서 종교의 자유가 확보된 상황에서 스코틀랜드로부터 개혁교회의 전통을 받아들였다. 1961년 호주 장로교인의 수는 976,518명에 달했고, 1977년 장로교, 감리교, 회중교회가 연합하여 호주연합교회(The Uniting Church of Australia)를 형성하였다.

뉴질랜드의 장로교회는 1893년에 시작된 스코틀랜드 이민자들에 의해 세워졌다. 이곳에서는 특히 1843년에 세워진 스코틀랜드의 자유교회가 활발하였다. 1968년 뉴질랜드 장로교인의 수는 566,174명이었다.

남아프리카공화국의 케이프 령(Cape Colony)에 네덜란드인들이 정착한 이래(17세기) 네덜란드 개혁교회가 성장해 왔고, 위그노 개혁전통도 이곳에 이식되었다. 오늘날 남아프리카공화국의 개혁교회는 인종차별 정책에 동조하고 있으나 알란 뵈삭(Allan Boesak)과 같은 지도자(WARC 총무)를 배출하여 인종차별 정책에 반대하는 기치를 높이 들기도 하였다.

Ⅱ. 장로교회의 유형들

우리 한국의 장로교회는 어떤 장로교회의 유형에 속하는가? 교회 형태로 본 장로교회의 유형은 4가지이다. 즉, 1. 'Reformed Churches' (개혁교회), 2. 'Presbyterian Churches' (장로교회), 3. 'Congregational Churches' (회중교회), 4. 'Evangelical Churches' (복음주의 교회)가 그것이다.

이 넷 중에서 'Reformed' (개혁교회)는 스위스 종교개혁의 직접적인 영향 하에 유럽 대륙으로 확산된 교회들로서 주로 로마 가톨릭과 루터교와 어느 정도 구별되었다. 'Reformed' 라는 명칭은 1560년대에 영국의 엘리사베스 1세에 의해서 사용되었고 17세기에 굳어진 용어로서, 16세기의 로마 가톨릭교회를 개혁함에 있어서 루터보다는 한 걸음 더 나아가는 개혁이지만 당시의 좌경화 종교개혁자들만큼은 극단적으로 나아가지 않는다는 뜻을 지녔다.

'Presbyterian'(장로교회)이란 앵글로색슨 세계에 뿌리내린 개혁교회들로서 대체로 스코틀랜드 종교개혁으로 말미암은 것이었으며, 특히 영국 성공회(국가교회)의 감독체제에 대응하여 장로교 체제를 강조한 교회들이다. 그런데 'Reformed'는 여러 개혁교회의 신앙고백서들의 각각을 권위 있는 것으로 받아들이지만, 'Presbyterian'은 17세기(1648)의 웨스트민스터 신앙고백만을 성경 다음가는 교리와 설교를 위한 표준으로 받아들인다.

'Congregational'(회중교회)은 국가교회요 감독교회인 영국 성공회와의 갈등에서 기원한 것으로서 개교회(the gathered Christian Community)의 자율성과 권위를 강조하고 개혁교회의 신앙고백서들에 대하여 유보적인 태도를 취한다. 그런데 이들은 1879년에 '국제회중교회협의회'(The International Congregational Council)를 설립했고, 1970년에는 WARC와 연합하였다.

끝으로 'Evangelical'(복음주의 교회)은 19세기 복음주의적 부흥운동의 영향을 받은 개혁교회들을 지칭하는데, 이들은 개혁교회들의 전통적인 신앙고백서들을 중요시하지 않는 편이고, 주로 개인적이고 공동체적인 구원경험을 강조한다. 19세기의 선교운동이 주로 이 같은 영성에 의하여 영향을 받았는데, 19세기 아시아, 아프리카 및 태평양 군도들에 확산된 교회들을 가리켜 우리는 'Evangelical Churches'라 한다.

이상의 4유형은 모두 16세기 종교개혁운동에 공동지반을 갖고 있으므로 모두 한 가족 안에 포함되는 식구들이지만, 이 4유형이 주장하는 각각의 강조점은 개혁교회의 다양성의 코이노니아일 수도 있으나 개혁교회의 일치를 저해할 가능성도 안고 있다. 예컨대, 'Evangelical' 교회들이 '복음'에 의한 개인구원을 강조할 때 'Reformed' 교회들은 개혁교회의 신앙고백 전통의 통전성에 있어서 위협을 받으며, 'Congregational' 교회들이 개교회의 자율성과 권위를 강조할 때 'Presbyterian' 교회들은 노회와 총회와 같은 상부 결의기구에 의한 결의에 있어서 위협을 받으며, 'Reformed' 교회들이 신앙고백 전통을 너무 강조할 때 'Congregational' 교회들은 개교회의 독립성에 있어서 위협을 받는다.

우리 한국의 장로교회는 주로 19세기 복음주의적 부흥운동과 이 계통의 선교사들로부터 영향을 받아 'Evangelical'한 성격을 지닌 것이 사실이지만, 우리는 이 선교사들로부터 웨스트민스터 신앙고백서와 장로교체제의 중요성도 함께 배웠다. 우리 한국의 장로교회는 유럽대륙의 'Reformed' 교회들만큼은 아니더라도 개혁교회의 신앙고백서들을 중요하게 여기고, 개교회를 중요시하는 측면에서는 'Congregational'한 성격도 갖고 있다.

Ⅲ. 역사 속의 개혁교회

우리는 제1권 「16세기 종교개혁과 개혁교회의 유산」에서 16세기 개혁교회를 공시적(synchronic) 관점에서 논하였고, 이제 제2권 「개혁교회의 역사와 신학」에서는 통시적(diachronic) 시야를 가지고 16세기부터 20세기까지 개혁교회의 역사와 신학을 섭렵하려고 한다. 즉, 제1장 : 개혁교회의 기원과 역사, 제2장 : 17세기 개혁교회의 정통주의, 제3장 : 18세기 개혁교회의 신학, 제4장 : 19세기 개혁교회의 개혁신학을 논하고, 제5장 : 20세기 개혁교회의 개혁신학에서 바르트, 브룬너, 벨카우워, 베버, 니버, 몰트만, 로흐만, 토랜스를 다룬다. 그리고 이 책에서 개혁신학의 역사적 기원과 발전사에 대해서 어느 정도 기술하려고 한다.

　루카스 피셔는 「세계 개혁교회 가족」[11]에서 종교개혁에서 오늘에 이르는 개혁교회의 역사를 약술하는데, 그 의도와 목적은 개혁교회의 교회적 정체성과 신학적 정체성을 역사 속에서 보려는 데 있다고 하겠다. 예컨대 어떤 개혁교회는 오직 16세기 칼빈신학을 절대화하고, 어떤 개혁교회는 17세기 웨스트민스터 신앙고백과 개혁주의 정통교의학을 절대화하며, 어떤 개혁교회는 18~19세기 복음주의 부흥운동을 절대화하고, 어떤 개혁교회는 칼 바르트 등 신정통주의를 절대화하기 때문이다. 우리는 각 시대의 개혁교회가 그 당시의 역사적 상황에서 그와 같은 신학을 펼칠 수밖에 없었다고 하는 사실을 중요시하면서 모든 개혁신학을 역사적으로 이해해야 할 것이다. 그리고 "개혁된 교회는 항상 다시 개혁되어야 한다."(Ecclasia reformata est semper reformanda)는 개혁교회의 개혁 성향을 따라서 개혁신학 역시 16세기로부터 오늘에 이르기까지 계속해서 갱신되었고, 발전되었다고 하는 사실을 염두에 두어야 한다.

　21세기를 맞이하고 있는 우리 개혁교회는 적어도 17세기와 18~19세기의 개혁신학보다도 칼 바르트에서 비롯되는 20세기 개혁신학자들의 신학을 선호하면서 포스트모더니즘과 지구화, 그리고 멀티미디어의 시대인 21세기에 새로운 개혁신학을 추구해야 할 것이다. 하지만 우리는 복음과 성경을 통해서 중세 말 로마 가톨릭교회와 신학을 개혁하려 했던 16세기 개혁신학의 역사적 가치, 복음주의 부흥운동과 선교활동으로 특징지어진 18~19세기 개혁신학의 역사적 가치, 18~19세기의 모더니즘을 극복하기 위해서 복음과 성경을 다시 회복한 20세기 개혁신학의 역사적 가치를 인정해야 한다. 그리고 20세기 개혁신학이나 21세기를 위해서 다시 형성될 개혁신학 역시 새로운 시대에 대응하여 삼위일체론과 정통기독론과 같은 고대교회의 에큐메니칼 신조와 지금까지의 개혁교회의 신학적 유산에 조명하여 복음과 성경을 이해하고 해석해야 한다.

Ⅳ. 한국의 개혁교회

한국에 개혁교회가 들어온 것은 캐나다, 호주, 뉴질랜드, 인도의 경우처럼 19세기의 일이었다. 19세기는 윌리엄 캐리와 리빙스턴의 선교활동으로 비롯되는 교회 역사상 유례를 찾아볼 수 없는 개신교 선교의 시대였다. 바야흐로 1885년 4월 5일 미국의 장로교 선교사 언더우드가 인천에 상륙하였고, 1886년 7월에 서경조, 최명오, 정공빈에게 세례를 주었다. 1901년 미국의 남북장로교 선교부, 캐나다 장로교 선교부 및 호주 장로교 선교부는 네 장로교선교협의회(The Council of Missions)를 구성함으로써 '조선 야소교 장로회 공의회'라고 하는 하나의 장로교 연합기구를 낳았고, 동년 5월에는 평양신학교를 개교하였으며, 1907년 9월 17일에는 평양 장대현교회에서 최초의 조선예수교장로회 (독)노회를 조직케 하였고, 1912년에는 '조선예수교장로회 총회'를 최초로 개최케 하였다.

한국의 장로교회는 우리 민족에게 복음을 널리 전하여 교회를 많이 세워 성장시켰고 사회, 문화, 의료, 교육 분야에서 많은 열매를 맺었다. 우리 한국장로교회는 일제의 억압과 탄압 속에서도 계속해서 그 활력을 보였고 수적으로도 증가하였으며, 현재 600만 이상을 헤아리는 우리 한국장로교는 한국의 역사와 문화와 사회에 엄청난 영향력을 주고 있으며, 해외선교에도 큰 힘을 쏟고 있다.

그러나 1930년대에 한국장로교회의 분열의 조짐이 보여, 1945년 해방 이후에 사분오열을 거듭하여 현재 남한에는 100여 개가 넘는 장로교 파들이 있다. 한국장로교는 일제 식민지 통치로부터 벗어나면서 나름대로 민족적, 국가적, 교회적 자기정체성을 찾아야 했고, 한꺼번에 안겨진 자유를 누리려는 과정에서 그 같은 교파의 분열을 경험했다. 한국장로교회는 '신사참배 반대'의 문제, 성경의 권위와 그 해석에 대한 논란, 신학적 보수 대 진보의 갈등, 세계 에큐메니칼 운동에 대한 신학과 이념의 대결 등으로 분열을 거듭했다.

　하지만 오늘날 한국의 개혁교회는 선교사 시대에서 벗어나 활기찬 발전을 거듭하고 있다. 국내에서의 목회활동과 사회참여가 활발하고 국외 선교에도 크나큰 열정을 보이고 있다. 대체로 우편으로는 고려파와 총회신학(합동) 측이 달리고 있고, 좌편으로는 기장 측이 달리고 있는 바, 우리 대한예수교장로회 통합 측은 그 중도를 유지하면서 달리고 있다. 모두가 특징과 강조점을 달리하면서도 개혁교회의 식구들로서 주님의 일과 하나님의 나라를 위해서 함께 헌신하고 있다. 멀지 않은 장래에 한국장로교의 통합이 성취되어야 할 것이다.

　한국장로교회는 그동안 선교사들이 전해 준 웨스트민스터 신앙고백을 사용해 오다가 기장 측은 1972년에 "새 신앙고백 선언서"를, 그리고 통합 측은 1986년 제71차 총회에서 "대한예수교장로회 신앙고백"을 각각 우리 손으로 만들어 채택하였다. 그리고 2001년 총회에서 "21세기 대한예수교장로회 신앙고백"이 통과되고, 수의과정을 거쳐 2002년 총회에서 공포하였다.

■■■ 미 주 ■■■

1. *The Reformed Family Worldwide : A Survey of Reformed Churches, Theological Schools, and International Organizations*(Grand Rapids, Michigan : William B. Eerdmans Publishing Company, 1999), pp. 168-169. 세계의 각 개혁파 교회의 역사에 대해서 보다 상세한 것과 20세기 세계 개혁교회들의 신학교, 국제적 조직현황 및 개혁교회들의 분포도에 대해서는 이 저서를 참고하라.
2. Ibid., pp. 384-386.
3. Ibid., pp. 180-181.
4. Ibid., p. 430.

5. 헝가리와 헝가리 개혁교회의 역사에 관하여 사용된 자료는 *Our Church : the Reformed Church in Hungary*(Budapest, 1997), *Information about the Churches in Hungary*(Budapest, 1995), *The Reformed College of Debrecen and the Great Church*(Debrecen, 1997) 및 인터넷의 'Debrecen'이다.
6. Ibid., pp. 502-503.
7. Ibid., p. 503.
8. Ibid., pp. 504-505.
9. Ibid., pp. 505-506.
10. 스코틀랜드의 교파들에 관한 자세한 것은 *The Reformed Family Worldwide*, pp. 508ff를 참고하라.
11. *The Reformed Family Worldwide*, compiled and edited by Jean-Jacques Bauswein and Lukas Vischer(Grans Rapids, Michigan : William B. Eerdmans Publishing Company, 1999), pp. 4-26.

제2장 17세기 개혁교회의 정통주의

Ⅰ. 개혁교회 정통주의의 교회사적 배경 / 51
Ⅱ. 16세기 개혁신학과의 연속성과 불연속성 / 53
Ⅲ. '개혁신학'과 '칼빈주의 신학'이라는 용어 문제 / 55
Ⅳ. 개혁교회 정통주의의 신학적 정통성 확립 / 57
Ⅴ. 개혁교회 정통주의의 보편성 / 59
Ⅵ. 개혁교회 정통주의의 역사와 신학 / 60
Ⅶ. 개혁교회 정통주의 신학의 공통분모 : 예정론 / 80
Ⅷ. 결론 / 82

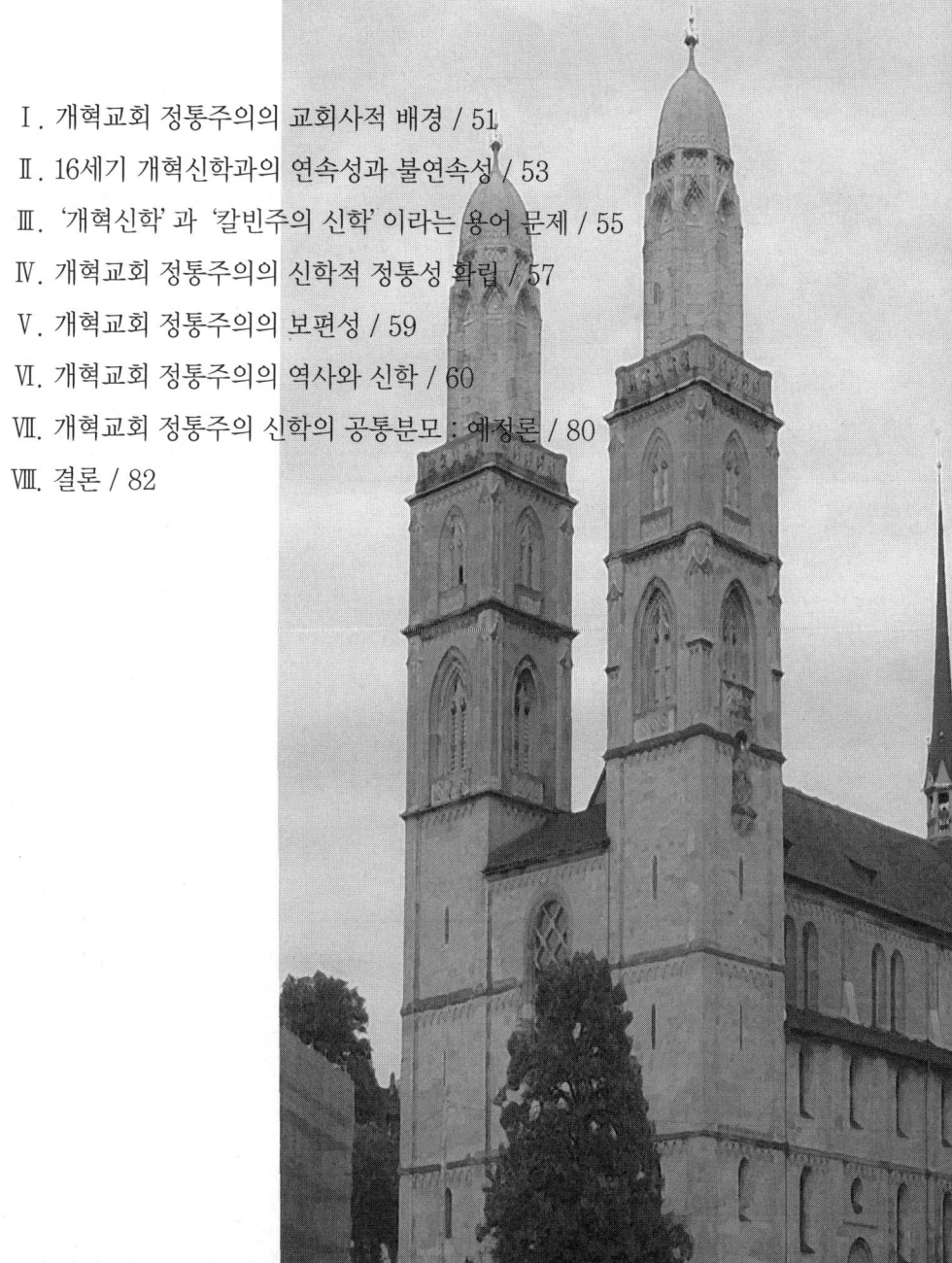

제2장 17세기 개혁교회의 정통주의

I. 개혁교회 정통주의의 교회사적 배경

교회사에서 16세기를 '종교개혁의 시대'라고 한다면, 17세기는 매우 복합적인 시대였다. 유럽에서는 정통주의시대였고, 영국에서는 청교도 시대였으며, 미국에서는 개척시대였다. 16세기가 종교적·신학적 격동기였다면, 17세기는 교리를 절대시하는 시대라고 할 수 있다. 이 시대는 가톨릭이든, 개신교든 교파별 정통주의라는 말로 특징지을 수 있다.

종교개혁 이후 유럽은 격변의 시기였다. 유럽에서는 1618년 이후 '30년 전쟁'이 계속되었다. 그러다가 1648년 웨스트팔리아 평화조약이 체결됨으로 30년 전쟁은 종식되었다. 종교문제를 무력으로 해결해 보려고 하였으나 인류는 비참한 경험을 하게 되었다. 독일에서 루터교와 가톨릭이 투쟁하고 있는 동안 프랑스에서는 위그노 전쟁(1562-1598)이 진행되었다. 네덜란드에서는 칼빈주의와 아르미니안주의의 논쟁이, 영국에서는 청교도 혁명이 진행되었다. 독일에서는 루터교가 로마 가톨릭교회와 교리 논쟁을 접고 1555년 아우구스부르크 평화협정이 체결되었고, 프랑스에서는 1598년 4월 13일 낭트칙령이 발표되었으며, 이로써 위그노와 가톨릭 사이의 갈등이 끝나게 되었다.

거의 한 세기(1555-1648) 동안의 종교분쟁은 웨스트팔리아 조약으로 끝나게 되었다. 프랑스에서는 가톨릭과 위그노 전쟁(1562-1598)을 통하여, 네덜란드의 칼빈주의자들은 네덜란드 독립전쟁(1568-1609)을 통하여, 그리고 영국에서는 청교도운동으로 칼빈주의자들이 개신교 신앙의 자유를 얻었다.

이러한 때에 가톨릭도 정통교리를 세우게 되었다. 그것이 바로 트렌트 공의회(1545-1563)였다. 이 회의에서 가톨릭교회는 교회개혁 프로그램을 선언하였다. 그러나 가톨릭교회 안에서의 반대도 있었다. 왜냐하면 그것은 교황청의 권력집중과 프로테스탄트주의를 배격하기 위한 노력이었기 때문이다. 하지만 트렌트 공의회는 가톨릭 정통신앙을 정의하였다.

루터의 종교개혁 이후 신학자들은 신학적 주제들을 체계화하였다. 그 결과 루터교 정통주의가 생겨났다. 개신교 정통주의는 루터교 정통주의와 개혁파 정통주의로 구별된다. 루터교 정통주의는 축자영감설을 확립하였고, 이것은 루터교 정통주의의 영감설이 되었다. 개혁정통주의 역시 축자영감설을 주장하였으며, 칼빈의 신학적 유산을 체계화하였다. 다음에서는 개혁파 정통주의만 살펴보려고 한다.

Ⅱ. 16세기 개혁신학과의 연속성과 불연속성

 신학은 그 시대와의 깊은 관계를 반영한다. 16세기 종교개혁 신학은 17세기 신학과 다를 것이다. 왜냐하면 16세기 종교개혁가들과 17세기 개신교 정통주의 신학자들은 그들이 처한 시대적 상황에 따라 그 관심사가 다를 수 있기 때문이다. 16세기 종교개혁가들은 로마 교회의 잘못된 교리가 비성서적임을 주장하였다. 이에 대하여 개신교 정통주의 신학자들 곧 16세기 후반 이후의 신학자들은 16세기 종교개혁가들의 가르침을 따르는 사람들의 신앙의 정체성을 확립하는 것이 그들의 과제가 되었다. 그것을 위해 신앙고백을 새로 만들거나 이미 수용된 신앙고백들을 갱신할 필요를 느꼈다. 뿐만 아니라 그러한 신앙고백을 절대시하는 경향을 보였다. 결과적으로 다른 신앙고백에 대하여 배타적일 수밖에 없었다. 따라서 루터교 정통주의는 개혁파 정통주의에 대하여 배타적이었다.
 16세기 종교개혁 이후의 신학은 정통주의 신학이었다. 말할 것도 없이 정통주의는 종교개혁에 의한 교리 신학의 연구 결과로 생겨났다. '정통'이란 '바른 가르침'이라는 뜻이다. 종교개혁의 목표도 어떤 의미에서 올바른 가르침이었을 것이다.[1] 종교개혁자들은 성서적 교리에 다른 첨가를 배제하였다. 교회의 교훈과 실천에서 비성서적인 교리의 제거를 통해 기독교의 교훈과 삶을 개혁하려고 했던 것이다. 종교개혁자 루터는 신앙과 이성에서 이성의 독자성을 반대하였다. 그리고 그 자신 이전의 로마 가톨릭 칭의론에서 인간의 공로개념을 배제함으로 종교개혁 신학을 세웠다. 따라서 루터는 아리스토텔레스의 철학을 반대하였다. 그러나 17세기 정통주의는 계몽주의의 영향으로 다시 아리스토텔레스 사고방식을 신학에 수용하였다. 그 결과 17세기는 아리스토텔레스 연구가 다시 활발하게 되었다. 이렇게 개신교 정통주의는 개신교 신학을 객관

적으로 제시하려는 시도에서 시작되었다. 개신교 정통주의의 중심은 종교개혁의 칭의론과 성서론이었다.[2]

종교개혁 이후에 개신교 안에서 나타난 정통주의는 루터파 정통주의와 개혁정통주의로 구별된다. 17세기 루터파 정통주의는 루터가 중시하지 않은 이성의 독자성을 인정하여 아리스토텔레스의 철학에 근거한, 학교에서 만들어 낸 신학을 수립하였다. 13세기 교사들의 신학 곧 학교에서 만들어 낸 신학을 '스콜라주의 신학'[3]이라고 한다. 16세기 후반과 17세기의 체계신학(조직신학)은 스콜라주의를 끌어들였다. 이 스콜라주의는 학교방식으로 매우 정교하게 신학의 체계를 세우려고 하였다. 언어학적, 철학적, 논리적, 전통적 사상을 신학에 철저하게 사용하여 신학을 체계화하였다. 그러므로 개신교 정통주의를 '개신교 스콜라주의'라고 말한다.[4]

그렇다면 개신교 스콜라주의와 13세기 스콜라주의의 관계는 무엇인가를 좀 생각해 볼 필요가 있다. '스콜라주의'란 말은 '학교 신학'(school-theology)이라고 할 수 있다. 전문학교와 대학들의 교실에서 체계화된 교리적 개론의 신학이다. 13세기 스콜라주의 신학이 신학의 화석화라면, 17세기 개신교 정통주의 스콜라주의는 중세 스콜라주의의 복사는 아니다. 왜냐하면 17세기 개신교 정통주의 스콜라주의는 종교개혁가들의 교훈과 관계되기 때문이다.

개신교 정통주의 신학에 대한 부정적 이해가 있다고 해도 큰 관심을 가져야 한다. 왜냐하면 종교개혁 신학을 명료하게 집대성했기 때문이다. 그리고 그러한 교리적이고 고백적인 집대성이 없었다면 종교개혁은 불완전하게 되었을 것이기 때문이다. 다시 말하면 정통주의 신학이 없이는 종교개혁 교리가 그 다음 세기에 살아남지 못했을 것이다. 정통주의 신학은 종교개혁의 연속성을 유지하게 하였고 교회사에서 교리적 정통을 승계시킬 수 있었다. 그러나 정통주의는 단순하게 종교개혁 신학의 반복과 복사가 아니고, 그 신학 자체로 볼 때 종교개혁 신학과의 연속성과 불연속성을 가질 수 있다. 정통주의는 종교개혁자의 신학으로부터 연속성을 가지지만 종교개혁의 신학과 구별되면서, 13~15세기 신학에 의존함으로써 체계적이고 스콜라주의적인 형태로 발전하게 되었다. 이러한 이중적 연속성은 불가피한 것이다. 정통주의는 교회의 신학의 정체성을 보존하는 방법 중에 하나의 본보기로 보아야 한다.[5]

Ⅲ. '개혁신학'과 '칼빈주의 신학'이라는 용어 문제

개혁파 정통주의란 말과 함께 쓰이는 용어를 분명히 이해할 필요가 있는데, '개혁파 신학'이란 용어와 '칼빈주의'란 용어를 구별할 필요가 있다. 왜냐하면 개혁파 신학을 칼빈주의와 동등하게 보는 경향이 있지만, 그것은 전적으로 옳다고 말할 수 없기 때문이다.

개혁파 신학의 특징은 칼빈 이전에 발전하였다. 칼빈 이전부터와 칼빈이 살아 있을 때 여러 신학자들이 개혁파 전통 수립에 기여하였나.[6] 그들은 스스로 자신들을 '개혁파'라고 불렀다. 그런데 '개혁파'라는 말을 쓸 때 우리는 가끔 오해할 수 있다. 왜냐하면 이 말이 때때로 종교개혁의 원리들을 받아들인 개신교 전체를 포함하기 때문이다. 그러나 더 좁은 의미와 더 정확한 의미는 존 칼빈, 존 녹스, 츠빙글리와 그 외의 사람들의 신학의 영향을 받은 교회들을 '개혁파 교회'라고 한다. 우리는 보통 이 교회를 칼빈주의자들이라고 부르는데, 루터교와 대립하여 이 말을 쓰게 되었다. 이와 같은 용어의 제한은 전 세계적이다. 프랑스에서는 *Églises réformées*, 독일에서는 *reformierte Kirchen*라고 불렀다. '*ecclesiae reformatae*' (개혁교회)라는 명칭은 16세기 말 이전에 이미 일반적이었다.[7]

16세기 유럽에서는 종교개혁자의 이름을 따라 교회가 생겨난다. 그 중에 루터(1483-1546)를 따라 북유럽의 여러 나라에서 '루터교회'가 세워진다. 루터교회는 1550년대 이후 국가교회 체제로 독일에서 흥하였다. 이 '루터교회'와 구별되는 교회로 '개혁파'라는 대칭적인 교회가 16세기 유럽에 생겨났다. 16세기 유럽의 개신교는 크게 '복음적인 루터파'와 '복음적인 개혁파'로 나타났다.[8] 이러한 차이가 16세기 중엽에 생기게 되었다. 「아우구스부르크 신앙고백」(1530)과 요리문답을 따르는 무리와 라인 지방과 스위스에서는 「기독교 강요」와 「하이델베르크 요리문답」(1563)을 따르는 무리로 형성되었다. 그 결과 교회론이나 정치론이 좀 달라지는 신앙고백들이 만들어졌다.

'칼빈주의'란 루터파와 가톨릭에서 이단이라고 규정하기 위해 사용한 말이었다. 이 말은 칼빈이란 이름에서 나온 명칭이지만, 칼빈주의 신학은 엄밀하게 보아 칼빈의 강요의 신학과는 차이가 있다.[9] 우리는 이러한 발전이 어떻게 되었는지 다음에서 살펴보려고 한다.

이 '칼빈주의'란 용어는 루터파 신학자 요아힘 베스트팔이 1552년에 스위스 개혁자들, 특히 칼빈의 성찬론을 비판하는 논쟁적인 책자에서 최초로 사용하였다.[10] 이 용어는 루터파에서 급속히 확산되어 사용되었다. 왜냐하면 독일 지역 내에 칼빈의 신학이 급속히 퍼져 나갔기 때문이다. 이것은 루터파에게는 부담이 되는 것이었다.[11] 칼빈주의자들과 루터파의 첨예한 대립은 성찬론[12] 때문이었다.

칼빈주의라는 용어 사용에서 '칼빈파'란 말은 1566년에, '칼빈주의'란 말은 1570년경에, '칼빈주의자'란 말은 1579년에 사용되었다고 본다.[13] 어쨌든 이 '칼빈주의'란 말은 루터파, 재세례파란 말보다는 후대에 사용되었다. 그러나 칼빈주의는 스위스와 남부 독일에서 사용되기 시작하여 후에 네덜란드, 프랑스, 스코틀랜드, 영국으로 확산되었다.[14] '칼빈주의'란 칼빈의 사상을 따르는 신학이며, 스위스 개혁주의 신학과 교회를 의미한다. 쉽게 말해서 개혁파 정통주의는 칼빈 이후의 신학을 의미한다.

Ⅳ. 개혁교회 정통주의의 신학적 정통성 확립

개혁교회 정통주의는 칼빈주의 교회에서 생겨난 신학이다. 이 신학은 칼빈의 죽음(1564) 이후부터 18세기 초까지의 칼빈주의 신학을 의미한다. 칼빈주의라는 개념은 자주 부정적인 평가를 받았다. 왜냐하면 정통주의는 종교개혁자들의 여러 가지 견해를 경직된 교리체계로 변경시켰고, 본래의 살아 있는 믿음을 메마른 율법주의로 변경시켰으며, 계시신학을 구속 존재론(Heilsontologie)으로 변경시켰기 때문이다. 거기에다 정통주의는 종합적이며 연역적인 방법을 사용하였다. 그 결과 정통주의 신학은 형이상학으로 되돌아갔다. 이러한 현상은 불가피한 제도화 과정 때문이었다.[15]

개혁교회 정통주의 세대의 목사들과 신학자들은 엄청난 문제에 직면하였다. 그들은 16세기 중엽부터 새로운 교회에 대한 책임을 져야 했다. 종교개혁을 받아들인 모든 국가의 교회는 보전되어야 할 뿐만 아니라 계속 공고하게 되어야 했다. 그 시대의 교회들은 교회의 질서를 유지해야 했다. 그 시대의 교회는 종교개혁의 새로운 신앙을 확고하게 하기 위해 신앙고백, 교리문답, 예배의식을 필요로 하였다. 또한 그들은 교육을 통하여 종교개혁의 새로운 신앙을 계속적으로 확립시켜야 했다. 그리고 그 시대의 사람들의 삶에서 종교개혁의 새로운 신앙은 성취되어야만 했다. 이것을 위해 그들은 교회의 유능한 지도자를 기르기 위하여 아카데미를 세웠다.[16]

그 아카데미는 개신교 학교 신학(스콜라신학)의 요람이 되었다. 신학교수들은 새로운 교회의 조직을 구상할 뿐만 아니라 향도(嚮導) 기능을 항상 맡아야 했다. 더욱이 신학교수들은 교의학(教義學)을 완성해야 했다. 또한 그들은 로마 가톨릭, 루터교, 이신론(理神論) 진영의 공격에 대항해야 했다. 그러므로 그들은 이러한 공격에 대하여 그들의 신앙을 변호해야 했다. 그리고 그들은 정통주의 내부에서 신자들이 이탈하지 않도록 신자들을 보호해야 했다. 아미로(Amyraut)[17]의 이념과 요하네스 코케이우스(Johannes Cocceius)[18]로부터 신자들을 보호해야 했다.

그들은 또한 미묘하게 증대되는 종파 간의 논쟁을 문헌으로 완성하였다. 그러한 문헌 완성을 위하여 그 신학은 공식적인 논리의 섬세함을 필요로 하였다. 그 결과 신학은 합리주의적이며 논쟁적인 것이 되었다. 또한 그들은 종교개혁자들과 달리 신학적이고 윤리적이며 정치적이었다. 그들은 보편적 문제들에 대한 해답을 주었다. 거기다가 그들은 비기독교적 철학에 접근해야 했다. 일반적으로 아리스토텔레스 철학에 접근하였다. 그리고 그들은 하나님의 말씀의 빛으로 그 철학을 해석하였다.

루터교의 멜란히톤이나 안드레아스 히페리우스(Andreas Hyperius) 같은 사람들은 키케로, 아리스토텔레스 논리로 다시 돌아갔다. 마찬가지로 제네바에서 베자(Theodor Beza, 1519-1605)나 다내우스(Danaeus), 신아리스토텔레스주의의 야콥 자바렐라(Jacob Zabarella), 그리고 바돌래매우스(Bartholomaeus Keckermann, 1573-1603)가 개혁파 정통주의를 개척하였다. 그리고 마침내 정통주의는 데카르트주의의 저항을 받으면서 개척되었다. 이를테면 프란즈 부르만(Franz Burman)과 크리스토프 비티키우스(Christoph Wittichius) 같은 사람들에 의하여 개척되었다. 라미즘(ramistische)[19] 철학은 독특한 개혁 아카데미인 헤르보른(Herborn)에서 나타났다.[20]

정통주의 시대는 순수한 교리의 엄수와 십계명의 준수를 위하여, 그리고 시민들의 신앙의 확신을 일치시키기 위하여 국가와 교회가 사법권을 공동으로 행사하였다. 신앙고백적 기초를 확보하기 위하여 국가가 사법적으로 그 신앙고백의 가치를 보호하였다. 그렇게 함으로 사교를 믿는 자들을 추방하였다. 그리고 누가 배교자이며 불확실한 신학적 호기심을 갖고 있는지를 검열하였다. 이때 검열의 책임은 신학교수에게 주어졌다. 공적인 삶, 교육 또는 개인의 경건은 정통주의의 규범을 통하여 조정받게 되었다. 모든 이론은 교회의 머리인 예수 그리스도와 성경에 따랐다. 국가적인 당국과 신학자들이 매일 그 이론을 실천하도록 책임을 맡았다.

그러나 사람들은 이러한 상황에서 오히려 미신적 행위에 더욱 집착하였다. 신앙으로 말미암는 예정에 예속되기 때문에 사람들은 전해 내려오는 마술적 조작을 피난처로 삼았다. 사람들은 혜성, 마녀, 그리고 악령에 자신들을 맡겼다. 그리고 사람들은 전통적 관습을 신뢰하였다. 자연과 주위 세계로부터 매년 당하는 위험을 물리치기 위하여 전통적 관습에 매달렸다. 그 시대는 파리의 목사 샤를 드레렝꾸르(Charles Drelincourt, 1595-1669)의 「죽음의 공포로부터 신앙의 위로」(1651)란 책이 출판됨으로 그러한 경건과 신앙을 증거하였다. 그리고 동시에 참된 신앙을 보존하기 위하여 마녀를 불태웠다.[21]

V. 개혁교회 정통주의의 보편성

상대적으로 루터교 정통주의는 지리적으로 하나의 동질적인 지역에 결속되어 있었지만, 개혁정통주의는 정치적으로, 문화적으로 다르게 형성된 여러 나라에서 적으로 여겨졌는데, 프랑스의 경우 종교개혁은 더욱 그러하였다. 칼빈주의는 1560년부터 제3의 교파 세력이 되었다. 칼빈주의는 제네바로부터 프랑스로, 네덜란드로, 그리고 독일의 여러 지역으로 퍼져 나갔다. 그리고 스코틀랜드로, 헝가리로, 루마니아로, 폴란드로 확장되었다. 또한 성찬에 대한 「취리히 일치신조」(*Consensus Tigurinu*, 1549) 이후 스위스의 여러 주(州)로 확장되었다.[22]

이러한 지리적 분열로 말미암는 다양성을 통해 상대적으로 신학적 다양성이 힘 있게 되었다. 개혁파 교회는 루터교의 「일치신조」에 비하여 일치된 신앙고백이 없었다. 다양한 신앙고백과 개혁교회의 요리문답들(「갈리칸 신앙고백」, 「벨직 신앙고백」, 「보헤미아 신앙고백」, 「스코틀랜드 신앙고백」, 「후기 헬베틱 신앙고백」), 「제네바 요리문답」과 「하이델베르크 요리문답」은 칼빈 또는 불링거의 영향으로부터 형성되었다. 그러나 그러한 요리문답들은 그때그때 각 영토에서 형성된 성격을 가지고 있다. 1581년 「통일 신앙고백」(*Harmonia confessionum*)은 루터교의 「일치신조」처럼 같은 목표는 추구되지 않았다. 더욱이 그 요리문답들은 베자의 의도(*De pace ecclesiarum*, 1566)를 생각나게 한다. 루터교와 칼빈주의식(Prägung)의 개신교를 하나로 만드는 요리문답들이며, 프랑스의 위그노를 지지하기 위해서이다. 그러나 이 화해시도는 실패로 증명되었다. 개혁정통주의의 흩어져 있는 구조에도 불구하고 하나의 확실한 일치를 보여 준다. 그것은 칼빈 또는 베자의 생도들이 아카데미의 첫 번째 교수였다는 사실 때문이었다. 그들의 후계자들이 개혁교회 내부에 아주 밀접한 정신적인 결합으로 함께하였으며, '올바른 전통'의 순수성을 보장하였기 때문이다.[23] 이러한 개혁교회가 유럽에 흩어져 있었으나 그 교회들은 개혁신학의 특징들을 가지고 있었다고 보인다.[24]

VI. 개혁교회 정통주의의 역사와 신학

(1) 개혁교회 정통주의의 초기는 칼빈의 죽음(1564)부터 도르트 회의

(1618-1619)까지이다. (2) 개혁정통주의의 절정시대는 도르트 회의에서부터 1670~1680년까지이다. 그것은 「스위스 교회 일치신조」(1675)가 나타난 해이고 정통주의 절정시대의 중요한 대표자인 마레시우스(Maresius, 1673), 보에티우스(Voetius, 1676)와 프랑소아 튜레티니(François Turretini, 1687)가 죽은 해였다. (3) 후기 개혁파 정통주의시대 후기는 1720~1730년 사이인데, 베네딕트 픽테트(Benedict Pictet)의 죽음(1724)과 제네바에서 도르트 회의의 신앙고백(Canones)의 폐지로 끝난다.[25]

정통주의는 경건주의의 출현과 계몽주의의 영향으로 출현한 합리주의 또는 19세기 자유주의 신학의 출현으로 크게 도전을 받았다.

1. 초기 개혁교회의 정통주의

초기 개혁교회 정통주의의 발전은 칼빈이 제네바에 세운 아카데미와 밀접하다. 칼빈은 자신의 후계자인 데오도르 베자를 제네바 아카데미에 초청하여 가르치게 하였다. 그는 칼빈이 죽은 다음에 제네바와 스위스 개혁파 운동의 지도자가 되었다. 그는 개혁정통주의의 아버지였으며 파리, 오를레앙, 부르쥐에서 공부하였다. 그리고 그는 1548년 제네바, 튀빙겐, 로잔을 방문함으로써 칼빈과의 관계를 확고히 하였다. 그는 교수로 로잔에서 헬라어를 가르쳤고, 1558년 개혁신학의 중심지인 제네바로 갔다. 그는 「기독교 신앙고백」(1558), 「기독교의 질문과 응답의 소책자」(1570, 2부 1576)를 저술하였다.[26]

그는 개혁 개신교주의의 표준저술인 칼빈의 「기독교 강요」(제2판인 1539년 판과 제4판인 1559년 판)에 근거하여 강의하였다. 그는 이중예정론을 연구하였다. 한편 그는 그의 「예정론의 도식」에서 칼빈에게 이미 나타나는 인과관계의 개념을 체계화하였디. 그리고 자기 저작의 특징적인 제목을 「기독교 전체 요약」(1555)이라 하였다. 베자는 하나님의 구원 사역의 실현에서 하나님의 뜻의 의미를 강조하였다. 제1원인으로서 하나님의 뜻은 유기(遺棄)에서 그의 의(義)가 나타나는 것처럼 선택에서 그의 자비가 나타난다. 선택과 유기는 하나님의 영광을 드러내야 한다. 한편으로는 칭의, 부르심과 성화를 통해서이고, 다른 한편으로는 신자들의 강퍅함으로 신자들에게 허락되는 제2의 원인을 반대한다. 하나님의 뜻을 위해 실천적 삼단논법[27]을 주장하여 구원의 확신을 얻는다. 선행은 전혀 구원을 보장하지 않지만 증거할 뿐이다. 베자는 순수한 자유가 되는 하나님의 통치를 확인하고, 동시에 신자들에게 그들의 구원을 확신시키도록 노력한다.[28]

베자는 칼빈의 견해를 유지하고 해석하였다. 그러나 그는 칼빈의 견해를 다르게 해석하는 결과를 가져온다. 그는 그의 예정론을 하나님의 지식, 의지, 능력에 근거하고 있다. 베자는 제한 속죄를 주장하였다. 물론 제한 속죄는 칼빈의 전제로부터 끌어낼 수 있는 이론적 결론이다. 그러나 칼빈 자신은 그러한 이론적 추론을 하지 않았다.[29]

베자는 칼빈의 신학을 명료하게, 일관성 있게 해석하였다. 그러나 이러한 명료성과 일관성 때문에 그의 선배 칼빈에게서 볼 수 있는 신비감이나 신선감은 없어졌다. 베자는 성경을 일련의 명제로, 동등하게 영감 받은 것으로 보며, 동등한 중요성을 가진 것으로 보았다. 따라서 그러한 성경의 일련의 명제는 칼빈주의 신학의 체계에 자리 잡았다. 칼빈은 명료하고 빈틈없는 이론을 언제나 거부하였는데, 오히려 베자는 그러한 이론을 부담 없이 칼빈주의적 체계에 끌어들였다.[30]

베자는 또한 칼빈주의와 루터교 사이의 논쟁의 중심이 되는 성찬 논쟁을 가져왔다. 논쟁의 근거는 성찬에서의 그리스도의 현존 방법과 방식에 있었다.[31]

이 성찬 논쟁은 승천 후의 기독론의 문제인 바, 그리스도의 몸이 떡과 포도즙에 현존할 수 있는지, 그리스도 안에서 인성의 편재가 가능할 수 있는지에 대한 논쟁이었다. 칼빈과 베자, 그리고 그들의 후계자들은 성찬에서 그리스도의 영적 임재를 믿었다. 그리고 그리스도의 인성의 편재성을 반박하였다. 이 때문에 칼빈주의자들은 예수 그리스도의 두 본성의 통합을 가르쳤다. 하나님 우편에 앉아 있는 그리스도의 몸이 떡과 포도즙으로 현존할 수 없다는 것이다. 즉, 아리스토텔레스의 물리적인 것과 하나님의 뜻이 모순 없이 현존할 수 없다는 것이다. 칼빈주의자들은 성찬을, 인간적인 실체의 우연을 신적인 실체의 우연으로 바꾸는 것으로 이해하지 않았다. 즉, 칼빈주의자들은 루터교인들이 그리스도의 양성인 신성과 인성이 교류한다고 믿는 속성의 교류(communicatio idiomatum)를 이해하는 것처럼 이해하지 않았다. 베자, 다내우스, 잔키, 우르시누스, 브렌즈, 켐니쯔, 셀네커, 안드레아 같은 사람들은 루터교의 경우에 그리스도의 인성이 손상을 받는 것을 비난하였다.

그리고 칼빈주의자들은 루터교인들을 단성론자들이라고 정죄하였을 뿐만 아니라 가현설이라고 정죄하였다. 그들은 길빈의 진정한 제자로서 예수 그리스도의 인격의 통일을 위태롭게 하는 위험으로부터 그리스도의 두 본성의 구별을 강조하였다. 칼빈주의자들에게 그리스도는 우리에게로 낮아지고 인간 본성을 입으셨지만, 그의 영광과 존귀하심이 조금도 포기되지 않았다.

이 교리는 초월적 칼빈주의(Extra-calvinisticum)로 특징지어진다. 하나님의 은사를 교통하기 위하여 성물(떡과 포도즙)의 물리적 조건을 고집한 루터교에 반대하여, 칼빈주의자들은 신성과 인성의 모든 혼합을 피하려고 하였다. 그리고 그들은 성찬식의 성물에서 영적인 그리스도의 임재를 이해하였다. 칼빈주의자들은 루터교도들에 의한 성례숭배 및 경건하지 않은 식사(manducatio impiorum)[32)]에 영적인 식사(manducatio spiritualis)로 대립시켰다. 신령한 식사란 신앙을 통하여 그리스도의 몸을 받는 것이고, 성령으로 역사하는 것을 의미하였다.[33]

다내우스(Lambertus Danaeus, 1535-1595)는 칼빈주의의 교리에 학교의 조정이 필요하다고 이해한 사람이었다. 그들은 신학적인 내용을 구성하기 위하여 변증적 방법을 붙잡았고, 수사학의 방법을 의지하였다. 그들은 어느 정도 공공연하게 형이상의 성물로 도움을 받았다.

16세기 말에 제네바는 개혁정통주의의 유일한 중심은 아니었다. 로잔의 아카데미에서 마틴 부처는 하나의 교과서인 그의 책「신학강요」(神學綱要, 1602)를 출판하였다. 그리고 바젤에서는 1596년 이래 폴란스도르프의 폴라누스가 활동하였다. 그는 대단히 광범위한 저술에서 논리에 대한 요구를 정당화하였다. 더욱이 그는 라미즘[34]의 형성을 정당화하였다. 또한 도식적 형식으로 신학을 설명하였다. 그리고 그는 루터교의 타락 전 예정론 입장에 반대하여 변호하였다. 그의 제자 볼렙(1586-1629)은 유명한 교과서인「기독교 신학의 요약」을 저술하였다. 또한 1626년에 유명한 총괄서「구원의 사슬」(하나님은 예정하시고, 그리스도는 공로를 얻고, 말씀은 약속하시고, 성례는 인치고, 신앙은 받아들이고, 입은 고백하고, 행위는 증거한다.)을 출판하였다.[35]

2. 스위스 개혁교회의 정통주의

1549년에 칼빈과 불링거가 동의한「취리히 일치신조」(*Consensus Tigurinus* 1549 : "the Zurich Agreement")[36]는 츠빙글리주의와 칼빈주의를 하나의 개혁 전통으로 묶었다. 그러나 이 신조는 스위스 안에 있는 개혁교회의 지류들을 받아들이는 신앙고백서는 되지 못하였다. 스위스 안에 있는 개혁교회의 지류들을 받아들이는 신앙고백서는「제2 스위스 신앙고백」(the Second Helvetic Confession)이었다. 이 신앙고백서는 츠빙글리주의자인 불링거가 완성하였다. 불링거는 1561년에 이 신앙고백의 본문을 기초하였으나 널리 인정받지 못하고 있다가, 팔라티네이트(Palatinate) 영주국의 선제후(選帝候) 프레드릭 3세가 루터파의 신앙고백과 공통점을 갖는 개혁교회의 신앙고백을 불링거에게 작성해 주기를 요구하였다. 이 요구에 불링거는 수년 전에 작성해 둔 문서를 선제후에게 보내었고, 이때부터 널리 알려지게 되었다.[37]

불링거는 그 문서를 제네바와 베른에 보내어 그 도시의 개혁교회의 평가와 반응을 기대하였다. 「제2 스위스 신앙고백」의 서문은 다시 쓰이고 약간의 수정을 거친 다음 스위스에 있는 대부분의 개혁교회가 받아들이고 서명하였다(1566). 예외적으로 노이샤텔(Neuchatel)에서는 2년 뒤에 서명하였고, 바젤은 한 세기가 지난 후에 서명하였다. 글라스고에 모인 스코틀랜드대회는 「제2 스위스 신앙고백」이 출판되던 바로 그 해에 서명하였다. 그 이듬해에 헝가리 개혁교회가 서명하였다. 1570년에 선포된 「폴란드 신앙고백」은 「제2 스위스 신앙고백」의 개정판에 불과하다. 프랑스 개혁파는 이미 고유한 신앙고백을 가지고 있있기 때문에 1571년 라 로셀(La Roschelle)대회에서 「제2 스위스 신앙고백」을 기독교의 바른 교리의 신앙고백이라 선언하였다.[38]

「제2 스위스 신앙고백」은 츠빙글리주의자 불링거에 의해 칼빈주의와 츠빙글리주의의 화해의 목적으로 쓰였다. 이 신앙고백은 여러 가지 점에서 칼빈주의 정통주의에 온건한 영향을 끼쳤다. 「제2 스위스 신앙고백」은 개혁정통주의가 극단적으로 흐르지 않게 주의를 기울였다.[39]

「제2 스위스 신앙고백」은 칼빈주의적 영향을 강하게 받은 개혁파 문서이다. 성찬은 「취리히 일치신조」에 입각하여 칼빈주의적 개념으로 이해하였다. 예정은 칼빈과 칼빈주의 신학자들의 중간 입장이었다. 예정을 신론 마지막에 위치시킴으로 하나님의 본성에 속하게 하였다. 그러나 내용은 칼빈에 더 가깝기 때문에 구원론의 서문과 비슷하다는 생각을 하게 한다. 그러므로「제2 스위스 신앙고백」은 성경의 영감설에 있어서 칼빈과 칼빈주의적 정통주의를 연결시킨다. 칼빈은 성경의 영감을 믿었지만 자신의 신학을 성경의 영감으로 시작하지는 않는다. 그는 극단적인 성경적 문자주의의 위험성도 인식하였다. 그러나「제2 스위스 신앙고백」은 성경이 영감 받은 하나님의 말씀이라는 것을 선언하였다. 제1장부터 이것을 선언하였다. 신앙고백이 신학의 구조를 바꾸었다고 해도 신앙고백의 내용은 크게 영향을 받지 않았다. 하지만 이러한 변경은 성경을 하나님의 뜻의 책으로 보고 거기서 신학을 일련의 명제로 이끌어 내는 경향이 시작되었다. 이와 같은 점에서「제2 스위스 신앙고백」은「웨스트민스터 신앙고백」의 선구적 역할을 하였다.[40]

제네바에서 베자의 영향력이 크기 때문에 스위스의 다른 지역에 베자의 칼빈주의가 뿌리를 내렸다. 베자의 칼빈주의는 스위스에 확산되었으나 스위스에서는 많은 사람들이 반대하였다.[41]

베자가 죽은 후 스위스에서 칼빈주의 정통주의의 지도자는 베네딕트 튜레티니와 프랑소아 튜레티니 부자였다. 베네딕트 튜레티니(Benedict Turretini, 1588-1631)는 이탈리아 출생이다. 그는 베어미 글리와 잔키에게서 볼 수 있듯이 극단적 예정론 학파였다. 그는 스위스 개혁교회가 아르미니우스주의자를 정죄한 도르트 회의의 결정을 지지하였고, 그 지지를 위해 노력하였다. 그러나 그도 말년에 아르미니우스주의자를 옹호하였다. 베네딕트의 아들 프랑소아 튜레티니(Benedict's son François, 1623-1687)는 대륙 칼빈주의 정통주의 가운데 가장 뛰어난 조직신학자였다. 그는 프랑스의 소이뮈르(Saumur)에서 일어난 신학 논쟁에 참여하였다. 그의 명성은 3권으로 된 조직신학 책(1679-1685)인「신학적 논박의 강요」로 커졌다. 이 책은 칼빈의「기독교 강요」이후 개혁파의 철저한 조직신학 책이었다.[42] 그「주제」(loci)를 보면 17세기 대륙의 칼빈주의

성격을 알 수 있다.⁴³⁾

튜레티니는 스콜라 신학에서처럼 서론과 비슷한 머리말을 먼저 배열하고 성경의 권위문제를 다루었다. 그의 관심은 성경이 기독교의 유일한 권위임을 밝히는 것이었다. 그리고 전통은 성경과 나란히 할 수 없다는 것이었다. 이러한 사상은 16세기 개혁자들부터 온 개신교 신학이다. 성서론을 조직신학의 머리에 위치시키고 성경의 무오를 규명하는 것은 후기 칼빈주의의 전형적인 것이었다. 이러한 방법은 칼빈에게서 찾아볼 수 없다. 이러한 경향은 튜레티니와 다른 두 신학자에 의해 작성된 1675년 「스위스 교회 일치신조」에서 절정에 이르고, 이들은 성경의 절대 무오를 주장하였다.⁴⁴⁾

튜레티니도 예정론을 신론 다음에 위치시켰다. 그리고 하나님의 본성에서 예정을 이끌어 내었다. 그렇게 함으로 예정과 신의 본성을 거의 동일선상에서 보았다. 그는 베어미글리나 잔키처럼 예정에서 은혜의 선포보다 하나님의 마음을 읽는 것에 관심을 갖게 되었다. 그는 다른 후기 칼빈주의자들처럼 하나님의 뜻의 순서에 대한 질문과 하나님이 타락을 허락하였는지의 여부에 대한 질문을 하였다. 이러한 영역은 신비한 것이므로 칼빈은 논하는 것을 금했다.⁴⁵⁾

그는 타락 전 예정(선택과 유기에 대한 하나님의 뜻이 타락에 대한 하나님의 뜻보다 앞선다는 입장)이 구원의 근거와 일치하지 않는다고 하였다. 그는 하나님이 인간을 창조하시고, 둘째는 타락을 허락하시고, 셋째는 이 중 예정을 허락하시고, 넷째는 그리스도를 선택받은 자들의 중보자와 구주가 되게 하시고, 마지막으로 이들을 믿음으로 부르시어 의롭게 하시고 성화와 영화롭게 하셨다고 보았다. 이것은 타락 후 예정론과 같다. 튜레티니는 예정을 타락 후에 정한 것이 아니고 타락을 허락의 의미에서 밝히려고 하였다. 하나님의 뜻의 순서에서 예정이 타락 뒤에 있고 역으로 되지 않는다는 것을 밝히려고 하였다. 그러나 타락 후 예정이란 용어가 튜레티니와 다른 사람들에게서 선택의 결정이 타락에 대한 하나님의 예지 뒤에 따르며 실제적인 타락 이후로 이어지는 것같이 모호하게 만들었다.[46]

그는 그리스도의 죽음은 모든 사람의 구원에 충분하지만 오직 선택된 자만을 위해 죽으셨다고 이해하였다.[47]

튜레티니는 개혁정통주의의 전형적 해석자였다. 그에게서 스콜라주의 방법론을 볼 수 있다. 그러므로 그를 '개신교 스콜라주의'라고 한다.[48]

엄격한 칼빈주의는 도전을 받게 되었다. 그 예로서 프랑소아의 아들 장 프랑소아 튜레티니는 1725년에 자유주의적 반동의 기수가 되었다. 그는 제네바에서 도르트의 결정과 동시에 「제2 스위스 신앙고백」까지 폐지하였다.[49]

3. 독일 개혁교회의 정통주의

16~17세기의 독일에서 칼빈주의는 정치적 상황과 관계된다. 또한 루터교만큼 관용을 맛보지 못하였고 독일 내에서 계속 루터교의 압력을 받았다. 칼빈주의의 영향력이 컸던 스트라스부르크는 차츰 칼빈주의가 루터교와 결합하게 되었다. 그래서 16세기 독일에서 칼빈주의가 가장 활발하였던 곳은 팔라티네이트 영지였다. 그 수도 하이델베르크는 정치적 상황에서 선제후의 지지를 받았고, 여기서 「하이델베르크 요리문답」(*Heidelberg Catechism*, 1563)이 나왔다. 이것은 독일 칼빈주의의 가장 특징적인 신앙고백 문서가 되었다.[50]

개혁정통주의는 독일에서 부처와 멜란히톤의 유산과 함께 칼빈주의 전통을 결합하였다. 특히 1574년에 작센으로부터 추방되었다가 슬그머니 들어온 칼빈주의자들이 관련된 후에 개혁정통주의는 부처와 멜란히톤의 유산과 함께 칼빈주의적 전통을 결합하였다. 1560년 이후 하이델베르크는 자카리아 우르시누스(Zacharias Ursinus, 1534-1583)를 통하여 칼빈주의 신학의 중요한 중심지가 되었다.[51] 그는 「하이델베르크 요리문답」의 정신적 아버지가 되었고, 사후 그의 제자들에 의해 그 해석이 출판되고 계속 반포되었다.

자카리아 우르시누스는 멜란히톤의 제자였다. 그는 비텐베르크에서 젊은 시절을 보냈다. 그의 스위스 여행은 성찬에 대한 '칼빈주의적' 견해를 받아들이게 하였다. 그는 루터교 진영에 몰래 들어온 칼빈주의자란 비난을 견디지 못하여 피터 마터 베어미글리의 도움으로 팔라티네이트로 피신하였다. 루터파와 칼빈파가 거리가 멀어지면서, 우르시누스는 캐스퍼 올레비아누스와 함께 특히 성찬에 임재하는 예수 그리스도에 대하여 「하이델베르크 요리문답」을 작성함으로 이 요리문답의 정신적 아버지가 되었고, 이 요리문답은 독일 개혁교회의 신앙고백이 되었다.[52]

우르시누스는 다른 독일의 칼빈주의자들보다 교리에서 유연하였고, 칼빈을 더 올바르게 이해하였다. 그는 예정을 하나님의 본성의 필연성이라고 보지 않았다. 우르시누스는 예정을 교회론 다음에 위치시킴으로 구원의 체험에 대한 표현으로 이해하였다. 그는 요리문답을 해석하면서 예정을 하나님의 속성과 연결하려고 하지 않았다. 오히려 예정의 목회적 중요성을 증명하려고 하였다. 그는 인간이 죽기 직전에 회심할 수 있기 때문에 유기(遺棄)를 단정하면 안 된다고 하였다. 누구도 유기를 결정해서는 안 된다.[53]

우르시누스는 칼빈이 죽기 전과 죽은 후에 칼빈의 체계 안에 포함되어 있는 역동성과 신선미를 이해하는 인물이었다. 그럼에도 불구하고 칼빈의 신학은 베어미글리, 잔키, 베자 같은 신학자들에 의해 도식화되었다. 이러한 경직화는 시작단계부터 칼빈주의에 침투된다.[54]

제롬 잔키(Jerome Zanchi, 1516-1590)는 피터 마터 베어미글리의 제자였다. 그는 그의 스승이 1550년에 이탈리아를 떠날 때 스승의 길을 따른다. 제네바에서 얼마를 머물다가 스트라스부르크에서 신학교수가 되어 거기서 11년간 머물렀다. 그때 이 도시의 엄격한 루터교파의 지도자들로부터 미움을 샀고, 결국 압력에 굴하여 「아우구스부르크 신앙고백」에 서명하게 된다. 그러나 그는 그 신앙고백을 '정통형식으로' 해석한다는 단서를 붙인다. 그는 논쟁 때문에 스트라스부르크를 떠나 4년간 목회하다가 우르시누스의 뒤를 이어 하이델베르크의 교수직을 계승한다. 그는 여기서 예정론과 삼위일체론 등 여러 주제에 걸친 광범위한 신학 저술활동을 한다.[55]

그는 정통주의에 지나치게 집착하거나 이단을 따르지 않았다. 그는 평화를 사랑하는 자였으나 예정론을 다루면서 칼빈과 후기 칼빈주의자 사이의 구별점을 도식화하는 데 몰두한다.[56]

그는 「확정적이며 단정적인 절대 예정론」에서 예정론을 설명한다. 그는 예정론의 근거를 하나님의 예지라고 하였다. 하나님의 전지는 전능과 합하여 모든 것(인간의 운명까지도)이 하나님에 의해 미리 예정되었다. 예정은 어떤 사람은 구원받고 어떤 사람은 구원받지 못한다는 하나님의 결정이다. 그뿐 아니라 예정은 모든 사건이 미리 결정되는 모든 만물에 대한 하나님의 통치(rule)이다. 그와 같은 전제를 인정하면 칼빈주의의 전형적 이론인 제한 속죄는 논박을 받지 않는다. 그는 빈틈없는 논리로 이중 예정론과 제한 속죄를 확립한다. 그리고 그는 이러한 이론의 목회적, 신앙적 가치를 밝혔다는 점에서 매우 중요하다. 그의 이론은 비인간적인 합리주의가 아니다. 그러나 그는 칼빈의 예정론을 변경시켰다. 그 변경은 내용 면에서보다 강조점에서 어느 정도 변경을 하였다. 은총의 경험을 표현하려고 하기보다는 하나님의 본성으로부터 추론되는 신학 이론을 정립하려고 노력하였다.[57]

제롬 잔키는 1577년에 「하나님의 본성에 대하여 또는 신의 속성에 대하여」(*De Natura Dei sive de Divinis attributis*), 그리고 「기독교 신앙에 대하여」(*De religione christiana fides*)에서 1585년의 예정론에 대한 베자의 교리의 형이상학적 기초를 드러냈다. 더욱이 토마스주의를 닮은 하나의 개념에서 드러났다. 은혜의 불가항력 곧 성도의 견인의 첫 번째 교리형성(Formulierung)은 그에게 돌아갔다. 믿음으로 보존되는 하나님의 특별한 선택과 확신은 16~17세기 개혁파 정통주의의 영속적인 표징들이었다. 잔키도 베자와 마찬가지로 개혁주의 스콜라신학의 아버지에 속한다.[58]

헤르보른(Herborn)은 매우 중요하였다. 개혁정통주의가 **네덜란드**와 보헤미아까지 뻗어 나가기 위하여 1584년에 설립된 헤르보른의 김나지움(*Das Gymnasium illustre von Herborn*)은 라인 지역과 베스트팔렌에 걸쳐 개혁파 정통주의가 확산되었다. 여기서 코메니우스(Johann Amos Comenius)도 공부하였다. 헤르보른에서의 첫 번째 교수는 올레비안(Johannes Piscator Kaspar Olevian)이었다.[59] 그는 「하나님과 선택자 사이에 은혜의 언약의 본질에 대하여」(*De substantia foederis gratuiti inter Deum et oloctos*, 1585)에서 하나님의 영광과 선택자의 구원의 확신을 결합시키는 견해와 함께 언약의 개념을 발전시켰다. 이 관념은 독일 개혁신학에서 관철되었다. 은혜의 언약과 예정은 같은 목적을 가졌다. 즉, 하나님의 자비와 하나님의 의를 밝히는 것이었다.[60]

피스카토르(Piscator, 1546-1625)는 성서번역과 주석(Piscator-Bibel, 1597-1603)으로 유명하였다. 그의 「금언」(*Aphorismi*)에서 칼빈의 강요 28 논제(*loci*)로부터 학문적 토론을 위한 기초를 이끌어 내었다. 만족하는 역사(Wirkung)는 예수 그리스도의 수동적 순종(*oboedientia passiva*)을 갖고 있다는 그의 논제는 개혁교회 내부에 오래 계속되는 논쟁을 종식시켰다.

개혁주의 신학은 1611년 이후 알스테드(Johann Heinrich Alsted)와 함

께 헤르보른에서 절정에 이르렀다. 알스테드는 케커민(Bartholomaeus Keckermann, 1573-1603)의 영향 아래 자바렐라(Jacob Zabarella)로 말미암는 하나의 새로워진 아리스토텔레스주의의 대리인이 되었다. 그는 신학에서 분석적 방법의 사용을 옹호하는 편에 섰다. 그에 반하여 개혁신학자들로부터 준수된 종합적인 방법에 맞섰다. 알스테드는 하나의 광범위한, 신학적이고 백과사전적인 저술을 남겼다. 그는 신학을 이론과 실천으로부터 혼합된 습관(habitus mixtus e theoria et praxi)으로 정의하였다. 그리고 철학이 신학에 종속되고, 어느 경우도 신학과 갈등에 빠질 수 없다는 입장이다. 그는 자연 언약(foedus naturae, 자연법과 자연신학)과 은혜 언약(foedus gratiae, 신·구약성경에서 계시)의 구별에 기초하여 언약신학(Föderaltheologie)을 발전시켰다. 그 신학은 칼빈주의 예정론의 틀 안에서 움직였다. 알스테드는 도르트 종교회의에 참여하였다.[61]

브레멘의 김나지움(Das *Gymnasium illustre von Bremen*)은 1584년에 열렸다. 그 학교는 두 사람의 신학자를 배출하였는데, 그 중 한 사람이 그로키우스(Ludwig Grocius, 1586-1655)이다. 그는 1636년에 「거룩한 신학의 종합」이란 책을 출판하였다. 그리고 또 한 사람은 마르티니(Matthias Martini, 1572-1630)로, 「기독교 교리요약」이란 책에서 계약신학을 제시하고 변호하였다. 그 신학은 코케이유스(Coccejus)가 영감을 얻은 신학이었다. 그에게 있어서 선택은 은혜의 언약을 통해 성취되고, 중보자는 인간을 구원으로 인도하기 위해 그것을 통해 자연 언약의 타락을 제거하였다. 마르티니는 도르트에서 타락 후의 예정론 입장을 변호하였다. 하나님의 의지와 자유롭고 주권적인 하나님의 결정이 모든 인간을 구원하고 중재한다고 주장하였다. 그러한 입장은 크루시게르(Georg Cruciger, 1575-1637)와 괵켈(Rudolf Göckel〈Goclenius, 1581-1627〉)로부터 지지를 받았다. 그들은 마르부르그(Marburg)에서 교수로 활동하였으며, 그 후 그 대학은 1605년에 헷센 카셀의 개혁국가 대학이 되었다.[62]

4. 네덜란드 개혁교회의 정통주의

무엇보다 네덜란드는 개혁파 정통주의의 제2의 고향이 되었다. 1575년에 라이덴(Leyden)에서 교수단이 정비되었다. 거기서 다내우스(Lambertus Danaeus, 1530-1595), 고마루스(Franciscus Gormarus, 1563-1641)와 그들의 적대자 아르미니우스(Jacob Arminius)와 에피스코피우스(Simon Episcopius, 1583-1643)가 강의하였다.

1585년에 프라네커(Franeker)에서 아카데미가 열렸다. 그 아카데미의 첫 번째 교수는 베자의 제자인 루베르투스(Sibrand Lubbertus, 1556-1625)였다. 그 밖에 거기서 1615년 이래 타락 전 예정론의 목표를 가지는 마코비우스(Johannes Maccovius, 1588-1644)와 1622년부터 아메시우스(William Amesius)가 강의하였다.

1614년에 그로닝겐(Groningen)의 아카데미는 그들의 가르치는 자격을 인정하였다. 거기서 1618년 이후 고마루스가 강의하였다. 1634년에 우트레히트(Utrecht)에서 김나지움 설립이 계속되었다. 거기서 보에티우스(Gisbert Voetius)는 우선 학장으로, 그리고 나서 신학교수단의 존경받는, 위엄 있는 지도자로 죽을 때(1676)까지 활동하였다.

엄격한 칼빈주의 개혁신학이 뿌리내린 네덜란드에서 아르미안주의가 일어났다. 그 이유는 네덜란드에 여전히 르네상스 인문주의와 제세례파의 전통이 살아 있었기 때문이다. 인간의 이성과 자유의지를 강조하는 쿠른헤르트(Dirck V. Coornhert, 1522-1590)와 아르미니우스와 그의 제자들이 있었다. 아르미니우스는 라이덴 대학 출신으로 제네바의 베자에게서 칼빈 신학을 수학한 개혁교회의 목사였다.[63)]

아르미니우스와 고마루스와의 예정론에 대한 논쟁이 일어났다. 그 논쟁은 17세기 동안 유럽 개혁교회와 교수단을 뒤흔들었다. 아르미니우스는 이성과 자유의지를 강조하는 쿠른헤르트를 논박하는 것을 맡았다.

그러나 아르미니우스는 개혁파 출신이있지만 구른헤르트의 사상에 동조하게 되었다. 그래서 그는 이중 예정론에 관하여 의심하게 되었다.

아르미니우스는 "타락 후 예정론"[64]을 주장하였다. 그런가 하면 고마루스는 "타락 전 예정론"[65]을 주장하였다. 타락 후 예정론은 하나님이 인간이 타락할 것을 미리 아시고(예지) 타락을 허락하신 다음, 선택을 타락 후 인류의 한 부분을 구원하는 방도로서 작정하셨다는 것이다. 그런가 하면 타락 전 예정론은 하나님이 선택과 유기를 영원 전에 (타락 전에) 작정하시고 타락을 이 작정이 수행될 수 있는 수단으로 허락하셨다는 것이다.[66]

아르미니우스는 타락 후 예정론을 주장하였다. 인간 타락의 원인인 자유의지(하나님은 인간이 자유의지를 어떻게 사용할지를 미리 아신다.)를 강조하였다. 그는 멜란히톤처럼 예수 그리스도가 모든 인간을 위해 죽었고, 또 은혜는 모든 사람에게 주어졌다고 믿었다. 인간 개별자의 자유의지의 결정에 따라 하나님의 은혜를 받는다는 것이다. 1603년에 라이덴에서 교수로 임명된 아르미니우스는 타락 전 예정론을 믿는 동료 고마루스와 논쟁하게 되었다. 고마루스는 타락 전 예정론을 확신하였다. 하나님은 한 사람을 구원으로, 다른 사람을 버림으로 미리 예정하셨으며 세상이 창조되기 전에, 그리고 타락 전에 하나님이 예정하셨다는 입장이었다. 그는 하나님의 무조건적 선택을 강조하였다.[67]

이 논쟁은 1609년 아르미니우스의 죽음 뒤에 계속되었다. 아르미니우스주의자들은 기독교를 도덕적 성화의 종교로 보았다. 마침내 40명의 아르미안주의자들은 신앙성명을 작성하였다. 종교의 관용을 강조하는 정치인 올덴바르네벨트(Johan van Oldenbarnenvelt)의 요구로 작성된 항의서("Remonstrance", 1610)에서 아르미니우스주의자들(항의자)은 하나님의 은혜가 불가항력적이라는 것을 거절하였다. 그리고 예정은 하나님의 예지에 근거하며, 오로지 하나님의 자유하고 주권적인 결의로 확정된 의지에 근거하지 않는다는 것이다. 그렇게 하여 그들은 예수 그리스도께서 선택된 자뿐만 아니라 모든 사람을 위하여 죽었다는 확신을 주장하였다.[68]

아르미니우스주의자들은 예정론에서 인간의 자유의지를 인정하고 하나님의 예지를 주장하였다. 그들은 예수 그리스도의 대속의 죽음이 선택된 자만을 위한 것이라는 제한속죄가 아니고 만민을 위한 것이므로 누구나 자발적으로 믿으면 구원을 얻는다고 했다. (그러나 원죄를 부인하고 스스로 구원의 가능성을 인정하는 펠라기우스주의보다 그 정도가 약하다.) 그들은 은총의 불가항력과 견인을 반대하면서 자유의지로 은총의 상실도 가능하다고 하였다.[69]

이 논쟁은 도르트 회의(1618-1619)에서 아르미니우스주의[70]가 정죄되고 칼빈주의가 승리하였다. 아르미니우스주의자들의 항의에 대항하는 칼빈주의 5대강령(TULIP)[71]이 도르트 회의의 산물이었고, 「하이델베르크 요리문답」과 「벨기에 신앙고백」과 더불어 네덜란드 개혁교회의 전통적인 신앙고백서로 지금까지 사용되고 있다. 그러나 이 회의는 고마루스의 "타락 전 예정론"을 채택하지 않았다. 항의자들(Remonstrants)은 추방당하여 10년 동안 억압 속에서 살다가 1626년 네덜란드의 자유교회로 등장하여 오늘에 이르고 있다.[72]

5. 영국 개혁교회의 정통주의

영국 기독교의 개신교회는 역사적으로 영국 성공회(Anglican Church)에 의해서 시작되었다. 그러나 결정적으로 영국 기독교를 개신교화한 것은 1560년 이후 청교도의 역사였다. 청교도 투쟁사에서 만들어진 1647년의 「웨스트민스터 신앙고백」은 17세기 대륙의 개신교 정통주의

와 맥락을 같이하면서, 특히 네덜란드의 칼빈주의에 비견되는 영국의 칼빈주의를 대변하고 있다.[73]

영국의 개혁정통주의는 특히 케임브리지에서 청교도적인 배경에서 확장되었다. 청교도로 토마스 카트라이트(Thomas Cartwright, 1535-1603)와 존 휘트기프트(John Whitgift, 1530/1533-1604)와 함께 윌리암 퍼킨스(William Perkins, 1558-1602)가 있었다. 퍼킨스는 그의 저서 「금팔찌」에서 1590년 예정론을 베자의 「기독교 신학 총론」을 본보기로 하여 서술하였다. 퍼킨스는 믿음으로 구원받는 구원 교리를 참으로 신뢰하는 전향을 강조함으로, 예정론과 경건을 하나의 종합(Synthese)으로 결합하였다. 이 종합은 에임스(Ames)가 확실히 한 정통의 네덜란드 지역처럼 청교도주의를 형성하였다. 에임스 이후에 아르마그(Armagh)의 주교인 제임스 웃세르(James Ussehr, 1581-1656)에 의하여 영국식 특성을 가진 칼빈주의 정통주의는 그 연속성을 가졌다. 1645년에 웃세르의 「신성의 몸」(*A Body of Divinity*)은 볼렙(Wolleb)의 「강요」(*Compendium*)와 함께 웨스트민스터 회의(1643-1648)로부터 나타난 두 개의 교리 문답에 크게 영향을 미쳤다.[74]

1643~1648년 크롬웰의 혁명과 관계된 웨스트민스터 회의에서 영국 칼빈주의 정통주의는 그 특징을 가지게 되었다. 33개의 장으로 개혁정통주의를 요약한 「웨스트민스터 신앙고백」(*Westminster Confeesion*, 1647)은 도르트 회의의 신학과 연속성을 가지고 있다. "하나님의 뜻에 따라, 그의 영광을 나타내는 것을 위하여 어떤 사람들과 천사들은 영생에 예정되었고, 다른 사람들은 영원한 죽음으로 미리 정해졌다"(Ⅲ, 3). 「웨스트민스터 신앙고백」은 계약개념을 넣은 첫 번째 신앙고백 문서였다(Ⅶ, 1). 그 회의는 두 개의 교리문답서를 가지게 되었다. 거기에는 퍼킨스, 웃세르와 볼렙의 영향이 반영되었으며 결의되었다. 「대요리문답」(*Larger Cathechism*)은 「소요리문답」(*Shorter Cathechism*)을 확대시킨

것이고, 소요리문답서는 엄격한 주일성수가 요구되었다(Q. 59-62). 이 세 본문(「웨스트민스터 신앙고백」과 「대·소요리문답」)은 영국과 스코틀랜드의 장로교회를 위하여 정상적 지위(normativeen Rang)를 갖게 하였다. 그리고 북미(장로교)로의 개혁정통주의의 확장을 위한 중요한 전달자가 되었다.[75]

우리는 스코틀랜드의 칼빈주의 설립자인 존 녹스(John Knox, 1513-1572)를 생각해야 한다. 장로회의 전통이 스코틀랜드에서 전 세계로 퍼져 나갔다. 그는 스코틀랜드의 대표적인 칼빈 해석자로 제네바에서 칼빈 신학을 공부하였다. 그리고 스코틀랜드에서 칼빈 신학이 연구되도록 장려하였다.[76]

그는 칼빈보다 츠빙글리와 불링거의 예정론에서 영향을 받았다. 존 녹스는 16세기 후반에서 가장 순수한 칼빈주의 개혁자였다. 1560년에 존 녹스에 의하여 작성된 「스코틀랜드 신앙고백」은 더 많이 알려진 「웨스트민스터 신앙고백」보다 칼빈의 사상에 더 가깝다.[77]

영국에서 초기 청교도들은 영국 교회를 파괴하려고 하지 않는 경향이 있었다. 그들은 국교회주의와 뜻을 같이했다. 그들은 국교회와 나란히 새로운 교회를 만들려고 하지 않고 영국의 기존 교회를 철저하게 변화시켜 보려고 하였다. 그럼에도 불구하고 종교가 보다 더 개혁되기를 주장하는 자들은 더 많은 방법에서 엘리자베스의 결정에 반대가 되었다. 그래서 사람들은 계약신학에 집착하게 되었다. 하나님과 그의 백성이 계약관계인 것을 강조하였다. 이 신학은 대륙에서 우르시누스가 지지하고 17세기에 요하네스 코케이우스가 옹호하였다.[78] 이 신학은 영국에서 파괴적인 것으로 인식되었다. 또한 국가의 형태를 과격하게 변혁시켜야 한다는 사상적 근거가 된다고 하였다.[79]

초기 청교도 중에는 교회의 행정체제를 감독제가 아닌 장로회제도로 주장하기도 하였다. 중간적 입장을 취하여 감독의 안수를 받아들이면서 회중의 청빙이 없으면 안수 받은 감독이라 하더라도 회중을 다스릴 수 없다고 주장하기도 하였다. 그러나 청교도 중 과격한 사람들은 교회의 개혁을 위하여 별도의 교회를 세우기를 주장하였다.[80]

이러한 사람 중에 로버트 브라운(Robert Brown, 1550-1633)이란 청교도는 국교회에서 자격을 잃고 1581년 노르위치(Norwich)에 최초의 회중교회를 세우고 목사가 되었다. 이와 유사하게 분리주의 운동이 시작되었다.[81]

청교도운동은 칼빈주의와 연합하였다. 메리 튜더(Mary Tudor, 피의 메리를 말한다.)가 죽은 후에 제네바, 프랑크푸르트 등 칼빈의 영향이 컸던 도시로 피난을 갔던 사람들이 돌아옴으로 기인하였다. 이러한 영향은 마틴 부처가 에드워즈 6세의 통치 하에 케임브리지에서 제자들을 길렀기 때문이다. 청교도들은 엘리자베스의 해결에 만족하지 못했다. 그때 스코틀랜드의 종교개혁의 성공에 영향을 받고 장로교회적인 교회행정이 성경적 기독교의 길임을 확신하게 되었다.[82]

참된 칼빈주의자인 청교도는 예정론자였다. 그들은 예정론을 하나님의 본성에서 끌어낼 수 있는 것으로 보지 않고 은총의 경험을 나타내는 표현이라고 생각하였다. 예정은 모든 사람이 이해할 수 있는 것이 아니고 신앙의 맥락에서만 말할 수 있는 이론이다.

이러한 선택이론은 예정을 왜곡시켜 정적주의나 자기만족에 빠지지 않았다. 이와 반대로 청교도들은 하나님의 선택으로 영원한 구원만이 아니라 하나님의 인류에 대한 계획에 참여하여 일하게 하심을 믿었다. 그러므로 활동주의가 선택의 징표가 되었다. 하나님의 뜻에 반하는 일로 시간이나 돈이나 정력을 소모해서는 안 된다고 생각하였다. 이렇게 생각하는 청교도들이 중산층으로 나타나게 되고, 이러한 사상이 영국과 영국의 식민지인 미국에 등장하여 자본주의 경제와 연결되었다.[83]

교회의 질서는 장로회주의와 회중교회주의로 대립되었다. 그러나 이

보다 극단적인 견해를 가진 사람들은 칼빈과 다른 개혁자들이 지나치게 많이 전통에 양보했다고 본다. 또한 신약교회는 신자의 공동체이며 국가와 관계를 가질 필요가 없다고 본다. 언약으로 서로, 그리고 하나님과 결합되었다. 이러한 교회는 자원하는 공동체가 아닌 국가와의 관계에서 자유로워야만 했다. 그 교회의 구성원은 그 교회에 속하기 위하여 인격적인 선택을 해야 한다. 그러므로 장년만 그 교회에 속할 수 있다. 따라서 유아세례는 거절되었다. 이 그룹은 모든 자세한 것의 성경적 실천을 확인하게 되었고, 결국 침례만 이 그룹에 의하여 수용되었다. 그 결과 그들을 '침례주의자'라고 이름 붙였다. 일반적 침례주의자들은 예정에 대한 엄격한 칼빈주의적 이해를 배격하였고, 특수한 침례주의자들은 칼빈주의 견해를 유지하였다.[84]

엘리자베스에 이어 스코틀랜드의 제임스 6세가 계승하였다. 청교도들의 희망은 이루어지지 않고, 다만 제임스 성경번역만 이루어졌다. 제임스는 스코틀랜드 교회의 모습으로 변하는 것을 원치 않았다.[85]

그의 아들 찰스가 제위를 이을 때 청교도의 불만은 고조되었다. 찰스의 종교정책은 영국 교회가 로마와 평화를 유지하여야 한다고 보았다. 그는 로마가 만족하게 해 주었고, 반칼빈주의자였으며, 아르미니우스주의자들에게 우호적이었다. 그러므로 청교도들로부터 미움을 받았다. 영국 국회가 청교도들에게 우호적인 태도를 취하자 찰스는 1629년 국회를 해산하였다. 1638년 영국이 스코틀랜드에 예배의 통일을 강압적으로 요구하자 스코틀랜드는 반대하였다. 왕은 1640년에 국회를 소집하여 국회가 스코틀랜드와의 전쟁을 지지할 것을 요청하였다. 이때 국회는 청교도들을 도울 기회를 얻었다. 이 '장기국회'는 국회의 종교적 자문기관으로 1643년에 151명을 초청한 웨스트민스터 총회를 소집하였다. 이 총회는 「웨스트민스터 신앙고백」과 「소요리문답」, 「대요리문답」을 제정하였다. 이 문서들, 특히 「웨스트민스터 신앙고백」은 장로교적 칼빈주의의 문서가 되었다.[86)] 웨스트민스터 총회는 1644년 국회에 「예배지침」 (Directory of Worship)을 제출하여 철두철미한 장로교주의로 관철시켰다. 그 다음해인 1645년에 국회는 성공회의 「예배모범」(Book of Common Prayer)을 철폐하고 위의 예배지침으로 대치시켰다. 영국 국회는 머뭇거리다가 1646년과 1647년에 장로교적 교회정치를 전국에 선포하였다. 웨스트민스터 총회는 「웨스트민스터 신앙고백」을 작성하고 1646년 국회에 상정하여, 1647년 스코틀랜드 총회가 채택하였다. 이것은 스코틀랜드와 미국 장로교회의 표준적 신앙고백이다. 영국 국회는 1648년 그것을 수정하여 채택하였다.[87)]

Ⅶ. 개혁교회 정통주의 신학의 공통분모 : 예정론

개혁교회 정통주의 연구는 문헌연구였다. 19세기 알렉산더 슈바이처(Alexander Schweizer)는 그의 「개혁교회 내의 교리 발전에서 개신교 중심교리」(1854-1856)라는 저술에서 예정론이 개혁교리의 핵심이라고 이해하였다.

페리난드 크리스찬 바우어(Ferdinand Christian Bauer)의 「기독교 교리사의 교본」(1874)과 빌헬름 가스(Wilhelm Gass)의 「개신교 교의학사」(1854-1867)에서도 그들은 칼빈에게 있어서 예정론이 모든 교리를 관통하는 구조로 보았다. 그리고 그는 예정론이 정통주의에서 적극적인 위치를 갖고 있다고 보았다. 그것에 의하여 내적 원리를 밝히게 되었다. 그 내적 원리로부터 종교개혁 개신교주의의 발전이 분명해지게 된다.

하인리 헤페(Heinrich Heppe)의 「복음주의 개혁교회의 교의학」(1861)은 또한 그 명제를 수용하였다. 그리고 그 책은 언약신학(Bundestheologie)과 관계를 갖는다. 그에게 있어서 언약신학(Föderaltheologie)은 특별히

독일에서 개혁정통주의의 결과를 형성하였다.[88]

20세기의 한스 에밀 베버(Hans Emil Weber)가 마찬가지 경우였다. 그는 역시 예정론을 17세기 정통 칼빈주의의 특징으로 나타내었다. 동시에 종교개혁의 유산은 사색적인 정통주의의 합리주의로 변하였다는 것이다.

에른스트 비쳐(Ernst Bizer)는 초기「정통주의와 합리주의」(1963)에서 감리교적인 합리주의를 강조하였다. 데오도르 베자, 람베르투스 다내우스(Lambertus Danaeus)와 제롬 잔키는 개혁정통주의에 자연신학의 침투를 강조하였다. 발터 키켈(Walter Kickel)의「데오도르 베자에 있어 이성과 계시」(1967)는 베자의 예정론에서 아리스토텔레스적인 형이상학의 영향이 있음을 밝혔다. 하나님의 뜻에 대한 결정론적인 교리는 칼빈보다 베자가 훨씬 더 책임이 있다는 것이다.[89]

새로운 연구들은 그러한 첨가를 포기하였다. 베자, 다내우스, 피터 마터 베어미글리 같은 칼빈의 직접적인 후계자들은 칼빈과의 관계에서 칼빈의 사상을 변조하지 않았다는 것을 보여 준다. 그 저자들은 이미 칼빈에에서 볼 수 있는 논리적 개념들을 체계화하는 데 한성한다는 것을 밝히고 있다. 처음 스콜라 신학자의 논리적 형식주의(Formalismus)는 확신시키기에 충분한 합리화도, 예수 그리스도 중심의 구원론을 제외하는 것도 포함하지 않았다. 오히려 올바른 조정의 필수적인 결과로 고려되었다. 비록 이 연구가 중요한 역할을 하였다고 해도 그 외의 정통주의는 다만 예정론의 시각에서만 보는 것이 아니라는 것을 보여 주었다. 리처드 멀러(Richard A Muller)의「그리스도와 하나님의 뜻, 칼빈에서 퍼킨스까지 개혁신학에서 그리스도론과 예정론」(1986)은 하나님의 의지(구원과 구속)를 밝히는 것이 정통주의 신학자의 중요한 목표라고 이해한다. 이러한 관점에서 예정론과 기독론은 대립도 아니고, 기독론을 하나님의 의지로 돌리는 것도 아니다.[90]

예정론은 단순히 구원 역사에서 하나님의 주권의 보장일 뿐이다. 구원의 확신의 문제이다. 아만두스 폴라누스와 윌리엄 퍼킨스는 직접적으로 도르트 회의 전에 하나님의 예정교리와 예수 그리스도 안에서 구원 경륜의 교리 사이에서 만들어지는 균형을 추구하였다. 삼위일체론적인 형식에서 결합된 기독론적인 동기와 예정론의 이러한 관철에서 개혁정통주의의 체계적 기초를 추구해야 한다. 비록 종교개혁과 정통주의 사이에 하나의 확실한 방법론적 불연속성이 성립된다고 해도 그것은 종교개혁자의 사상의 왜곡이 아니고, 종교개혁으로의 유익한 연속성에서 성립하는 역사적 발전의 결과이다.[91]

Ⅷ. 결 론

제1세대 종교개혁자들은 스콜라주의와 스콜라 신학을 반대하였다. 그러나 그들의 후계자들은 철학이나 논리를 강조하는 스콜라주의적인 사고로 되돌아갔다. 칼빈의 후계자들은 칼빈의 사상을 체계화하기 위하여 철학과 논리를 사용하였다. 그러므로 칼빈의 신학에서 볼 수 있는 신비는 없어지게 되었다. 토마스 아퀴나스 방식의 도입으로 성경, 전통, 이성을 사용하여 종교개혁 신학에서 신비나 불확실성이나 모호성을 없애고 진리의 포괄적인 체계를 수립하였다.

개신교 스콜라주의의 첫째가는 본보기의 한 사람은 데오도르 베자 (1519-1605)였다. 그는 1564년 칼빈이 죽을 때 칼빈의 유산을 맡게 되었다. 그와 다른 칼빈의 후계자들은 예정론에서 하나님의 작정을 논리적 순서로 보았다. 칼빈은 예정론을 하나님의 은혜의 활동인 구속의 범주에 위치시키고 선택과 유기에 있어 하나님의 목표에 대하여는 신비를 인정하는데, 베자와 다른 칼빈의 후계자들은 예정론을 하나님의 능력,

지식, 섭리의 법칙으로부터 추론하여 신론 안에 위치시켰다. 결과적으로 개혁파 정통주의자들은 예정론 교리를 비롯하여 다른 교리들을 논리적으로 체계화하였다. 이런 것은 칼빈에게 없었다.

베자와 다른 16세기 칼빈주의자들은 신인협력설(synergism)로부터 예정론을 보호하기 위하여 타락 전 예정론을 주장하였고, 이 타락 전 예정론과 타락 후 예정론 논쟁은 도르트 회의에서 절정에 이르렀다. 16세기 후반 개혁파 정통주의자들의 두 사상(타락 전 예정론과 타락 후 예정론)의 대립의 결과 칼빈주의자들이 주장하는 교리를 표현하는 교리 용어(영어)의 첫 철자로 이루어진 TULIP이란 칼빈주의 5대 강령이 결정되었다. 이 교리는 도르트 회의(1618-1619)의 결과였다. 이것은 칼빈주의 개혁교리의 부분적 그림이었고, 영국이나 유럽 전체의 개혁파 정통주의자들은 니케아 신경과 이 5대 강령을 믿으면 칼빈의 추종자들이라고 생각하였다.

17세기 신학은 유럽에서 칼빈 이후의 개혁파 정통주의 신학자들이 신학을 논리적으로, 철학적으로 정교하게 체계화한 신학이다. 칼빈의 신학을 보다 더 체계적으로 연역(演繹)한 조직신학의 형태로 만든 신학이라고 할 수 있다.

■■■ 미 주 ■■■

1. Richard A. Muller, *Post-Reformation Reformed Dogmatics*(Grand-Raphids : Bakerhouse, 1987), 이은선 역, 「종교개혁 후 개혁주의 교의학」 (서울 : 이레서원, 2002), p. 21.
2. 김광식, 「기독교 사상」(서울 : 종로서적 성서출판, 2000), p. 93.
3. 김광식, 「기독교 사상」, p. 51. 라틴어 'schola' 란 말은 '학교' 라는 뜻이다. '스콜라주의' 란 샤르레망 대제 때부터 르네상스에 이르는 시기의 기독교 사상을 의미한다. 이 시대는 학교의 시대라고 함이 옳다. 학교는 성당학교와 수

도원학교가 있었으며, 후에 대학이 되었다.
4. Richard A. Muller, pp. 22-23.
5. Richard A. Muller, p. 19.
6. Justo L. Gonzalez, *The Story of Christianity*, Vol. Ⅲ(Nashville, Abingdom, 1987), p. 266. 츠빙글리, 부처, 외콜람파디우스 외에 칼빈과 동시대의 많은 신학자들이 칼빈과 무관하게 이미 개혁파 전통을 수립하였다.
7. *The Oxford Dictionary of the Christian Church*(Ed. F. L. Cross, 3rd. Edition by ed. E. A. Livingstone〈Oxford University Press, 1997〉), 1375.
8. 김재성, 「개혁신학의 광맥」(서울 : 이레서원, 2001), pp. 29-32.
9. González, p. 349.
10. 김재성, p. 32.
11. Ibid,.
12. 독일 개혁정통주의는 예정론을 중요한 교리로 위치시키지 않았다. 독일에서 예정론의 지도적인 신학자는 대부분 참루터교(Gnesiolutheraner)의 기독론과 성찬론에 관계된 필립주의(멜란히톤)자들이었다. 필립주의자와 칼빈주의의 유사성은 예정론에 있지 않고 기독론에서 속성의 교류를 받아들이느냐의 문제였다. 그리스도의 인성이 지양되면 그리스도의 인성은 신성의 특성에 관계되고 편재에 관계된다. 그리스도의 신성은 인성 밖에(Extra) 존재하며, 초월적 칼빈주의(Extra Calvinisticum)로 신성과 인성이 혼합되지 않음을 유지하려 하였다. 그리스도론의 이러한 16세기 논쟁은 결국 성찬론 논쟁으로 귀결된다.
13. 김재성, p. 35.
14. 김재성, p. 36.
15. *TRE*(Theologische Realenzyklopaedie), Markus Matthias, *Reformierte Orthodoxie*(Berlin, Walter de Gruyter, 1995), Band XXV/485.
16. Ibid.
17. 프랑스의 개신교 신학자(1596-1644), 그는 소이뮈르에서 목사가 되고 소이뮈르 아카데미에서 강의하였다. 그가 1634년에 예정론에 대한 소논문을 발표함으로 보편은총에 대한 논쟁이 시작되었다. 그는 믿음을 갖게 되는 모든 사

람을 속죄하기 위하여 하나님의 아들이 세상에 보내졌다고 가르쳤다. 이 교리는 프랑스 칼빈주의자들의 반대에 부딪혔다. 특히 드 물랭(du Moulin)에 의하여 반대를 받았다.
18. 그는 순수하게 성서적 근거에서 교의학을 설명하려고 하였다. 그는 칼빈주의자임을 고백하면서도 당시의 칼빈주의 정신과 스콜라주의 정통주의를 반대하였다. 그는 인격적 언약(covenant)의 관점에서 하나님과 인간의 관계를 해석하였고 그의 체계는 언약신학(Föderaltheologie)으로 알려지게 되었다. 그가 죽은 후에 그의 추종자들은 정통주의가 아니라고 비난받았다. 그리고 그의 가르침이 후에 경건주의로 성장했다는 주장도 있다. 이러한 견해는 후에 청교도들에 의해 받아들여졌다.
19. 라무스 페트루스(Ramus Petrus) : 삐에 드 라메(Pierre de Ramee, 1515–1572), 프랑스 인본주의자, 그는 아리스토텔레스 철학을 반대하였다. 1562년 칼빈주의자가 된 후에 독일에서 활동, 후에 프랑스에 돌아와 1572년 St. Bartholomew's Day 학살로 죽었다. 그의 신학은 사후에 독일어 사용 지역에서 활발하였다.
20. TRE, Band XXV/486.
21. Ibid.
22. TRE, Band XXV/488.
23. Ibid.
24. 본 총서의 제1권의 결론부분과 제2권의 결론부분을 참고하길 바란다.
25. Ibid.
26. Ibid.
27. 실천적 삼단논법이란 1) 모든 선택된 사람은 선택의 표징을 나타낸다. 2) 나는 선택의 표징을 나타낸다. 3) 그러므로 나는 선택된 자이다. 그리스도인이 칭의와 성화를 선택의 표징으로 이해하는 것이다.
28. TRE, Band XXV/488.
29. González, 271.
30. Ibid.
31. TRE, Band XXV/489.
32. 로마 가톨릭의 근거인 사효론(ex opere operatio)에 근거하기 때문에 성찬을 받는 사람의 순종이 없을 때 그와 같은 개념이 있다.

33. Ibid. 칼빈주의 기독론과 성찬론에 필립주의와 관계되는 동안에 자카리아 우르시누스(Zacharias Ursinus, 1534-1583)와 페젤(Ch. Pezel, 1539-1604)에 의하여 예정론과 관계된다. 그 결과 멜란히톤의 성향이 단절된다. 이들은 이중예정론자의 제자가 된다. 성찬론에서 개혁교회는 그리스도의 살과 피가 성물에 실제로 현존하지 않는다고 보았다. 신자만 하늘에서 표상된 그리스도의 살과 피를, 성령을 통해 빵과 포도주를 받음으로 먹고 마신다.
34. 앞의 각주 6을 참고하라.
35. *TRE*, Band XXV/489.
36. 1549년 5월에 프랑스계 스위스를 대표하는 칼빈과 파렐, 독일계 스위스를 대표하는 취리히의 츠빙글리의 후계자 불링거 사이에 합의된 신조, 그 신조의 26개항은 성찬에서 공재설을 지지하는 츠빙글리 관점에서 칼빈주의의 원리를 확인하는 자유로운 성찬교리를 설명한 것이었다. 이 신조는 칼빈파와 루터교의 간격을 넓히는 데 기여하였다.
37. González, p. 273.
38. Ibid., p. 274.
39. Ibid.
40. Ibid., p. 275.
41. Ibid.
42. 이 책은 19세기 미국의 프린스턴 신학교의 조직신학에 큰 영향을 주었다.
43. Ibid., p. 276.
44. Ibid.
45. Ibid., p. 277.
46. Ibid.
47. Ibid., p. 278.
48. Ibid.
49. Ibid.
50. Ibid. p. 279.
51. Ibid. p. 272.
52. Ibid.
53. Ibid.
54. Ibid. 273.

55. Ibid. 269.
56. Ibid.
57. Ibid., 269/70.
58. *TRE*, Band XXV/490.
59. *TRE*, Band XXV/490.
60. Ibid.
61. Ibid.
62. *TRE*, Band XXV/491.
63. 이형기,「세계교회사」Ⅱ(서울 : 한국장로교출판사, 1994), p. 217.
64. infralapsarianism : 이 말은 'infra' 곧 '어떤 것 다음' 이란 말과 'lapse' 곧 '타락하다' 라는 말의 합성어로 '타락 후 예정론'을 의미한다. 하나님의 예정 작정을 인간의 타락을 허락하는 하나님의 작정에 종속시킨다. 하나님의 궁극목표는 이중예정이 아니고 창조이며, 이 창조로 하나님이 영광을 받으신다. 그 논리적 순서는 1) 세상과 인간을 창조하는 하나님의 작정, 2) 인간의 타락을 허락하는 하나님의 작정, 3) 이중예정으로 선택하는 하나님의 작정, 4) 선택된 자를 위해 구원의 수단(예수 그리스도)을 마련하여 주는 하나님의 작정, 5) 선택된 자에게 구원을 적용하고 유기된 자를 버리는 하나님의 작정 순서이다.
65. supralapsarianism : 'supra'는 '무엇에 앞서는 것', 'lapse'는 '타락하다' 라는 뜻이다. 이중예정의 작정이 인간을 창조하는 것과 인간이 타락하는 것을 허락하는 것보다 앞서는 방식이다. 그 논리적 순서는 1) 이중예정에 대한 하나님의 작정, 2) 창조하는 하나님의 작정, 3) 인간의 타락을 허락하는 하나님의 작정, 4) 선택을 위하여 구원의 수단(그리스도와 복음)을 마련하여 주는 하나님의 작정, 5) 선택된 자에게 구원(예수 그리스도의 의)을 작정하는 하나님의 작정의 순서이다. 타락 전 예정론은 하나님의 궁극목표가 예정이며, 예정을 통해서 하나님이 영광을 받으신다.
66. Ibid.
67. Ibid.
68. Ibid.
69. Ibid., pp. 216-217.
70. 칼빈주의 5대 강령과 반대 입장이다. 1) 부분적 타락(Partial depravity), 2)

조건적 선택(Conditional election), 3) 보편적 속죄(Universal atonement), 4) 가항력적 은총(Resistible grace), 5) 성도의 타락의 가능성(Possibility to sin of the saint).
71. 1) 전적 타락(Total depravity), 2) 무조건적 예정(Unconditional pre-destination), 3) 제한적 속죄(Limited atonement), 4) 불가항력적 은총(Irresistible grace), 5) 성도의 견인(Perseverance of saints)의 머리글자를 모은 것이다. 이 5대 강령은 칼빈주의 교리를 잘 나타내고 있다.
72. 이형기,「세계교회사」Ⅱ(서울 : 한국장로교출판사, 1994), p. 218.
73. Ibid., p. 220
74. *TRE*, Band XXV/490.
75. Ibid., p. 494.
76. González, p. 291.
77. Ibid., p. 292.
78. 독일에서 개혁정통주의자인 우르시누스를 비롯하여 필립주의자들과 단절이 일어나면서 그들은 이중예정론자의 제자가 된다. 그러나 독일에서 더 진실한 그리스도인이라고 하는 사람들은 보편은혜를 믿게 된다. 제네바 칼빈주의자들과 달리 츠빙글리주의에 근원을 갖는 계약신학을 요구하였다. 인간의 구원을 하나님의 구원의 계약사상으로 해석한다. 우르시누스, 올레비안, 마르티니우스(1572-1630)와 관계하여 구속사적인 계약신학은 요한 케이우(1603-1689)로 말미암아 체계적으로 완성된다. 예정론이 선험적으로 절대적인 작정을 연역한다면, 계약신학은 경험적으로 구속사를 재구성한다. 이 두 가지 구별은 페젤에 의하여 끝나게 된다. 예정론은 원인에서 역사로 종합적이며, 계약신학은 역사에서 원인으로 분석적이다. 종합적인 방법을 선호한 베자와 달리 바돌래매우스(Bartholomaeus Keckermann, 1573-1603)는 분석적이다. 그는 신학을 실천적 지식으로 정의하기 때문이다. 그리고 그 지식은 구원 얻는 것이 목표이다.
79. Ibid., p. 293.
80. Ibid.
81. Ibid.
82. Ibid. p. 294.
83. Ibid., p. 294.

84. Ibid., p. 295.
85. Ibid.,
86. Ibid., p. 296.
87. 이형기, 「세계교회사」 II, p. 237.
88. Ibid.
89. Ibid.
90. *TRE*, Band XXV/487.
91. Ibid.

제3장 18세기 개혁교회의 개혁신학

I. 배경 / 93
II. 계몽주의와 경건주의 / 94
III. 나라와 지역별 개혁교회 / 100

18세기 개혁교회의 개혁신학

I. 배 경

  16세기의 종교개혁자 츠빙글리(취리히), 외콜람파디우스(바젤), 부처(슈트라스부르크), 그리고 파렐(제네바, 뉘샤텔)은 개혁교회의 제1세대 신학자들이었고, 칼빈(제네바)과 불링거(취리히)는 제2세대 신학자였으며, 베자(제네바)와 녹스(스코틀랜드) 등은 제3세대 신학자였다. 이들의 신앙유산과 신학사상은 스위스의 여러 지역을 비롯하여 영국과 스코틀랜드, 네덜란드, 독일의 일부, 그리고 헝가리 등지로 확산되었다.
  영국에서는 칼빈의 신학사상이 엘리자베스(Elisabeth) 1세가 다스리던 시대에 국가교회인 성공회(Anglican Church)에 영향을 주었고, 올리브

크롬웰(Oliver Cromwell)의 통치기간에 퓨리타니즘(Puritanism)의 형태로 정착되었다. 영국 퓨리타니즘의 신앙 경건운동이 대륙으로 건너가 네덜란드에서 경건주의가 시작되는 데 커다란 영향을 끼쳤다. 퓨리타니즘의 신앙서적에 반영된 칼빈의 신학사상이 네덜란드의 경건주의에 크게 영향을 끼쳤다.

또한 칼빈의 신학사상은 퓨리타니즘과 상관없이 이미 오라이엔(Wilhelm 1. von Oraien)이 다스리던 시대에 뿌리를 내렸다. 그의 신학사상은 이 나라가 스페인에 대항하여 물리적인 힘으로 독립을 쟁취하는 데 커다란 역할을 하였다. 독일에서는 1555년의 "아우구스부르크 종교평화협정"(Religionsfriede)에 따라 가톨릭교회와 루터교회만 공식적으로 인정되어 오다가,[1] 1648년에 30년 전쟁이 마감되면서 칼빈의 개혁교회도 양 교회와 동등하게 인정받았다.

그러나 30년 전쟁 이전에 이미 일부 지역의 영주는 개별적으로 루터교회에서 칼빈의 개혁교회로 옮겨갔다. 예컨대, 1560년에 팔츠(Pfalz)의 영주 프리드리히(Friedrich) 3세는 칼빈의 개혁교회로 옮아갔다. 1613년에 브란덴부르그(Brandenburg)의 영주 지기스문트(Johann Sigismund)가 칼빈의 개혁교회로 옮아갔다. 그런데 프랑스에서는 칼빈 개혁교회의 위그노가 황제의 "낭트칙령"(1598) 선포 이래로 신앙의 자유를 누리다가, 1685년에 황제 루이(Ludwig) 14세가 이 칙령을 폐지함으로써 또다시 박해를 받았다. 이에 수많은 위그노들이 다른 나라로 신앙이민을 떠날 수밖에 없었다.

Ⅱ. 계몽주의와 경건주의

계몽주의와 경건주의는 18세기 개신교회 신학사상의 중심 주제이다.

경건주의 및 계몽주의 사조와 함께 서양 근세교회사가 시작되었다고 해도 지나친 말이 아니며, 또한 이 흐름은 이미 17세기 중반부터 싹트기 시작하였다.

17세기의 30년 전쟁(1618-1648)은 16세기 후반부터 지속되어 온 종교적 갈등과 정치 지배자들의 이해타산이 함께 맞물려서 전개된 유럽의 국제전쟁이었다. 이 전쟁이 진행되어 가는 동안에 독일은 전쟁터가 되어서 다시 일어서기가 어려울 정도로 큰 피해를 보았고, 500만 명 이상이 전쟁으로 말미암아 죽었다. 게다가 수시로 번지는 전염병(흑사병)은 어려운 상황을 더욱 어렵게 만들었다.

그러나 이 전쟁이 빚어 낸 참혹한 현실은 사람들의 의식에 커다란 변화를 가져왔다. 즉, 신조 및 교리의 차이로 말미암은 대립과 갈등이 결국 전쟁으로 발전하였다는 점을 깊이 반성하면서 이 전쟁의 결과가 안겨 준 도덕적 황폐함과 경제적 손실은 사람들로 하여금 평화를 간절히 갈망하게 하였고, 또한 나와 다른 생각을 가진 사람을 품어 내는 관용을 깨우치게 했다. 그러면서 사람들은 교리의 배타성과 신조 절대주의에 대하여 회의(懷疑)를 품게 되었다.

30년 전쟁은 계몽주의의 싹을 틔우는 계기로 작용하였다. 전쟁을 깊이 반성한 지성인들은 교리나 신조의 권위 앞에 무조건 머리를 숙이려 하지 않고 이성과 양심의 소리를 들으려고 하였다. 더욱이 이들은 바깥에서 내리누르는 권위를 향하여 내면에서 솟아나는 양심과 이성의 힘으로 저항하게 되었다. 이들은 이제 더 이상 신조나 교리를 모든 판단의 기준으로 삼으려 하지 않았고 관용정신을 가졌다.

이 정신은 특별히 영국과 네덜란드에서 크게 발전하였다. 영국의 경우, 퓨리타니즘이 사회에서 받아들여진 다음에 계속해서 새로운 신앙모임들이—예를 들어 퀘이커교도나 침례교회 등—등장하자 이것을 품어 내려는 관용정신이 확산되었다. 이 정신은 계속해서, 특별히 미국에서 발전해 나갔다. 1620년에 영국의 퓨리탄들이 미국의 메사추세츠에 도착한 다음 이곳에서 정착하였고, 또 퀘이커 교도들이 필라델피아(1682)를 중심으로 펜실베이니아에 정착하면서 관용정신은 미국에서 계속 자라고 확산되었다. 이러한 관용정신은 1776년에 인권선언으로 열매를 맺었다. 즉, 모든 인간은 태어나면서부터 자유인이며, 이러한 존재로서 인간은 어느 누구에게도 예속될 수 없다는 의식과 확신이 1776년 7월 4일에 미국(13개 주)의 독립선언 속에 들어 있다. 이 독립선언은 1789년에 일어난 프랑스 혁명과 인권선언에 큰 영향을 주었다. 독일에서도 브란덴부르그-프로이센의 영주 빌헤름(Friedrich Wilhelm)이 관용정신을 가졌는데, 그는 1685년 프랑스에서 박해를 받아 독일로 들어오는 위그노를 보호하고자 "포츠담 칙령"(Edikt)을 포고하였다.

교리의 배타성과 신조절대주의에서 벗어나는 과정에는 신(新)대륙의 발견으로 말미암은 세계관의 확장이 큰 몫을 차지하였다. 근세 이래로 유럽에서는 배 만드는 기술과 항해술이 크게 발전하였고, 이에 따라 국제무역도 발전하였다. 이제 유럽 사람들은 다른 대륙의 사람들과 자주 접촉하게 되었고, 더 나아가서 이들은 다른 대륙의 신앙세계와 신념체계를 조금씩 알아차리게 되었다. 이것은 아직 어렴풋한 상태이긴 하지만, 세계의 다양성과 진리체계의 다원화를 인식하게 하면서 17세기적 배타성을 벗어나게 하였다. 그러나 유럽에서 진행된 초기 자본주의는 다른 대륙에 식민지를 개척했고, 또다른 대륙의 사람들을 억압하고 착취하는 길로 들어서게 하였다.

초기 자본주의의 발전과 함께 사회 중산층을 형성하는 시민계급이 떠오르기 시작했다. 세련된 상업기술과 자본력을 갖춘 이들은 대체로 지적인 능력과 교양수준이 높았다. 이와 함께 유럽에서 도서출판의 양이 크게 늘어났고 잡지들도 발간되었다. 이러한 시민계급의 발전은 영국과 프랑스에서 보다 더 앞섰고, 독일은 뒤쳐져 있었다. 독일에서는 17세기 말에나 가서야 비로소 한자도시동맹이나 서남부 지역에 시민계급이 형성되었다. 백림의 경우, 비엔나에서 이주해 온 유대인들(1671년 이래로)이나 프랑스에서 피난 온 위그노의 영향으로 이 도시에서 시민의식이 생겨났다. 18세기의 독일과 오스트리아는 서유럽의 여러 나라에서 시민계급이 발전해 가는 데 비하여 '계몽주의적 절대주의'(aufgeklarter Absolutismus) 정책을 펼쳤다. 예를 들어, 독일 프로이센의 영주 프리드리히(Friedrich) 2세와 오스트리아의 왕 요셉(Joseph) 2세는 절대왕조를 유지하는 정치구조를 견지하면서 종교정책은 관용노선을 추구하였고, 또 계몽주의적 실용주의 노선을 추구하는 경제정책을 취하였다. 이로써 중세의 사회질서를 결코 무너뜨리지 아니하는 정치구조를 유지하면서도 경제·문화적으로는 새로운 시대사조에 잘 적응하고자 했다.

이렇게 이성적, 합리적, 목적지향적 실용주의를 추구하는 시대사조와 함께 18세기에 들어서면서 본격적으로 계몽주의가 발전하였다.

유럽의 여러 지역에서 발전된 계몽주의의 양상을 살펴보면, 네덜란드는 스페인과 싸워서 정치적으로 독립을 쟁취한 다음에 17세기에 경제적으로나 문화적으로 융성해지면서 계몽주의의 토대를 구축하였다. 사상과 양심의 자유를 보장해 주는 이 관용의 나라에 여러 계몽주의 사상가들이 모여들었다. 로크(John Locke, 1632-1704)의 사상에서 볼 수 있듯이, 영국의 계몽주의는 계시와 이성의 조화를 찾고자 하였다. 그는 신앙의 진리가 초(超)이성적이지만 반(反)이성적이 아니라고 생각했다. 다른 여러 계몽주의자들은 이성의 잣대로 기독교 진리를 규명하고자 시도하면서 이성적 비판을 앞세워 성경을 분석적으로 파헤치기 시작하였다. 프랑스의 계몽주의 사상은 절대왕조 및 국가교회와 싸우면서 발전해 갔다. 즉, 앙샹 레짐(Ancien Regime)과 결속된 이 나라의 가톨릭교회를 여러 계몽주의자들이 날카롭게 공격하였다. 영국에서 계몽주의 사상을 배워 온 볼테르(Voltaire, 1694-1778)는 프랑스의 자유, 관용, 인권을 위하여 싸운 선구자였다. 이와 달리 독일의 계몽주의는 정치적 투쟁으로 폭발하는 힘이 결여되었고, 교회를 향하여 공격하려는 자세도 없었다. 독일의 계몽주의 사상은 오히려 프로테스탄티즘 안에서 발전하였으며, 지배계층과 대학에서 일하는 지성인들이 이 사상을 받아들였다. 그래서 독일의 계몽주의는 대체로 당시의 프로테스탄트 신학과 조화를 이루었다. '경건한 계몽주의자'로 불리는 셈러(Johann Salomo Semler, 1725-1791)의 신학사상에서 이 경우를 쉽게 찾을 수 있다. 또한 계몽주의자 파프(Pfaff)는 루터교회와 개혁교회의 연합에 관심을 가졌다. 그는 종교개혁 200주년 기념을 맞이하는 1717년에 브란덴부르그에서 양 교회의 연합을 추진하였다(Corpus Evangelicorum).

경건주의도 계몽주의와 함께 18세기 교회사의 중심 흐름이라는 점을 이미 앞에서 밝혔다. 경건주의는 16세기 말 혹은 17세기 초에 영국과 스코틀랜드의 퓨리타니즘에서 시작되었고, 이것이 네덜란드의 개혁교회에 경건주의가 일어나게 하였으며, 독일의 경건주의의 시작에 자극을 주었다. 경건주의는 또한 스위스, 스칸디나비아 반도, 동유럽, 그리고 북미에 이르는 광범위한 지역으로 확산되었다. 경건주의 신앙운동은 가톨릭교회에서는 일어나지 않았다. 그런데 가톨릭교회 안에도 이와 비슷한 신앙운동이 있었는데, 얀센주의(Jansenismus)나 정적주의(靜寂主義, Quietismus)를 들 수 있다.

독일의 경우, 17세기에 시작되었고 18세기에 본격적으로 진행되어 간 경건주의는 루터교회와 개혁교회 안에서 정통주의에 대한 반동으로 일어났다. 이것은 '교회갱신운동'(Erneuerungsbewegung)이며 '신앙경건운동'(Froemmigkeitsbewegung)이었다. 즉, 지루한 교리논쟁, 생명력을 잃고 화석화된 교리의 절대화, 판에 박힌 인습적인 교리암송에 대하여 반박하면서 이것을 극복하려는 경건주의였다. 경건주의는 신앙의 집단적 차원을 거부하면서 개인을 강조하였고, 이와 동시에 죄 용서와 관련된 개인의 내면을 깊이 성찰하는 경건을 강조했다. 이러한 점에서 18세기의 경건주의는 '제2의 종교개혁'(발만〈Wallmann〉의 입장)이라고 말할 수 있으며, 16세기의 종교개혁은 새로운 '가르침'(칭의)으로 교회개혁을 이루어 내었고, 이제 제2의 종교개혁인 경건주의는 이 가르침을 '삶' 속에 성취하고자 하였다. 제2의 종교개혁은 16세기의 종교개혁이 미완(未完)의 개혁이었다고 보며 그 종교개혁의 유산이 17세기에 이르러 한갓 교리로 굳어져서 '죽어 버린 정통주의'(tote Orthodoxie)가 되었는데, 이러한 정통주의를 반박하면서 경건주의 신앙운동이 일어나게 되었다.

경건주의 신앙운동 가운데는 작은 모임으로 모이는 경건공동체가 돋보인다. 이 모임은 독일의 경건주의 목회자 슈페너(Spener)가 시작한 '교회 안의 작은 교회'(ecclesiola in ecclesia)라 불리는데, 기성교회(국가교회)를 떠나가지 않으면서도 기성교회의 신앙 가르침과는 구별되게 임박한 재림을 기다리는 종말론적 희망 속에서 단단히 결속된 신앙공동체였다.

경건주의와 계몽주의 사이에는 차이점과 함께 공통점도 있다. 먼저 공통점부터 살펴보면 경건주의와 계몽주의는 거의 같은 시기에 시작되었고, 또 각기 17세기의 정통주의를 거부하였다. 그래서 양자는 정통주의의 배타성과 절대주의를 거부하였다.[2] 양자는 실천적 기독교를 강조하였으며, 이러한 차원에서 둘 다 사회윤리를 강조하였다. 경건주의는 신앙의 개인적 차원(신앙체험, 개인의 내면적 경건)을 강조하였고, 계몽주의 또한 집단적 전체주의에 저항하면서 인간 개인의 존엄성을 강조하였다. 특히 계몽주의는 밖에서 안으로 내리누르며 강요하는 '낯선 권위'(fremde Autoritaet)를 거부하고, 인간의 이성을 신뢰하고 모든 판단기준을 여기에 두고자 했다. 양자는 또한 그 이전 시대의 신비주의와 연계되어 있었다. 즉, 신비주의에서 찾아볼 수 있는 인간 내면의 성찰과 '내적 조명'(inneres Licht)이 경건주의에서도 발견되고, 또 이것이 계몽주의에서는 '계몽'으로 이해되었다.

그러나 양자 사이에 있는 차이점을 살펴보면 경건주의는 거듭남을 강조하면서 회개와 죄 용서를 강조한 반면, 계몽주의는 대체로 인간 이성에 신뢰를 두면서 인간의 죄에 대해서 소극적인 태도를 보이거나 무시했고, 오히려 인간의 가능성과 발전에 대하여 적극적인 태도를 보였다.

Ⅲ. 나라와 지역별 개혁교회

1. 유럽 대륙

18세기 개신교회의 모습을 살펴보면 루터교회가 대체로 농촌지역에 정착해 간 반면에 칼빈 개혁교회는 주로 도시에 정착해 갔다. 이 가운데서도 네덜란드의 여러 도시와 스위스 제네바 등지에서 개혁교회가 깊이 뿌리를 내렸다. 정치체제에서도 루터교회를 국가교회로 삼은 나라(예: 덴마크)에서는 왕정이 유지되었고, 개혁교회가 정착된 제네바와 네덜란드에서는 공화정부가 자리를 잡았다. 도시국가 제네바는 16세기 후반(1541, 1576)에 칼빈 개혁교회와 맺은 계약을 18세기에도 그대로 유지하였고, 1794년과 1796년에 헌법을 만들면서 법 조항으로 16세기 당시의 계약을 확인하였다. 네덜란드는 종교적으로 관용을 베푸는 정책을 펼쳤다. 이러한 관용정책 때문에 이 나라에는 가톨릭교회의 교인들이 국민의 40%를 차지하였다. 그렇지만 이 나라의 정치·행정에서는 이러한 관용정책을 적용하지 않았다. 예를 들어 가톨릭 교인들을 국가 공무원으로 임용하지 않았다. 더욱이 남부의 일부 지역에서는 가톨릭 교인들이 세금과세의 불이익을 당하기도 하였고, 심지어는 박해까지 받았다.

그런데 18세기의 네덜란드에서는 대체로 사상과 양심의 자유가 보장되었고, 경제적으로도 크게 번성하였다. 그래서 유럽 여러 나라의 많은 사람들이 박해를 받거나 경제적으로 궁핍하면 이 나라로 건너왔다. 예컨대, 오스트리아 찰스부르크에서 박해를 받던 루터교회 교인들이 이 나라로 왔고, 스코틀랜드에서 박해를 받던 퓨리탄들이 배를 타고 이 나라로 건너왔으며, 스위스(베른)에서 박해를 받던 메노나이트 교인들이 이 나라로 왔고, 심지어 동유럽에 살고 있던 유대인들도 이 나라로 이주해 왔다. 그러나 피난 온 외국인 교회 안에서 갈등상황이 자주 벌어졌다. 가령, 프랑스에서 피난 온 위그노 개혁교회는 지도자들끼리 심각하게 다투는 통에 많은 이들이 프랑스로 다시 돌아가거나 네덜란드 개혁교회 안으로 들어가 버렸다.

계몽주의 사상이 크게 파급되자, 개혁교회의 여러 나라들은 이 사상을 받아들일 것인지, 거부할 것인지를 심각하게 고민하였다. 네덜란드 개혁교회의 신학자들은 계몽주의를 수용하려는 뜻을 갖고 있으면서도 정통주의적 칼빈주의를 그대로 고수하고자 했다. 이 과정에서 교회와 국가의 공고한 결속이 일정부분 흔들리기 시작하였다. 이를테면 네덜란드의 룬트(Lund)에서 교수 에렌슈트랄레(D. Ehrenstrale, 1695-1769)와 네안더(J. Neander, 1709-1789)가 국가와 교회의 분리를 주장하였다. 제네바의 경우는 정통주의와 계몽주의의 화해를 시도하면서 '정통주의적 이성주의'(orthodoxer Rationalismus)를 선택하였다. 그러다가 계몽주의적 관용정신이 실현되면서 1776년에 루터교회의 설립이 허락되었고 헤른후트 형제단의 신앙공동체 설립이 허락되었다.

계몽주의 사상이 교회 안으로 들어옴에 따라 '실천적 기독교'에 대한 관심이 높아졌다. 1773년에 네덜란드의 개혁교회는 찬송가를 개편하여 새로이 출판하였다. 제네바에서는 1754년과 1778년에 예배의식을 개혁하였고, 1778년에 요리문답을 개정하였다. 이 과정에서 찬반 시비가 일어나거나 거센 저항이 거의 없었으며 대체로 동조하는 분위기였다.

앞에서 밝힌 대로, 네덜란드 개혁교회에서 일어난 경건주의의 뿌리는 영국 퓨리타니즘에 있다.[3] 퓨리탄들이 대륙으로 건너와서 네덜란드의 경건주의 신앙운동이 시작되는 데 영향을 주었다. 이곳의 경건주의는 신비주의적 경향이 짙었다. 테에린크(Willem Teelinck, 1579-1629)는 네덜란드의 경건주의를 일으킨 지도자인데, 그는 퓨리타니즘에, 특히 엄격한 윤리의식에 영향을 입어서 계명 준수를 강조했다.

네덜란드 경건주의의 중심인물은 우트레히트(Utrecht) 대학의 교수 보에티우스(Gisbert Voetius, 1589-1676)였다. 이들은 칼빈 정통주의에 기반을 둔 엄격한 생활윤리와 신비주의적 신앙체험을 바탕으로 한 경건한 신앙을 형성했다. 또한 경건한 신앙인들이 별도의 작은 경건모임을 갖되 기성교회를 떠나지 말고 교회 안에서 모임을 가지도록 지도했다. 이러한 17세기 경건주의의 유산은 18세기에 그대로 전해졌다. 그러다가 코케이우스(J. Coccejus, 1603-1669)가 보에티우스와는 다른 색깔의 경건주의 노선을 강조했다. 즉, 계약신학(Föderaltheologie)에 기반을 둔 경건주의였다. 그의 노선을 따르던 람페(Friedrich Adolph Lampe, 1683-1729)는 보에티우스와 코케이우스의 사상을 결합시켰다. 그런데 많은 경우에 네덜란드 경건주의는 계몽주의와 대립되었다. 개혁교회 안에서 이 경건주의는 차츰 그 영향력이 약해졌고, 또 그 자신을 유지하는 것조차도 벅차게 되었다.

프랑스의 칼빈 개혁교회인 위그노는 낭트칙령의 폐지와 함께 또다시 박해 속에서 생존의 위협에 처하게 되었다. 위그노는 이때부터 18세기 중엽까지 '순교의 시대'를 지나가야만 했다. 많은 이들이 감옥에 갇혀서 고문을 당하였다. 이 가운데서 적지 않은 이들이 공개처형을 당하거나 교수형을 당하였다. 순교자의 수는 프랑스 혁명(1789)까지 약 20만 명 정도로 추산된다. 이 당시의 위그노에 관하여 오늘날 우리는 '광야교회의 시대'라고 부른다.

당시의 위그노 박해는 남부지역에서 특별히 극심하였다. 위그노들은 박해 속에서 비밀 신앙집회를 가졌다. 이 집회를 인도하는 목회자도 거의 없었다. 때때로 이 신앙공동체는 다른 나라로 피난 간 목회자에게 다시 돌아오도록 촉구하였는데, 다시 돌아온다는 것은 곧 순교를 의미하였다. 예를 들어, 목회자 브루센(Broussen)은 하아그(Haag)에서 목회하다가 프랑스의 위그노 신앙공동체를 섬기기 위하여 자신의 목회를 포기하였고, 프랑스로 돌아와서 전국을 돌아다니면서 광야교회를 돌보았다. 그러다가 그는 1698년에 몽벨리에에서 교수형을 당하였다. 이처럼 광야교회에서는 안수 받은 목회자가 턱없이 부족하였으므로 평신도 설교자(Prädikant)가 지도자로서 교회를 이끌어 갔다.

꾸르(Antoine Court, 1695-1760)와 꼬르떼(Pierre Corteiz)는 1715년 몽벨리에 북쪽에서 그 지역의 위그노 광야교회 총회를 조직하였다. 총회는 외국으로 피난 간 위그노들과 은밀하게 연락을 주고받았고, 그러면서 외국에 살고 있는 위그노의 물질적인 도움을 자주 입었다. 때마침 총회가 조직되던 해에 왕세 루이 14세가 사망하였다. 그래서 위그노 광야교회는 낭트칙령의 폐지가 다시 철회되기를 기대하였다. 그러나 이 기대와는 정반대로 상황이 더욱더 악화되었다. 하지만 그럴수록 위그노 광야교회는 더욱 단단하게 결속되었다.

1726년에는 전국에 흩어져 있던 위그노 광야교회가 제1차 총회를 열었고, 그 이후 1763년에는 제7차 총회를 열었다. 그러는 동안에 총회 조직이 점점 크게 확장되어 서부지역인 노르망디(Normandie)에서 북부지역 삐카르디(Picardie)까지 위그노 개혁교회가 조직되었다.

이때, 계몽주의 사상의 영향을 강하게 받고 있던 프랑스 대중들은 위그노에게 관용을 베풀어야 한다는 여론을 조금씩 높여 갔다. 더욱이 법조인과 공무원 가운데는 위그노들이 많았다. 1787년 11월 17일에 라보

(Paul Rabaut)와 그의 아들이 위그노에게 관용을 베풀려는 칙령을 선포하고자 시동을 걸었다. 이러한 노력의 결과, 프랑스 혁명이 일어나던 1789년 8월 27일에 인권선언이 선포되면서 위그노에 대한 관용도 함께 선포되었다. 1791년에는 예배의 자유가 헌법에 보장되었다. 그래서 이제부터 위그노 개혁교회는 파리에 있는 루브르의 상루이(Saint-Louis du Louvre) 교회에서 공개적으로 예배를 드릴 수 있게 되었다. 이제까지 파리의 위그노들은 네덜란드 대사관이나 스웨덴의 대사관에 모여서 외국 주재공관의 보호 속에서 예배드리고 있었는데, 이제부터는 공개적으로 예배를 드릴 수 있게 되었다.

그러나 프랑스 혁명이 진행되는 과정에서 과격한 세력이 정권을 잡게 되었고, 이와 함께 1793년 5월부터 폭력과 테러의 공포정치가 시작되었다. 라보의 아들이 실각하고 로베스삐에르(Robespierre)가 정권을 잡았다. 이제부터는 모든 교회 활동과 목회자의 사역이 중단되어야 했다. 만일 이를 어기는 목회자가 있으면 감옥에 투옥되고 처형되었다. 그러다가 1794년 7월 27일에 로베스삐에르가 정치적으로 몰락하면서 신앙 및 예배의 자유가 다시 위그노에게 안겨졌다. 그러나 그동안 교회탄압이 워낙 극심했던 까닭에 자유가 주어졌으나 그 자유가 금방 꽃을 피우지 못하였다. 그 자유의 꽃을 피우는 데 필요한 재정이 부족하였고, 또 목회자가 없었다.

과격한 혁명세력이 몰락하고 나폴레옹이 정권을 잡았다. 그는 가톨릭교회의 교황 비오 7세와 협약을 맺으면서 무너진 교회를 다시 일으켜 세우되 그 위상을 국가권력 아래에 두었다. 이에 따라 혁명기간에 엄청난 피해와 수모를 겪은 가톨릭교회는 되살아나게 되었고, 국민의 다수가 가톨릭교회로 다시 돌아왔다. 반면에 위그노 개혁교회는 수적으로 대단히 미약했고, 더욱이 내부 갈등으로 진통을 겪고 있었다. 나폴레옹이 통치하던 기간에 위그노 개혁교회는 국가교회의 울타리 속으로 들어가 버렸다.

　독일 개혁교회의 경건주의는 영국 퓨리타니즘의 간접적인 영향과 네덜란드 경건주의의 영향을 받으면서 시작되었다. 개혁교회의 경건주의자들 가운데 한 사람인 운데라이크(Theodor Undereyck, 1635-1693)는 본래 네덜란드에서 독일로 이민 온 가정에서 태어났다. 그는 1654년부터 약 4년 동안 네덜란드 우트레히트 대학에서 신학을 배웠는데, 보에티우스와 코케이우스의 영향을 크게 받았다. 그는 1660년에 독일의 루르 지역 뮐하임(Muelheim)에서 목회를 시작했는데, 설교를 통해서 칼빈의 예정론을 강하게 선포했고 엄격한 생활윤리를 강조했다. 또한 그는 교회의 치리를 엄격하게 적용했으며, 경건의 실천을 위하여 심방과 개인면담을 부지런히 하였다. 1665년부터는 주일예배 외에 기도모임을 시작했는데, 이것은 슈페너의 '작은 신앙모임' 보다 훨씬 앞섰다. 1670년에 그는 브레멘(Bremen)으로 목회지를 옮겼는데, 이곳에서 네덜란드 경건주의 신앙운동을 접목시키기 시작했다.

　독일 개혁교회 안에서 1680년 이래로 경건주의 신앙운동이 정착되었다. 독일 경건주의의 시작에 영향을 준 라바디(J. de Labadie, 1610-1674)는 프랑스 출신이었다. 그의 부모는 가톨릭교회 교인이었는데, 그는 이러한 집안배경 안에서 15세부터 예수회에서 일했다. 그는 1650년에 가톨릭교회에서 개혁교회로 옮겨 왔고, 그 이후에 개혁교회의 설교자로서 여러 도시(Montauban, Orange, Genf)에서 일했다. 1666년경에는 네덜란드의 상업도시 미델부르그(Middelburg)에서 목회했다. 그러면서 사도시대 초대교회의 모습을 회복하는 교회개혁을 구상했다. 그리고 교회개혁의 우선적인 과제는 평신도 갱신보다도 목회자 갱신에 우선해야 한다고 보았다. 또한 이를 위해서 목회자 후보생의 신학교육을 일반대학에서 하지 말고 수도원 같은 신학교(Seminary)에서 실시해야 한다고 보았다.

그러나 그의 개혁시도는 여러 가지 어려운 난관에 부딪쳤고, 3년 후에는 국가교회에서 떨어져 나와 독립된 신앙공동체를 만들었다. 그는 초대교회의 모습을 따라 매일 두 번, 오전에 한 번, 오후에 한 번 신앙집회를 갖고 주일에는 세 번의 신앙집회를 가졌다. 그리고 설교시간에 높은 강단 위에서 아래로 내려다보며 선포하지 말게 하고, 성도들이 신분상·하와 빈부귀천의 차이가 없이 둘러앉아서 모든 사람이 함께하는 마음으로 예배드리게 했다. 또한 누구든지 원하면 성경을 낭송하고 겸손한 마음으로 말씀을 증언하게 했다. 이러한 신앙집회의 기본원칙은 '복음적, 사도적'이었다. 이 신앙집회의 목적은 초대교회를 회복하는 것이었다. "초대교회 예루살렘 신앙공동체가 갑자기 독일과 네델란드에서 다시 살아났다!" 1671년에 네델란드 당국은 라바디의 신앙공동체를 추방시켰다. 이 공동체는 이듬해에 덴마크의 알토나(Altona, 지금의 독일 함부르크 곁)로 옮겨 갔다. 라바디의 신앙공동체는 독일 경건주의의 아버지로 불리는 슈페너의 경건주의에 크게 영향을 끼쳤다.

2. 영국과 미국

스코틀랜드 장로교회는 1661년에 국회가 교회를 억압하는 정책을 채택하였기 때문에 커다란 위기를 맞이하였다. 이에 장로교회 목회자들이 교회에서 쫓겨나기 시작하였다. 이 당시 스코틀랜드의 분위기는 가톨릭 교회로 기울어지는 경향을 띠고 있었다. 그러다가 1690년에 국회는 모든 장로교회 목회자들에게 다시 자기 일자리로 돌아오게 하였고, 또 웨스트민스터 신앙고백을 승인하였다. 이와 더불어서 스코틀랜드의 장로교회는 정부가 공인하는 유일한 국가교회가 되었다. 그렇지만 장로교회의 일각에서는 이를 흔쾌히 받아들이지 않았다. 그 까닭은 교회가 국가권력 아래로 들어가는 데 찬성하지 않았기 때문이다.

1707년에 영국과 스코틀랜드가 한 나라로 병합되자, 스코틀랜드 장로교회는 교회의 독립성을 법적으로 보장받았다.

미국의 동부 해안지역에 개별적으로 정착해서 살던 퓨리탄 장로교회의 교인들이 1706년에 필라델피아에서 총회를 결성하였다. 이 총회의 지도자는 마케미(Francis Makemie, 1658-1708)였다. 또한 1710년 이래로 아일랜드 북부지역의 장로교회 교인들이 대거 미국으로 이주해 오면서 이곳의 장로교회가 크게 성장하였다. 1763년 무렵에는 로드아일랜드(Rhode Island)를 제외한 나머지 모든 지역에 장로교회가 설립되었다. 이에 장로교회의 목회자를 양성하는 교육기관이 필요하다는 의견이 대두되었고, 1727년 무렵에 데넨트(William Tennent)가 펜실베이니아에 최초의 대학('Log College')을 설립하였다. 또한 1746년에는 뉴저지(New Jersey)에서 프린스턴(Princeton) 신학교가 설립되었다.

이 무렵의 장로교회 안에서 신앙 대각성운동(Great Awakening)이 일어났다. 이 신앙운동의 뿌리는 독일의 경건주의였다. 이를테면, 뉴저지에서 활동한 신앙각성운동 설교자 프레닝후이젠(Theodor Jacon Frelinghuysen, 1692-1748)은 독일 출신의 경건주의자로서 1720년에 미국으로 건너와 여러 네덜란드 출신의 개혁교회에서 일하였다.

이 신앙운동의 중심지는 펜실베이니아의 네시아미니(Neshaminy)였다. 1734~1735년에는 조나단 에드워즈(Jonathan Edwards, 1703-1758)가 코네티컷(Connecticut)에서 이 신앙운동의 설교자로서 일하였고, 1738년과 1740년에는 조지 휫필드(George Whitefield)가 신앙각성운동의 설교자로 크게 알려졌다. 버지니아(Virginia)에서는 1748~1759년 사이에 장로교회의 목회자 사무엘 다비(Samuel Davies)가 신앙각성운동의 설교자로 그 이름을 크게 떨쳤다. 노스캐롤라이나(North Carolina) 지역에서는 1755년부터 신앙각성운동이 크게 일어났으며, 특별히 침례교회에서 이 신앙운동이 활발하게 일어났다.

  18세기 후반에 미국이 영국으로부터 독립을 쟁취해 가는 과정에서, 미국은 1778년과 그 이듬해에 오하이오(Ohio)에 있는 영국의 요새를 힘으로 빼앗았고, 이어서 켄터키 지역, 인디애나 지역, 그리고 일리노이 지역을 차지하였다. 또한 1783년에 미시시피 동부지역을 영국에게 값을 치르고 사들였다. 1803년에는 미시시피 서부지역(루이지에나)을 나폴레옹에게 돈을 주고 사들였다. 1819년에는 플로리다 지역을 스페인에게 값을 치르고 사들였다.

  미국이 정치적으로 독립함에 따라 개신교회의 여러 교파들은 본국의 모교회와 이제까지의 관계를 정리하고 독자적인 조직을 만들어야 했다. 네덜란드 출신의 개혁교회가 1794년에 제1차 총회로 모였다. 장로교회는 1802년에 피츠버그에서 총회를 조직하였다. 이와 함께 총회는 켄터키 주와 테네시(Tennessee) 주에 장로교회를 설립하였으며, 새로 설립된 교회들을 순회(巡廻)목회자들이 돌아보게 하였다. 이에 앞서, 1801년에 장로교회와 회중교회는 양 교회를 하나로 합치는 계획을 세우고 앞으로는 양 교회의 목회자들이 합동으로 목회한다는 방침을 세웠다. 장로교회의 신학교가 1827년에 피츠버그에 설립되었고, 1830년에는 하노버(Hanover)에, 그리고 1832년에는 신시내티(Cincinnati)에 설립되었다.

  여타 개신교회들과 달리 회중교회는 처음부터 영국의 모(母)교회에 전혀 의존하지 않고 철저하게 자립하였다. 회중교회의 교인들은 사람됨의 권리가 하나님에게로 왔다는 신념을 굳게 확신하면서 그 어떠한 지배자나 권력도 이 권리를 침해하지 못하도록 철저하게 지켰다. 따라서 독재적인 왕에게 항거하는 일이 이들에게는 신앙의 의무였다.

  18세기 후반부터 미국에서는 제2차 신앙각성운동이 활발하게 일어났다. 이 신앙운동은 동부 해안지역에 있는 장로교회와 회중교회의 대학에서 시작되었다. 장로교회의 설교자인 맥그레디(James McGready)가

1801년 8월에 케인 리지(Cane Ridge) 등지에서 천막집회를 열기 시작하였다. 이 집회에 약 2만 여 명이 참석하였고, 이 집회에 참석한 사람들이 집단적으로 신앙체험(울부짖고, 고함치고, 뛰고, 머리를 흔들고……)을 하였다. 제2차 신앙각성운동의 신학은 조나단 에드워즈의 신학과 사무엘 홉킨스(Samuel Hopkins, 1721-1803)의 신학에서 출발한 '새 빛운동'(New Light Movement)과 '홉킨스주의'(Hopkinsianism)에 그 기반을 두고 있다. 이 신앙운동으로 말미암아 선교운동이 활발하게 일어났고, 또 여러 지역에서 선교단체가 결성되었다. 많은 선교단체들이 인디안 선교를 목표로 결성되었다. 해외 선교를 위한 선교단체는 1810년에 결성되었고, 이것은 1808년에 세워진 안도버(Andover) 신학교의 설립과 관련이 있으며, 이 신학교는 홉킨스의 신학사상을 이어 가고자 하였다.

■■■ 미 주 ■■■

1. 그러나 1613년에 프로이센의 브란덴부르그(Brandburg-Preussen) 시역 군주는 자신이 다스리는 백성들은 루터교회에 속하게 하고 자기 자신은 칼빈 개혁교회로 넘어갔다. 이리하여 그는 1555년의 협정을 어겼고, 그가 다스리는 땅에는 이제 더 이상 국가와 종교가 한 몸이 아니었다.
2. 그런데 네덜란드 경건주의는 엄격한 정통주의를 바탕으로 전개되었다.
3. 교회사가 브레히트(M. Brecht)에 따르면, 경건주의의 뿌리와 시작은 영국의 퓨리타니즘에 있으며 그 시작은 16세기 말경이라고 한다. 영국국가교회(성공회) 안으로 칼빈의 개혁정신이 들어오면서 교회 안에 '작은 신앙모임'들이 결성되었고, 이들 가운데서 더러는 국가교회에서 떨어져 나가서 독자적인 신앙공동체를 형성했다. 이것이 퓨리타니즘의 시작이다. 이들은 기성교회의 신앙형태와 달리 부지런하고 규칙적인 성경읽기와 엄격한 생활윤리 및 도덕을 강조했다. 이로써 사도시대의 초대교회가 이들의 이상(理想)으로 강조되었다. 이들은 종교개혁(칼빈과 루터)의 유산을 지켜 가고자 하면서, 또다른 한편으

로 중세 신비주의를 떨쳐 내지 않았다. M. Brecht, "Pietismus," *TRE*, 26 : p. 608f.

제4장 19세기 개혁교회의 개혁신학

Ⅰ. 슐라이어마허의 개혁신학 / 113
Ⅱ. 미국 개혁교회의 개혁신학 / 144

제4장 19세기 개혁교회의 개혁신학

I. 슐라이어마허의 개혁신학

1. 서 론

프리드리히 슐라이어마허(Friedrich Daniel Ernst Schleiermacher, 1768-1834)는 현대신학의 입구이다. 그를 자유주의 신학의 시조로 여기는 비판적 시각에서든, 아니면 현대신학의 아버지로 여기는 일반적인 시각에서든 슐라이어마허 신학에 대한 검토와 평가 없이는 현대 신학의 발전과정을 이해할 수 없으며, 계몽주의 신학사조의 극복과정 또한 설명할 수 없다. 그러므로 슐라이어마허는 "그 시대 서구 개신교의 신학적 관점을 요약하였을 뿐만 아니라 후속 기독교 사상의 진행 방향을 제시한"[1] 인물이다.

슐라이어마허를 신학적 자유주의의 아버지로 여기는 것은 그릇되지 않은 평가이기는 하지만, 슐라이어마허 신학의 폭은 이보다 더 넓어서 마치 칸트와 헤겔이 철학에서 차지하는 위치와 같다고 하겠다. 슐라이어마허의 신학적 깊이는 철학과 윤리학을 넘어서서 실천적 신학에 이르기까지 광범위하며, 교의학적인 바탕을 중요시하면서도 교회 현장을 신학의 목표로 삼았다는 점에서 특별한 의의가 있다.

슐라이어마허의 시대는 개신교 정통주의에 싫증난 기독교 계몽가들과 낭만주의 사조의 시대였다. 동시에 그는 보헤미아 경건주의의 신앙적 뿌리를 기반으로 성장한 신학자였다. 그러므로 그의 신학적 성찰의 과정 속에는 베이컨, 로크, 볼테르, 톨랜드, 틴데일, 라이프니츠, 렛싱, 루소 등으로 이어져 온 계몽주의의 기독교관을 극복하는 경건주의적 관점이 내재되어 있으며, 낭만주의와의 접촉도 드러난다. 이러한 시대적 배경은 슐라이어마허 신학의 정황이 되어 그를 '감정(感情)의 신학자'로 불리게 하였다.

'감정의 신학'이라는 말은 헤겔에 의하여 비판을 받았지만, 칸트적인 실천 종교관이나 헤겔적인 관념 종교관의 극복이라 할 수 있다. 이런 점에서 슐라이어마허 신학을 '신학적 영역에서의 위대한 종합'[2]이라고 한 틸리히의 평가는 옳다. 그러나 슐라이어마허에 대한 관심과 연구는 비교적 늦은 1910년에 이르러서야 고조되었으며, 생존 시에는 헤겔의 그늘에 가려 있었다.[3]

신정통주의 신학자들은 슐라이어마허가 루터와 칼빈으로 이어지는 종교개혁적 연속성을 파괴하였다고 비판하였지만[4] 정작 바르트 자신은 「19세기 개신교 신학」에서 "슐라이어마허의 신학이 완전히 극복되었는지, 그리고 슐라이어마허에 반대하면서도 우리가 여전히 그에게 매달린 후손이 아닌지 분명하게 말할 수 있는 사람은 아무도 없다."[5]고 하였다. 동시에 슐라이어마허에 대한 평가들을 다음과 같이 소개하였다.[6] "그의 교의학과 함께 시작한 것은 그 원리에 있어서만 신기원을 이룩한 것이 아니라 전체 신학 연구가 새롭게 시작되었다"(가스〈W. Gass〉). "그로부터 진실로 교회사의 새로운 시대가 열렸다"(네안더〈A. Neander〉). 슐라이어마허는 어떤 하나의 학파를 형성한 것이 아니라 한 시대를 열었다고 말할 수 있을 정도로 현대 신학에서 가장 중요한 자리를 차지하고 있는 것은 분명하다.

우리는 여기서 슐라이어마허의 생애를 요약하고, 그의 많은 저술들 가운데 가장 중요한 것으로 여겨지는 세 작품을 분석함으로써 그의 신학사상을 설명하려고 한다. 그 세 가지는 첫째로 「종교론 : 종교를 멸시하는 교양인을 위한 강연」(Über die Religion. Reden an die Gebildeten unter ihren Verächtern, 1799), 둘째로 「신학연구 입문을 위한 간단한 개요」(Kurze Darstellung des theologischen Studiums zum Behuf einleitender Vorlesungen, 1811), 셋째로 「개신교 교회의 원칙에 따라 연관성 속에서 서술된 그리스도교 신앙론」(Der christliche Glaube nach den Grundsätzen der evangelischen Kirche im Zusammenhang dargestellt, 1820-1821)이다.

2. 슐라이어마허와 그 시대

1) 경건주의의 영향

슐라이어마허의 할아버지 다니엘(Daniel)은 개혁파 목사였으며 쇠움부르크(Schaumburg)의 궁정설교가(Hofprediger)였다. 아버지 고트립 아돌프(Gottlieb Adolph, 1727-1794) 역시 프리드리히 2세 치하에서 프러시아의 군목이었다. 아버지는 1777년경 헤른후트(Herrnhutter)파의 경건주의에 감화를 받았고, 자녀들을 경건주의적 신앙으로 양육하기를 소망하였다.[7] 그래서 슐라이어마허는 1783년에 괴를리츠(Görlitz) 근처의 니스키 학교(Niesky Pädagogium)로 보내지게 되었다. 그때까지는 브레슬라우의 프리드리히 학교(Friedrichschule)를 다녔고 안할트(Anhalt)의 플레스(Pleß)로 이주하였지만, 1783년 11월 17일 슐라이어마허의 모친이 사망한 후 아버지는 1785년 안나 마리아 루이제(Christiana Caroline Anna Maria Louise)와 재혼하였다. 세 명의 이복동생을 낳은 아버지는 슐라이어마허가 26세 되던 1794년 9월 2일에 사망하였다.[8]

슐라이어마허는 1785년 17세의 나이로 막데부르크(Magdeburg)에 있는 헤른후트파 형제단(Brüdergemeinde) 신학교인 바르비(Barby) 신학교에 입학하여 형제단의 교사나 목사가 되기를 소망하였으나 문제가 발생하였다. 이 시기에 슐라이어마허는 그리스도의 성육신 교리에 대한 회의를 품었다. 그는 1787년 1월 21일 아버지에게 다음과 같이 편지하였다.

> 저는 자신을 인자라고 칭한 그가 영원하시며 참되신 하나님이라는 것을 믿을 수 없습니다. 저는 그분의 죽음이 대속적 화해였다는 주장을 믿을 수 없습니다. 왜냐하면 그 자신은 이것을 분명하게 말한 적이 없기 때문이며, 이런 주장이 꼭 필요한 것인지 믿을 수 없기 때문입니다. 그 이유는 하나님 자신이 인간을 완전하게 만들지 않고 죽을 존재로 만드셨는데, 그 인간을 영벌에 처한다는 것은 있을 수 없는 일이기 때문입니다.[9]

슐라이어마허는 이러한 내용의 편지가 아버지에게 상상할 수 없는 충격이 되리라는 것을 잘 알고 있었다. 성육신 교리에 대한 회의를 아버지에게 전달한 것은 두 가지 의미가 있는데, 하나는 모라비아 경건주의적인 교육으로도 충족되지 않는 정통주의 교리의 공허함을 계몽주의적 대학교육을 통하여 해소해 보려는 그의 결심이 반영된 것이다. 그가 아버지에게 요청하는 것은 바르비 신학교를 떠나서 할레(Halle) 대학의 계몽주의적 교육을 받고 싶다는 것이었다.

두 번째는 교리 중심의 정통주의 신학과 모라비아식의 엄격한 경건주의 사이에서 갈등하는 자신의 모습을 이 사건을 통하여 드러냈다는 점이 중요하다. 슐라이어마허가 이러한 갈등을 극복한 시점이 바로 「종교론」이 출판된 시기라고 여겨진다. 왜냐하면 「종교론」의 논지가 바로 종교를 경멸하는 낭만주의 시대의 이성적 교양인들에 대한 변증으로 출발하여 종교의 본질이 무엇인지를 밝히는 데 집중되어 있기 때문이다. 슐라이어마허는 1802년 슈톨프(Stolp)의 궁정 설교가로서 다시 한번 모라비아 형제단을 방문하였을 때에 "나는 다시 높은 서열의 모라비안이 되었다."[10]는 말로 자신의 과거의 내적 갈등과 방황이 종료되었음을 알리고 있는데, 이는 「종교론」의 저술과 밀접한 관련이 있다고 여겨진다.

슐라이어마허는 1787년 부활절 직후에 시작되는 여름학기에 할레 대학에서 공부를 시작하기 원했다. 그는 외삼촌 슈투벤라우흐(Samuel Stubenrauch)의 집에 기거하게 되었는데, 이는 슐라이어마허가 아버지에게 허락을 구하는 편지를 보낼 때에 예상하였던 일이었다. 그의 편지는 매우 설득력 있는 문체와 오랜 신앙적 고민을 동시에 보여 주고 있는데, 이는 할레 대학이 이단적 교설을 가르치는 교수들로 가득 차 있다는 세간의 오해 때문에라도 아버지에게 자신이 할레 대학에서 공부하려는 이유를 분명히 밝혀야 할 필요가 있었기 때문이다. 그래서 그는 "형제단에 머물러 있는 것보다 가는 것이 제 생각을 변화하게 할지도 모릅니다. 저는 모든 것을 시험해 볼 기회를 가지기 원합니다. 혹시 압니까? 제가 저쪽의 근거들이 생각했던 것처럼 이쪽보다 강력하지 않다는 것을 알게 될지도 모릅니다."[11]라고 아버지를 설득하였다.

　아버지가 망설이고 있는 동안 슐라이어마허는 2월 12일 다시 한번 아버지에게 편지를 보냈다. 여기서 그는 형제단에서 쫓겨나지 않고 아버지의 결정에 의하여 자발적으로 떠나게 되기를 바라고 있다. 그는 또한 할레 대학에서의 학비 문제로 많은 고민을 하였는데, 집세와 난방비는 줄일 수 없지만 아침식사에서 커피를 마시지 않고 저녁을 적게 먹음으로써 식비를 아낄 수 있다고 편지하였다. 그러나 학교 당국이나 아버지와의 갈등 해소는 쉽지 않았다. 날짜를 알 수 없는 편지에서 슐라이어마허는 "존경하는 아버지, 아버지께서는 왜 제가 아버지가 믿는 하나님과 같은 하나님께 기도하지 않는다고 말씀하십니까? 제가 이방신을 섬기려고 한다고까지 하십니까? 아버지와 저를 창조하시고 우리가 존경하는 그분은 한 하나님이 아니십니까?"[12]라고 항변하기까지 하였다.

　빌헬름 딜타이(1833-1911)의 슐라이어마허 연구[13] 이래로 슐라이어마허의 생애와 사상에 관련된 자료들을 딜타이에게 의존할 수밖에 없는데, 강경하던 아버지가 아들과 다시 화해하게 된 상황을 설명해 줄 근거 자료를 발견할 수는 없다.[14] 그러나 어쨌든 그는 아버지의 동의를 얻고 재정적 지원을 받아 1787년 부활절 직후 시작되는 여름학기에 할레 대학에 등록할 수 있었다. 여기서 그는 셈러(John Salomo Semler, 1725-1791)의 신학과 크리스챤 볼프(Christian Wolff)의 철학적 전통 가운데에서 공부할 수 있었으며, 특히 볼프의 제자인 요한 아우구스트 에버하르트(Johann August Eberhard, 1739-1809)의 지도 아래 칸트 철학을 체계적으로 연구하였다.

2) 계몽주의와 슐라이어마허

　슐라이어마허는 바르비 신학교 시절에 칸트의 「프롤레고메나」(*Prolegomena*, 1783)를 읽었으며,[15] 칸트의 비평가로 알려진 에버하르트에게서 칸트 철학을 배웠다. 동시에 그는 젊은 언어학자 프리드리히 볼프(Friedrich August Wolf)에게서 언어학을 배우며 영어와 불어에 심혈을 기울였다.

슐라이어마허는 1789년 5월 오더 강가의 프랑크푸르트 인근 드로쎈(Drossen)에 목사로 부임해 있는 외삼촌 슈투벤라우흐에게 가서 목사고시 1차 시험(pro locentia concionandi)을 준비하였다. 훌륭한 성적으로 시험을 통과한 슐라이어마허는 시험관이었던 자크(Friedrich Samuel Gottfried Sack, 1738-1817)의 추천으로 1790년 10월부터 동프로이센 슐로비텐(Schlobitten)의 도나 백작(Grafen zur Dohna) 가문의 가정교사(Hofmeister)로서 자녀들을 가르치다가, 1793년 10월 베를린으로 이주하였다. 1794년에 슐라이어마허는 목사고시 최종 시험(pro ministerio)을 치르고 안수를 받았다. 그리고 나서 란츠베르크(Landsberg an der Warthe)의 개혁파 설교자이자 자신의 이모부인 슈만(Johann Lorenz Schumann, 1719-1795) 목사의 건강문제로 인하여 그의 보조 목사(Adjunkt)로 활동하였다.[16]

슐라이어마허의 신학사상은 약 7년 여의 기간 동안 많은 발전과정을 겪었다. 슐라이어마허가 2년간 공부하던 당시의 할레 대학은 아우구스트 헤르만 프랑케(August Hermann Franke, 1663-1727)에 의한 경건주의적 유산은 거의 소실되고, 소위 신학문(Neologie)이라 부르는 계몽주의 사상이 만연하고 있었다. 할레 대학의 신학은 전 세대의 제므러의 경향이 주도적이었는데, 슐라이어마허 시절의 신학 교수는 자신의 외삼촌 슈투벤라우흐를 포함하여 사무엘 무르지나(Samuel Mursinna)를 언급할 만하다.

이 시기의 슐라이어마허의 사상적 발전과정을 엿볼 수 있는 작품들은 전술한 서신들 외에 자기 외삼촌에게 헌정한 「설교집」[17]이 있다. 이 설교들은 젊은 신학자가 기독교 계몽주의 가운데서 어떻게 살고 있는지를 보여 준다. 예를 들어, "부활이 우리 안에 일깨우는 의무들에 대하여" (Über die Pflichten, welche die Gewißheit der Auferstehung uns auflegt)라는 부활절 다음 월요일 설교나 그 후에 행한 "이성적 신앙에 관한 도마의 역사에 대하여"(Über die Geschichte Thomas, vom vernünftigen Glauben)라는 설교 등은 슐라이어마허에게 끼친 계몽주의적 영향을 충분히 보여 준다.[18]

3) 베를린 목회와 낭만주의

슐라이어마허는 1795년 6월부터 베를린 자선병원(Berliner Charite)에서 원목설교가로 활동하였다. 그 당시 베를린은 약 14만 명의 인구로 확장일로에 있었는데, 이 병원은 아직 시 외곽에 있는 낡은 병원이었다. 병원의 1층은 양로원과 간호사 숙소로 쓰고, 2층에는 약 250개의 병상이 있었다.[19] 따라서 슐라이어마허의 첫 목회 상대는 자연스럽게 가난한 노인들과 환자들, 그리고 이웃에 살고 있는 주민들이었다.

베를린에서 슐라이어마허에게 강하게 영향을 끼친 모임은 프리드리히 슐레겔(Friedricch Schlegel, 1772-1829) 중심의 낭만주의 모임이었다. 이 시대의 낭만주의자들은 18세기의 계몽주의적 연장선상에 서 있었지만, 계몽주의나 합리주의의 기계론적인 관점에서 벗어나 직관과 느낌, 그리고 상상력 등에 관심을 두었다.[20]

슐레겔은 그의 형 아우구스트(August Wilhelm Schlegel, 1767-1845)가 편집하는 「아테내움」(Athenaeum)이라는 잡지에 슐라이어마허가 기고하도록 소개하였고, 슐라이어마허는 여기에서부터 학문적인 작품들을 익명으로 쓰기 시작하였다. 그는 이때 칸트(Kant)의 "인간학"(Anthropologie in pragmatischer Hinsicht)과 피히테(Fichte)의 "인간론"(Bestimmung des Menschen)이라는 글의 서평을 썼고, 이후 슐레겔의 도움과 제안으로 플라톤 대화를 번역하기 시작하여 훗날 혼자 완성하게 되었다. 동시에 슐레겔은 슐라이어마허를 자극하여 1799년에 「종교론, 종교를 멸시하는 교양인을 위한 강연」(Über die Religion, Reden an die Gebildeten unter ihren Verächtern)을 저술하도록 하였다. 낭만주의적 종교·기독교 이해 인 이 작품은 결국 슐라이어마허를 유명하게 만들었다.[21]

4) 할레와 베를린에서의 교수

슐라이어마허는 1802~1804년까지 슈톨프의 궁정 설교가로 지냈다. 이 기간 동안에 그는 「윤리학 비판론」(Grundlinien einer Kritik der bisherigen Sittenlehre, 1803)을 저술하였다. 동시에 그는 루터파 환경에 속해 있는 개혁파 설교가의 경험을 토대로 두 편의 글을 출판하여 두 개신교파의 신앙고백적 분리의 문제들을 연구하고 이를 극복하기 위한 교회 개혁안들을 제시하였다.[22] 교회 개혁안에 관해서는 "양 개신교회의 분열에 대하여"(Über die Trennung der beiden protestantischen Kirchen) 라는 글로 입장을 표명하였고, "두 번째 판정"(Über die Mittel, dem Verfall der Religion vorzubeugen)에서는 종교의 몰락에 대한 일반적인 항의를 다루고, 예배개혁과 성직자 교육개선에 대하여 논하고 있다.[23]

1804년, 슐라이어마허는 바이에른 지방의 뷔르츠부르크(Würzburg) 대학에 새로 설치된 개신교학부 교수로 초빙을 받았다. 거기에는 1803년 에 초빙된 파울루스(Heinrich Eberhard Gottlob Paulus, 1761-1851)가 있었으며, 슐라이어마허는 개신교 도덕론과 실천신학 전반을 담당하게 되었다. 그러나 프로이센의 통치자 빌헬름 3세(Friedrich Wilhelm)는 슐라이어마허를 궁정 설교가로, 그리고 프로이센의 루터파와 개혁파를 일치시키는 역할을 담당하기를 기대하였다. 그래서 슐라이어마허는 국가공직(Staatsdienst)에서 멀어질 기회를 무산시키고 말았다. 그 대신 봉급인상과 함께 할레 대학의 특별교수(außerordentlicher Professor)와 대학 설교자로 부름을 받았다. 그는 1804년 10월에 할레로 이사하고 1806년 여름학기까지 4학기를 가르쳤지만, 1806년 10월 14일에 예나(Jena)와 아우어슈테트(Auerstedt)에서 나폴레옹 군대에게 프로이센이 패하는 바람에 대학 문을 닫고 말았다. 이 기간 동안의 강의가 슐라이어마허의 학문적 기초가 되었으며, 그의 신학적 주제들은 '교의학'(Dogmatik), '백과전서학과 방법론'(Enzyklopädie und Methodologie), 그리고 '철학적 윤리학'(philosophische Ethik)이었다.[24]

슐라이어마허는 낭만주의 친구 도나(Alexander zu Dohna) 백작이 내무부를 담당하였을 때에 베를린 대학 설립과정에 참여하였고, 1810년 개교할 때에 초대 신학부장을 지냈다. 그리고 1809년에는 베를린 삼위교회(Dreifaltigkeitskirche)의 개혁파 설교가로 부름을 받는데, 이 교회는 개혁파와 루터파가 함께하는 교회였다(reformiert-lutherische Simultankirche).

이후 슐라이어마허는 1834년 2월 12일 급성 폐렴에 걸려 사망할 때까지 강의와 설교를 계속하였다. 그의 죽음을 애도하던 베를린 시민이 30,000명에 이르렀다고 할 만큼 그는 베를린에서 중요한 인물이었다.

3. 「종교론」(1799)

슐라이어마허의 「종교론」은 계몽주의 시대와 낭만주의의 종교이해를 넘어서는 새로운 가능성을 제시한 작품이다. 이 글은 일종의 변증적(辨證的) 성격을 강하게 띠고 있다. 종교를 사고, 신앙의 방식, 세계를 관조하는 특별한 방식이라고 여기며 이론적으로 관찰하려는 관념론적인 접근에서 탈피하고, 종교를 행동방식, 특별한 유형의 행위로 여기며 실천적으로 접근하려는 칸트적 접근에서도 벗어나고 있다.[25]

결국 슐라이어마허는 이 글에서 이신론(理神論)적인 형태의 이론적 인식이나 칸트적인 도덕적 복종이 주장하는 주체와 객체의 분리를 지양하고 종교를, 우리 내부에 있는 동일성의 경험을 '감정'이라는 말로 설명하였다.[26] 이 감정은 주관적인 심리학적 감정이 아니다. 슐라이어마허는 이 감정의 개념을 종교이해에 도입함으로써 19세기 현대 신학의 입구 역할을 했던 것이다.

「종교론」의 부제는 "종교를 멸시하는 교양인을 위한 강연"이다. 이 부제가 의미하듯이 종교에 싫증난 시대인들을 다시 종교에로 환원하려는 시도가 이 「종교론」의 목적이다. 정통주의적 교리체계와 이를 거부하는 계몽주의적 이성의 극단적인 대립이 18세기 종교의 몰락을 가져왔다. 슐라이어마허는 이러한 시기에 모라비아 경건주의적 영향과 낭만주의적 교양을 토대로 종교를 멸시하는 교양인에게 주는 강연을 집필하였던 것이다. 따라서 이 글의 성격은 변증적일 수밖에 없다.

칸트의 종교가 이성의 한계 안에서 진행되는 계몽주의적 종교철학의 작업이라면, 슐라이어마허의 「종교론」은 이에 대한 낭만주의적 반향이다. 낭만주의가 끼친 영향은 "종교적 신앙의 성격과 그 보증을 전적으로 새로운 기초 위에 세우려고 시도했다."는 것이다.[27] 낭만주의자들은 데카르트와 칸트식의 자연과학적 분석방법으로 인간을 이해하지 않고, 인간과 자연의 배후에 존재하는 생동력을 직관하려고 하였다.[28]

여기서 계몽주의적인 천박한 보편성(erbärmliche Allgemeinheit)과 공허한 냉정함(leere Nüchternheit)은 감각(Empfindung)과 마음(Herzen)과 감정(Gefühl)의 종교로 대치된다.[29] 따라서 슐라이어마허의 「종교론」은 종교에 싫증난 시대와 그 시대인들을 다시 종교에로 불러들이려는 시도로서 종교의 개인성(Individualität)과 주관성(Subjektivität)을 회복시키고, 이것을 개인의 삶과 연결시키고 있다. 다시 말해서 「종교론」은 신학과 교회의 관점에서 비롯되는 일방적인 종교관을 극복하고 신앙고백 사이의 논쟁이나 종교 간의 진리공방의 종식을 고하는 종교의 보편

적 본실을 추구하였다.[30]

1) 제1강연 : 변증

슐라이어마허는 제1강연에서 교양인들이 종교에 무관심하게 된 문제를 다루고 있다. 이런 문제를 언급한 이유는, 첫째로 형이상학과 도덕의 조각모음으로 된 계몽주의적 종교관에 대한 교양인들의 비판에 대하여 자신의 강연을 강화하기 위함이며, 둘째로 이런 비판이 종교에 대한 오해에서 비롯된 것임을 보여 주기 위함이었다.

> 종교가 존재하며 작용하고 있는 곳에서는 그것이 아주 특별한 방식으로 심정을 움직이며, 인간 영혼의 모든 기능을 서로 뒤섞이게도 하고 떼어놓기도 하여 영혼의 모든 활동을 무한자에 대한 놀라움의 직관으로 용해시킨다는 것을 종교 스스로 드러내 보여 주어야 한다. …… 여러분이 경멸해 마지않는 이 모든 체계 속에서 여러분은 결국 종교를 발견하지 못했고, 지금도 여전히 발견할 수 없다. 종교는 이런 곳에 존재하지 않기 때문이다.[31]

결국 당시에 교양인들의 경멸 대상이 된 것은 종교의 본질이 아니다. "여러분의 신랄한 고발이 실제로 관계하는 이런 큰 교회의 결합은 신앙인의 공동체와는 거리가 멀고, 이것은 다만 처음으로 종교를 찾는 사람들의 연합에 지나지 않는다."[32]는 말처럼 교양인들의 비판은 종교에 대한 비판에 해당되는 것이 아니라 진정한 교회를 둘러싸고 있는 "교의적 교회"에 대한 비판이다. 종교의 내적 본질은 이와는 전혀 다르다.

2) 제2강연 : 종교의 본질에 대하여

슐라이어마허는 제2강연에서 자신의 특유의 종교 이해를 전개하였다. 근본적으로 그의 사상은 경건주의적 토대에서 계몽주의를 논박한 것이다. 이것은 제4강연에 이르러 종교공동체의 속성에서 참된 교회를 논할 때에 분명하게 드러나는데, 이는 교회 내의 작은 교회(ecclesiola in ecclesiae)를 추구하던 경건주의 이상과 일치한다.[33]

슐라이어마허에 따르면 "여기저기서 종교와 비슷하게 보이는 것과 종교 사이에 있는 혼동 때문에"[34] 교양인들이 종교를 혼합적인 그 무엇으로 오해하게 된다고 하였다. 그는 이런 혼란의 근거가 '우주'와 '우주에 대한 인간의 관계'라는 종교의 대상을 형이상학이나 도덕이 똑같이 소유하고 있기 때문이라고 하였다.

> 이런 이유로 형이상학과 도덕이 종교로 많이 침투해 들어갔으며, 종교에 속하는 많은 것들이 부적당한 형식으로 형이상학과 도덕으로 숨겨지게 되었다. 그렇다고 해서 여러분은 종교가 이들 중 하나와 같은 종류의 것이라고 믿겠는가? 내가 알기로 여러분의 충동은 여러분 자신에게 정반대의 사실을 말하며, 이러한 정반대의 것도 여러분의 생각에서 유래한 것이다.[35]

종교는 형이상학과 도덕의 혼합이나 인식과 행위의 혼합으로 존재하지만 그 혼합물은 분명히 아니며, 심지어 종교의 역사 속에는 심한 비도덕적 결점들이 들어 있다. 이러한 슐라이어마허의 주장은 계몽주의적 종교 본질론에서부터 일탈하는 것이다. 다시 말하면 종교는 우주를 분류하고 그 본질을 분석하며 존재의 근거를 추적하고 현실적 존재의 필연성을 연역해 내는 형이상학이나 선험철학도 아니며, 인간 본성이나 우주에 대한 관계를 통해서 의무체계를 발전시켜 어떤 행위를 명령하거나 금지하는 도덕도 아니다.[36] 이러한 슐라이어마허의 이해는 종교를 기능화(Funktionalisierung)하는 것을 거부한다.[37] 반대로 종교의 근원(Ursprünglichkeit)과 종교의 독자성(Selbständigkeit)을 표면화하려고 시도하였다. 슐라이어마허의 경건주의적 종교이해의 핵심은 바로 이와 같이 '개인적이고 실증적인 종교형태를 찾아가는 데'(Frage nach dem individuell-positiven Gestalt der Religion)³⁸⁾ 집중되어 있다.

슐라이어마허는 종교의 본질을 다음과 같은 유명한 말로 정의하였다.

> 종교의 본질은 사유(Denken)나 행위(Handeln)가 아니라 직관(Anschauung)과 감정(Gefühl)이다. 종교는 우주를 직관하려 하며, 우주의 고유한 서술과 행위 속에서 그에게 경건히 귀 기울여 들으려 하고 스스로 어린아이의 수동성으로 우주의 직접적인 영향에 사로잡히고 충만하게 채워지려고 한다.³⁹⁾

종교가 우주에 대한 직관이라는 말은 "하나님과 세계에 대한 관념이 분리됨 없이 일치하는 것"(ungeschiedene Einheit von Gottes-und Weltidee)이란 의미이다.⁴⁰⁾ 여기서 슐라이어마허는 이 개념이 모든 강연의 핵심이라고 하였다. "모든 직관은 직관되는 존재가 직관하는 존재에 끼치는 영향으로부터 출발하며, 직관하는 존재의 본성에 따라 받아들여지고 종합되며 파악되는, 직관되는 존재의 근원적이고 독립적인 행위로부터 출발한다."⁴¹⁾라는 말 가운데에서 드러나는 것은 직관의 성격이 어떠한가 하는 점이다. 전통적인 슐라이어마허의 표현대로 우리가 무엇을 직관하는(anschauen) 것이 아니라, 반대로 우리가 우주에 사로잡힌 바 되는 것이다.⁴²⁾ 그러므로 모든 직관은 직관되는 존재가 직관하는 존재에게 끼치는 영향으로 출발하는 것이며, 슐라이어마허는 이것을 '계시'라고 하였다.

> 종교도 이와 같다. 우주는 끊임없이 활동하는 가운데 있으며 매순간 우리에게 계시된다. …… 이렇듯 종교는 모든 개별자를 전체의 부분으로, 모든 제약자를 무한자의 표현과 서술로 받아들이는 것이다.

결국 종교란 "세계 속에서 일어나는 모든 사건들을 신의 행위로 생각하는 것이다"(Alle Begebenheit in der Welt als Handlung eines Gottes vorstellen).[43]

3) 제3강연 : 종교교육에 대하여

모든 사람에게는 종교적 성향이 있다. 그러나 종교적 성향이 제약될 때에 이를 교육하도록 해야 하는데, 결정적인 방해물은 오성의 광기(Wuth des Verstehens)이다.

> 인간은 다른 모든 성향과 마찬가지로 종교적 성향을 가지고 태어난다. 인간의 감각이 강압적으로 억압되지만 않는다면, 그리고 종교의 요소로 인정된 이 감각과 우주 간의 모든 공동성이 방해되고 차단되지만 않는다면 종교적 성향은 틀림없이 모든 사람의 독자적인 방식으로 발전할 것이다. 그러나 우리의 시대에는 불행하게도 아주 어린 유년 시절부터 빈발하는 것이 있다. 오성의 광기가 감각을 전혀 자라나지 못하게 할 뿐만 아니라 모든 것이 똘똘 뭉쳐 인간을 유한자와 아주 작은 점에 묶어 놓고, 이 때문에 무한자는 인간에게서 가능한 한 멀리 밀려나게 되는 것을 나는 매일 고통스럽게 보고 있다.[44]

슐라이어마허는 여기서 깊은 명상을 통한 초자연적 존재와의 만남을 이야기한다.[45] 그래서 그는 "무한자를 유한자의 바깥에서 찾고 대립자를 그것이 대립되는 것의 바깥에서 찾는 것은 하나의 기만이며 착각이다."[46]라고 하였다. 오성을 통하여 모든 것을 이해하려고 하는 시도는 전적으로 감각에 대립하는 것이다.

4) 제4강연 : 종교 안에서의 교제와 교회 또는 성직에 대하여

교제(Gesellig)의 개념은 기본적으로 낭만주의에 의하여 채색된 교회관에서부터 출발한다.[47] 모든 종교공동체의 속성은 대화에서 출발한다. 상호간의 자유로운 의사소통을 통하여 종교의 의미가 깊어진다. 그러나 "종교의 전달은 여타의 개념이나 인식과 같이 책 속에서 찾아질 수는 없다."[48] 그래서 종교의 전달은 보다 더 큰 양식으로 이루어져야 한다. 여기에는 말하는 자와 듣는 자 곧 성직자와 평신도의 차이가 있을 수 없다. "여러분이 궁경(窮境)의 원천이라고 특징지어 온 성직자와 평신도 간의 대립은 이들 가운데 도대체 어디에 있는 것인가? 잘못된 착각이 여러분의 눈을 멀게 했다. 이것은 사람과 인격의 구별이 아니다. 이것은 오히려 상황과 직무의 구별에 지나지 않는다."[49]라는 슐라이어마허의 말 가운데서 외적으로 드러나는 직분의 구분론에는 사실 그 근저에 인격과 인격 사이의 대화, 종파와 종파 사이의 대화, 그리고 종교와 종교 사이의 대화를 향한 그의 주장이 담겨 있다. "모든 것은 하나이다. 종교 속에 실제로 존재하는 모든 구별은 교제적인 결속을 통해 부드럽게 서로에게로 흘러 들어간다."[50]

종교의 영역에서 분리의 충동이 저급한 양상이라면 종교의 가장 아름답고 성숙한 결실은 불가분리적 전체인 종교인식이다. 더 나아가 슐라이어마허는 "개별적인 특정 형태의 종교를 전파하려는 소문 나쁜 광포한 열심은 어디에 있으며, 우리 이외에는 구원이 없다는 무서운 모토는 어디에 있는가?"[51]라는 말로 특정 종교에 속한 사람의 마음을 바꾸는 일과 성직을 임명하는 일은 종교의 근원적인 일도 아닐 뿐더러, 이런 방법으로는 어느 누구도 무한한 종교에로 교화되고 고양될 수가 없다고 주장하였다. 여기에서부터 참된 교회를 지향하는 경건주의적 영향이 슐라이어마허에게서 강하게 드러난다.

참된 교회(Wahre Kirche)란 현존하는 교회가 보여 주는 외적 속성과는 거리가 멀다. 시대적 조건들과 그 시대의 인간성이 교회를 훼방하여 여전히 논쟁 중에 빠져 있는 교회가 아니라 이를 극복한 교회의 모습을 참된 교회라고 말한다.[52] 그러므로 교양인들의 종교와 교회비판은 옳지 않다. 왜냐하면 저들의 비판은 참된 교회상을 오해한 데서 비롯되었기 때문이다.

> 여러분의 신랄한 고발은 실제로 관계하는 이런 큰 교회의 결합인 신앙인의 공동체와는 거리가 멀고, 이것은 다만 처음으로 종교를 찾는 사람들의 연합(Vereinigung)에 지나지 않는다.[53]

슐라이어마허는 이런 종류의 일시적 연합 또는 저급한 단계의 종교 이해가 진정한 신앙공동체와 대립할 수밖에 없다고 하였다. 다른 말로 하면 「종교론」의 변증적 성격이 여기서 극명하게 드러나는데, 바로 종교비판자들이 비판의 대상을 바르게 설정하지 못하였다는 뜻이다. 슐라이어마허에게 있어서 종교적 교제는 주기만 하는 자와 받기만 하는 자로 분리되는 것이 아니다. 진정한 종교적 교제는 모든 전달이 상호관계적이어야 한다는 것이다.[54]

슐라이어마허는 그릇된 종교의 양상을 구체적으로 열거하였다. 그 대표적인 양상은 종교와 국가를 혼합하고 혼동하는 일이다.

> 정치적 지도자가 호화롭고 아름다운 장식품은 물론 전하를 상징하는 모든 휘장의 화려한 보각을 성전 문 앞에 내려놓기 전에는 그를 성전으로 절대 들여보내지 말아야 할 것이다. 그러나 이들은 이것을 가지고 들어갔으며, 이 세상 영광의 낡아 빠진 조각으로 천상 건물의 간결한 존엄을 망상할 수 있었다. 이들은 지존자에게 바치는 제물로 거룩한 마음 대신에 세상적인 헌물을 남겨 놓았던 것이다.[55]

슐라이어마허는 이 문제를 성직자와 평신도 간의 구분론에로 이끌어 간다. 정해진 학문적 과정을 통과하지 못하여 성직자의 예복을 입을 수 없으며 설교의 권한을 가질 수 없는 사람들에게 가정이라는 강단을 제시한다. 이들은 가정에서 우주를 직관하는 방법을 배울 수 있으며, "이러한 성직은 태고의 성스러운 시대와 천진난만한 어린이의 세계에서는 최초의 성직"56)이 된다고 하였다.

5) 제5강연 : 종교들의 본질

마지막 강연에서 슐라이어마허는 자연종교가 아닌 실제적인 종교 연구를 제창한다. 그 예로 유대교와 기독교를 들고 있다. 슐라이어마허는 종교의 다양성이 종교와 모순되지 않는다고 본다. "나는 종교의 다수성과 그 규정적 다양성을 필연적이고 불가피한 것으로 전제했다."57) 이러한 다양성이야말로 종교의 본질에서 기인한 것이다.58)

슐라이어마허는 이제 참된 종교와 다른 여러 종교들 사이에 있는 기독교의 위치가 무엇인지 설명한다. 이것은 자연종교와 대립되는 개념으로의 실정종교(positive Religion)를 강조한다. 자연종교를 "가련한 일반성과 공허한 냉정함을 취미로 가졌던 시대의 품위 있는 산물"59)이라고 한 것은 18세기 계몽주의적 종교이해에 대한 비판이라고 할 수 있다.

4. 「신학연구 입문을 위한 간단한 개요」

「신학연구 입문을 위한 간단한 개요」(*Kurze Darstellung des theologischen Studiums zum Behuf einleitender Vorlesungen*, 1811)는 「신앙론」과 함께 개신교 신학체계의 새로운 전기를 이룩한 작품이다. 슐라이어마허의 신학체계론의 형성과정은 사실 종교론에서부터 비롯되었다. 기독교 신앙에 대한 직관적인 이해를 강조한 종교론이 죄와 구원의 변증법적 대조 방식을 통해 통일된 신학체계를 형성한 「신앙론」으로 발전하는 과정에서 그 방법론적인 구심점을 획득한 것이 바로 이 글에서 드러나는 신학과 철학이다.

신학과 철학은 서로 대립하는 개념이 아니라 상호 보완적인 것이며, 이는 감정과 보편에 대한 사색적인 이해를 서로 연결시켜 주는 근거가 된다. 여기에서 특수와 보편이 서로 관계하는 슐라이어마허의 변증법이 형성되기 시작하는 것이다.[60]

슐라이어마허는「신학연구 입문을 위한 간단한 개요」에서 과거 '주제들'(Loci) 형식의 신학체계론을 탈피하고, 신학적 통일성과 특수과제를 향한 신학의 방향을 정립하였다. 슐라이어마허는 "그리스도교 교회를 안내하는, 즉 그리스도교 교회 통치를 안내하는 것과 관련하여 소유되고 사용되지 않는 모든 학문적인 지식과 훈련[분야]으로서의 그리스도교 신학은 불가능하다."[61]는 말을 통해서, 신학의 목적이란 그리스도교 교회를 위한 성실한 안내자의 역할인 것을 밝히고 있다. 이것은 슐라이어마허의 학문적 관심이 사색적 학문으로부터 구체적이고 역사적인 삶을 탐구하려는 실증적 학문으로 변화하였음을 의미한다. 따라서 계몽주의의 이성에 대한 관심이 이제는 계시에 대한 신학적인 설명으로 전환하였다.[62]

실증적 학문(eine positive Wissenschaft, §1)이라는 말은 신학의 기능적 정의(funktionale Definition)를 내포하고 있다. 그래서 슐라이어마허는「신학연구 입문을 위한 간단한 개요」의 제1항목에서 "신학의 각 부분들은 모여서 전체를 형성하는데, 신앙의 특수 양식들의 공통관계를 통해서만 가능하다. …… 그러므로 그리스도교 신학의 다양한 부분들은 '기독교성'(Christenheit)과 관련됨으로써만 결합된다."[63]라고 하였다. 결국 교의학적인 전제는 철학에 의해서 이루어지는 것이 아니라 경건한 그리스도인의 마음 상태의 표현이다.

이것은 비슷한 시기에 나온「신앙론」 2판의 내용을 통하여 다음과 같이 보충된다.

> 개신교회는, 교의학적인 전제를 결정적으로 형성하는 것은 어떤 철학적인 형태나 학파에 의존하든지, 어떤 사색적인 관심으로 말미암아 이루어지는 것이 아니라 오직 순수하고 완전한 근거인 그리스도의 유일한 방법을 통한 직접적인 자아의식의 만족에 대한 관심으로부터만 가능하다는 성실한 의식을 가지고 있다.[64]

신학은 교회적이고 실증적인 학문이다. 슐라이어마허는 이를 증명하는 방법으로서 신학을 세 가지로 구분하였는데, 첫째는 철학적 신학, 둘째는 역사적 신학, 셋째는 실천적 신학이다. 철학적 신학(§32-68)에는 변증학이나 변론학의 원리들이 소개되고 있으며, 철학적 신학은 신학을 나무에 비유할 때 뿌리에 해당하는 것이다. 이것은 철학의 입장에서 신학에 대하여 강요하는 의미가 결코 아니라 방법론적인 문제를 내포하고 있다. 즉, 슐라이어마허의 신학적 기본구조는 과거 개신교의 전형적인 방법인 성서나 신조의 문자적인 인용에 근거를 둔 성서적 증명에 의존한 것이 아니다.[65]

역사적 신학(§69-256)은 신학연구의 실질적인 본체(eigentlicher Körper)에 해당된다. 이에 해당되는 것은 성서주석, 교회사, 교의학, 통계학 등 자료들과 신학적 사고의 요소를 형성하는 것들이다. 역사적 신학을 나무에 비유하면 줄기에 해당하는 것으로서 철학적 신학과 마찬가지로 고립되어서는 안 된다.

실천적 신학(§257-338)의 기본 과제는 다음과 같다. "철학적 신학이 좋고 나쁜 여러 감정을 교회의 그때그때의 상태에서 분명한 의식을 갖도록 해 주는 것이라면, 실천적 신학의 과제는 이러한 감정과 관련된 정서를 발전시키는 것을 목적으로 하는 사려 깊은 활동을 분명한 의식으로 정리하고 그 목표를 향해서 이끌어 가는 것이다."[66] 그래서 슐라이어마허는 실천적 신학을 교회적 관심과 학문적 정신이 일치하는 사람들을 위한 것이라고 규정하고 있다(§258). 실천적 신학은 뿌리와 줄기를 거쳐 올라온 양분이 열매를 맺는 곳이기도 하다. 슐라이어마허는 실천적 신학을 신학연구의 왕관이라고 부르기도 했다(2판에는 제외된다). 그 내용으로는 교회 봉사와 훈련, 교회 지도자와 교회정치, 그리고 교회 권위에 대한 것들이다.

「신학연구 입문을 위한 간단한 개요」의 내용을 구조적으로 분석해 보면 다음과 같은 결론에 이를 수 있다. 교회적이고 실증적인 학문인 신학을 연구하는 체계는 사색적인 해석이 될 수 없다. 왜냐하면 체계는 관념을 둘러싼 외관을 학문적인 대상으로 여기기 때문이다. 따라서 이 학문적인 대상은 그 시대적 상황과 밀접한 관계 속에서 형성된다. 신학의 체계는 기독교 신앙의 본질과 진리에 대한 신학적인 반성을 통해서 찾아야 한다.

5. 「개신교 교회의 원칙에 따라 연관성 속에서 서술된 그리스도교 신앙론」

1) 「신앙론」의 내용분석

슐라이어마허의 「신앙론」(*Der christliche Glaube nach den Grundsätzen der evangelischen Kirche im Zusammenhang dargestellt*)은 제목에서 보는 바와 같이 "개신교 교회의 원칙에 따른 그리스도 신앙론"이다. 이것은 교회공동체 중심의 교의학을 전개하려는 그의 의지가 단적으로 드러나는 대목이며, 실제로 교회론은 「신앙론」 가운데 양적으로 많은 분량을 차지하고 있을 뿐만 아니라 그 내용에 있어서도 다른 교의학적 서술에서는 분리된 성서론이나 종말론 등이 교회론 안에 포함되어 있다. 따라서 슐라이어마허의 "신학적 사유의 중심에 교회가 있다."[67]

여기서 우리는 교회를 슐라이어마허 신학 전개의 '외형적 현장' 또는 '가시적 출발점'이라고 부를 수 있다. 그렇다면 교의학적 중심주제가 되는 '내적 출발점'은 어디인가? 슐라이어마허는 「신앙론」 1판(1821/1822)이나 2판(1830/1831) 모두에서 그리스도인의 '경건한 자아의식'을 그 교의학의 내적 출발로 삼고 있다(§36-76). 「신앙론」은 4장으로 구성되어 있지만, 저자 자신은 이것을 먼저 제1부와 제2부로 구분하여 자신의 서술의도를 충분히 예고하고 있다. 제1부에 해당하는 것이 1장과 2장인데(§1-76), 서론에서 교의학에 대한 정의와 서술방법을 논한 것을 제외하면 모두가 '경건한 자아의식'(Das Fromme Selbstbewußtsein)을 서술하는 데 할당되고 있다.

그러므로 우리는 슐라이어마허의 「신앙론」을 고찰하는 데 있어서 다음의 두 가지 사항을 우선적으로 고려해야 한다. 첫째, 슐라이어마허는 그의 교의학을 구개신교 정통주의 교의학과 비교하여 새로운 방법을 도입하여 서술하고 있다는 점이다. 다시 말하면 교의학적 세부항목과 내용들은 과거의 것을 포함하고 있지만 그 서술방식은 순서뿐만 아니라 그 방식에 있어서 새롭다. 그래서 그는 교의학을 다음과 같이 정의하고 있다.

> 교의학은 어떤 특정한 시대의 기독교 교회공동체 안에서 유효한 교리와의 연관성에 관한 학문이다.[68]

그러므로 슐라이어마허의 교의학은 '연관성'이다. 즉, 교의학이란 그리스도인의 경건한 삶과 관계하는 교리를 다루는 것이지 경건한 자아의식과 동떨어진 가르침을 논하는 것이 아니다.

두 번째로 고려할 점은 「신앙론」의 대상이 되는 경건한 자아의식이 마치 N극과 S극으로 이루어진 자기장처럼 죄와 은총이라는 양극을 배경으로 하여 하나님, 그리고 세상과의 관계를 맺는 것이다. 그래서 「신앙론」 3장과 4장은 각각 "죄의 지배 아래 있는 자아의식"과 "은총의 지배 아래 있는 경건한 자아의식"이라는 제목을 달고 있다. 그러므로 슐라이어마허의 교의학 서술방법은 죄와 은총이라는 전제조건과 반응하는 그리스도인의 자아의식이 하나님과 관계하고 세상과 관계하면서 빚어내는 모든 경건성의 본질적 진술이라고 말할 수 있다. 이제 이러한 구도를 염두에 두고 「신앙론」의 교의학적 구조를 분석하여 보자.

우선 「신앙론」 제1부에서는 하나님과 세상과의 관계를 다루는데, 전적으로 우리 자신의 의식에서부터 관찰하는 것이다. 슐라이어마허는 이러한 서술의 근거를 다음과 같이 제시하고 있다.

> 이러한 근원적인 의존 감정은 우연한 것이 아니라 인생의 본질적인 요소이다. 즉, 개인마다 다른 것이 아니라 모든 의식 가운데에 공통적으로 같은 것이다.[69]

이러한 강조는 하나님이라는 무한한 존재가 유한한 존재로서의 자아와 함께하는 절대의존으로서 우리 가운데 일어난다는 것을 의미하고 있다. 이것은 자기의식 안에 하나님이 함께 있음을 뜻한다. 이러한 의식은 자연과의 관계에서도 마찬가지로 작용한다(§40-42).

슐라이어마허는 대립 없이(ohne Gegensatz) 느끼는 자아의식에 근거하여 하나님을 관찰하고 세상을 관찰한다. 이는 첫째 항목에서, 하나님 편에서 세상을 향한 관계(§43-63)로서 하나님의 창조와 보전의 교리를 다루고 있다. 둘째 항목은 인간의 절대의존 감정 안에 내재하고 있는 하나님의 특성들에 관해서이다. 여기에서는 하나님의 영원성, 무소부재,

그리고 전지전능의 교리를 다루고 있다(§64-65). 셋째 항목에서는 인간과 세상의 본래적인 완전성에 대하여 소개하고 있다(§70-76).

「신앙론」 1판의 190개 항목에 비한다면 제1부의 76개 항목은 적은 분량이다. 슐라이어마허는 제2부에서 죄와 은총이라는 반대 명제를 역장(力場)으로 해서 인간의 종교의식을 다루고 있다. 그 구조는 제1부와 마찬가지로 하나님에 대한 인간의 인식과 세상에 대한 인식이다.

인간의 경건한 자아의식은 이제 죄로 결정된 종속감정(von der Sünde bestimmten Abhängigkeitsgefühl) 아래에 빠져 있다. 그리스도적인 경건한 의식은 언제나 죄와 은총 양자에 붙잡힌 바 되어 있다. 구속(救贖)을 이해하려면 죄와 은총을 분리해야만 한다(§81). 먼저 "우리의 자아의식이 본래 함께하던 하나님의식에 의하여 불편한 것으로 규정될 때에 우리는 죄의식을 갖게 된다"(§84). 이 죄의식의 발전이 하나님의 은총과의 관계를 간과하게 하며, 일반적인 의존 감정과 인간의 본래적인 완전성과 상치되는 상태에 이르게 한다(§85).

슐라이어마허는 이상과 같은 서론에 근거하여 죄로 결정된 의존감정 상태에 빠진 인간의식을 통하여 인간의 상태를 관찰하고(§86-96), 세상의 속성(§97-100)과 하나님의 특성(§101-106)을 관찰한다. 그는 선을 행하기에는 완전히 무능한 상태인 원죄(§91)를 다루고, 이는 개인 개인의 죄일 뿐만 아니라 인류 전체의 공동 행위요 공동의 죄로 서술된다(§92). 이 죄의식에서부터 구속의 필요성을 강하게 느끼게 되는 것이다. 실제적인 죄도 바로 원죄에서부터 비롯된다.

죄와 연관된 세상의 속성에서는 악의 문제가 다루어진다. 모든 악은 죄와 관련하여 그 죄에 대한 벌로 여겨져야 한다(§98). 죄에 대한 악의 종속성은 오로지 경험 가운데에서만 발견되어지며, 죄와 악을 개인적인 차원이 아니라 공동의 삶의 차원에서 경험해야 한다(§99).

죄와 악의 문제에 대한 하나님의 특성은 당연히 하나님의 거룩성

(Heiligkeit)과 공의(Gerechtigkeit)로 귀결될 수밖에 없다. 인간은 결코 죄의식 없이는 은총의식을 깨달을 수 없다. 따라서 이 두 가지는 서로 밀접한 연관 상태에 있다. 죄의식에서 은총의식으로 넘어오게 하는 힘이 구속인데, 이것을 가능케 하는 것이 하나님의 거룩성이며 공의이다(§105-106).

제2부 후반에 해당하는 것이 「신앙론」 4장이라고 할 수 있다. 이것은 앞 장의 서술방법과 마찬가지로 전개되는데, 차이점은 죄의식이 아니라 은총의식 가운데 있는 인간의 자아를 그 대상으로 하고 있다는 점이다. 은총을 인식하는 인간은 개인적으로 그리스도와 만나게 되고, 세상을 향하여서는 교회와 만나게 된다. 따라서 전통적인 교의학 용어로 말한다면 그리스도론(§107-132)과 교회론(§133-179)이 이 장의 주축을 이루고 있다.

먼저 그리스도의 위격은 구속자를 인식하는 그리스도인에게 필수적이다(§114). 그리고 슐라이어마허는 그리스도의 인성과 신성의 논의를 거쳐서 그의 사역을 언급한다(§121-126). 그의 구속 사역(erlösende Tätigkeit Christi)의 핵심은 우리로 하여금 그리스도의 무죄히심과 완전성을 만나도록 하는 것이며(§121), 그리스도의 화해 사역(versöhnende Tätigkeit Christi)은 그의 복(Seligkeit)에 참여케 한다(§122). 인간의 영혼 안에서 벌어지는 구속의 사건은 거듭남(Wiedergeburt)과 성화(Heiligung)이다(§127-132).

끝으로 은총의 영향 아래에서 본 세상의 모습은 교회론으로 귀결된다. 서술의 분량으로 볼 때, 슐라이어마허는 이 부분을 매우 중요하게 생각하였다. 그는 「신앙론」의 서두부터 교회를 언급하였고, 이는 그의 교의학이 교리에 관한 사변적 논설이 아니라 살아 있는 신앙이 응집된 교회임을 강조하는 것이다.[70] 교회론은 교회의 기원을 예정론과 성령으로 설명하고(§135-144), 교회의 불변하는 기초를 성서와 말씀사역, 그리고 성례전(§147-162) 등으로 풀어 낸다.

2) 「신앙론」의 구조

슐라이어마허의 「신앙론」은 칼빈의 「기독교 강요」 이후 최고의 조직신학 교과서로 손꼽힌다. 이 글은 그 제목에서부터 기존의 교의학과 구별되는 슐라이어마허 특유의 관점이 드러난다. 신·구약성경을 해석하고 교회의 전통적 교리와 신앙고백을 근거로 전개하는 교의학이 아니라 주체적 신앙에 우위를 둔 「신앙론」이다.[71] 「신앙론」의 목표는 기독교적 경건성의 본질을 찾는 작업이다.[72] 「신앙론」은 사실 종교론과 짝을 이루는데, 종교론에서 종교에 대한 새로운 개념을 제시하였다면, 「신앙론」에서는 같은 해석학적 입장에서 기독교 신학의 새로운 해석을 시도하고 있다.[73]

「신앙론」이 드러내는 두 번째 특징은 그리스도 신앙의 내용을 상호 연관성 속에서 찾는 일이다.[74] 「신앙론」은 제1부와 제2부로 구성되어 있는데, 모든 서술의 출발점은 자아의식(Selbstbewußtsein)이다. 이 자아의식은 고립된 자아의식이 아니라 하나님의식(Gottesbewußtsein)과 세계의식(Weltbewußtsein)과의 상호 연관성 속에서 발전하는 의식이다. 이 의식은 개인의 자아의식으로 한정되는 것이 아니라 교회공동체로 확대된다. 따라서 교회는 그리스도 구속사역의 역사적 중개자가 된다.[75] 「신앙론」의 내용전개는 이런 관계구도에서 출발한다.

슐라이어마허 「신앙론」의 세 번째 특징은 신학이 실증학문으로서의 기능을 수행할 때 그 대상을 '개신교회'로 분명하게 정한다는 것이다. 따라서 개신교 내의 종파적 차이는 일치를 향한 호소로 극복된다.[76]

구조적으로 「신앙론」은 3단계 구분을 두 번 반복하는 양식을 취하는데, 하나님과 인간과 피조세계라는 세 가지 대상이 죄의식과 은총의식 사이를 오가며 그리스도를 통과하는 세 과정과 맞물려 있다. 그러므로

「신앙론」의 구조적인 핵심은 그의 신학이 전적으로 그리스도 중심적이라는 것을 보여 주며, 언제나 죄와 은총을 변증법적으로 대립시키면서 자신의 논의를 발전시키고 있다는 것이다.

슐라이어마허의 「신앙론」은 전통적 교의학 주제와 비추어 볼 때 내용적으로 크게 다르지 않다. 그러나 그 배열이나 전개방식은 전혀 새로운 것이다. 기독교 신론의 핵심이 되는 삼위일체론이나 기독론, 창조론, 성령론, 교회론 등의 배열을 따르지 않고, 전적으로 신과 세상, 그리고 그 사이에 있는 인간이라는 핵심 구조를 가지고 교의학을 서술한다. 따라서 죄와 은총 사이에 서 있는 개인의 자아의식이 그리스도를 통하여 하나님의 세계인 교회와 함께 어떻게 발전되어 나가는가 하는 점이 교의학적 구조이다. 이것은 그의 종교론에서 처음 언급한 직관과 감정이라는 종교 인식의 주제가 절대의존의 감정을 핵심으로 하는 감정의 신학으로 변모해 가는 과정이다. 칼 바르트는 이러한 그의 신학을 "감정의 신학(Gefühlstheologie), 정확히 말하면 경건한 감정의 신학(Theologie des frommen Gefühls) 또는 의식신학(bewußtseinstheologie), 더 정확히 말하면 경건한 자아의식의 신학(Theologie des frommen Selbstbewußtseins)"이라고 규정하였다.[77] 여기서 인간의 자아의식은 하나님의식과 교회로서의 세계의식과 관계한다.

3) 죄와 은총

절대 의존의 감정이 신학적인 모습을 드러내는 주제는 속죄론이다. 슐라이어마허의 「신앙론」의 구조적 특징은 죄와 은총 사이의 대립으로 드러난다.[78] 죄와 은총이라고 하는 대립적 구조와 문제가 인간과 하나님, 그리고 세계의식이라는 세 영역 가운데서 일어나기 때문에 「신앙론」 제1부의 세 항목과 함께 총 9개의 항목으로 분류되는 것이다.[79]

계몽주의가 죄를 피상적이거나 도덕주의적으로 인식한 데 반하여,[80]

슐라이어마허는 인간의 자아의식이 하나님의식에서 분리되어 있음을 보았다.[81]

> 우리의 내면에 자리 잡고 있거나 더해지는 하나님의식이 우리의 자아의식을 고통으로 규정할 때 우리는 언제나 죄의식을 가지게 된다. 그러므로 우리는 이렇게 죄를 영에 대항하는 육체의 실증적인 투쟁으로 이해한다.[82]

슐라이어마허는 또한 로마서 7 : 18 이하와 상응하게 "영과 육이 하나가 되어 있지 못하면 양자는 서로에게 저항하는 두 개의 힘으로 존재한다."[83]고 하였다. 그러므로 죄의식은 그리스도교 구속신앙의 맥락 속에서 구속의 필요성을 경험하는 것이다.[84] 슐라이어마허는 기독교의 본질 자체를 이런 방법으로 설명하였다. 기독교는 자기 자신 특유의 경건성을 신학적인 양상으로 드러내는데, 그 양상은 개인이 예수 그리스도를 통하여 구원의식과 연결되는 것을 말한다.[85] 바로 여기에서부터 죄와 구원의 관계가 설정되는 것이다. 죄는 인간의 행위이며 하나님을 향한 반항이다.[86] 그러므로 죄는 하나님과의 관계의 혼란인데, 이는 은총을 통하여 극복된다.

4) 그리스도와 구원

「신앙론」의 주제가 드러나게 되는 것은 "교의학의 과제가 무엇인가?"라는 질문에서부터이다. 그는 기독교회를 특정시대와 관련지어 연구하는 것이 교의학이라고 하였다.[87] 특정시대를 언급한 것은 바로 교의학의 현재적인 성격을 강조한 것이다.[88] 그래서 「신앙론」의 핵심주제는 신조가 아니라 기독교적인 경건한 자아의식이 되는 것이다.

인간의 자아의식 가운데에 등장하는 하나님의 실재는 절대 의존의 감정이 열려지는 과정과 동일하다. 따라서 슐라이어마허의 그리스도론은 "그리스도 안에서 계시에 대한 직접적인 실존적 경험에 근거한 것이다."[89] 중요한 것은 그리스도와 현재적인 삶과의 관계이다.

하나님의식이 인간 본성 속에서 오직 그를 통해서만 인간의 하나님의 실존이 된다면, 그리고 유한한 능력의 총체가 이 세상 속에서 이성적 본성을 통해서만 하나님의 실존이 될 수 있다면, 정말로 그분 혼자만이 이 세상에서 하나님의 모든 실존을 중재하며 하나님의 계시를 세상 속으로 중재한다.[90]

슐라이어마허는 경험을 기독교 신학의 출발점으로 삼았다. 다시 말하면 그리스도를 경험하는 것이다. 그리스도인의 그리스도를 통한 구속경험에서 신학이 시작된다는 것이다.[91] 이런 점에서 슐라이어마허의 신학은 그리스도 중심적이 된다. 예수 그리스도는 하나님의 존재가 발견되는 하나의 본래적인 자리이며, 예수만이 이 세상에서 모든 신적 실체와 계시를 중재한다.[92]

이제 다루어져야 하는 것은 그리스도께서 자기의지로 고통과 죽음에 자신을 내어 줌으로 하나님의 정의를 만족하였다는 말의 진정한 의미이다. …… 죽음에 이르는 그의 고통은 완전한 자기부인의 사랑이 전제되어 있다. 이를 통하여 우리에게 제시되는 것은 하나님이 완전한 생동감과 함께 세상과 자신을 화해시키는 길이다.[93]

우리가 슐라이어마허의 그리스도론을 통하여 보게 되는 것은 그리스도의 고통과 죽음, 그리고 자발적인 자기포기가 우리를 죄의 형벌로부터 자유롭게 만들었다는 생생한 진술이다. 우리는 하나님을 그리스도 안에서 인식하며, 그리스도는 자신을 보내서 예비한 영원한 사랑에 가장 직접적으로 참여한 자로 인정된다.[94] 이러한 점은 슐라이어마허의 기독론이 고대교회의 기독론을 비판하는 계몽주의에 대하여 보다 더 실제적인 설명을 제공하고 있다는 것을 보여 준다.[95]

슐라이어마허는 그리스도의 고난을 안셀름식의 만족설로, 즉 죄의 대가를 대신 지불한 것으로 해석하려 하지 않는다. 그리스도의 죽음의 의미는 두 가지이다. "한편으로 그리스도의 희생적 죽음은 인류역사에 단한 번 나타난 것, 즉 신적인 영이 육을, 세상이 몰두해 있는 죄와 인간을 지배한다는 것을 증명한다. 다른 한편으로 그리스도는 죄를 정복하고 구원받은 자를 하나님과 인간의 새로운 공동체 속으로 영접함으로써…… 믿는 자와 하나님을 화해시켰다."[96]

6. 결 론

슐라이어마허의 중요성은 우선적으로 신학의 실천적 의의를 부각시켰다는 데서 드러난다. 그래서 그의 사역은 신학강의와 설교 및 교회개혁 등 이론과 실천 영역을 망라하고 있다. 그는 루터파와 개혁파 양대 개신교의 연합을 시도하였고, 이에 근거한 예배의식 개혁을 추진하였다. 스톨프에서의 목회 시절부터 프로테스탄트의 연합을 꿈꾸어 온 슐라이어마허는 1817년, 종교개혁 300주년 기념일에 루터파와 개혁파 공동 성만찬을 시행하였으며, 1817년 10월 양대 신교파의 목회자들이 소집되어 베를린 연합노회(unierte Berliner Synode)를 결성하기에 이르렀다. 이것은 300년간 지속되어 온 신교 내부의 분쟁을 종식시키는 신기원을 이룩한 것으로 평가된다.[97]

「종교론」이라는 저술은 18세기 교리 및 교파 중심적 정통주의의 종교이해와 이를 비판하는 이성 중심적 계몽주의의 오랜 논쟁 가운데에서 설자리를 잃어 가던 기독교와 교회의 본질에 대한 문제제기를 하였다는 점에서 의의가 있다. 이것은 슐라이어마허의 신학이 현대신학의 출발점이며 자유주의 신학의 창시라는 평가보다 더 근본적인 것이라고 여겨진다. 그의 생애 가운데 드러나는 훈련과정이 증거하듯, 슐라이어마허는 정통과 계몽과 경건이라는 17~18세기의 사상적 근본요소들과 모두 만날 수 있었다. 그리고 이러한 대립적 요소들은 낭만주의적 시대정신을 바탕으로 슐라이어마허 안에서 통합되었다. 적어도 「종교론」은 이런 점에서 새로운 유형의 신학을 제기하였다. 이것을 "종교적 인간, 종교적 주관이 신학적 반성의 중심에 서게 된" 사건이며, 현대의 시대정신에 적합한 신학이 되고자 노력하는 "인간 중심적 신학"의 출발이라고 정의할 수 있다.[98] 종교의 본질에 대한 슐라이어마허의 강연이 교회개혁론으로 이어지는 것은 매우 당연한 일처럼 보인다. 한 걸음 더 나아가서 여러 종교들 속에 있는 참된 종교상을 제시하는 마지막 강연은 기독교회 역사의 전개과정과 문제점들을 꿰뚫고 있는 듯하다. 동시에 「신학연구 입문을 위한 간단한 개요」나 「신앙론」은 신학의 실천적인 과제를 부각시켜서 교회를 주요 관심 대상으로 삼았으며, 철학과 신학의 상호 보완적인 관계정립을 시도하였다.

  슐라이어마허의 신학적 의의는 신학과 현재성과의 관계를 주목하였다는 데 있다. 그러므로 슐라이어마허의 신학적 업적들은 기독교회와 종교를 분석하는 능력에 있어서 전혀 낡은 도구가 아니다. 그의 신학은 오늘날에도 현존하는 18세기의 정통주의적, 계몽주의적, 경건주의적 갈등구조를 해소하는 데에 기여할 수 있을 것이다.

Ⅱ. 미국 개혁교회의 개혁신학

1. 19세기 미국 개신교의 흐름

　17세기의 교파 절대주의 혹은 교리 절대주의 시대에 대한 반작용으로 18세기 계몽주의 운동(한류)이 일어났고, 18세기 경건주의 운동과 복음주의 각성운동 및 선교활동(난류)이 일어났다. 그리고 이 두 흐름이 19세기로 이어진다. 즉, 19세기 유럽 기독교의 세속화와 개신교 자유주의 신학을 한류라고 한다면, 19세기 영미 계통과 유럽 대륙의 복음주의 부흥운동, 그리고 기독교의 놀라운 지리적 확장('위대한 세기') 및 에큐메니칼 운동은 난류에 해당한다고 할 수 있다.

　이와 같은 19세기의 구도는 미국의 경우도 마찬가지였다. 즉, 18세기 (1725-1760) 조나단 에드워즈 중심의 제1차 대각성운동은 1787~1825년 어간의 제2차 대각성운동으로 이어졌고, 19세기에는 남북전쟁 후 찰스 피니(1792-1875)로 비롯되는 제3차 대각성운동으로 이어졌으며, 다른 한편 18세기 계몽주의와 19세기 유럽의 세속화 물결 역시 미국으로 흘러 들어 왔다. 그리고 미국에서도 18~19세기 모두에 있어서 난류는 한류와 충돌하였고, 전자는 후자를 극복하는 힘이었다.

　또한 19세기 유럽의 산업화와 도시화는 미국으로 파급되었다. 미국은 이 근대화 과정에서 유럽인들의 이민을 대대적으로 요구했다. 하지만 이처럼 급증한 이민들은 산업화 속에서 제도화된 기독교로부터 영생의 생수를 공급받을 수가 없었다. 개신교는 이와 같은 도전에 응전해야 했다. 이런 맥락에서 19세기 중엽에 영국에서 들어온 초교파적이고 초교단적인 YMCA와 YWCA는 도시 대중들에게 크게 봉사하였다. 이 상황에서 주일학교운동도 교회 부흥에 크게 도움이 되었고, 초교파적·초교단적 이해와 협조도 진일보하였으니, 1872년에는 대형 교단들이 매주일 동일한 성경본문을 사용하는 데 동의하기도 하였다.

그리고 1858년 세계기독학생운동이 일어났고, 1870년대에 무디의 복음주의 부흥운동이 일어났으며, 1886년에는 무디와 YMCA 주도로 열린 메사추세츠 헐몬 산 여름성경학교에서 SVM(Student Volunteer Movement)이 일어났다. 무엇보다도 19세기가 선교의 세기로서 '위대한 세기'였다는 사실은 미국의 경우도 포함된다. 존 모트(Johgn Mott) 등 향후 에큐메니칼 운동의 탁월한 지도자들은 바로 이 기독교의 난류에서 영성과 비전을 얻는 사람들이었다.

또한 19세기에는 유럽의 한류도 미국으로 흘러들어 왔다. 즉, 미국의 개신교는 유럽으로부터 수많은 이민자들을 받아들이는 동시에 19세기 유럽의 과학과 자유주의 사상도 받아들였다. 따라서 미국의 19세기 개신교는 도시화와 산업화에 대한 반응 이외에 유럽의 다원주의, 리츨의 문화신학, 영국의 광교회운동, 성경비평학 등에 반응하지 않으면 안 되었다. 역사적·비평적 성경연구는 성경말씀들을 의심하게 만들었다. 그리고 진화론적 역사관은 인간이 역사의 지평 안에서 스스로의 힘으로 정의와 평화와 자유의 나라를 실현할 수 있다고 하는 낙관론을 지향했다. 대체로 이와 같은 자유주의는 미국의 동북부, 그 가운데서도 중산층에 스며들었고, 남부와 서부는 이와 같은 사조에 별로 큰 반응을 보이지 않았다.

그런데 개신교 보수주의자들은 사회 복음주의운동, 성경에 대한 역사비평적 연구 및 진화론이 기독교 신앙의 핵심 혹은 기독교의 근본(fundamentals)을 파괴시킬 것을 우려하여 근본주의 운동을 일으켰다. 이 맥락에서 1846년에 복음주의 연맹(the Evangelical Alliance)이 생겼고, 1895년에는 뉴욕의 나이아가라 폭포에서 모여 5가지 근본교리를 내세워 자유주의에 대한 반대운동을 펼쳤다. 그리하여 장로교 안에서는 이와 같은 자유주의의 등장으로 이단재판 비슷한 사건이 있었다. 1893년 장로교 총회는 뉴욕의 유니온 신학교 교수인 브릭스(Charles A. Briggs, 1841-1913)를 자유주의 신학자로 정죄하였다. 이에 대한 반발로 유니온 신학교는 장로교와 관계를 끊고 자유주의의 투사로 나섰다. 20세기 초, 자유주의자들은 많은 교파 내에서 자리를 차지하게 되었다. 그리하여 전투적 근본주의자들은 20세기 초 20~30년 동안 근본주의-근대주의의 논쟁에 말려들었다. 그런데 이 근본주의자들은 1930년경 참패를 당하여 자신들만의 독립교회를 세웠고, 메첸(J. Gresham Machen, 1881-1937)은 1929년 프린스턴 신학교에서 나와 웨스트민스터 신학교를 세웠다.[99]

이상 미국의 19세기 기독교의 흐름 속에서 찰스 하지(Charles Hodge) 신학의 자리는 어디인가? 18세기에 조나단 에드워즈의 대각성운동이 일어나자, 바야흐로 뉴잉글랜드에서는 에드워즈를 따르는 사람들과 제1차 대각성운동의 옹호자들을 지칭하는 '새빛파'(New Lights)와 이 각성운동에 반대하는 사람들을 가리키는 '옛빛파'가 등장하여 전자는 뉴잉글랜드 신학을, 후자는 17세기 정통주의 계통의 근본주의 신학을 추구하였다. 그리하여 1741년과 1758년 사이에 장로교는 '신파'(the New Side)와 '구파'(the Old Side)로 분리되었고, 침례교 역시 분리주의 침례교파와 정규 침례교파로 나뉘었다. 바로 이 복음주의의 각성으로 프린스턴 대학 등 동부의 여러 유명한 명문 대학들이 생겼고, 또한 이로써 교파들 사이에 관용이 확산되었으며, 이와 같은 관용의 정신이 미국 헌법 제1차 개정에 영향을 주었다.[100]

따라서 하지 계통의 정통 개혁신학과 뉴잉글랜드 신학은 달랐다. 전자는 17세기 정통 개혁신학의 축자 영감론에 입각한 성서주의(biblicism)를 지향했고, 후자는 복음설교를 강조하면서 '구속사'를 성경해석의 열쇠로 삼았다. 뉴잉글랜드의 에드워즈는 영국의 웨슬리와 휫필드와 더불어 18세기 복음주의 각성운동의 기수였다. 이 복음주의 부흥운동과 선교활동의 에토스는 17세기의 경직된 교리주의적 개신교 정통주의와 결코 같지 아니하다.

1758년 조나단 에드워즈가 프린스턴 대학의 초대 학장으로 취임(한 달 후에 천연두 예방접종 시험으로 타계)하였고, 미국 장로교총회는 1812년에 프린스턴 신학교를 세우고 아치발드 알렉산더(Archibald Alexander, 1772-1851)를 최초의 교수로 임명하였다. 그러나 알렉산더는 프린스턴 신학교의 신학적인 방향을 전적으로 17세기 정통 개혁신학의 전통으로 전향시켰다. 그는 신학의 출발점을 "웨스트민스터 신앙고백과 그것의 대·소교리문답"에서 찾았고, 한 걸음 더 나아가서 17세기 정통주의 개혁신학 혹은 개혁파 계통의 스콜라주의 신학을 추구했다.[101]

아치발드 알렉산더는 17세기 정통 개혁신학자인 튜레티니(Francis Turrettini, 1623-1687)의 2,000페이지에 달하는 「신학논쟁 강요」(Institutio theologiae elenticae, 3vols., 1679-1685)를 프린스턴의 조직신학 교본으로 삼았는데, 이 책의 제2장은 17세기 정통주의 개혁신학의 성경관으로서 비어즐리(John W. Beardslee Ⅲ)에 의해서 영어로 The Doctrine of Scripture라고 번역되었다. 이와 같은 튜레티니의 성경관은 구약의 히브리어 모음까지 영감되었다고 고백하는 1675년의 「스위스 합의 신앙조항」(Helvetic Consensus Formula)과 더불어 성경의 축자 영감론을 주장, 성경의 모든 명제들이 "신적이고 무오류하다"[102]고 주장한다. 바야흐로 아치발드 알렉산더는 그의 제자인 찰스 하지에게 그의 정통주의적 개혁신학의 유산을 물려주었으니, 하지의 2,000페이지에 달하는 3권으로 된 「조직신학」(1871-1872)은 그 다음 세대의 프린스턴 신학생들을 위한 조직신학 교본이 되었다.[103] 그리하여 아치발드 알렉산더, 찰스 하지, A. A. 하지 및 워필드의 개혁신학은 이미 지적한 바, 1929년의 메첸에 의해서 분리된 웨스트민스터 신학 전통으로 이어졌다.

2. 아치발드 알렉산더, 찰스 하지, 그리고 벤자민 워필드

아치발드 알렉산더는 1812년에 프린스턴 신학교의 첫 교수로 선출된 장로교 목사였다. 그는 초기에 모든 과목들을 조직하고 가르쳤으며, 후에는 변증신학과 논쟁적인 신학만을 가르쳤다. 그는 프린스턴 신학교에 학문적인 기여와 경직된 교리적 정통주의를 가져다 주었을 뿐만 아니라 그 자신의 개인적인 종교적 경험을 반영하는 따듯한 경건주의 종교를 소개하였다.

찰스 하지는 미국 장로교 사람으로서 1812년에 목사 안수를 받았고, 거의 전 생애 동안(1822-1878) 프린스턴 신학교에서 신학을 가르쳤다. 그는 프린스턴과 독일에서 톨룩(F. A. G. Tholuck), 헹스텐베르크(E. W. Hengstenberg), 네안더(J. A. W. Neander) 밑에서 조직신학 훈련을 받았다. 또한 웨스트민스터 신앙고백서와 고전적인 개혁교회의 신앙고백서들에 충실하면서 이와 같은 전통적인 개혁신학을 프린스턴 신학교 학급에서, 「프린스턴 리뷰지」에, 그리고 1870년대 초에 출판된 조직신학 책에서 소개하였다. 그의 중요한 저서들로서는 「미국장로교회사」(2 vols., 1839-1840)와 「조직신학」(3vols., 1871-1873)과 「다윈주의란 무엇인가?」(1874), 「로마서 주석」(1835), 「에베소서 주석」(1856), 「고린도전서 주석」(1857) 및 「고린도후서 주석」(1859)이 있다.

하지는 창의적인 신학자라기보다는 17세기 칼빈주의를 체계화시키고 변호함으로써 미국 장로교회와 신학계에 큰 영향을 미쳤다. 그는 1837년까지 미국 장로교 분열(the New School vs. the Old School)에 가담하지 않고 중립을 취하다가, 결국 'The Old School'을 택하였다. 1869년에는 성립된 장로교 연합에 반대하기까지 하였다. 즉, 그는 미국의 제2차 복음주의 부흥운동의 전통보다도 고전적인 개혁신학 전통을 선호하였다. 또한 16세기 루터와 칼빈 자신의 신학보다도 17세기 정통주의 개혁신학을 선호하였다.

아치발드 알렉산더 하지(Archibald Alexander Hodge, 1823-1886)는 찰스 하지의 아들로서 프린스턴의 첫 신학교수인 아치발드 알렉산더의 이름을 따라서 A. A. 하지라 불리었다. 그는 알렉산더의 학생으로서, 그리고 프린스턴의 교수로서 아버지 찰스 하지의 신학을 승계하여 가르쳤다. 그는 1864년 피츠버그에 있는 웨스턴 장로교신학교에서 신학교수가 되었고, 1877년에는 프린스턴으로 옮겨와서 프린스턴 신학교의 정통 칼빈주의 신학의 맥을 이어 갔다.

끝으로 워필드(Benjamin Breckinridge Warfield, 1851-1921)는 미국 장로교 신학자였다. 그는 프린스턴 대학과 신학교에서, 그리고 독일의 라이프치히에서 수학하고, 피츠버그 웨스턴 장로교신학교에서 가르치다가(1878-1887) A. A. 하지를 승계하여 프린스턴 신학교의 조직신학 교수가 되었다. 그는 *The Presbyterian and Reformed Review* (1890-1903)의 편집자요, 20권 저서의 저자요 많은 글들의 저자로서 하지 부자에 의해 발전된 스콜라주의적 근본주의적 개혁신학의 프린스턴 전통을 이어 갔다.

3. 찰스 하지의 신학

이제 프린스턴 정통주의 장로교 신학자들 가운데 찰스 하지의 「조직신학」(3 vols.)으로부터 몇 가지의 신학적인 주제들을 소개하려고 한다.

1) 신학의 방법론

하지는 성경과 신학자의 관계는 자연과 자연과학자와의 관계와 같다고 본다. 성경과 자연은 모두 사실들의 창고이다. 신학자가 성경이 가르치는 바를 조사하고 확인하며 제시하는 방법은 과학자가 자연이 가르치는 바를 그렇게 하기 위해서 채택하는 것과 동일하다고 한다. 하지에 따르면 하나님은 자기 자신에 대해서, 그리고 우리들의 그분에 대한 관계에 대해서 계시하신 모든 사실들을 성경 안에 두셨기 때문에, 신학자들은 이 모든 사실들을 조사하여 확인하고 수집하며 조화 있게 만들어야 한다. 비록 우리들이 자연계시와 인간의 구성을 통해서 하나님과 우리들의 그분과의 관계에 대해서 알 수 있으나, 이것 역시 성경 안에 포함되어 있다고 한다.[104]

하지는 우리의 관념들이나 이론들이 '사실들'을 만들어 내는 것도 아니고, 이와 같은 것들이 '사실들'을 강압하여 그 어떤 자연법칙이나 원칙들을 만들어 내서도 안 될 것이라고 한다.[105] 이런 의미에서 하지가 말하는 '사실들' 혹은 '진리들', 그리고 이것들에 의해서 구축되는 관계 속에 있는 진리들은 모두 인간의 실존적 관여가 배제된 객관적 사실들이요 진리들이다. 그에게 있어서 성경이 가르치는 객관적 사실들과 객관적 진리들, 그리고 이것에 근거한 객관적 신학체계는 자연과학의 객관성에 맞먹는 객관성일 것이다. 이 사실들 혹은 이 진리들이 신학의 내용이다. 또한 이 사실들 혹은 이 진리들로부터 관계들, 원칙들, 그리고 법칙들이 도출되어야 한다.

하지는 어거스틴과 칼빈을 따라서 성령의 내적인 가르침을 말한다. 하지는 성령님이 인간의 지성의 직관능력과 마음(heart)에 역사하여 성경의 진리들을 파악할 뿐만 아니라 마음의 새로워짐을 경험한다고 한다. 그래서 그는 성령의 내적 가르침으로 신조들과 조직신학들을 이해할 수 있고, 나아가서 기도와 찬송 속에서 새롭게 태어나는 삶을 말한다.[106] 인간이 직관적인 진리들을 파악하는 지성과 도덕적인 행동을 하는 도덕성으로 구성되어 있고, 성령님의 내적 가르침으로 종교적 경험 가운데 신앙을 하게 된다는 것이다. 그런데 이와 같은 인간이 종교적 경험 혹은 성령의 내적인 가르침에 의해서 파악하고 행하는 모든 것은 성경 안에 계시되어 있는 것과 상응해야 하고, 후자에 의해서 그 신빙성이 입증되어야 한다. 성경은 우리들에게 하나님에 대한 사실들, 그리스도에 대한 사실들, 우리들 자신에 대한 사실들, 그리고 우리들의 창조자와 구속자와의 관계에 대한 사실들을 제공할 뿐만 아니라 이와 같은 진리들이 믿는 자들의 마음에 끼친 합당한 효과들을 기록하고 있다.[107]

2) 성경관

이상과 같은 하지의 기본적인 신학방법론은 결국 그의 성경관에 근거한 것이다. 따라서 그의 성경관은 매우 중요하다. 하지는 슈말칼트 조항, 개혁교회의 신앙고백들, 영국의 39개 조항, 그리고 무엇보다도 웨스트민스터 신앙고백에 나타난 성경관을 제시하면서 개신교인들이 믿고 받아들여야 할 성경관을 제시하고 있다.

> (1) 구약성경과 신약성경은 성령의 영감 하에서 기록된 하나님의 말씀이기 때문에 무오류하고, 신앙과 실천에 관한 모든 것들에 있어서 신적 권위를 갖고 있다. 따라서 그 내용은 교리든지 사실이든지 훈령이든지 오류로부터 자유롭다. (2) 성경은 하나님의 모든 초자연적 계시들을 포함하는바, 하나님께서는 이것이 자신의 교회를 위한 신앙과 실천의 규범이 되도록 하셨다. (3) 성경은 사람들이 일반적인 수단을 사용하여, 그리고 성령님의 도움을 받아 신앙과 실천에 있어서 꼭 필요한 모든 것들을 이해할 수 있을 만큼 명료하다. 이들은 그 어떤 무오류한 해석자를 필요로 하지 않는다.[108]

하지에게 있어서 영감 받은 사람들은 하나님의 기관(the organs of God)이기 때문에 이들이 가르치는 바가 곧바로 하나님이 가르치는 바라고 한다.[109] 이때에 인간은 지성과 의지능력을 지닌 하나님의 계시의 도구가 되는 것이다. 그러나 하지에 따르면 성령님은 영감 받은 사람을 기계와 같은 도구로 사용하시는 것이 아니라 의식이 있고, 지성과 의지가 있으며, 주어진 시대의 언어와 문화와 사회 속에서 살고 있는 사람으로 사용하신다고 한다.[110]

이어서 하지는 구약과 신약으로부터 이와 같은 영감을 증명하고, 영감의 범위를 성경의 모든 부분과 단어들을 포함하는 것으로 본다. 그는 성경의 모든 책들이 동일하게 영감되었다고 한다. 성경이 가르치는 모든 것은 무오류하다는 말이다. 영감은 도덕적이고 종교적인 진리들뿐만 아니라 사실들(그것이 과학적이든, 역사적이든, 지리적이든)에 있어서도 동일하다.[111] 그리고 단어들 속에 사상이 포함되어 있기 때문에 단어들 하나하나가 영감되었다.[112] 결국 하지는 '완전한 영감'(plenary inspi-ration)을 주장한다. 여기에서 '완전한 영감'이란 '부분적 영감'과 구별된다. 그것은 성경의 어떤 특정 부분들만이 영감되었다고 하는 주장을 거부한다.[113]

3) 교의학(조직신학)의 '서설' 문제

찰스 하지의 교의학 '서설'(prolegomena)은 무엇인가? 물론 그는 이미 언급한 '성경관'과 '신학방법론'을 교의학의 대전제로 하면서, 동시에 고대 에큐메니칼 공의회의 신조인 삼위일체 교리와 정통 기독론을 그대로 받아들이고 17세기 개신교 정통주의의 방법론(변증신학)을 따른다. 즉, 그는 단순히 외적인 자연세계로부터 자연신학을 구축하려고 하지 않고, 하나님의 형상으로서의 인간의 본성으로부터 그것을 논증하려고 한다.[114] 그리고 곧이어 성경의 명제적 진리들(시 19:1-4, 시 94:8-10, 행 14:15-17, 행 17:24-29, 롬 1:19-21)에 근거하여 자연신학의 합법성과 타당성을 증명하고 있다.[115] 그러나 찰스 하지는 자연신학의 불충분성을 주장한다. 그것은 우리를 구원에 이르게 하는 하나님 지식을 제

공할 수 없기 때문이다. 역시 그는 이것을 성경적 근거에서 주장한다.[116]
 하지는 이와 같은 '서설'을 가지고 신론, 인간론, 구원론, 종말론 및 교회론을 그의 조직신학의 주제로 하는 바 자연의 사실들(facts)을 다루는 자연과학 안에 수학, 화학, 천문학 등이 있는 것처럼 성경의 사실들을 그것의 주제로 하는 신학 안에도 이와 같은 여러 분야들이 있다고 주장한다.[117]

4) 성경의 명제적 진리들에 의해서 구축된 신학적인 주제들 가운데 한 예

(1) 신론

하나님에 대한 지식에 있어서 하지의 출발점은 17세기 개신교 정통주의 및 중세 스콜라주의 신학에 있어서처럼 자연신학적이다. 그는 "모든 인간이 하나님에 대해서 좀 알고 있다."[118]고 본다. 감성적이고 합리적이며 도덕적인 존재인 자연인이 생래적으로 자연적 신 지식을 타고났다는 것이다. 따라서 하지는 철학이나 일반 종교의 '유신론'(theism)을 성경적 하나님인 삼위일체론 앞에 논함으로써 철학적 유신론과 삼위일체 하나님의 접촉점을 찾는다. 이미 어거스틴과 안셀름은 신플라톤적인 유신론과 삼위일체 하나님의 접촉점을, 보에티우스와 토마스 아퀴나스는 아리스토텔레스적인 유신론과 삼위일체 하나님의 접촉점을 찾았거니와, 찰스 하지 역시 철학적 유신론과 삼위일체 하나님의 접촉점을 주장한다.
 이와 같은 입장은 삼위일체 하나님의 삼위의 일체성(perichoresis)이나 성부 하나님의 위격(Person)에서 삼위의 통일성을 찾는 동방정통교회의 삼위일체론이 아니라 하나님의 본성의 통일성에서 출발하고, 이로써 철학적 신개념과 접촉점을 가질 수밖에 없는 서방교회의 삼위일체론에 해당하는 것으로 보인다. 그리하여 찰스 하지는 유신론에서 사용되는 신 존재 증명 이론인 '존재론적 증명', '우주론적 증명', '목적론적 증명'을 통해서 신 존재 증명과 자연적 신 지식에 대해서 말한다.

따라서 하지가 삼위일체 하나님에 대해서 본격적으로 논하기 전에 거론하고 있는 '하나님의 영성', '하나님의 무한성', '하나님의 영원성', '하나님의 불가변성', '하나님의 지식', '하나님의 의지', '하나님의 능력', '하나님의 거룩성', '하나님의 정의', '하나님의 선하심', '하나님의 진리', '하나님의 주권'과 같은 하나님의 본성과 속성들은 모두가 하나님의 본성의 다양한 모습들로서 철학적 신 지식과 접촉되어 있다. 하지는 '영성', '무한성', '영원성', '불가변성', '지식', '의지', '능력', '거룩성', '정의', '선하심', '진리', '주권'과 같은 하나님의 속성이 자연인 안에서 발견되는 바, 이와 같은 속성들은 성경의 명제적 진리와 접촉점을 가지며, 결국 이 성경의 하나님의 본질적 속성에서 그 완전한 의미를 갖게 된다고 한다. 거룩하고 의로우며 선한 것이 우리 자연인 안에 있으나 그것의 완전하고 탁월한 의미는 성경의 사실들 혹은 진리들에서 발견될 수 있다는 말이다.[119]

(2) 평가

찰스 하지의 성경관은 대체로 1927년까지, 아니 더 결정적으로는 메이첸이 프린스턴 신학교에서 떨어져 나와 웨스트민스터 신학교를 세우던 1929년까지 지배했다. 그러나 1930년대부터 북장로교가 「1967년도 신앙고백」을 발표했던 1960년대에 이르기까지는 라인홀드로 비롯되는 신정통주의가 북장로교회를 지배하였다. 그리고 1970년대부터는 해방신학, 흑인신학, 여성신학, 과정신학 등 신학의 다원화시대를 맞이한다.

미국 장로교는 남북전쟁(1865-1865)으로 뼈아픈 분열을 경험한 후 1983년에 완전 통합되어 하나의 총회 밑에서 하나가 되었다. 하지만 그 과정은 험난하였다. 무엇보다도 아치발드 알렉산더, 찰스 하지, A. A. 하지, 벤자민 워필드와 1910년 이래로 본격화된 개신교 근본주의 계통의 성경관과 칼 바르트로 비롯되는 신정통주의 성경관의 대결로 인하여 어려움을 겪었다. 1930년대 이래로 신정통주의를 주장하는 북장로교회와 웨스트민스터 신앙고백과 17세기 정통주의적 개혁신학을 고수하는 남장로교회가 서로 대립하는 양상을 보였으나, 1959년 이래로 남장로교회가 다분히 신정통주의 쪽으로 많이 전향했기 때문에 1983년에는 두 장로교가 통합될 수 있었다. 물론 1970년대에 들어와 양측이 성경관에 있어서도 다양성을 허용하였고, 교회정책적 차원을 고려한 나머지 하나의 장로교회를 이룩할 수가 있었다.[120] 우리는 이와 같은 미국 장로교회의 역사를 염두에 두면서 찰스 하지의 신학을 검토해 보아야 하겠다.

찰스 하지에게 있어서 '신학 방법론'과 '성경관'은 서로 불가분리한 관계에 있다. 무엇보다도 하지는 성경의 모든 '사실들' 혹은 '진리들' (단어 하나하나, 명제 하나하나, 그리고 구절들과 단락들-필자 주) 그 자체가 직접적으로 하나님의 말씀들이고, 나아가서 직접적으로 신학의 여러 주제들(신론, 인간론, 구원론, 교회론, 종말론)을 구축하는 자료가 되어야 한다고 주장한다. 따라서 하지에게 있어서는 성경말씀들을 통해서 성령 역사로 예수 그리스도를 만나고, 삼위일체 하나님을 예배하며, 교회와 종말론적 비전을 갖게 되는 것은 별로 중요하지 않다. 성경의 '사실들' 혹은 '진리들'이 직접적으로 하나님의 계시 말씀이기 때문이다.

명제적 진리들은 구속의 드라마에 대한 이야기에 봉사하고, 이 이야기는 그리스도와 하나님의 아들 예수님의 성육신, 지상교역, 십자가 사건, 부활 사건, 승천과 승귀, 오순절 성령강림 사건을 전제하며, 이 구속의 드라마를 계기로 창조사역, 인간의 타락, 이스라엘의 구속사를 이해하고 해석하며, 예수 그리스도와 그의 사역을 통해서 계시되고 약속된 종말을 바라보는 거대담론이 찰스 하지에게는 결코 허용될 수가 없다. 무엇보다도 예수 그리스도의 복음을 통해서 계시되고 약속된 하나님의 나라에 대한 비전 역시 별로 중요하지가 않다. 그는 철저히 성경의 '사실들' 혹은 '신리들'을 생명 없는 자연과학의 대상으로 만들어 버렸다.

우리는 찰스 하지가 주장하는 영감된 하나님의 말씀들('사실들' 혹은 '진리들')이나 명제적 진리들(propositional truths)을 이해하고 해석하며 선포할 때 항상 성경을 관통하고 있는 큰 주제를 붙들어야 하고, 성경의 '사실들' 혹은 '진리들'이 이 주제에 관련된 이야기를 섬기고, 이 이야기는 성경을 기원시킨 구속사적 사건들을 전제하고 있음을 명심해야 할 것이다. 그리고 이상에서 언급한 '사건들'은, 이 이야기화하는 과정과 이 이야기가 전해지는 과정에서 언어·문화적, 그리고 사회·역사적으로 조건 지워지기 때문에, 성경의 '사실들' 혹은 '진리들' 혹은 '명제적 진리들'은 해석학적 과정을 거쳐서 이해되고 해석되며 선포되어야 할 것이다.

끝으로 찰스 하지의 '신론'에 대해서도 위에서 제시된 입장에서 논해질 수 있을 것이다. 즉, 싱경관에서 언급된 사건들과 이야기들로부터 하나님의 본성과 속성을 찾아야 한다. 무엇보다도 복음이신 예수 그리스도의 위격과 사역을 통해서 하나님의 본성적 속성을 규명해야 할 것이다. 우리는 '하나님의 영성', '하나님의 무한성', '하나님의 영원성', '하나님의 불가변성', '하나님의 지식', '하나님의 의지', '하나님의 능력', '하나님의 거룩성', '하나님의 정의', '하나님의 선하심', '하나님의 진리', '하나님의 주권'을 복음의 하나님으로 재규정해야 할 것이다. 즉, '하나님의 능력'은 예수 그리스도의 십자가를 통해서 나타난 하나님의 사랑의 무능을 언급함 없이 언급될 수 없고, '하나님의 주권' 역시 종(Servant)이 되신 주님 혹은 고난의 십자가를 감수하신 후 부활하신 주님이 아니고는 이해될 수 없으며, '하나님의 거룩성' 역시 예수 그리스도를 통해서 보여 주신 아가페 사랑이 없이는 이해될 수 없을 것이다.

'진리' 역시 복음 진리 이외에 다른 진리가 있을 수 없다. 이 복음 진리는 너무나도 탁월하여 다른 보편적 진리들과 비교될 수 없다. 하나님의 영성 역시 오직 복음과 성령을 통해서 규정되어야 한다. '무한성', '영원성', '불가변성' 역시 유한하고 무상하며 가변적인 세상과 관련하여 추상적으로 규정될 것이 아니라 공간과 시간과 가변적 세상 속에 들어오신 선재하셨던 하나님의 아들의 성육신과 역사 속에서 일어난 예수 그리스도의 십자가와 부활을 통해서, 그리고 이것을 통해서 계시되고 약속된 종말론적 비전에 의해서 재규정되어야 한다. 하나님은 결코 우리가 경험하는 '유한'과의 관계에서 '무한'하시고, 우리가 경험하는 '무상함'과의 관계에서 '영원'하시며, 우리가 경험하는 '가변성'의 반대개념으로 '불변'하시는 분이 아니다.

(3) 한국장로교의 신학과 관련하여

한국에 소개된 장로교의 혈맥 속에는 18~19세기 복음주의 각성운동 전통 이외에 위에서 논한 아치발드 알렉산더, 찰스 하지, A. A. 하지, 벤자민 워필드와 1910년 이래로 본격화된 개신교 근본주의 계통의 성경관과 신학의 피가 흐르고 있는 것이 확실하다. 그리고 1930년대의 김재준 이후로, 본격적으로는 1970년대 이후로 우리 한국장로교 안에도 '신정통주의' 신학이 널리 소개되어 오고 있다. 이미 한국장로교 안에서 있었던 1967년 미국 연합장로교회의 "1967년도 신앙고백서"에 대한 거부 반응 역시 한국장로교 안에서도 17세기 개혁주의 정통주의와 칼 바르트로 비롯되는 '신정통주의'가 서로 충돌하고 있음을 보여 주었다. 향후 우리 한국장로교 역시 미국 장로교가 겪은 바 이 두 전통의 충돌을 계속 경험하면서 진통을 거듭할 것으로 내다보인다. 우리 한국장로교회는 미국 장로교 역사에서 하지 등 구(舊)프린스턴 신학과 1930년 이후 칼 바르트 등 '신정통주의' 신학의 충돌을 되풀이하지 않고 장로교 일치의 신학을 추구해 나가야 할 것이다.

4. 필립 샤아프

1) 메르세스부르크 신학운동

위에서 아치발드 알렉산더, 찰스 하지, 벤자민 워필드를 19세기 미국 개신교의 흐름 속에 자리매김시켜 이해한 것처럼 필립 샤아프(Philip Schaff) 역시 그렇게 해야 할 것이다. 그런데 우리는 샤아프를 논하기에 앞서, 샤아프와 더불어 '메르세스부르크 신학운동'(the Mercesburg Movement)의 지도자였던 네빈에 대해서 간단히 짚고 넘어가야 한다. 찰스 하지가 웨스트민스터 신앙고백 전통과 튜레티니 등 17세기 정통 개혁신학을 표준으로 복음주의 부흥운동, 특히 테일러 신학(Taylorism)[121]을 사정없이 공격한 신학자라면, 네빈은 샤아프와 함께 16세기 칼빈 중심의 개혁신학과 고대 보편교회의 신앙과 신학을 표준으로 미국의 청교도 전통과 복음주의 부흥운동의 약점을 보충하려던 신학자였다.

네빈은 1803년 펜실베이니아에서 출생, 뉴욕의 유니온 대학과 프린스턴 신학교를 졸업하였다. 그는 하지가 자리를 비운 2년 동안 프린스턴 신학교에서 대신 가르치기도 하였다. 그는 또한 피츠버크에 있는 웨스턴 장로교신학교에서 성경 문헌학을 가르치다가, 1840년 메르세스부르크에 있는 독일 개혁교회의 교수로 부름을 받았다. 그런데 1841년에 독일 베를린 대학의 젊고 유망한 신학자인 필립 샤아프가 그곳에 부임하였다. 이 두 신학자는 향후 반 세기 동안 미국 교회 안에서 특히 개혁신학 전통을 전수시키는 일에 크게 기여하게 된다.

네빈은 미국 복음주의의 대부흥 운동가인 찰스 피니의 부흥주의를 비판하였다. 네빈은 그의 「불안한 앞자리 긴 의자」(누구든지 회심한 사람을 앞으로 나오게 해 의자에 앉히고 기도하는 부흥회 스타일)라는 책에서 이 앞자리 긴 의자야말로 교리문답 교육과 상충된다고 하였다. 네빈에 따르면 찰스 피니가 주장하는 경험은 기독교 신앙을 파괴한다. 이 소책자는 향후 미국의 독일 개혁교회에 큰 영향을 끼쳤다. 또한 1840~1842년에 발표된 소논문들이 1847년에 「하이델베르크 교리문답의 역사와 천재성」으로 출판되었으니, 이 책 역시 미국 내의 독일 개혁교회에 큰 영향을 끼쳤다. 네빈은 이 책을 통해서 16세기 종교개혁을 철저하게 재평가하고, 영국의 청교도주의, 미국의 복음주의 각성운동과 합리주의적인 모더니즘이 16세기 종교개혁자들의 심오하게 보편교회적이고 교회적인 입장으로부터 얼마나 멀어졌는가를 극적으로 기술하고 있다.[122]

네빈은 1845년에 필립 샤아프의 「프로테스탄티즘 원리」를 영어로 번역함으로써 미국 개신교로 하여금 교회의 전(全) 전통을 좀더 진지하게 생각하도록 만들었다. 이 번역서에서 네빈은 샤아프의 역사적 접근방법을 인정하였고, 이 방법으로부터 부흥주의자들의 청교도주의의 약화된 교회개념보다도 더 적절한 교회개념이 도출될 수 있다고 확신하였다. 이 저서와 「메르세스 리뷰지」를 통해서 발표된 수많은 소논문들에 나타난 이 두 신학자의 주된 사상은 두 가지이다.

첫째, 그들은 교회의 과거에 대한 진정한 역사적 이해를 추구하면서 고대 교부시대의 신학과 16세기 종교개혁에 이르는 신학적인 발전을 바르게 평가해야 할 필요성을 강조하였다. 둘째, 그들은 미래를 위한 교회의 잠재력을 힘주어 말했고, 기독교 세계의 재연합을 내다보았다. 이 두 가지가 바로 메르세스부르크 신학교의 형식적인 원칙(the formal principle)에 해당했다면, 네빈의 「신비적인 임재 : 개혁적 혹은 칼빈적인 성만찬 교리」(1846)는 이 신학교의 실질적인 원리였다.[123]

네빈은 미국의 청교도 전통과 복음주의 부흥운동 전통이 바로 칼빈에 의해서 주장되었던 교회와 성례에 대한 적극적인 견해를 상실했다고 통탄해 한다. 네빈은 칼빈과 함께 기독교의 핵심이 예수 그리스도와 믿는 자들의 연합에 있다고 보고 성만찬의 신비를 강조하였다. 네빈은 칼빈과 하이델베르크 교리문답 전통의 개혁교회가 강조했던 '성례전적 신학'을 다시 회복시키려고 애썼다. 그는 이와 같은 전통이 영국 청교도의 후기 소산인 웨스트민스터 신앙고백과 대·소교리문답에 이르기까지는 살아 있었다고 한다. 하지만 그는 에드워즈, 홉킨스, 드와이트 등의 복음주의 부흥운동 전통에서 이것이 매우 약화되었다고 본다.[124]

이들은 하나의 '그리스도 중심적인 신학'을 추구하려고 애썼다. 또한 그리스도의 위격을 신학과 교회생활의 중심에 두었다. 적어도 이들은 그리스도와 그의 교회에 대한 객관적이고 보편교회적인, 그러나 개혁 전통적인 이해에 근거한 교회 개혁운동을 펼쳤던 것이다. 이런 맥락에서 이들은 그리스도께서 가시적 교회 안에 신체적으로 존립하시고, 성만찬 안에 실질적으로 임재하신다고 확신하였다. 이와 같은 네빈과 샤아프의 그리스도 중심적인 신학은 슐라이어마허와 네안더로부터 온 것이지만, 사실은 이 독일의 자유주의 개신교 신학자들의 신학을 종교개혁 신학 전통에 재정위(定位)시킨 것이요, 도르너(I. A. Dorner)와 같은 화해 신학자들 가운데 한 사람을 통해서 그들의 자유주의 신학을 이해한 것이었다. 그리고 옥스퍼드운동 역시 네빈과 샤아프에게 영향을 주었다.[125]

2) 필립 샤아프의 생애와 작품

그는 미국에서 교회사 분야에 크게 기여한 역사신학자들 가운데 하나이다. 그의 명성은 「기독교 교회사」, 「샤아프-헤르쪽 기독교 백과사전」, 「니케아 및 후기 니케아 교부들 선집(選集)」, 「기독교 신조사」 등을 통해서 널리 알려졌다. 25세 때에 독일에서 미국으로 이민 온 사람으로서 그렇게 영향력이 큰 사람은 일찍이 드물었다.

1819년 스위스 태생인 그는 돌 이전에 부친을 여의고, 그의 어머니는 가난한 삶을 살았다. 그는 고아원으로 보내졌으나 어떤 목사님의 도움으로 독일 경건주의 전통 안에서 교육을 받게 되었다. 그는 아주 어려서 코른탈(Kornthal)에서 초등학교를 다녔고, 15세 때에 경건주의의 고장인 뷰르템베르크에서 수학하였으니, 이때의 경건주의 전통의 영향이 그의 생애에 큰 영향을 주었다. 그리고 나서 그는 슈투트가르트에서 고등학교를 다녔다. 그는 이 시기 동안에 받은 경건주의 계통의 교육을 바탕으로 그의 대학시절에 직면해야 했던 계몽주의 전통의 합리주의를 극복할 수 있었다.

샤아프는 1837년에 튜빙엔 대학에 들어갔다. 이때 이 대학은 새로운 루터 신학, 합리주의 및 중재신학(the mediating theology)의 각축장이었다. 불과 2년 전에 슈트라우스(Friedrich Strauss)가 「예수전」을 출판하여 정통 개신교회들로부터 크게 비난을 받는 상황이었다. 샤아프는 개신교 정통주의 신학과 F. C. 바우르 등 19세기 자유주의 신학자들 사이를 중재하는 중재신학을 어느 정도 추구하였다. 이것은 향후 그의 에큐메니칼 관심과 화해적인 관심을 미리 보여 주고 있다고 하겠다.

그는 그의 대학 수업을 6개월 동안 경건주의의 본산지인 할레에서, 그리고 이어서 베를린에서 계속하였다. 그는 할레에서 그가 우리 시대의 가장 중요한 교회사가요 근대 교회사의 아버지라 부른 네안더(Augustus Neander)의 영향 하에 있었다. 그는 네안더의 교회사 이해야 말로 차가운 지성과 뜨거운 심장을 모두 포함하는 것이라고 칭찬하였다. 샤아프는 그의 선생님으로부터 '관대함과 복음적인 가톨리시티' (liberality and evangelical cathtolicity) 개념을 물려받았다. 샤아프에 따르면 네안더의 교회사에 대한 공헌은 무엇보다도 '신학과 기독교적 경건의 결합'이었고, 교회사를 '생명과 발생적 발전'으로 가득 차 있는 것으로 보는 것이었다. 하지만 샤아프는 그의 선생님의 부족한 점을 채워 주었다. 그는 네안더처럼 그리스도를 믿는 개인의 내면적이고 이상적인 경건을 중요시하면서도, 이것을 역사적으로 이어져 내려오는 제도권 교회와 연결시켰다.

그는 베를린에서 대학수업을 끝내고 1842년에 사강사(Privatdozent)로서 가르치기 시작하였다. 1843년에는 독일 개혁교회로부터 미국 펜실베이니아의 독일 개혁교회 계통의 신학교 교수가 되지 않겠느냐는 제안을 받고 고심 끝에 받아들였다. 그는 바울이 "마케도냐로 건너와서 우리를 도우라"(행 16 : 9)는 마케도냐 사람들의 부름에 응했던 것처럼 자신도 새로운 세계인 미 대륙의 부름에 응했다고 한다. 그리하여 1844년에 샤아프가 도착한 곳은 펜실베이니아의 메르세스부르크 신학교였다. 샤아프는 이곳에서 이미 가르치고 있었던 네빈을 만나서 놀라고 기뻐하였다. 왜냐하면 네빈이 제1, 2차 복음주의 각성운동으로 미국의 개혁교회가 유럽의 고전적인 개혁교회의 교회론, 교부학 등으로부터 멀어져 가고 있는 것을 통탄해 하면서 미국 개혁교회의 정체성 회복을 위해서 애썼기 때문이었고, 네빈이 당시 독일의 개혁신학에 이미 조예가 깊었기 때문이었다.

샤아프는 메르세스부르크 신학대학교의 취임 설교에서 중세기의 교회를 포함하는바, 모든 시대의 교회들을 강하게 인정하면서도 '프로테스탄티즘 원리'에 초점을 맞추었다. 그는 종교개혁이 하늘로부터 떨어지듯 별안간에 일어난 것이 아니라 교회사에 있어서 필연적인 발전으로 일어난 것이라고 보았다. 그는 종교개혁을 "보편교회의 합법적인 후예요 보편교회의 가장 위대한 행동"이었다고 한다.

샤아프와 네빈은 향후 20년 동안 미국 기독교인들 사이에서 역사에 대한 의식과 바른 교회론을 발전시키기 위해 동역하였다. 소위 메르세스부르크 신학은 아직 널리 알려지지는 않았지만 옛 루터주의와 프린스턴 신학과 같은 정통주의에 대한 대안(代案)이었고, 동시에 대초원의 불길처럼 미국 기독교를 휩쓸었던 복음주의 각성운동에 대한 대안이었다. 메르세스부르크 신학자들은 자신들의 신학이 정통적이면서도 화해적이며 발전에 대해서 열려 있다고 믿었고, 자신들의 교회론은 전통적이면서도 에큐메니칼하다고 하였다. 이들은 이들의 목표인 '복음적-보편교회적'(evangelical-catholic) 기독교로서 미국적인 개인주의와 개교회주의, 반역사적 편견을 극복하려고 하였다. 샤아프는 종교개혁 전통의 복음을 강조하면서도 삼위일체론과 정통 기독론과 같은 고대 교부들의 신학 유산과 고전적인 개혁교회의 전통을 중요시하면서 이와 같은 전통에 약한 미국의 복음주의 각성운동 전통의 개신교를 비판하였다. 이와 같이 그의 교회관은 과거에 확고히 뿌리를 내렸고, 앞으로 발전하고 성장하며 미래에 하나가 될 유기체적 전체로서의 교회 모델이다.

샤아프는 메르세스부르크 신학교의 교수직을 끝내고, 유럽을 몇 차례 방문하고 저술활동도 하다가 1863년 뉴욕에 자리를 잡았다. 그는 1864~1870년까지 하트포드와 드류 신학교에서 강의하면서 뉴욕의 세버스 위원회(the New York Sabbath Committee)의 서기로 봉직하였다. 1964년에 그는 『랑게의 신·구약성경 주석』의 미국판 첫 권을 출판하였다. 그리고 1870년에 신학백과사전과 기독교 신조학 교수로서 뉴욕의 유니온 신학교 교수가 되었다. 1873년에 그는 히브리어 석좌를 받았고, 1874년에는 성서 문헌 석좌에서 신약성경 석의를 가르쳤으며, 1887년에는 결국 교회사 교수가 되었다. 그는 1893년 죽기 직전까지 이 교회사 교수직을 수행하였다.

샤아프는 1866년에 그의 에큐메니칼 노력의 일부로서 복음주의 연맹(Evangelical Alliance)의 회원이 되었고, 1873년 이 연맹의 세계대회를 뉴욕에서 개최하는 일에 크게 공헌하였으며, 1869~1873년 사이에는 이 연맹을 위해서 4차례나 유럽을 여행하였다. 뿐만 아니라 그는 1875년의 'WARC'(세계개혁교회 연맹)의 전신인 '개혁교회 연맹'(Alliance of Reformed Churches)을 수립하는 데에도 기여하였고, 제1차 에딘버러 '개혁교회 연맹 총회'에서 "개혁교회 신앙고백서들의 합의"(The Consensus of the Reformed Confessions)라는 제목으로 연설을 했다.

그는 '개혁주의적 보편교회'(Reformed Catholicity)를 지향했을 뿐만 아니라 '복음적-보편교회적 정신'(evangelical-catholic spirit)과 '화해적, 에큐메니칼 방향성'(an irenic and ecumenical direction)을 지향했다. 그는 16세기 종교개혁이 로마 가톨릭교회와 '복음'과 '삼위일체 하나님'을 공통분모로 지니고 있었던 것으로 본 것 같다.

1876년 샤아프는 세 권으로 된 「기독교 신조사」(*The History of the Creeds of Christendom*, 3vols.)를 출판하였다. 교리적 무관심과 특정 개신교파에 국한된 신앙고백(예컨대 「웨스트민스터 신앙고백」)으로 만족하는 미국에서 이와 같은 신조사가 나오게 된 것은 크나큰 역사적 의미를 갖는다. 대체로 이 책은 개신교회들이 공유하고 있는 고대의 에큐메니칼 신조들과 각 개신교파들의 신앙고백서들을 총망라함으로써, 미국 개신교회들로 하여금 그들의 고전에 대한 무관심과 신학의 역사적 다양성에 대한 부관심을 일깨워 주었다고 생각된다.[126]

3) 니케아 교부들과 니케아 후기 교부들의 선집

이 선집(選集, 1886-1900)은 14권씩 두 시리즈로 되어 있는데, 샤아프는 첫 번째 시리즈를 위한 편집인이었고, 웨이즈(Henry Wace)와 함께 두 번째 시리즈의 처음 두 권을 위한 공동 편집인이다. 첫 번째 시리즈의 관점은 역사적이고 그 어떤 소종파적, 편파적 목적도 갖지 않는 것이었다. 샤아프는 이 선집이야말로 영어권 독자들로 하여금 희랍과 라틴 교회들의 신앙, 실천, 예배, 훈련에 대한 주요 자료들과 권위들을 손에 쥐게 할 것이라고 하였다. 이 선집은 영어권 사람들로 하여금 자신들이 떨어져 나온 근원에 다시 복귀하게 하는 역할을 할 것이라고 하였다.[127]

4) 기독교 신조들

샤아프의 저서들 가운데 가장 오랫동안 영향력을 발휘하는 저서는

「기독교 신조사」(The Creeds of Christendom, 1877)이다. 그는 미국적인 기독교의 부족한 점을 채워 주었다. 즉, 미국 신학과 교회사 문헌의 공백을 메꾸었고, 분파적 배타주의와 교리적 무관심을 퇴치하였던 것이다. 샤아프는 이와 같은 두 가지 문제를 몰아내기 위해서 평생토록 수고하였느니, 이는 곧 교회 일치에 대한 관심이었다. 그는 "사랑 안에서의 진리, 그리고 진리 안에서의 사랑"을 실천하려 하였고, 신조(信條)와 신앙고백서들을 기술함에 있어서 "본질적인 신앙 항목들에 있어서는 일치를, 논란의 여지가 있는 조항들에 있어서는 자유를, 그러나 모든 일에 있어서 사랑으로"(In necessariis unitas, in dubiis libertas, in omnibus caritas)를 모토로 삼았다. 샤아프는 이 저서를 기술함에 있어서 역사 기술의 몇 가지 방법을 제시하였다. 기독교의 다양성 속에서의 일치, 기독교 교리에 있어서의 발전(없애 가짐을 통한 변증법적 발전), 기독교의 낙관주의와 진보에 대한 그의 기대, 교리보다 우선하는 관계성과 기독론 중심주의가 그것이다.

5) 프로테스탄티즘의 원리

샤아프는 1844년에 메르세스부르크 신학교 취임 강연에서 "프로테스탄티즘의 원리"라는 제목으로 강연하였는데, 이것이 1845년에 영문으로 출판되었다. 이 저서는 샤아프의 향후 미국에서의 그의 신학적인 사고를 지배하는 원리를 제시하고 있기 때문에 중요하다. 그는 이미 지적한바, 기독교 역사를 '없애 가짐'(aufheben)의 과정을 통한 변증법적 발전으로 본다. 그는 '보편교회'(catholic Church)를 '기독교적 신앙과 삶의 합법적인 담지자'로 보면서, "종교개혁은 이 보편교회의 합법적인 자손이요 이 보편교회의 가장 위대한 행동이다."라고 한다. 샤아프는 보편교회적 실체(catholic substance)를 확립하면서 프로테스탄트 원리를 말한다. 즉, 그리스도와 사도들의 삶과 가르침의 역사적 진전, 발전, 성장이 그것이다. 따라서 그는 종교개혁이 '과거와 보편교회적 연합'을 이루고 있는 것으로 본다. 그런데 종교개혁의 열쇠는 자유이다. 즉, "종교개혁은 종교적 정신을 하나님의 은혜와 말씀에 불가분리하게 묶음으로써 그것을 역행하는 모든 인간적인 제도들로부터 그것을 자유케 한다."[128]

하지만 샤아프는 종교개혁이 기독교의 최종 형태가 아니라고 한다. 즉, 종교개혁 이후 두 가지 병이 개신교회들 안에서 생겼으니, 하나는 합리주의였고, 다른 하나는 분파주의였다. 샤아프는 부정성이 힘으로 작용한다고 생각하는 헤겔적 사고를 따라서 이와 같은 병마가 기독교의 발전을 가져왔다고 본다. 즉, 보편교회적 실체와 프로테스탄트 원리가 조화를 이루어서 그리스도와 사도들의 기독교 형태에 더 가까운 보다 고차적인 형태의 기독교 단계에 도달하였다는 것이다. 샤아프는 이 두 가지 병마(합리주의와 분파주의)에 대한 치유책이 모두 보편교회적 전통(the catholic tradition)으로부터 나올 것이라고 한다. 즉, 하나는 기독교 전통이 지닌 정통 교리들에 대한 새로운 수용이요, 다른 하나는 교회의 유기적 일체성에 대한 갱신된 평가가 그것이다. 환언하면, 샤아프는 합리주의에 대한 극복을 위해서는 이와 같은 보편교회적 전통을 다시 부활시켜야 하는바, 우리는 로마 가톨릭교회의 전통에서 이와 같은 보편교회적 전통을 많이 발견한다고 한다. 이 점에서 로마 가톨릭교회는 우리 편이라고 한다. 그리고 샤아프는 분파주의의 치유책으로 진리의 기둥과 초석으로서의 교회, 그리고 믿는 사람들의 어머니로서의 교회의 개념과 역사, 하지만 성경에 적절히 종속하는 교회의 개념과 역사를 제시하고 있다. 성경을 치유책으로 제시함에 있어서 문제는 분파주의자들 역시 성경에 호소하기 때문이라고 한다.[129]

6) 평가

예수 그리스도와 사도들의 교회, 고대 에큐메니칼 신조들과 종교개혁의 '복음'을 에큐메니칼 원리로 보는 점이 매우 훌륭하다. 그는 이것을 표준으로 하여 기독교회의 역사와 기독교 사상사의 연속성과 보편성을 추구해 나갔다. 특히, 그의 '복음적-보편교회적 정신'(evangleical-catholic spirit)과 '화해적이고 에큐메니칼 방향'(an irenic and ecumenical direction)은 그의 신학사상을 요약하고 있다. 그리고 '보편교회적 실체'(catholic substance)와 '프로테스탄트 원리'(Protestant principle)를 내세우며, 교회사 전체의 발전사를 삼위일체 하나님의 신정(theocracy)으로 이해하고, 기독교 역사 전체를 하나님 나라의 표현으로 보는 입장이 훌륭하다고 하겠다.

그는 어거스틴의 두 도성(都城) 전통과 루터의 두 왕국 사상을 따라서 '세속적인 역사'(the secular history)와 '거룩한 역사'(the sacred history)를 이분화하여 보편사의 중심은 거룩한 역사이고, 이 거룩한 역사의 중심은 예수 그리스도라고 하는 사관을 펼쳤다. 샤아프는 두 왕국의 이분화에도 불구하고 보편사에 대한 삼위일체 하나님의 주권적 통치를 힘주어 주장하였다. 적어도 그는 기독교 안에서 '개혁주의적 가톨리시티'(Reformed catholicity)를 추구했을 뿐만 아니라 개신교 전체의 화해와 일치, 나아가서 로마 가톨릭교회와 동방정교회와의 일치도 추구하였다. 그의 '복음주의 연맹'(Evangelical Alliance)과 WARC의 모태인 '개혁교회 연맹'(Alliance of Reformed Churches)을 위한 열정적 기여는 그의 에큐메니칼 정신을 반영하고도 남음이 있다고 하겠다.

그의 「기독교 신조사」는 오늘날에도 많이 읽혀지는 고전(古典)으로서 그 당시 미국 개신교회에 기여했을 뿐만 아니라 우리 한국 개신교회에도 기여할 것으로 생각된다. 그도 그럴 것이 미국 개신교로부터 선교를 받은 우리 한국 개신교회 역시 그리스도와 사도들의 교회 및 고대 보편교회의 신학적 유산을 소홀히 하고, 기독교의 유기적 발전 속에서 나타나는 교회사의 통일성과 보편성보다 개교회주의와 교파주의, 교회 성장주의를 지향하고 있기 때문이다. 샤아프의 '복음적-보편교회적 정신' 과 '화해적이고 에큐메니칼 방향' 및 그의 에큐메니칼 활동은 우리 한국 개신교를 위해서 꼭 필요한 것이고, 로마 가톨릭교회 일반의 고대 보편 교회적 전통에 대한 재발견은 우리 한국 개신교로 하여금 로마 가톨릭 교회, 동방정교회 및 성공회 등과의 에큐메니칼 관계를 추구하게 할 것 이다.

■■■ 미 주 ■■■

1. C. W. Christian, *Friedrich Schleiermacher*(Wao, 1979), p. 11.
2. Paul Tillich, 송기득 역, 「19-20세기 프로테스탄트 사상사」(한국신학연구소, 1980), p. 115.
3. B. A. Gerrish, *A Prince of the Church Schleiermacher and the Beginning of Modern Theology*, 목창균 역, 「현대 신학의 태동」(기독교서회, 1988), pp. 18-20.
   게리쉬(Gerrish)에 따르면 릿츨의 「칭의와 화해」(*Rechtfertigung und Versohnung*, 1870)는 출판된 뒤 2년 후에 이미 영어로 번역될 정도로 인기가 높았지만, 슐라이어마허의 「신앙론」(*Der christliche Glaube*, 1821)은 1928년이 되어서야 영어로 번역될 정도로 인기가 없었다고 한다. 그러나 게리쉬는 슐라이어마허의 신학을 아우구스티누스, 아퀴나스, 루터, 칼빈의 뒤를 이어 탐구하여야 한다고 주장한다. 슐라이어마허 대신에 바르트를 넣는 것은 어딘지 모르게 균형이 맞지 않는다는 것이다.
4. B. A. Gerrish, *A Prince of the Church Schleiermacher and the Beginning of Modern Theology*, p. 22.
5. Kärl Barth, *Die Protestantische Theologie im 19. Jahrhundert*, Zürich, 31961, 380.
6. K. Barth, *Die Protestantische Theologie im 19. Jahrhundert*, 379.
7. Hermann Fischer, Art. "Schleiermacher," *TRE* 30, 144.
8. 슐라이어마허는 니스키 학교로 보내진 이후 자신의 부모를 더 이상 만나지 못

하였다. 어머니는 1783년 11월 17일에 세상을 떠났고, 아버지는 1794년 9월 2일 67세의 나이로 세상을 떠났기 때문이다. 모라비아 경건주의 학교들은 학생들이 외적인 세계를 떠나서 내적인 삶을 살도록 하기 위해 학생들을 세상과 격리하기 원했으며 각종 오락이나 스포츠가 금지되었다. 참고 : Martin Redeker, *Scjleiermacher : Life and Thought*, 주재용 역, 「슐라이어마허의 생애와 사상」(기독교서회, 1985), pp. 15-16.
9. 1787년 1월 21일 서신, *Schleiermacher-Auswahl*, Munchen und Hamburg, 1968, 262.
10. Gerrish, op. cit., 30.
11. *Schleiermacher Auswahl*, 264.
12. *Schleiermacher Auswahl*, 267.
13. *Auswahl Schleiermachers Leben in Briefen, I-Ⅳ*, Berlin, 1860-1863.
    Leben Schleiermacher, Berlin, 1922(Hermann Mulert Hg).
    Schleiermachers Philosophie und Theologie, Berlin, 1966(Martin Redeker, Hg).
14. Redeker, 20.
15. Hans-Joachim Wirkner, "Friedrich Schleiermacher," *Gestalten der Kirchengeschichte 9, 1. Die neueste Zeit I*(Hg. v. Martin Greschat), Stuttgart, 1985, 90.
16. *TRE* 30, 145.
17. 1801, Sämtliche Werke, Ⅱ, 1.
    I. Abt. Zur Theologie 11 Bde., Ⅱ Abt. Predigten, 10 Bde., Ⅲ Abt. Zur Philosophie, 10 Bde., Berlin 1834-1864(이하 SW).
18. Hans-Joachim Brinkner, 91.
19. Martin Redeker, 32.
20. 이형기, 「세계교회사」 Ⅱ (한국장로교출판사, 1994), p. 412.
21. Fischer, *TRE* 30, 146.
22. Zwei unvorgreifliche Gutachten in Sachsen des protestantischen Kirchenwesens zunachst in Beziehung auf den Preußischen Staat(1804).

23. *TRE* 30, 147.
24. *TRE* 30, 148.
25. James C. Livingston, *Modern Christian Thought*, 이형기 역, 「현대 기독교사상사」(한국장로교출판사, 2000), p. 207.
26. Tillich, 위의 글, p. 120.
27. James C. Livingston, p. 205.
28. 이형기, 「세계교회사」 II, p. 412.
29. *TRE* 30, 154.
30. 최신한, "근원적 새로움의 개성적 자기화-슐라이어마허의 「종교론」 해제", 최신한 역, 「종교론」(한들, 1997), p. 256 ; 본 논문에서는 최신한의 「종교론」 1판 번역을 대본으로 사용한다. (이하 「종교론」으로 약함. 비교를 위하여 원문의 페이지는 Reden이라고 표기한다.)
31. Reden 26, 「종교론」, 35.
32. 「종교론」 165-166, Reden 192-193(제4강연).
33. 「종교론」 164, Reden 191.
34. 「종교론」 47, Reden 41.
35. 「종교론」 48, Reden 41-42.
36. 「종교론」 49, Reden 42-43.
37. *TRE* 30, 154.
38. *TRE* 30, 154.
39. 「종교론」 56, Reden 50.
40. *TRE* 30, 154.
41. 「종교론」 60, Reden 55.
42. *TRE* 30, 154.
43. 「종교론」 62, Reden 57.
44. 「종교론」 128, Reden 144.
45. 「종교론」 129. Reden 145.
46. 「종교론」 150, Reden 146.
47. *TRE* 30, 155.
48. 「종교론」 156, Reden 179.
49. 「종교론」 159, Reden 184.

50. 「종교론」 160, Reden 185.
51. 「종교론」 162, Reden 187-188.
52. 「종교론」 164, Reden 191.
53. 「종교론」 165-166, Reden 192-193.
54. 「종교론」 166, Reden 193.
55. 「종교론」 179, Reden 210-211.
56. 「종교론」 193, Reden 230.
57. 「종교론」 200, Reden 238.
58. 「종교론」 200, Reden 240.
59. 「종교론」 227, Reden 277.
60. Redeker, 119-120.
61. KD §5(「신학연구입문을 위한 간단한 개요」를 KD로 표기한다. 여기에 나오는 장절은 KD 2판을 기준으로 하였다). 참고 : Heinrich Scholz(Hg.), *Kurze Darstellung des theologischen Studiums zum Behuf einleitender Vorlesungen*, 김경재·선한용·박근원 역, 「신학연구입문」(대한기독교출판사, 1982) ; T. N. Tice(Tr.), *Brief Outline on the Study of Theology*, Atlantam 1977.
62. Redeker, 122.
63. KD §1.
64. 「신앙론」 2판, §16(이하 GL로 표기한다. H. R. Mackentosh〈Ed.〉, *The Christian Faith* I〈Haper Pub., 1963〉, p. 82 ; 참고 : Redeker, 123).
65. Redeker, 124.
66. KD §257.
67. 심광섭, 「신학으로 가는 길」(한국신학연구소, 1996), p. 222.
68. F. Schleiermacher, *Kritische Gesammtausgabe* 7, Der christliche Glaube 1821-1822, I, Hg. v. Hermann Peiter, Berlin, 1980, 9(§ 1). "Dogmatische Theologie ist die Wissenschaft von dem Zusammenhange der in einer christlichen Kirchengesellschaft zu einer bestimmten Zeit geltenden Lehre."
69. KGA 7/1, 124, §37.
70. 심광섭, p. 221.

71. 심광섭, 「신학으로 가는 길」, p. 219.
72. 「신앙론」(이하 GL로 표기) §6(1판, D. M. Baillie, *The Christian Faith in Outline*, Edinburgh 1922 ; 이 요약본은 1판과 2판을 대조하고 있다).
73. Livingstone, 이형기 역, 「현대 기독교 사상사」 1, p. 205.
74. 심광섭, p. 219.
75. Livingstone, 이형기 역, 「현대 기독교 사상사」 1, p. 225.
76. 심광섭, p. 221.
77. Barth, 406.
78. GL §29(2판).
79. GL §30(2판).
80. Redeker 144.
81. GL §66(2판).
82. GL §66(2판).
83. GL §66, 2(2판).
84. GL §70(2판).
85. GL §18(1판).
86. Redeker, 149.
87. GL §1(1판).
88. Hans-Joachim Birkner, p. 111.
89. Redeker, 152.
90. GL §94, 2(2판).
91. Livingstone, p. 219.
92. Redeker, 154.
93. GL §104, 4(2판).
94. GL §104, 4(2판).
95. Redeker, 161.
96. Redeker, 163.
97. *TRE* 30, 152, Amtliche Erklärung der Berlinischen Synode über die am 30. October von ihr zu haltende Abendmahlsfeier, 1817, SW I/5 295-307.
98. 심광섭, 「신학으로 가는 길」(한국신학연구소, 1996), p. 207.

99. 이형기, 「세계교회사」 II (서울 : 한국장로교출판사, 1994), pp. 481-482.
100. "The Great Awakening," in *The New International Dictionary of the Christian Church*, General Editor : J. D. Douglas(Grand Rapids, Michigan : Zondervan Publishing House, 1974).
101. Ibid., p. 262.
102. 참고 : John Leith, *Creeds of the Churches*(John Knox Press, 1977), pp. 308ff. ; Justo L. Gonzales, *The Story of Christianity*, vol. II (Harper & Row, 1984), pp. 142-148.
103. 이형기, op. cit., p. 223.
104. Charles Hodge, *Systematic Theology* vol. 1(Scribner's, 1872), p. 11.
105. Ibid., p. 13.
106. Ibid., p. 16.
107. Ibid., p. 15.
108. Ibid., p. 152.
109. Ibid., p. 156.
110. Ibid., pp. 156-157.
111. Ibid., p. 163.
112. Ibid., p. 164.
113. Ibid., p. 165.
114. Ibid., pp. 22-23.
115. Ibid., pp. 24-25.
116. Ibid., pp. 25-26.
117. Ibid., pp. 31-32.
118. Ibid., p. 191.
119. Ibid., pp. 376-441.
120. Jack B. Rogers and Donald K. McKim, "Pluralism and Policy in Presbyterian Views of Scripture," in *The Confessional Mosaic : Presbyterians and Twentieth-Century Theology*, ed. by Milton J. Coalter, John M. Mulder, Louis B. Weeks(Louisville, Kentucky : Westminste/John Knox Press, 1990), pp. 37-58.
121. Sydney E. Ahlstrom, "Theology in America : A Historical Survey," in

The Shapting of American Religion, ed. by James Ward Smith and A. Leland Jamison(Princeton, New Jersey : Princeton University Press, 1961), pp. 256-259 : 테일러는 홉킨스와 더불어 에드워즈 신학의 승계자로서 유명한데, 그는 에드워즈 이후 미국의 가장 유명한 형이상학적 신학자로 알려졌다. 그는 예일과 뉴헤이번에서 기본적으로 복음주의 부흥운동의 신학을 추구하면서, 뉴헤이번에서 설교가로서 두각을 나타내기도 했다. 그러나 테일러는 합리주의자들을 위해서 변증적인 신학을 펼쳤으니, 정통 삼위일체 교리를 상당히 합리적으로 설명하였다. 그리고 그는 하나님보다도 인간의 자유와 도덕적인 행동에 관심을 경주하였다. 테일러는 인간의 조성에 대해서 에드워즈보다 훨씬 낙관적으로 생각하였다.
122. Ibid., pp. 168-269.
123. Ibid., p. 269.
124. Ibid., pp. 269-270.
125. Ibid., p. 271.
126. 참고 : Stephen R. Graham, "Philip Schaff," in *Historians of the Christian Tradition*, ed. by Bauman/Klauber(Nashville, Tennessee : Broadman & Homan Publishers, 1995), pp. 273-279.
127. Ibid., p. 288.
128. Philip Schaff, *The Principle of Protestantism as Related to the Present State of the Church*, Trans. by John W. Nevin(Chambersburg : Publishing Office of the German Reformed Church, 1845. Reprint, Philadelphia : United Church Press, 1964), pp. 59, 71, 73, 123-124, in *Historians of the Christian Tradition*, ed. by Bauman/Klauber, p. 290.
129. Ibid., pp. 290-291.

제5장 20세기 개혁교회의 개혁신학

I. 칼 바르트 : 말씀의 신학 / 177
II. 에밀 브룬너 : 만남의 신학 / 206
III. 헤리뜨 꼬르넬리스 베르까우어 :
　로마 가톨릭교회와 칼 바르트를 비판하는 개혁신학 / 235
IV. 오토 베버 : 칼빈과 칼 바르트를 중재하는 개혁신학 / 277
V. 라인홀드 니버와 리처드 니버 :
　미국 개혁교회의 네오칼비니즘 신학 / 317
VI. 위르겐 몰트만 : 종말론적 개혁신학 / 368
VII. 얀 밀리치 로흐만 :
　화해와 해방을 지향하는 개혁신학 / 405

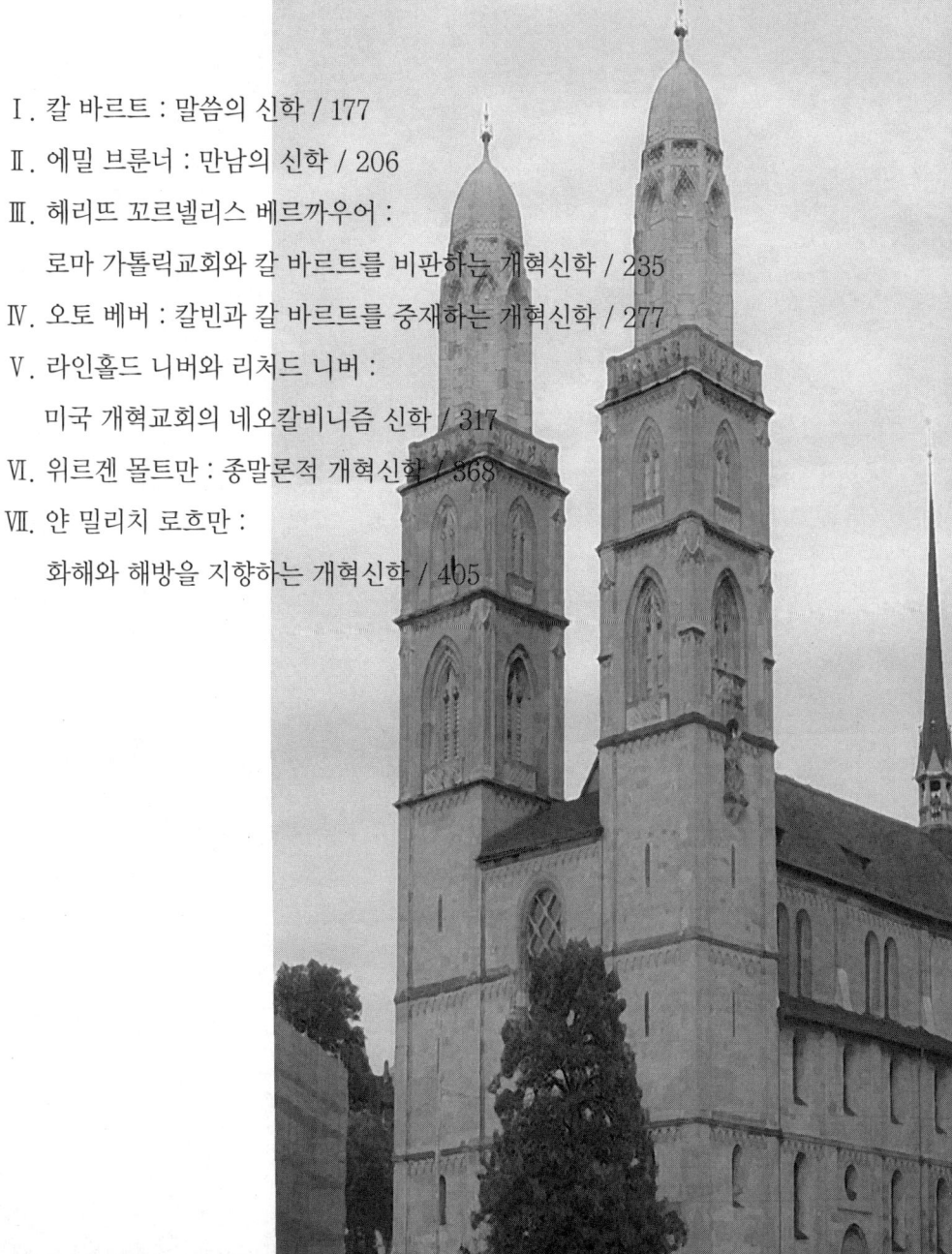

I

칼 바르트 : 말씀의 신학

1. 바르트 신학의 배경과 현대 신학사에서의 위상

칼 바르트(Karl Barth, 1886-1968)는 슐라이어마허(Fr. Schleiermacher, 1768-1834) 이후로 예수 그리스도의 양성론과 삼위일체론을 재정립하고, 종교개혁 이후 성경말씀을 재발견한 20세기의 가장 뛰어난 개신교 신(新)정통주의 신학자이다. 우선 바르트 신학의 특성은 그의 실존적 '삶의 자리'(Sitz im Leben)에서 형성되었다. 그는 대학시절 19세기 철학자 헤겔(Fr. Hegel)의 관념주의와 신(新)칸트주의적 리츨(A. Ritschl) 학파 신학자인 마부르그(Marburg) 대학의 빌헬름 헤르만(Wilhelm Hermann)과 베를린 대학의 교리사가(敎理史家)인 하르낙(Adolf von Harnack) 교수에게서 자유주의 신학을 공부하였다. 그는 학업을 마치고 1911년부터 스위스 이르가우(Aargau) 주(州)의 작은 마을 자펜빌(Safenwil)에서 개혁교회 목사로 활동하였다. 그곳에서 그는 매주일 설교를 준비하면서 자신이 지금껏 배워 왔던 철학적, 윤리적 자유주의 신학이 매주일 예배를 드리려고 오는 교우들뿐만 아니라 설교를 준비하는 자기 자신에게도 아무런 도움을 주지 못한다는 것을 깨닫게 되었다. 그래서 그는 성경을 집중적으로 탐구하기 시작한 결과, '성경 안에 새로운 세계'[1]가 있다는 것을 발견하게 되었다. 그에 의하면, "성경의 내용을 구성하고 있는 것은 하나님에 대한 사람들의 정당한 생각이 아니라 오히려 사람들에 대한 하나님 자신의 올바른 생각"[2]이라는 것이다. 즉, 성경은 우리가 하나님에 대하여 어떻게 이야기해야 하는가를 가르쳐 주는 것이 아니라 하나님이 우리에게 무엇을 말씀하고 계신가를 일러 준다는 것이다. 성경에 대한 이러한 새로운 통찰로 인하여, 그는 신(新)개신교 자유주의의 철학적 신학과 결별하고 말씀의 신학으로 전향하기 시작하였다.[3]

그 후 바르트는 1914년 8월에 독일의 황제 빌헬름 2세(Wilhelm Ⅱ)의 전쟁정책을 지지하는 93인의 독일 지식인들이 낸 성명서를 읽게 되었다. 그 성명서의 서명자 중에 평소 자신이 존경하던 은사들이 포함되어 있는 것을 보고 은사들의 윤리학, 교의학(敎義學), 성경 주석, 그리고 역사신학의 입장들을 더 이상 받아들일 수 없다고 판단하게 되었다. 그래서 그는 1916년부터 「로마서 강해」 제1판을 기술하기 시작한다. 이 책에서 그는 당대의 개신교 자유주의 신학을 신랄하게 비판하면서, 성경의 역사·비평적 방법도 옳고 성경 영감설도 옳지만 양자택일(兩者擇一)을 하라면 기꺼이 고대의 '영감설'을 선택하겠다고 선언함으로써 자유주의 신학에서 한 발자국 더 멀리 물러서고, 성경에 기초한 하나님의 말씀의 신학을 정초(定礎)한다.[4] 그는 「로마서 강해」 제2판(1922)에서 하나님의 '전적 타자성'(*totaliter aliter*)과 '복음', '영원', 그리고 예수 그리스도만을 통한 '구원'을 강조한다. 그에 의하면, 참된 진리는 인간의 보편적 경험이나 인간 이성(理性)에 의해서 정립되는 것이 아니라 예수 그리스도를 통한 하나님의 계시를 믿음으로 순종하고 받아들임으로써 인식될 수 있다고 강조하였다.

바르트가 개신교 자유주의 신학과 결정적으로 결별하고 성경말씀의 신학 위에 굳게 서게 된 세 번째 동기는 1933년 4월 7일 독일 정부의 「아리안 입법」의 공포였다. 그는 강의(講義) 시작 전(前) 독재자 히틀러(A. Hitler)에게 경례할 것을 강요받았지만, 그에 대한 충성을 맹세하는 경례와 지지 서명을 거부하였다. 그 당시 바르트는 이미 1930년부터 반나치 단체인 독일 고백교회에 깊이 참여하고 있었으며, 1934년 5월 31일 발표된 "바르멘 선언문"(Barmen Erklärung) 작성에 직접 관여하였다. 뿐만 아니라 히틀러에 대한 항거운동의 하나로 1933년 "신학적 공리로서의 제1계명"이라는 논문을 발표하였다. 이 논문을 통하여 그는 더욱더 철저히 하나님 한 분에 대한 신앙고백적 신학을 정립하고자 하였다. 바르트의 신앙고백적 말씀의 신학은 그의 주저인 「교회 교의학」뿐만 아니라 그의 모든 저술들 속에 흐르는 신학적 맥(脈)으로 확고히 자리 잡고 있다. 같은 해(1933년), 그는 자신의 친구 투르나이젠(E. Thurneysen)과 함께 논문을 잡지양식으로 편집한 「오늘의 신학적 실존」(Theologische Existenz heute)을 연속적으로 간행함으로써, 하나님의 **말씀을 실천하는 기독교 윤리학**을 교의학적 과제로 채택한다.

이상 바르트 신학의 배경을 간략히 살펴본 바와 같이, 그의 신학이 현대 신학사(神學史)에서 가지는 위상(位相)은 18세기 계몽주의가 태동되어 19세기 개신교 자유주의 신학으로 절정에 이른 철학적 신학을 거부하고, 종교개혁 전통의 말씀의 신학을 재정립한 그리스도 중심의 신(新)정통주의 신학이라고 평가할 수 있다. 보다 자세히 말하면, 그의 신학은 고대교회가 수백 년 논의한 끝에 겨우 일치를 본 기독교의 정통적인 신앙의 내용들을—그리스도의 양성론(vere deus, vere homo)과 성부, 성자, 성령의 삼위일체가 되시는 하나님—인간 이성(理性)이 극도로 고양되어진 20세기의 역사적 상황 속에서 새롭게 재정립한 '개혁교회 신정통주의 신학'으로 평가될 수 있을 것이다.[5]

특히 그의 신학방법은 종교개혁자 마틴 루터(Martin Luther)처럼 당대(當代)에 제기되어진 실존적 질문들에 대하여 '신앙인의 삶'으로 응답하는 방법이었다. 그래서 그는 하나님과 사람들 앞에서 자신의 신앙을 항상 삶으로 고백하는 신앙고백적 신학을 전개하였다. 이러한 의미에서 그의 천재적 저술인 「교회 교의학」(Kirchliche Dogmatik)을 비롯하여 방대한 양(量)의 저작과 강연, 그리고 수많은 편지들은 그의 신학적 삶이 낳은 필연적인 결과물이라고 볼 수 있을 것이다. 그러므로 바르트 신학이 현대 신학사(神學史)에서 가지는 위상은 '신학적 실존' 속에서 예수 그리스도의 한 증인으로 살았던 그 자신의 삶에 있다고 볼 수 있다. 왜냐하면 그는 1933년 '신학적 실존'이란 말을 "교회 안에 있는 우리의 실존으로, 뿐만 아니라 소명 받은 교회의 설교자요 선생의 실존으로"[6] 정의하였기 때문이다. 바로 이러한 이유에서 '바르트 신학'이 구체적인 학파는 형성하지 않았지만 유럽과 미국, 그리고 아시아 및 전 세계의 수많은 신학자들이 아직도 그의 신학에 관심을 갖고 많은 연구논문을 연속해서 발표하는 것이다.

2. 생애와 저술활동[7]

칼 바르트는 1886년 5월 10일 스위스의 바젤(Basel)에서, 아버지 요한 프리드리히 바르트(Joh. Fr. Barth)와 어머니 안나 카타리나(Anna Katharina) 사이에서 맏아들로 태어났다. 그가 태어날 당시, 그의 아버지는 소위 자유주의적 '대학신학'에 반대하여 설교자들을 양성하기 위해 1876년에 설립한 설교학교(오늘날의 신학교, Theological Seminary)의 교사였다. 그의 큰아버지 프리츠 바르트는 베크(J. T. Beck)의 첫 번째 제자였고, 그의 아버지 프리드리히 바르트는 베크의 마지막 제자였다.[8] 그의 어머니는 정통주의 개혁교회 목사의 딸로 태어났다. 외가(外家) 쪽은 야콥 부르크하르트(Jacob Burckhardt)와 친인척 관계였다. 칼 바르트의 동생 페터(Peter) 바르트는 칼빈(J. Calvin) 신학자였으나 일찍 사망하였고, 동생 하인리히(Heinrich) 바르트는 철학자로서 1960년까지 바젤 대학에서 교수로 봉직했다.[9] 바르트는 1889년, 아버지가 슐라터(A. Schlatter)의 후임으로 베른(Bern) 대학의 부름을 받아 이사하게 됨에 따라 베른에서 초등학교 시절을 보낸다. 그는 로버트 애쉬바허(Robert Aeschbacher)의 견신례를 위한 강의를 통하여 신학자가 되고자 결단하였다고 한다.

1904년 바르트는 베른 대학에 입학하여 자유주의 신학자 뤼더만(H. Lüdemann)에게서 2년 동안 조직신학을 수강한다. 그러나 그에게서 별다른 신학적 흥미를 갖지 못하사 칸트 철학과 슐라이어마허의 송교 경험에 관하여 관심을 갖는다. 그는 마부르크(Marburg) 대학에서 신칸트학파 신학자이며 리츨 학파인 헤르만(Wilhelm Herrmann)에게서 공부하고 싶었지만, 보수주의 신학을 공부하기 원하는 아버지의 만류로 1906년 가을학기부터 베를린(Berlin) 대학으로 옮긴다. 당시 베를린 대학에는 교리(敎理) 사학자(史學者) 하르낙을 비롯하여 루터교 신학자 홀(Karl Holl), 카프탄(Julius Kaftan), 궁켈(Hermann Gunkel), 그리고 교리사가이며 조직신학자인 제베르크(Reinhold Seeberg)가 있었기 때문이다. 그는 베를린 대학에서 카프탄과 궁켈에게서 배웠으며, 특히 하르낙의―후에 하르낙의 신학에 도전하지만―문하생이 된다. 1907년 가을학기에 그는 아버지의 권유에 못 이겨 튀빙겐(Tübingen) 대학의 스위스 출신 슐라터에게로 간다. 그러나 그는 슐라터에게서도 별다른 흥미를 찾지 못한다. 오히려 그는 튀빙겐에서 조직신학자 해링(Deodor Häring)에게 더 많은 관심을 갖게 된다. 1908년 그는 결국 마부르크 대학으로 옮겨 거기서 불트만과 더불어 헤르만의 강의를 듣는다. 이것이 계기가 되어 그는 한순간 헤르만의 영향을 받아 자유주의 신학에 심취하게 된다. 그가 헤르만에게 받은 영향은, 한마디로 말해서 '그리스도 중심'의 신학이었다. 그는 또한 마부르크에서 신칸트 학파 코헨(Hermann Kohen)과 나트로프(Paul Natrop)를 만나 칸트를 새롭게 연구한다. 그리고 신약성서 학자 요한네스 바이스(Johannes Weiss), 하이트뮬러(Wilhelm Heitmüller), 율리허(Adolf Jülicher)에게서 역사 비평학적 성서주석 방법을 배운다.

바르트는 1909년(당시 23세)에 다시 스위스의 베른으로 돌아와 목사 안수를 받는다. 그렇지만 목회자로서의 신앙적 확신이 없어, 다시 마부르크로 가서 「기독교 세계」(Die christliche Welt)의 편집부장인 마르틴 라데(Martin Rade)를 도와 당분간 잡지 편집을 맡는다. 이때에 그는 자신의 신학적 처녀작인 「현대 신학과 하나님 나라 사업」(Moderne Theologie und Reichsgottesarbeit)을 발표한다. 그는 1909년부터 2년간 제네바(Genf)에서 부목사(Hilfsprediger)로 활동하다가, 1911년 아르가우(Aargau) 주에 있는 자펜필의 개혁교회 목사가 된다. 이렇게 시작된 그의 목회는 1921년까지 11년 동안 계속된다.

1913년(당시 29세)에 바르트는 바이올린 연주자 넬리 호프만(Nelly Hoffmann)과 결혼한다. 목회기간 중에는 마부르크 대학 동창생이며 평생의 친구인 투르나이젠과 깊은 친분관계를 형성한다. 그 당시 투르나이젠도 자펜필에서 가까운 로이트필(Leutwil)에서 목회를 하고 있었다. 이들의 친분관계는 1917년 공동설교집: 「하나님을 찾아라! 그러면 살 것이다」(Sucht Gott, so werdet ihr leben)를 출판하는 것으로 더욱 깊어진다. 그는 투르나이젠의 소개로, 미친 여자를 기도의 힘으로 고치고 받볼(Bad Boll)에 요양원을 세운 블룸하르트(Johann Chr. Blumhardt)의 종말론적 메시지를 접하게 된다. 그는 투르나이젠을 통하여 종교사회주의 운동의 지도자 쿠터(Hermann Kutter)와 라가츠(Leonhard Ragaz)를 알게 되어, 1915년에 그와 함께 스위스 '사회민주당'에 입당한다. 그러나 그는, 쿠터가 하나님의 나라 운동과 사회운동을 동일시하는 '종교 사회주의 신학노선'을 전개하는 것을 보고 곧바로 그들과 결별한다. 왜냐하면 1914년 9월, 93명의 독일 지성인들이 빌헬름 2세 황제와 독일의 독재자 히틀러의 독재정권을 지지하는 성명서에 서명하였을 때부터, 그는 자유주의 신학은 이미 그 영광을 잃었다고 생각하였기 때문이다.

바르트는 비록 쿠터와 라가츠가 이끄는 스위스 종교 사회주의운동의 영향을 받아 초창기 아주 짧은 한순간 '하나님의 나라'를 이 세상에 건설하고자 하는 자유주의 신학노선을 따랐지만, 곧바로 그들과 결별하고 블룸하르트 부자(父子)에 의해서 주도되는 하나님의 나라에 대한 희망을 굳게 잡는다. 특히 그는 그 당시 목회자들의 설교 속에 하나님의 나라에 대한 선포가 없음을 직시하고, '설교의 위기상황'을 의식하여 새로운 신학적 정립을 위해 노력한다. 그 후 그는 자신의 후기 신학을 '목회자들을 위한 신학적 정초'라고 특징짓듯이, '신학과 목회'를 접목시키는 신학을 전개하기 시작한다.

바르트는 신칸트 전통의 리츨 학파인 헤르만의 자유주의 신학과 쿠터와 라가츠에 의해서 주도되는 '지상에서의 하나님 나라 운동'과 결별하고 '성경을 재발견'한다. 이때부터 그는 성경말씀에 근거한 신학을 전개하기 시작한다. 그는 그 첫 번째 작업으로 1916년부터 로마서를 강해하기 시작한다. 이렇게 시작한 「로마서 강해」는 1918년 인쇄에 넘겨져 1919년에 출판된다. 이것이 「로마서 강해」 제1판이다. 이 책은 그에게 1921년 괴팅겐(Göttingen) 대학 개신교 신학부 석좌 교수로 부름을 받는 영광을 가져다 준다. 그러나 「로마서 강해」 제1판은 기대한 것과는 달리 독자들에게 그렇게 많은 호응을 받지 못하였다. 그럼에도 불구하고 뮌헨(München)의 카이저 출판사는 「로마서 강해」 제1판의 가치를 인정하여 바르트에게 개정판을 내도록 제의한다. 그래서 그는 1922년 「로마서 강해」 제2판을 출판한다. 그런데 제2판은, 그 자신이 말하고 있는 바와 같이 "옛 장소에 돌 하나도 남아 있지 않을 정도로" 아주 새롭게 기술되었다.

그는 탐바허(Tambacher) 강연(1919)이 계기가 되어 만나게 된 고가르텐(Fr. Gogarten), 투르나이젠, 그리고 메르츠(G. Merz)와 더불어 1922~1933년까지 '변증법적 신학'의 동인지였던 *Zwischen den Zeiten*을 함께 발간한다. 이 잡지에는 불트만도 참여하였다. 1924년 바르트는 괴팅겐 대학에서 교의학도 가르치도록 요청을 받는다. 그러나 그는 교의학을 어떤 방향으로 가르쳐야 할지 몰랐다. 이러한 상황 속에서 그는 17세기 개신교 정통주의 신학의 편집물인 헤페(Heinrich Heppe)의 「개혁교회 교의학」을 발견하게 된다. 그는 이 책의 발견으로 개신교 정통주의에 대해 긍정적인 이해를 하게 된다. 그리고 1924년 "죽은 자의 부활"이라는 논문과 초기 논문집 : 「하나님의 말씀과 신학」(*Das Wort Gottes und die Theologie*), 그리고 투르나이젠과의 두 번째 공동 설교집 : 「창조주 성령이여 오시옵소서!」(*veni creator spiritus*)를 출간한다.

바르트는 1925~1929년까지 뮌스터(Münster) 대학에서 교의학과 신약성서신학 교수로 초빙을 받아 활동했다. 이곳 뮌스터에서 그는 「하나님 말씀론. 곧 기독교 교의학 서설」(*Die Lehre vom Wort Gottes. Prolegomena zur Christlichen Dogmatik*, 1927)을 저술한다. 그는 1929년부터 그의 평생의 성실한 여비서 키르쉬바움(Scharlotte von Kirschbaum)을 만난다. 그녀는 바르트의 일평생의 학문여정 속에서, 항상 곁에 있으면서 말씀의 신학을 함께 정립해 간 성실한 협력자였다. 그는 특히 뮌스터에서 철학자 하인리히 숄츠(Heinrich Scholz)와 아주 긴밀하고 친근한 접촉을 하게 되었다. 숄츠와 친분을 가지면서 안셀름(Anselm von Kanterbury)에 대한 이해가 서로 다르다는 것을 발견하고, 1931년에 안셀름의 '하나님 실존 증명'에 관한 「인식을 추구하는 신앙」(Fides Quaerens intellectum)을 출간한다.

1930년 바르트는 뮌스터 대학에서 본(Bonn) 대학으로 다시 옮겨 간다. 그는 1932년 이곳에서 「교회 교의학」 I/1(말씀론)을 출판한다. 그는 「교회 교의학」 I/1을 그 당시까지의 신학적 노선을 완전히 새롭게 변형시켜 그리스도 중심의 말씀의 신학으로 전개한다. 그런데 바로 이후부터 히틀러에 대항하는 그의 정치투쟁이 시작된다.

그는 히틀러의 독재정치와 종교적 이데올로기에 대항하는 운동을 전개하면서, 1933년 "신학적 공리로서의 제1계명"이라는 논문을 발표하고, 투르나이젠과 함께 「오늘의 신학적 실존」(Theologische Existenz heute)을 연속적으로 간행한다. 왜냐하면 1933년 4월 7일 '아리안 입법'이—유대인뿐만 아니라 유대인과 결혼한 사람들을 공직(公職)에서 박탈하는 것을 입법화한 것—발표되었기 때문이다. 이에 대항하여 그는 강의를 시작하기 전에 독재자 히틀러에게 경례하는 것과 그를 지지하는 성명서에 서명하는 것을 거부하였다. 그로 인해 그는 '직무유기혐의'라는 징벌을 받아 독일의 대학 강단을 떠나야 했다. 이 처벌에 대항하여 그는 1934년 12월 항소를 제기하였지만, 1934년 5월 31일 '바르멘 선언'을 기초한 이유로 1935년 6월 21일 국가 문공부장관으로부터 면직통보를 받는다. 그리고 동시에 그의 모든 간행물에 대한 독일 내에서의 판매금지 조치도 받는다. 결국 그는 1935년 독일에서 추방되어 조국 스위스로 되돌아온다.

1935년 독일을 떠나온 이후 바르트는 스위스에서 「교회 교의학」을 본격적으로 집필한다. 그리고 1936년 6월부터 바젤 대학에 초빙되어 가르치기 시작한다. 1938년에는 「교회 교의학」 I/2를 끝마친다. 「교회 교의학」을 집필하는 중에도 논문과 강연을 통하여 히틀러의 제국주의 정책에 동조하는 독일 그리스도인들의 신앙운동에 지속적으로 항거한다. 그는 "복음과 율법"이란 논문을 1935년 10월 임머(Immer) 목사의 대독으로 발표하였고, 1937년에는 "칭의와 정의"를, 1946년에는 "교회공동체와 시민공동체"를 계속해서 발표한다. 그는 1937~1938년에 스코틀랜드의 에버딘(Aberdeen) 대학에서 「스코틀랜드 신앙고백」(1560)에 관하여 강연하였고, 1948년에는 네덜란드의 암스테르담(Amsterdam)에서 개최된 세계교회협의회(WCC)에서 "세상의 무질서와 하나님의 구원 계획"(Die Unordnung der Welt und Gottes Heilsplan)이라는 제목으로 주제 강연을 하였다.

바르트는 1961년 여름학기를 마지막으로 바젤 대학의 교단을 떠나야 했다. 그러나 그의 후임이 결정되지 않아 1962년 겨울학기를 더 강의했다. 1962년에 은퇴한 후 그는 미국을 방문하였다. 하지민 미국을 디녀온 후부터 노환(老患)으로 연구를 계속할 수 없게 되었다. 더욱이 1965년에는 1930년부터 그를 성실히 도와주었던 여비서 키르쉬바움까지 병을 얻어 그의 연구를 더 이상 도와줄 수 없게 되었다. 1966년 그의 제자 부쉬(E. Busch)는 바르트의 80세 생일기념 논문집 「파루시아」(Parusia)를 헌정하였다.

바르트는 세상을 떠나기 얼마 전에 스위스의 "음악 초대석"이라는 방송 프로그램에 출연하여, "나의 긴 생애 동안에 내가 관심을 가졌던 것은 이 이름(예수 그리스도)을 강조하는 것이었고, 이외의 다른 이름에는 구원이 없다는 것을 말하는 것이었습니다."라고 말하였다. 그는 1968년 12월 8일 강림절 둘째 주일에 '마리아 잉태'에 관한 가톨릭교회의 설교를 듣고 다음날인 12월 9일 밤 평소 준비하던 강연 원고를 책상 위에 남겨 둔 채 세상을 떠났다. 그날 밤 바르트가 쓴 원고의 마지막 구절에는 다음과 같은 것이 기록되어 있었다. "교회 안에 신앙으로 앞서간 교부들이 항상 있었다는 것은 참으로 중요하다. 왜냐하면 하나님은 죽은 자의 하나님이 아니고 산 자의 하나님이기 때문이다."

3. 저술에 따른 신학적 특성

바르트의 신학은 그의 주저 「교회 교의학」에 아주 조직적이고 체계적으로 기술되어 있다. 예리한 조직력과 창의성은 그의 신학의 일반적 특성이다. 일반적으로 그의 신학적 특성은 시대적 상황에 따라 다음과 같이 3시기로 구분된다.[10] 첫 번째 시기는 1919년 「로마서 강해」 제1판이 나오기까지로서, 이때의 초창기 바르트 신학을 사람들은 자유주의 신학에 기초한 종교 사회주의적 '역설의 신학'으로 특징짓는다. 두 번째 시기는 「로마서 강해」 제2판(1922)부터 1930년에 「기독교 교의학」이 나오기까지로서, 소위 '변증법적 신학'(Dialektische Theologie)으로 특징짓는다. 그리고 세 번째 시기는 1930년 이후의 시기로서, 「교회 교의학」 신학 곧 그리스도 중심의 '계약신학'(Bundestheologie)으로 특징짓는다.

그러나 이러한 구분은 어디까지나 시대에 따른 형식적인 구분일 뿐 그의 신학은 초창기부터 마지막까지 시대적 상황에 직면하여, 성경말씀에 근거하여 수미일관(首尾一貫)하게 삼위일체론적으로 전개한 그리스도 중심적인 말씀의 신학 곧 장로교 칼빈 전통의 '계약신학'이다. 그러므로 그는 초지일관(初志一貫) 자연신학(自然神學)을 철저히 거부하였다. 왜냐하면 그는 영원하신 하나님이 자신을 역사 속에서 계시하는 유일한 장소는 오직 나사렛 예수 그리스도뿐이라고 이해하였기 때문이다.

1) 복음의 사회학적 해석 : 사회를 변화시키는 힘으로서의 하나님의 영

초창기 바르트 신학의 특성은 자유주의 신학 곧 칸트, 슐라이어마허,

그리고 헤르만의 전통 속에서 형성된다. 그는 마부르크 대학의 헤르만에게서 배운 '그리스도 중심'의 신학 보따리를 펼쳐 놓는다. 그러나 그는 '그리스도 중심'을 이 세상에서의 '하나님의 나라 건설'과 연결시킨다. 그래서 그는 1912년 "기독교 신앙과 역사"(Der christliche Glaube und die Geschichte)라는 강연에서 '종교적 개인주의'와 '역사적 상대주의'에 심취하여 신앙 혹은 교회의 사회적, 역사적 책임성을 강조한다. 그는 신학이 '하나님', '계시', '기적' 등의 학문적 개념만으로 존재하지 않기 위해서는 역사에 대한 하나님의 관계를 설명해야 한다고 강조한다. 바꾸어 말해서, 하나님에 대한 신앙은 '사회적 사실', 즉 사회 속에서의 하나님의 나라 건설을 위한 삶으로 나타나야 한다고 주장하였다. 다시 말해서 "자연인인 우리에게 한 분, 그리고 유일하신 그리스도가 우리 안에 주어질 때", 그때야 비로소 "우리 밖에 계신 그리스도가 우리 안에 계신 그리스도"[11]가 된다고 말한다. 이렇게 우리 안에 그리스도가 있을 때 참그리스도인은 필연적으로 하나님의 나라 건설에 참여하게 된다는 것이다. 왜냐하면 예수 그리스도는 '하나님의 나라'를 선포하신 분이기 때문이다. 그러나 우리의 신앙이 역사적 삶으로 실현되지 않을 때 하나님에 대한 신앙은 단지 신학적, 학문적인 최고개념(Instanz)일 뿐이라고 강조한다. 이렇듯 바르트의 초창기 신학에서는 '신앙과 역사'가 대립되지 않고 오히려 역사 속에서 일어난 하나님의 사건이 신앙과 '계시의 원천'이 된다.

역사와 사회에 대한 바르트의 관심은 쿠터와 라가츠와의 접촉으로 더욱 심화된다. 무엇보다도 그는 살아 계신 하나님에 관한 쿠터의 강연을 통하여, '역사 속에 계신 하나님'이란 개념을 진지하게 받아들이게 되었다. 그는 쿠터에게서 '하나님'이라는 단어를 책임성을 갖고 무게 있게 입에 담아야 한다는 것을 배웠다. 그래서 그는 하나님의 활동 영역은 교회의 영역보다 더 큰 사회, 더 나아가 세계(世界)라고 생각하였다. 그런데 기독교의 하나님은 "세속사적 세계사건의 형태 속"에서 알려진다고 강조한다. 그러므로 그는 "예수는 사회운동이고, 사회운동은 현존하는 예수"[12]라고 주장하였다. 이러한 사고는 그로 하여금 신학방법상 '아래로부터의 그리스도론'을 전개하게 하였다. 그래서 그는, "하나님의 영(靈)이라는 것은 하나의 사회적 능력이고, 그 능력은 사회를 변화시키는 힘"이라고 강조한다. 따라서 말씀이 육체를 입은 예수 그리스도의 성육신(Inkarnation) 사건의 의미는 복음의 신적 능력을 가지고 사회를 변화시키는 데 있다고 보았다. 이렇게 그는 '하나님의 나라'를 하나님의 주권이 이 세상에서 생동적으로 지배하는 곳으로 보았고, '하나님'을 자기 자신으로부터 나와 사회 속에서 일하시는 분으로 이해하였다. 즉, 스스로 일하시는 하나님이 사회 속에서 이 사회와 세계를 '하나님의 나라'로 변화시켜 가신다고 역설하였다. 이러한 의미에서 초창기 바르트의 신학은 '우리 안에 있는 그리스도'(Christus in nobis)에서 **'우리 밖에 있는 사람들을 위한 그리스도'**(Christus pro extra nos)와 **'교회 밖에 있는 사람들을 위한 그리스도'**(Christus pro extra ecclesian)를 역설하는 데 중점을 주었다고 볼 수 있다.

2) 종교 비판적 생명신학 : 인간은 인간이고, 구원은 하나님의 은총으로 말미암은 것이다

세상과 하나님의 나라, 그리고 사회 속에서 일하는 사람과 하나님과의 긴밀한 결합을 강조하던 바르트는 블룸하르트와 그의 아들(Chr. Blumhardt)을 만남으로써 변화되었다. 그는 블룸하르트 부자(父子)를 통하여 '종교'와 '하나님 나라'의 예리한 대립을 인식(認識)하게 된다. 그래서 그는 우선 신학적 종교비판에 관심을 돌린다. 즉, 사회적, 인간학적으로 규정된 '종교의 개념'과 '생명의 사실'로서의 '하나님의 나라' 개념을 대립시킨다. 그는 '하나님의 나라'를 '하나님 주도권의 생동성'

으로 이해하였다. 이전에 그는 사회개혁을 '하나님 나라의 반영', '징후', 그리고 '표식' 그 자체로 이해하였지만, 블룸하르트를 만난 이후로는 '하나님의 나라'를 사회와 예리하게 구별한다. 그래서 그는 그리스도인들에게 세상을 변화시킬 수 있는 신앙의 실천이 강하게 요청되지만, 결국 "세상은 세상이고, 하나님은 하나님"[13]이라고 이해한다. 이러한 신학적 전환은 그가 1916년에 행한 창세기 15 : 16에 관한 설교에 분명히 나타난다. 그는 자신의 신학적 전환을 "기쁘게, 처음부터 다시 시작한다"(frölich mit dem Anfang anfangen)라는 말로 표현하였다. 그래서 그는 '하나님은 하나님이다'라는 것을 인식하는 것이 신학이라고 강조한다. 이러한 의미에서 그의 신학적 전환을 한마디로 표현하면, '하나님의 나라'와 '사회' 곧 '세계'와의 긴밀한 결합에서 **"세상은 세상이고, 하나님은 하나님이다"**라는 명제로의 전환이라고 말할 수 있을 것이다. 즉, 그는 '종교와 사회의 결합'에서 사회 속에 있는 죄 된 '인간성'과 인간 생명의 연약한 '육체성'을 발견하게 된 것이다. 그래서 그는, 종교는 인간을 구원하지 못하고, 우리의 구원은 오직 예수 그리스도를 믿는 우리들의 믿음에 대한 하나님의 은총에 의해서만 가능하다고 강조한다.

3) 역설의 신학 : 복음은 '아주 특별한 것'이며 '아주 일반적인 것'이다

바르트로 하여금 종교 사회학적 신학에서 종교 비판적 신학으로 전환하게 한 것은 **성경의 재발견**이다. 그는 '신문과 성경' 사이에 구체적인 성경주석이 결핍되어 있다는 것을 발견하게 된다. 그래서 그는 투르나이젠에게 보낸 편지에서, "우리가 보다 일찍 성경으로 돌아왔다면……." 하고 지난날 잘못 걸어온 길을 회상하면서, "나는 아직 성경을 전혀 읽어 보지 못한 사람처럼 성경을 다시 읽기 시작하였다."고 말한다. 성경에 대한 그의 관심은 일차적으로 「로마서 강해」 제1판(1919) 저술로 발전한다. 그는 「로마서 강해」 제1판을 신적인 것과 인간적인 것의 상대적

'대립'을 극복하는 것으로 시작한다. 이제 그에게 있어서 하나님의 '복음'은 더 이상 인간적인 종교론도, 일반적인 '진리'도 아니다. 하나님의 '복음'은 "그 자체가 하나님 자신의 승리를 염두에 두고 있는 것"이다. 그런데 우리는 하나님의 '복음'을 예수 그리스도 안에서 인식할 수 있다. 그것은 "하나님이 우리들과 대립(對立)하여 계신 것이 아니라 오히려 직접적으로, 그리고 창조적으로 가까이 오고 계시는 분임을 인식하는 것이다." 그래서 "하나님은 그를 찾는 자들에게 연구될 수 있고 인식되어질 수 있는 분이다." 따라서 복음은 "전혀 새로운 것이 아니라 옛것이며, 전혀 특별한 것이 아니라 일반적인 것이다. 역사적인 그 어떤 것이 아니라 모든 역사의 전제가 되는 것이다." 그리고 다른 한편으로는 "옛 고백이 아니라 새로운 고백이고, 일반적인 것이 아니라 아주 특별한 것이다. 단순한 전제가 아니라 그 자체가 역사이다"(Der Römerbrief I, 7f.). 이렇게 복음이 '특별한 것'이며 동시에 '일반적인 것이다'라는 것은 **성경말씀의 역설적 해석**을 한마디로 표현해 주는 것이다.

이렇듯 '복음의 역설적 해석'은 바르트의 「로마서 강해」 제1판의 신학방법이다. 그에 의하면, 예수 그리스도의 부활은 이 세상의 저편(彼岸)에 있는 것이 이 세상(此岸) 안으로 뚫고 들어오는 것이다. 이 사건은 특별한 것이며 보편적인 것으로서 인간성을 변화시키는 '신적 세계 종교'의 사건이다. 따라서 예수의 부활은 세계 안에 있는 '생명의 영(靈)'에 상응한다. 이러한 근거에서 그는 인간의 윤리적 의(義)의 실현 가능성을 철저히 배척한다. 왜냐하면 우리가 그리스도 안으로 받아들여졌다는 것은 우리들의 윤리적 의(義) 때문이 아니라 예수 안에서 인간이 되신 하나님의 자기운동에 근거한 것이기 때문이다. 따라서 이 운동은—예수의 오심, 죽음, 부활사건—이미 그 자체로서 인간의 윤리를 정립한 사건이라고 강조한다.

그 자신에 의하면, "우리가 그리스도 안에서 취해야 하는 최종적인 관점은 윤리에 있는 것이 아니라 오로지 하나님의 운동에 있다."[14])는 것이다. 더 나아가 이 운동이 뜻하는 바는, 하나님은 인류 역사의 마지막에 계시는 분이 아니라 살아 있는 이 운동 속에서 현재 우리를 사랑하고 계시는 선하고 자유로운 분이라는 것이다. 하나님은 이 사랑의 운동 속에서 우리에게 다가오길 원하신다. 바르트는 이러한 부활의 종말론적 전망에서 세상의 모든 악(惡)을 극복하신 '승리자 예수 그리스도'(*Victor Jesus Christus*)를 선포한다.

4) 변증법적 신학 : 인간적인 '긍정'에 대한 하나님의 '부정'

'변증법적 신학'이란 표현은 바르트, 브룬너, 불트만, 고가르텐, 그리고 다른 몇몇의 신학자들로 대표되어지는 신학운동에 붙여진 이름이다(Abschied, ZZ 11〈1933〉, 536). 그러나 바르트 자신에 의한 직접적인 표현은 「로마서 강해」 제1판(1919)과 제2판(1922) 사이에 있었던 탐바허 강연 : "사회 속에 있는 그리스도인"(Der Christ in der Gesellschaft)[15])에서 처음으로 나타난다. 이 강연으로 그는 독일 내에서 아주 빠른 속도로 유명해졌다. 이 강연에서 그는 예수 그리스도를 인간과는 질적으로 전혀 다른 '전적 타자'(*totaliter aliter*)로 규정하였다. 왜냐하면 그는 예수의 화육(化肉) 사건을 "하늘로부터 수직적으로 내려오는 운동"(GV I, 66f.)이라고 주장하였기 때문이다. 즉, "그리스도는 우리들과 같은 존재로 우리 가운데 계신 것이 아니라 우리 가운데 계신 그리스도이시다"(GV I, 34). 그렇기 때문에 신적인 것은(das Göttliche) '기독교-사회', '복음주의적-사회', '종교-사회'와 같은 모든 종합을 폐기한다. 따라서 "그리스도를 이러저러한 다양한 방식으로 세속화하는 것"(GV I, 35f.)은 금지되어야 한다. 왜냐하면 하나님에 대한 인간적인 모든 시도는 "신적인 것이 인간적인 것 안으로 뚫고 들어오는 운동"(GV I, 44)에 의해서 극복되었기 때문이다. 이 운동은 예수 그리스도의 부활 속에서 그 능력과 의미를 드러내었다. 그러므로 예수에 관한 공관복음서의 증언들은, 벵엘(A. Bengel)이 말한바 "그들이 부활의 생명을 내뿜는다"(Spirant res-urrectionem, GV I, 42)라는 통찰 없이는 결코 이해될 수 없는 것들이다.

이렇듯 이 운동은, "우리의 긍정은 하나님으로 출발하면 부정이고, 하나님이 의도한 것의 부정이다. 따라서 우리의 모든 긍정적인 것, 즉 하나님 위에서 설립된 것이 아닌 것은 부정적인 것"(GV I, 48)이라는 것을 계시해 준다. 그런데 이러한 **부정(Nein)과 긍정(Ja)의 변증법은 역설에 기반을 두고 있다**. 왜냐하면 그에게 있어서 '부정'적인 것에 대한 '부정'으로서의 하나님의 '긍정'은 변증법적 '종합'이기 때문이다. 그래서 그는 **"오로지 하나님 안에서만 종합명제(Synthesis)가 있다"**(GV I, 66)고 주장한다.

바르트의 변증법적 신학방법은 고가르텐과의 만남으로 한 걸음 더 발전하였으며, 그 만남은 오버벡(Franz Overbeck), 칸트, 플라톤, 키에르케고르(S. Kierkegaard), 그리고 도스토에프스키(Dostojewski)의 영향을 받아 슐라이어마허에 대한 공개적 반론으로 발전한다. 이러한 변화의 첫 번째 문서가 1920년 아르가우(Aargauer) 협의회에서 행한 "성경석 질문들과 통찰과 전망"(Biblische Fragen, Einsichten und Ausblicke, GA 4/1, 308)이다.[16] 이 강연에서 그는, 성경이 우리에게 제공해 주는 것은 하나님이 예수 안에서 인간의 모습으로 낮아지신 운동이라고 한다. 즉, 예수 그리스도는 인간을 위해서 이 땅에 오신 하나님의 '긍정의 실체'(die Realität des Ja)라고 말한다. 왜냐하면 그는 인간의 실존적 고통에 무관심한 하나님은 결코 인간의 창조주가 아니라고 보기 때문이다. 그러면서도 그는 여전히 "인간은 인간이고, 하나님은 하나님이다."[17]라고 강조한다. 이러한 동일형식(Identitätsformal)을 빌어 '하나님의 하나님 됨'을 주장하는 것은, 사실은 이 세상과 저 세상의 무한한 질적 차이 곧 "시간과 영원의 무한한 질적 차이"(Der Römerbrief, 1922, XIII)를 강조하기 위한 것이다. 왜냐하면 하나님은 단지 여기 지금(hic et nunc) 이 세상과 그때(ille et tunc) 저 세상의 대립이 결합된 것이 아니라 이 세상에 대한 철저한 부정(否定)이기 때문이다. 이렇듯 하나님은 '부정의 부정'(Die negation der Negation)이고, 예수 그리스도의 죽음은 우리들의 '죽음의 죽음'을 뜻한다.

결국 바르트의 변증법적 신학 방식을 한마디로 요약하면, 예수 그리스도의 사건이 가지고 있는 양면성 곧 '긍정'(Ja)과 '부정'(Nein)을 통찰하여 이를 상호 대립시키고, 그 다음 그 대립을 극복할 수 있는 방법을 찾아내는 것이다. 바르트 자신의 표현을 빌리면, "우리들은 신학자로서 하나님에 관하여 이야기해야 한다. 그러나 인간인 우리들 자신은 하나님에 관하여 이야기할 수 없다. 우리는 이 두 가지 곧 우리들의 당위(해야 한다)와 무능력(할 수 없다)을 알아야 한다. 바로 그러한 인식을 통하여 하나님에게 영광을 돌려야 한다"(GV I, 158). 이러한 변증법적 신학에 동의하여 「세대 간」(世代 間, Zwischen den Zeiten)을 중심으로 신학자들이 모여들었고, 그들은 자신들과 논쟁하는 신학자들로부터 '변증법적 말씀의 신학자'라는 칭호를 얻었다.

바르트는 변증법적 신학으로 당시 '계시와 역사', '교회와 사회', 그리고 '철학적 진리인식과 참된 진리'를 결합시키고자 한 자유주의 신학에 대항하여 반기(反旗)를 들었다. 왜냐하면 자유주의 신학자들은 세속의 역사에서 특수한 하나님의 구속역사(Heilsgeschichte)를 제외시켰기 때문이다. 반면에 그는 변증법적 신학에서 "유한은 무한을 품을 수 없다"(Finitum est non capax infiniti)는 사고에 근거하여 '계시와 역사', '신학과 인간학', 그리고 '교회와 사회'를 철저히 분리하였다. 왜냐하면 그는 예수 그리스도 안에서 단 한 번(ein für allemal) 일어난 하나님의 계시사건을 '**원역사적 사건**'(urgeschichtliches Ereignis)[18]이라고 규정하고, 일반역사를 이 계시사건의 서술로 보았기 때문이다. 그는 이 원역사적 사건 속에서 "하나님은 말씀하셨다"(Deus dixit)고 강조한다. 이런 의미에서 신학은 바로 이 말씀하심에 봉사하는 학문이고, 따라서 그는, 신학의 과제는 "신앙을 불러일으키는 설교의 과제와 동일하다."고 역설한다.

그러나 "사회 속에 있는 그리스도"란 제목으로 행해진 바르트의 탐바허 강연이 발단이 되어 형성된 '변증법적 신학'은, 첫째는 계시문제에 있어서(에밀 부룬너와의 자연계시 논쟁), 둘째는 윤리문제에 있어서(고가르텐과 불트만과의 윤리신학 논쟁) 신학적 견해 차이를 드러내게 되었다. 왜냐하면 바르트는 윤리를 '교리학의 보조학문'으로 보았기 때문이다. 그는 1928~1929년, 그리고 1930~1931년에 행한 윤리강의 속에서 '하나님의 말씀 속에 있는 윤리'의 기초를 놓았다. 그에 의하면 윤리는 '인간 행위의 의(義)에 관한 질문'에 답변하는 것이 아니라 '하나님의 말씀에 의해서 거룩하게 된 것'에 대한 응답이다. 따라서 윤리의 주제는 "거룩한 인간이 되고자 하는 것"이 아니라, 오히려 인간을 구원하고 거룩하게 하신 하나님의 은총에 대한 인간의 응답이다. 다시 말하면 윤리는 선포된 하나님의 계명을 통하여 인간을 거룩하게 하시고자 하는 하나님의 주장이며 요청이라고 한다. 즉, 인간을 구원하신 하나님이 은혜 받은 죄인 곧 하나님의 나라를 유업으로 받은 인간에게 요구하시는 하나님의 권리주장과 같은 것이라고 한다. 이렇게 변증법적 신학자들 사이에서의 자연신학과 윤리에 대한 견해차이로 인하여 1922년 이래로 출판된 변증법적 신학의 동인지였던 「세대 간」은 1933년에 결국 폐간된다. 그러나 바르트는 자신의 윤리학적 제안을 「기독교 교의학」(Christliche Dogmatik im Entwurf)에서 보다 조직적으로 전개한다.

5) 신학의 전제로서의 신앙 : 「인식을 추구하는 신앙」

칼 바르트는 1931년에 「인식을 추구하는 신앙」(Fides quaerens

intellectum)을 출간한다. 여기서 그는 첫째로 학문적 신학의 본질 문제에 관하여, 둘째로 신앙과 이성의 내적 관계에 대하여, 셋째로 신학의 전체 구조를 전달하는 객관적, 내적 필연성 또는 논리 문제를 해결하려고 하였다. 이를 위해서 책의 제I장에서는 신학의 '필연성', '가능성', '조건들', '방법', 그리고 '목적'에 관하여 상론하고, 제Ⅱ장에서는 하나님 실존 증명(Der Beweis der Existenz Gottes)을 기술한다. 그런데 제Ⅱ장 A절에서 하나님 실존 증명의 전제로서 하나님의 이름과 실존에 대한 질문에 관하여 논증하고, B절에서는 안셀름의 「서설」(*Proslogion*)에 대한 해설을 '하나님의 일반적인 실존'(Die allgemeine Existenz Gottes)과 '하나님의 특별한 실존'(Die besondere Existenz Gottes), 그리고 '하나님의 실존을 부인(否認)할 가능성'(Die Möglichkeit der Leugnung der Existenz Gottes)으로 세분하여 기술한다.

여기서 그는 신앙으로 믿어진 바를 이성으로 이해해 보려고 한다. 그래서 이 책의 출발점이자 중심내용은 처음부터 마지막까지 신앙이다. 즉, 신앙은 신학의 전제이자 하나님 실존 증명의 전제이다. 왜냐하면 회의는 모든 진술에 대한 객관성과 진실성을 부인하기 때문이다. 이러한 의미에서 그는 아주 간단하게 "나는 인식하기 위해서 믿는다."(*credo ut intelligam*)[19]는 명제를 전면에 내세운다. 즉, 신학은 신앙에서 출발하는 학문이라는 것이다. 바꾸어 말하면, 신학의 대상인 실존하는 하나님은 인식의 대상이며 신앙의 대상이라는 것이다.

그렇다면 구체적으로 무엇에 대한 신앙을 전제한다는 것인가? 이 점에 대하여 바르트는 예수 그리스도를 통하여 친히 "하나님은 말씀하셨다"(*deus dixit*)라고 한다. 하나님은 이스라엘의 족장들에게 먼저 말씀을 건네오셨고(anreden), 그 하나님은 자신을 "아브라함과 이삭과 야곱의 하나님"(출 3:15)이라고 소개하셨다. 이렇게 하나님은 우리에게 끊임없이 말씀하시는 분이다. 그렇게 말씀으로 실존하시는 분이, 직접 육신을 입고 이 세상에 오신 분이 바로 예수 그리스도이시다. 따라서 신학은 인간의 인식능력인 이성으로부터 출발하지 않고 화육된 하나님의 말씀과 그 말씀에 대한 증언을 믿는 데서부터 출발해야 한다고 한다. 따라서 하나님 실존에 대한 인식은 말씀에 대한 신앙의 필연적인 결과(notwendiges Ergebnis)라는 것이다. 이러한 의미에서 신앙을 통한 하나님 인식은 하나님의 말씀을 믿고 받아들이는 데 있다. 다시 말하면 말씀에 대한 신앙을 통하여 말씀하신 분의 실존에 대한 인식에 이른다는 것이다.[20] 그러므로 신학은 객관적 사물의 근원(根源)이라는 철학적 신(神) 혹은 원리(原理)를 인식하는 것이 아니라 우리에게 말을 걸어오시는 한 인격적 실체를 인식하고 증언하는 작업이다. 이러한 의미에서 신학의 주체 곧 하나님 인식의 주체는 인간이 아니라 하나님 자신이다.

6) 기독론적 '계약신학' : 예수 그리스도의 화해사건은 창조의 내적 근거인 계약 곧 하나님의 영원한 결의의 성취이다

바르트가 교의학적 신학으로 전환한 것은 신학을 실존철학적 기반 위에서 이성(理性)적으로 이해하려는 자유주의 신학의 잔재를 제거하고자 하는 데서 비롯되었다. 왜냐하면 그는 타락하고 죄 된 인간의 이성은 하나님에 관한 그 어떤 것도 인식할 수 없다고 생각하였기 때문이다. 이런 이유에서 그의 「교회 교의학」의 논증들은 우선 신앙고백적 특징을 갖는다. 그는 우선 안셀름 연구에서 얻은 '유비'(analogia)[21]를 신학방법으로 취한다. 왜냐하면 그는 하나님에 관한 진리는 오직 '유비'를 통하여만 계시되었다고 보았기 때문이다. 그래서 그는 예수 그리스도를 통한 하나님의 계시사건을 '유비'적으로 해석한다.

교의학적 신학에서 바르트가 '신앙의 유비'로 해결하고자 하는 것은 다음의 세 가지이다 : (1) 자기 자신(an sich)과 대립되어 있는 것(für sich), 즉 하나님 자신과 우리들의 신앙 대상인 예수 그리스도 사이에 있는 갈등을 해결하는 것—예컨대 삼위일체 하나님과 자신의 피조물에 대한 하나님의 관계, 신인(神人)인 예수 그리스도의 인성과 신성의 관계 사이에 있는 갈등을 해결하는 것,[22] (2) 하나님의 계시와 그 계시를 설명하고 있는 성경의 신앙적 언어 사이에 있는 구조적 갈등을 해결하는 것, (3) 계시의 언어적 능력과 인간의 교의학적 진술 사이의 갈등을 해결하는 것이다. 그는 이러한 갈등을 해결하기 위해서는 '신앙의 유비'(analogia fidei)가 가장 적합한 신학방법이라고 생각하였다.[23] 왜냐하면 '신앙의 유비' 구조 속에는 형식적으로 신학적 사고운동과 내용적으로 신학적 대상이신 하나님의 자기운동이—예수 그리스도의 낮아지심과 높아지심이—서로 만난다고 보았기 때문이다. 그래서 그는 신앙하는 자와 신앙의 대상이신 하나님과의 '존재의 유비'(analogia entis)를 거부하고, **'관계의 유비'**(analogia relationis) 곧 신학적으로 신잉하는 사와 그 대상을 구별하는 **'신앙의 유비'**를 고수한다.

바르트는 「교회 교의학」에서 예수 그리스도의 사건을 하나님의 '자기계시'(Selbstoffenbarung)로 보고, 그 사건을 하나님과 인간 사이에 맺은 영원한 '계약의 성취'로, '유비'(類比)적으로 해석함으로써 **계약신학(Bandestheologie)을 「교회 교의학」의 신학적 기본 틀로 삼는다.** 즉, 그는 야훼 하나님과 이스라엘의 계약관계를 하나님과 모든 인류와의 계약관계로, '유비'적으로 전개한다. 그래서 그는 계약신학의 틀 안에서 예수 그리스도를 계약의 체결자요 성취자로 본다.[24] 이러한 그리스도 중심의 계약신학적 전망은 「교회 교의학」의 각 장(章), 절(節) 분류에서 명백하게 드러난다. 특히 그는 계약신학적 특성을 항상 하나님 말씀의 현실성으로 진술하기 때문에, 하나님의 말씀을 '계시된 곧 예수 그리스도 안에서 화육된 말씀', '기록된 말씀인 성경', 그리고 '성령 안에서 선포된 말씀'이라는 세 가지 형태로 구분한다. 그래서 「교회 교의학」의 서론(prolegomena)은 계시의 개념을 삼위일체 하나님의 화육, 성령의 부어 주심에 관한 교리로 다루고 있으며, 그리고 난 후에 성경에 관한 것과 교회선포에 관한 교리를 취급하고 있다(KD 1/1-2).

바르트의 하나님 사역에 대한 그리스도 중심적 해석은 신론(KD Ⅱ/1)과, 복음의 총체로 주장하는 선택론(KD Ⅱ/2)과 그 위에 기초한 윤리에 관한 교리에서 총체적으로 드러난다. 특히 그는 윤리 곧 율법을 우리에게 주어진 하나님 주장의 한 양태라는 의미에서 복음 그 자체로 이해한다(KD Ⅱ/2, 619). 예정론에서 그는 칼빈 전통의 소위 '이중예정' (praedestinatio gemina)을 수정하여 그리스도 중심으로 새롭게 이해한다. 즉, 선택하시는 하나님은 예수 그리스도 안에서 인간에게 버림받을 자로, 반면에 버림받은 인간은 예수 그리스도 안에서 하나님에 의해서 선택받을 자로 예정되었다는 것이다. 그래서 그는 예수 그리스도를 '선택하시는 하나님과 선택받은 인간'(KD Ⅱ/2, 103)으로 이해한다. 그리고 예수 그리스도를 영원한 '로고스'(Logos, 요 1:1ff.)로서 창조 이전에 계신 분으로 이해함으로써 예수의 죽음과 부활을 하나님이 예정하신 '절대적 결의'(decretum absolutum)가 역사 안에서 실현된 것으로 본다(KD Ⅱ, 144ff.). 이런 점에서 예수 그리스도는 '구원하시는 하나님이며, 구원받은 인간' 이다(KD Ⅱ/2, 598).

그런데 바르트는 예수 그리스도의 이러한 이중사역을 "내가 너희 하나님이 되고, 너희는 나의 백성이 될지니라."는 계약의 실현으로 해석함으로써 하나님의 '절대적 결의' 속에 있는 '이중예정'을 그리스도 안에 있는 '하나님의 자기규정'(Gottes Selbstbestimmung) 혹은 '은총의 결단'으로 이해한다. 이러한 예정론의 구속사적 전망을 개개인의 선택 이전에 계약신학적으로, 이스라엘 혹은 교회공동체의 선택으로 구체화시킴으로써 '만인구원'(ἀποκατάστασις πάντων)이라는 비난에서 벗어나고자 한다.

바르트의 창조론(KD Ⅲ/1-4)은 그리스도 중심적인 하나님의 구원의

지를 계약신학적 전망에서 우주론적으로 보편화시킨 것이라고 볼 수 있다. 왜냐하면 그에게 있어서, 예수 그리스도 안에서 성취된 '계약은 창조의 내적 근거'이고, '창조는 계약의 외적 근거'(KD III/1, 41)이기 때문이다. 즉, 은총의 계약은 창조와 그 이후에 이어지는 구약성서적 구원역사에 선행한다. 따라서 은총의 계약에 의한 구원역사는 창조로부터 나오는 것이 아니라, 반대로 창조와 구원역사가 은총의 계약에서 나온다. 그러므로 창조는 하나님의 '영원한 결의'인 은혜의 계약에 뒤따른다(KD III/1, 46). 이런 의미에서 창조는 은혜의 계약의 표식이며 증언 그 자체이다. 따라서 세계는 하나님의 자기계시의 무대이며, 계시의 시·공간적 형태 속에 있는 자연이다. 그리고 자연 곧 이 세계는 계약의 역사를 위한 장(場)이다. 이를 위해서 인간은 하나님의 '계약 파트너'(Bundespartner)로 창조되었다. 그래서 그의 창조론은 인간론(KD III/2), 섭리론, 악마론, 그리고 천사론(KD III/3)뿐만 아니라 이웃과의 교제와 생명을 위한, 하나님 앞에 서 있는 피조물의 제한된 자유에 관한 윤리(KD III/4)로 끝난다.

특히 그는 '하나님의 형상'(Imago dei)을 원형과 모형의 유비 속에 있는 '계약관계'로 이해한다. 즉, '하나님의 형상'은 창조 이전에 있었던 하나님과 영원한 아들의 근원적 관계에 상응하는 남자와 여자의 관계이다. 이렇듯 야훼 하나님과 이스라엘의 계약관계가 남자와 여자의 관계로 표현되었던 것처럼 인간의 존재와 하나님의 존재 사이에는 계약신학적 관계 유비가 있다는 것이다. 그러므로 예수님은—화육된 하나님 말씀이라는 존재 방식 속에서 육체로 현존하고 계시기 때문에—하나님에 대한 인간으로서, 그리고 인간에 대한 하나님 자신으로서 하나님과 피조물인 인간을 위하여 하나님의 삼위일체성 안에 존재하는 하나님의 형상이다.

바르트는 화해론(KD IV/1-4)에서 그리스도의 이름—곧 "임마누엘(Immanuel) : 하나님이 우리와 함께 계시다"—을 하나님의 자기계시로 이해한다(KD Ⅳ/1, §57-58). 그는 예수 그리스도의 죽음과 부활, 그리고 승천 사건을 이미 예정론에서 전면에 드러내기 시작한 "은총의 계약"으로 해석하여 삼위일체적으로 전개한다. 이러한 점에서 화해론은 계약신학적 그리스도론이며, 그의 「교회 교의학」의 신학적 중심이다.

우선 예수 그리스도는 인격적으로 하나님의 종(從)으로서 주(主)님이신 참하나님(vere deus)이시며(KD Ⅳ/1, Kap. 14 : Jesus Christus, der Herr als Knecht), 주님으로서 하나님의 종이신 참인간(vere homo)이시고(KD Ⅳ/2, Kap. 15 : Jesus Christus, der Knecht als Herr), 동시에 양자의 참된 증언자(KD Ⅳ/3, Kap. 16 : Jesus Christus, der wahrhaftige Zeuge)이신 현존하시는 부활의 영(靈) 곧 성령(Heiliger Geist)이시다. 그래서 예수는 우리 편에서 심판당하심으로써, 즉 심판당한 자(Der Gerichtete)로서 우리를 심판하시는 심판자(Der Richter)이시며, 세상을 이긴 승리자(Sieger)이시다. 예수의 제사장적(sacerdotale), 왕적(regale), 그리고 예언자적(propheticum) 직분(munus)은 그가 인간의 모습으로 낮아지고(status exinanitionis) 하나님에 의해서 높아지며(status exaltationis), 이를 통하여 두 위상(位相)의 통일을 이루는 과정 속에서 행하신 사역이다.

그런데 '참하나님과 참인간' 이신 예수 그리스도의 인격의 통일과 그의 낮아짐과 높아짐의 수직적 운동을 수평적 역사의 차원에서 보면, 창조 이전에 결의된 하나님의 영원한 계약이 예수 그리스도의 사건으로 성취된 것이다. 이러한 예수의 행동은 역설적으로 인간의 교만과 불순종을, 하나님의 은총을 거부하는 태만을, 그리고 모든 것을 왜곡하는 거짓을 폭로한다. 그러나 하나님은 예수 그리스도의 사건을 통하여 오히려 이러한 죄 된 인간을 '의롭다 칭하고', '성화' 하고 그들을 불러 주실 것을 '약속' 하셨다는 것이다. 이를 위해서 성령은 교회공동체로 개개의 사람들을 모으시고, 그 공동체를 성장시키시고, 또한 선교하도록 그 공동체를 세상으로 보내신다. 바르트는 이러한 성령의 역사에 참여하기 위해서 우리 인간은 믿음과 사랑과 희망을 가져야 한다고 강조한다. 왜냐하면 예수는 단지 우리를 위한 그리스도(christus pro nobis)가 아니라 우리 밖에 있는 사람들(extra nos)을 위한 그리스도도 되기 때문이다.

바르트는 화해론도 하나님께 부름받은 자들이 행해야 할 윤리로 끝맺는다. 첫째로 하나님에게 부름받은 자는 세례를 받고 성령을 간구해야 하고, 둘째로 그리스도적 삶을 수행하기 위하여, 그리고 하나님의 영원한 결의가 이 지상에서 이루어지도록 주기도문으로 간절히 기도해야 하고, 셋째로 그리스도와 연합되는 성만찬에 감사함으로 참여해야 한다. 특히 그는 세례론에서 유아세례를 거부하고 모든 인류를 대표하는 예수의 세례사건을 선포하면서, 물세례보다 하나님의 주도권적 은총에 의해서 복음과 함께 주어지는 성령세례를 상조하였다.

4. '말씀의 신학'에 대한 평가와 영향

혹자는 바르트의 신학을 슐라이어마허의 초월적 내재주의 신학을 극복한 것으로 평가하면서도 여전히 여러 면에서 슐라이어마허와 관계를 맺고 있다고 주장한다.[25] 하지만 대부분의 신학이 그러하듯 그의 신학에 대한 반응도 수용과 비판 속에서 이해와 오해가 있기 마련이다. 그러나 부인할 수 없는 것은 그의 '변증법적 신학'과 '바르멘 신학선언'은 전란(戰亂)기의 신앙적 투쟁인 고백교회의 설립을 도왔고, 전후(戰後) 독일 지방교회에 정통주의 신학을 재정립해 주었다는 것이다. 그럼에도 불구하고 그의 교의학 신학은 개신교 측에서는 이반트(H. J. Iwand), 포겔(H. Vogel), 베르까우어(G. C. Berkouwer), 글뢰게(G. Gloege)에 의해서 구조적 비판을 받았고, 골비쳐(H. Gollwitzer), 볼프(E. Wolf), 베버(O.

Weber), 크렉(W. Kreck)에 의해서는 사회학적으로 잘못 이해된 채 비판적으로 수용되었다.

그러나 그의 교의학 신학은 가톨릭 신학과 교회일치운동 영역에 있는 신학자들에게 지대한 의미를 남겨 놓았지만, 그의 교의학적 신학 역시 일찍부터 루터파의 고가르텐(F. Gogarten), 특히 루돌프 불트만(R. Bultmann), 그리고 푹스(E. Fuchs)에 의해서 해석학적 질문이 제기되었다. 그래서 가톨릭 교회측에서는 송엔(G. Sohngen), 발타자르(H. U. von Balthasar), 블라드(H. Bouillard), 그리고 큉(H. Küng)이 바르트와 신학적 토론을 전개하였다. 그가 세상을 떠난 후 그의 신학에 대한 '사회학적' 접근은 또다시 마르쿠바르트(Marquardt)에 의해서 이루어졌다. 하지만 바르트의 '말씀의 신학'은 그의 신학적 방대함에도 불구하고 주된 작품이 미완성되었기 때문에—종말론이 빠져 있다—해석에 있어서 고려해야 할 문제들이 아직도 남아 있다. 그러나 그의 방대한 저작 속에 담겨진 그리스도 중심의 말씀의 신학 곧 계약신학은 20세기의 개신교 신학을 근본적으로 변화시켜 놓은 위대한 개혁신학이라고 평가할 수 있을 것이다.[26]

■■■ 미 주 ■■■

1. K. Barth, "Eine seltsame, neue Welt in der Bibel," in : *Das Wort Gottes und die Theologie*, München 1924, 전경연 역, 「성서 안에 있는 새로운 세계」(향린사, 1964), pp. 5-23.
2. 전경연 역, Ibid., p. 17.
3. K. Barth, "Biblische Fragen, Einsichten und Ausblicke," in : *Das Wort Gottes und die Theologie*, aaO., pp. 70-98(전경연 역, Ibid., pp. 24-59).
4. K. Barth, *Römerbrief*(Erste Fassung), München 1919, p. 3.
5. M. Welker, "Barth und Hegel, Zur Erkenntnis eines methodischen

Verfahrens bei Barth," in : EvTh 43(1983), pp. 307-328을 참고하라.
6. K. Barth, *Theologische Existenz heute!*, ZZ. B 2, 1933, p. 4.
7. 이하의 구조와 내용은 융엘(E. Jüngel)의 Barth-Studien(Benziger Verlag, Zürich-Köln, 1982)의 "Karl Barth"(22 -60)를 참고하여 필자가 수정 보완한 것이다.
8. 베크(J. T. Beck)의 신학에 대하여 연구한 국내 학자는 전주 한일신학교의 배경식 박사이다. 그의 박사학위 논문과 그의 「경건과 신앙」(한국장로교출판사, 1998), pp. 263ff. : "요한 토비아스 베크"(J. T. Beck)를 참조하라.
9. 칼 바르트의 생애와 신학에 대하여 : E. Jüngel, *Barth-Studien*, Benziger Verlag, Zürich-Köln 1982, 22-60.
10. 일반적으로 많은 학자들은 바르트의 신학을 융엘(E. Jüngel)에 따라 3시기로 구분한다. 그러나 더러는 더 세분하는 학자도 있다.
11. K. Barth, "Der Christliche Glaube und die Geschichte," SThZ 29(1912), 61.
12. K. Barth, "Jesus Christus und die soziale Bewegung," in : *Der Freie Aargauer. Offizielles Organ der Arbeiterpartei des Kantons Aargau*, 6. Jg., 1911, Nr. 153(Zweites Blatt), 154, 155, und 156(Zweites Blatt), vom 23., 26., 28., und 30. Dez. 1911.
13. K. Barth, Kriegszeit und Gottesreich, Vortrag, gehalten in Basel am 15. Nov. 1915(E. Busch, *Karl Barths Lebenslauf*, München 1978, p. 99에서 재인용).
14. K. Barth, *Der Römerbrief* I, 392.
15. GW I, 1920, 33-69(전경연 역, "사회 속에 있는 그리스도人", in : 「義認과 聖化」 복음주의 신학총서 제33권〈대한기독교서회, 1990〉, pp. 155-196). 이하 본문 속의 페이지는 "Der Christus in der Gesellschaft"의 페이지를 의미한다.
16. 「성경 안에 있는 새로운 세계」[복음주의 총서, 제1권]은 전경연 교수에 의해서 이미 번역되었으나 이신건 교수가 다시 번역하였다 : 「말씀과 신학」[칼 바르트 논문집 I](대한기독교서회, 1995), pp. 51-89
17. Brief von Barth an Thurneysen vom 27. Okt. 1920, in : *Briefwechsel*, Bd. I, bearb. und hg. von E. Thruneysen, Karl Barth-Gesamtausgabe,

V. Brief, Zürich 1973, p. 435f.
18. K. Barth, *Die christliche Dogmatik im Entwurf*, Zürich 1927, p. 230.
19. *credo ut intelligam*은 켄터베리 안셀름(Anselm von Kanterbury)의 *Proslogion*의 책명이었다.
20. 이 점에 관하여 : 김재진, 블래스 파스칼과 칼 바르트의 신 인식방법 – *Credo ut intelligam*과 *Fides quaerens intellectum*, 「한국기독교신학논총」 24(2002), pp. 163–190.
21. 유비란 본래 수학적 용어로, 두 개의 서로 다른 명제를 비교할 때 A와 B의 관계를 C와 D와 관계로 설명하는 것이다. 이 점에 관하여 W. Kluxen, Analogie, HWPh(Hrsg. von Joachim Ritter), Bd. 1, pp. 214–227를 참조하라.
22. 내재적 삼위일체 안에 있는 하나님 아버지와 영원한 아들이신 예수 그리스도의 관계를 경륜적 삼위일체 안에 있는 예수 그리스도와 인간의 관계로 설명하고자 한다.
23. 참고 : Hans Urs v. Balthasar, *Karl Barth. Darstellung und Deutung seiner Theologie*, Einsiedeln 1976, 4. Aufl., pp. 92ff. 유비에 대한 참고문헌은 E. Jüngel, Die Möglichkeit theologischer Anthropologie auf dem Gründe der Analogie, EvTh 22(1962), pp. 535–557.
24. 바르트의 기독론적 집중은 교회의 전통과 종교개혁자들, 그리고 칼빈 신학자들과의 비판적인 논쟁으로 흐른다(How my mind has changed, 186). 그런데 「교회교의학」에서의 기독론적 집중은 의미심장하게도 그가 교회싸움을 하는 동안에 기초한 '바르멘 신학선언'에서 이미 명백히 드러난다. 그러므로 '바르멘 신학선언'에서 이미 바르트 신학의 기본방향과 틀이 설정되었다고 볼 수 있을 것이다.
25. K. Barth, "Nachwort," in : *Schleiermacher Auswahl*, hrsg. von H. Bolli, Siebenstern Taschenbuch 113/114, 1968, pp. 290–312.
26. 바르트는 자신의 신학 요점을 단지 두 개의 단어로 다음과 같이 표현하고 있다 : "아! 그렇다" – "이 작은 탄식 속에서 우리는 하나님에게 말한다 ; 아, 그렇다(Ach, ja). 모든 것은 항상 이 작은 탄식 속에 숨어 있고, 또 숨어 있어야 한다." 필자는 이 탄식이 바로 부활하신 예수에 대한 도마의 고백과 같은 것이라고 생각한다 : "도마가 대답하여 이르되 '나의 주시며 나의 하나님이시니이다'"(요 20 : 28).

II

에밀 브룬너 : 만남의 신학

1. 브룬너의 생애

에밀 브룬너(Emil Brunner, 1889-1966)는 1889년 12월 23일에 스위스의 빈터투어(Winterthur)에서 태어났다. 이때 그의 아버지는 취리히(Zürich)에서 초등학교 선생님으로 일하였다. 갓 태어난 그에게 목회자 쥔델(F. Zündel)이 유아세례를 베풀었고,[1] 청소년 시절에는 목회자 쿠터(H. Kutter)가 견신례를 베풀었다.[2] 역시 쿠터의 소개로 그는 일생의 동반자 마그릿 라우터부르그(Margrit Lauterburg)를 만났다.[3] 그런데 양쪽 집안은 이미 오래 전부터 서로 자주 오고간 사이였고, 양쪽 집안 모두 아들 블룸하르트가 목회하는 받볼(Bad Boll)을 자주 방문하였다.[4] 브룬너 역시 어린 시절부터 밭볼에 자주 가서 블룸하르트의 설교를 들었고, 이를 통하여 일평생 동안 블룸하르트의 하나님의 나라 신학에 깊은 영향을 입었다.

대학에 진학하던 나이의 브룬너는 어머니의 뜻을 좇아 신학을 전공하게 되었다. 그는 취리히 대학 신학부에 입학하였는데, 첫 학기에 종교(예언자적) 사회주의자 라가츠(L. Ragaz)의 강의를 열심히 들었다. 그리고 베를린(Berlin)으로 가서 신학을 계속 공부하였다. 이곳에서 그를 가르친 선생들은 카프탄, 하르낙 등이었다. 졸업한 다음에 브룬너는 한동안 쿠터가 목회하는 교회에서 전도사(Vikar)로 일하다가, 1916년에 글라루스(Kt. Glarus) 지역의 산골마을 옵슈탈덴-필츠바흐(Obstalden-Filzbach)에서 교회를 담임하게 되었다. 담임목회자로서 그는 라가츠의 신학사상을 크게 받아들였다.

한편, 그는 1921년부터 취리히 대학에서 사강사(Privatdozent)로 일하기 시작하였다. 이 무렵에 라가츠가 대학교수직을 사직하고 노동자들과 함께 하나님의 나라 운동을 하였고, 취리히 대학의 신학부는 그의 교수직을 물려받는 신학자를 찾았다. 그러다가 1924년에 대학 당국이 브룬너를 신학부 교수로 청빙하였다. 이 청빙을 수락한 그는 라가츠의 뒤를 이어 조직신학과 실천신학 분야를 가르치는 교수가 되었다. 그는 이 대학에서 1953년까지 일하였다. 그가 강의하고 가르친 자리는 대학강단에 국한되지 않았다. 대학강의실에서는 주로 교의학과 그리스도교 윤리를 가르쳤고, 교회강단에서는 신학교를 졸업한 목사 후보생들에게 설교실습을 지도하였으며, 초등학교와 중등학교에서 종교과목(그리스도교 입문)을 가르치는 교역자들을 지도하였다.

브룬너는 영어권의 여러 나라에서 다양한 현장 경험을 쌓았다. 1909년에 그는 영국 옥스퍼드(Oxford)에서 열린 세계대학생모임(Welt-studententreffen)에 참석하였다. 한동안 그는 영국의 어느 고등학교에서 선생으로 일하였다. 그는 미국 프린스턴(Princeton) 신학교에서 일 년 동안 장학생으로 신학을 공부하였다. 이러한 경험들을 통하여 에큐메니칼 운동에 눈을 뜨게 되었다. 옥스퍼드 세계교회협의회(1937)의 지도자로 일한 올드햄(J. H. Oldham)이 브룬너를 이 협의회의 준비위원으로 부른 일이 계기가 되어서 에큐메니칼 운동에 참여하게 되었다. 그는 온 세상에 흩어져 있는 다양한 그리스도교 교파와 교단들이 함께 힘을 합쳐 세상의 구원을 위하여 섬기는 것이 중요하다고 인식하였다. 그는 이 운동이 교회의 제도와 조직을 앞세우기보다는 성도(특히 평신도)들로 하여금 자신의 일터에서 성령의 인도하심에 따라 일하게 하는 것이 훨씬 더 바람직하다고 보았다.

브룬너는 변증법적 신학운동에 참여하였고, 이 운동에 참여하는 사람들이 발간한 잡지 「츠비셴 덴 차이텐」(*Zwischen den Zeiten*, 시간들 사이)에 부지런히 글을 실었다. 1926년에 아라우(Aarau) 지역에서 기독교대학생협의회(Konferenz der Christlichen Studentenvereinigung)가 열렸는데, 이 협의회에 초청을 받아 "예수의 절대성"(Die Absolutheit Jesus)이란 제목으로 강연하였다. 이 강연은 그 이듬해에 출간될 기독론 「중보자」(*Der Mittler*)의 밑그림이었다.

대학에서 신학을 가르치는 브룬너는 교회에서 규칙적으로 설교하였다. 그는 플룬테른(Fluntern)에 있는 오버슈타트(Oberstadtkirche) 교회와 취리히에 있는 프라우엔뮌스터(Frauenmuenster) 교회에서 설교하였다. 철저하게 성경말씀에 근거하여 알아듣기 쉬운 말로 선포하는 그의 설교는 청중의 가슴에 큰 감동으로 다가갔다. 특히 그가 취리히의 프라우엔뮌스터 교회에서 설교를 하면 예배당 안에는 빈 자리가 없었다. 더욱이 사회·정치적으로 예민한 사건이 일어나면 안개 같은 현실 속에서 바른 길을 찾으려는 사람들이 그의 설교를 들으려고 예배당으로 왔다. 그는 매달 정기적으로 약 200명의 목회자들에게 성경을 강해하였고, 이를 통하여 변화되는 사회 속에서 새롭게 다가온 교회의 과제를 풀어 가고자 하였다. 1946년까지 프라이엔 고등학교(Freien Gymnasium)에서 성경과 기독교 교리를 가르쳤다. 이 밖에도 평신도들의 모임에 종종 초청되어서 경제 현안이나 노동운동에 관하여 신앙으로 권면하였다. 그는 노동자들과 기업주들이 첨예하게 대립하여 이념논쟁을 벌이고 있는 현장으로 찾아가서 서로 화해하도록 이끌었다.

신학자 브룬너는 유럽과 영미권 세계를 두루 다니면서 강연하였다. 그는 여러 대학에서 명예 박사학위를 받았으며, 신학자 바빙크(Bavinck)가 그를 네덜란드로 초청하였다. 그는 1931년 런던에 있는 킹스칼리지(King's-College)에서 "하나님 말씀과 세상"(The Word of God and the World)이란 제목으로 강의하였다. 1935년에는 헝가리와 덴마크에서 강연하였다. 1936년에는 헬싱키에서 "하나님 말씀과 현대인"(das Wort Gottes und der moderne Mensch)이라는 제목으로 강연하였다. 1937년에는 웁살라의 라우스-페트리(Laus-Petri) 강연회에서 "만남으로서 진리"(Wahrheit als Begegnung)란 제목으로 강연하였다. 1938~1939년에는 미국의 프린스턴 신학교에서 강의하였고, 1946년에는 미국의 여러 대학에서 초빙교수로서 강의하였다. 1947년에는 기포드 강연회(Gifford-Lecture)에서 "그리스도교와 문명"(Christentum und Zivilisation)이란 제목으로 강연하였다. 1949년에는 기독교청년회(YMCA)의 초청을 받아 아시아의 여러 나라를 방문하였고, 이 기회에 틈틈이 강연하였다. 1953년에 그는 취리히 대학의 교수직에서 은퇴하였다. 곧이어 일본의 동경으로 가서 거기에 새로 설립된 국제 그리스도교 대학(Internationale Christliche Uni.)에서 강의하였다. 그러면서 일본교단의 신학교와 동경 대학교에서도 강의하였다. 또한 이곳에서 여러 사회지도자들과 사귀었다. 1955년에 그의 부인이 병들자 함께 스위스로 귀국하였다. 브룬너 자신에게도 뇌졸중이 찾아왔고, 이에 1946년부터 조금씩 써 왔던 교의학 제3권의 저술작업이 중단되었다. 1966년 4월 6일에 브룬너는 세상을 떠났다.

2. 브룬너의 신학사상

1) 하나님 인식

브룬너의 신학이 사람들의 주목을 받기 시작한 것은 그가 쓴 교수직 취득논문 「체험, 인식, 그리고 신앙」(*Erlebnis, Erkenntnis und Glaube*, 1921)이 출판되면서부터였다. 이 책이 출판된 지 2년 만인 1923년에 증보판으로 제2판을 출판할 정도로 많은 신학자들의 관심을 끌었다.

이 책을 출판하기 2년 전인 1919년에 아라우에서 대학생협의회가 열렸는데, 여기에서 브룬너는 "사상과 체험"(Denken und Erleben)이라는 제목으로 강연하였다. 이 강연에서 브룬너는 결코 의도성은 없었으나 앞으로 일평생 동안 다루게 되는 중요한 신학적 주제들에 관하여 미리 제시하였다. "영원한 (……) 진리는 새로운 시대가 오면 언제나 새롭게 부각된다. 이것을 진지하고도 깊게 생각하지 아니한 사람은 그가 하는 일 또한 단견(短見)적이고 무디고 서툴 것이 뻔하다."[5] "(진리)인식이 없는 사람은 고향을 잃어버린 사람이고, 세상은 그에게 낯선 이방의 땅으로 다가오고, 그도 역시 이 세상에서 이방인으로 존재한다. 이것이 인간에게 가장 불행한 점이라고 말할 수 있다. (……) 사람의 사람됨에 관한 가장 깊은 의미는 계몽이다. 계몽은 세상을 향한 하나님의 계획으로서, 하나님은 이 세상에 '빛이 있으라!'고 선포하셨다. 요한복음에 증언된 대로 태초에 로고스(Logos) 곧 말씀이 계셨고 이 말씀은 인식 가능한 의미였으며 결코 행위가 아니었다. 인간은 행동하기에 앞서 먼저 보고 듣는 자가 되어야 한다."[6]

브룬너는 19세기 후반 이래로 진리를 파악함에 있어서 인간이성이 절대권위를 휘두르고 있는 현실을 비판하였다. 이로 말미암아 전통 신앙체계뿐만 아니라 영혼, 영원, 그리고 절대에 대한 신념체계도 무너져 버렸고, 모든 영역에서 무기력한 회의주의만 그 자리를 차지하고 있다고 보았다.[7] 이제 학문은 역사적 사실만을 신뢰하고 이것을 이성적으로 분석하는 일에 만족하고 있다. 브룬너는 이러한 학문흐름에 대하여 비판하면서 "종교는 예술의 원천이요 윤리의 원천이며, 종교의 본질은 비이성적(irrational)이며, 종교는 이성과 친해질 수가 없으며 많은 경우에 서로 대립한다."고 말하였다.[8] 실용주의(Pragmatismus), 이성주의(Rationalismus), 비이성주의(Irrationalismus) 등은 모두 하나같이 진리에 관한 질문에 그 해답을 줄 수 없다고 보았다.

진리인식에 관한 문제와 관련하여, 브룬너는 프랑스의 철학자 베르그송(Henri Bergson)이 지은 책 「창조적 진화」(L'Evolution creatrice, 1907)와 「형이상학 입문」(Introduction a la metaphysique)을 정독하였다. 베르그송에 따르면, 진리인식의 원천은 직관과 체험능력이다. 브룬너는 이 입장을 전적으로 따르지 않으면서도 이것을 적절하게 활용하고자 하였다. 이와 함께 이제 자기인식(Icherkenntnis)보다는 성령인식(Geisterkenntnis)을 강조하였다. 그는 사도 바울과 그가 쓴 고린도전서 2:10("오직 하나님이 성령으로 이것을 우리에게 보이셨으니 성령은 모든 것 곧 하나님의 깊은 것이라도 통달하시느니라.")을 새롭게 이해하게 되었다. 그는 이제 인식의 원천(Ursprung)인 성령의 원리(das Prinzip des Geistes)를 밝히고자 하였다 : 하나님은 로고스 곧 태초부터 계신 말씀인데, 주지주의는 이 말씀을 생각과 관념으로만 파악하려고 하였다. 그래서 그 결과 하나님에 관한 관념(Idee)이 하나님 자신으로 오해되었고, 진리에 대한 사고체계(gedankliches System)가 진리 자체로 오인되었으며, 진리에 대한 가르침(Lehre)이 신앙의 대상이 되었다고 보았다. 이런 식으로 브룬너는 19세기의 진리인식에서 무엇이 문제였는지를 파악해 나갔고, 특별히 그 시대의 철학과 신학 속에 깊이 박혀 있는 역사적 상대주의, 심리적 내재주의, 주지주의(主知主義, Intellektualismus), 그리고 이 세상 안에서 하나님의 나라가 점진적으로 발전되어 실현된다고 보는 자유주의를 비판하였다.

베르그송을 통하여 주지주의에 대한 문제점을 파악한 브룬너는 개념(Begriff)과 직관(Intuition) 사이에서 그 하나를 선택하였다. 그는 대상에 관하여 한갓 이론적으로 파악하는 일을 배제하는 반면, 비이성적인 열광으로 파악하는 일도 피하고자 하였다. 이런 식으로 기존의 사고체계를 허물어 버리려는 그에게 키에르케고르의 철학사상이 대단히 중요하게 다가왔다. 그는 또한 신칸트 학파 철학자인 나토릅(P. Natorp)의 '원천의 철학'(Philosophie des Ursprungs)에 매료되어 갔다. 이 철학사상은 자유, 행위, 책임에 관하여 깊이 생각해 보게 하였다. 이 사상은 인간 자신의 자율성을 강조하는 동시에 이것을 뛰어넘어서 높고 귀한 권위 앞에 기꺼이 머리를 숙이게 하는데, 그러나 이 머리 숙임으로 말미암아 자유가 침해당하는 것이 아니라 오히려 자유를 성취하게 하였다.[9] 이것은 패러독스(Paradox)였고, 부룬너는 이를 통하여 주지주의와 반(反)주지주의적 열광주의 사이에서 제3의 길을 선택할 수 있었다.

이 과정에서 브룬너는 신앙의 문제를 다루었다. 그는 슐라이어마허나 관념철학의 영향을 벗어나서, 키에르케고르의 사상에 많이 의지하면서 철학적 사고와 성경이해를 잘 조화(Kombination)시키고자 하였다. 그가 이해한 조화란 다양한 관점들이 만남, 대립, 부딪침을 통하여 질서대로 포개어지고, 그리고 나서 하나의 종합체로 통합된 현상을 뜻하며, 이 조화는 철학과 신학, 사상과 신앙, 인식과 체험이 궁극적으로 통합되어 조화를 이루고 있음을 뜻한다. 철학이 전제라면 신학은 목표가 되고, 사상이 출발지점이라면 신앙은 도착지점이 된다. 우리는 이렇게 양자의 조화를 통하여 궁극적으로 일치점에 도달하게 되는데, 여기에 하나님이 계신다. 이 같은 관점에서 브룬너는, 비록 그가 19세기의 관념 철학적인 종교이해를 배제하고 있으되 '하나님'과 '정신'을 자주 병기(倂記)하였다. 여기에서 정신은 관념(Idee)과 동일하지 아니하며, 정신 곧 하나님은 인격성, 능력 등으로 인간에게 다가오시며, 따라서 이 하나님은 관계성 속에서 이해되는바 사람들 사이에 '나-너의 관계'로 맺어지는 유비(Analogie) 안에서 잘 이해된다.[10] 이렇게 해서 브룬너는 관념론적 신앙이 아니라 실재론(Realismus)적 신앙을 이해하게 되었다. 그러면서 그는 인간의 죄에 대하여 크게 강조하였다. 즉, 예수 그리스도의 십자가 사건으로 말미암은 죄 인식은 인간에게 심각한 사건으로 부딪쳐 오고, 또 이 죄에 관하여 인간이 철저하게 깨달아야 한다고 강조하였다.

교수직 취득논문 마지막 부분에서 신앙의 문제를 다룬 브룬너는 나-너의 관계성에 관하여 '말씀-자신'(Wort-selbst)으로 서술하였다. 이를 바탕으로 해서, 그는 1922년 3월 12일에 성령론에 관하여 "하나님 말씀과 영적 실재들"(Das Wort Gottes und die geistigen Realitäten)이란 제목으로 작은 논문을 서술하였다. 그리고 1935년에는 교수직 취득 논문 서술을 되돌아보면서 자신의 신학사상 발전에 관하여 이야기하였는데, 이 무렵에 자신은 신앙과 영적 생활을 위하여 하나님 말씀이 대단히 중요함을 깨달았고, 부버(Buber)의 나-너의 관계성에 대하여는 잘 알지 못하였다고 회상하였다.[11] 다만 그는 슐라이어마허의 내재성(Immanenz) 강조에 대립되는 입장을 취하고 있었고, 영광의 자리를 스스로 차지하려는 인간의 욕망을 꺾으면서 초월성(Transzendenz)을 추구하는 종교(예언자적)사회주의자 쿠터의 열정에 매료되어 있었다.

2) 중보자 예수 그리스도 안에 나타난 하나님의 계시

브룬너는 계속해서 19세기 관념철학의 유산을 청산해 가는 작업을 하였는데, 특별히 1922년에 개설된 그의 강의 "인간성의 한계점들"(Die Grenzen der Humanität)에서 이 작업이 크게 돋보였다. 그는 강의 마지막 부분인 학기말에 이르러서야 "종교가 도대체 무엇인지 그 자체를 놓고 따져 보면, 인간 안에 있는 모든 약점들 가운데서 가장 연약한 요소가 바로 종교"라는 결론을 내렸다.[12] 곧이어 그는 슐라이어마허가 시작하여 오토(Rudolf Otto)까지 연구한 동일성의 철학(Identitätsphilosophie), 주관주의, 심리주의, 신비주의 등을 비판하였다. 이 작업이 「신비주의와 그 말씀」(Die Mystik und das Wort)이란 제목으로 1925년에 출판되었다. 그런데 이 책에 관하여 비판하는 글들이 쏟아지자 자신의 입장을 다시 살피고 다듬고 정돈하여서, 1928년에 재판(再版)하였으나 종전의 입장을 거의 바꾸지 않았다.

브룬너에 따르면, 신비주의란 내재(면)화된 종교의 한 형태로서 인류의 문화 속에 녹아 있고 인간의 심성 속에 녹아 있는 것이다. 그러한 종교가 그 자체로 목적이 될 경우에는 깊은 수렁으로 빠지게 되는바, 종교적 감정으로 하나님을 소유하려 들고, 또 이 감정은 신비한 열락(悅樂)으로 빠져들게 된다. 종교의 주소를 감정 안에 두게 되면 종교의 이름으로 특정하게 구별된 거룩한 시간, 거룩한 공간을 차지하려 한다. 그리고 나서 세속생활의 한복판에 따로 격리된 종교의 영역이 자리를 차지하게 된다. 그러나 신앙은 이와 정반대로 하나님의 말씀을 받아들이는 것으로 시작된다. 이상이 그의 입장이었다.

브룬너는 1927년에 자신의 신학사상의 머릿돌이 된 「중보자」(Der Mittler)라는 책을 출판하였다. 이 책에서 그는 예수에 관한 역사적 의미를 추구하거나 심리학적인 방식으로 예수를 이해해 온 점을 비판하면서, 그리스도의 관점에서 예수를 새롭게 파악하고자 하였다. 그러면서 기독교 연구는 물론이거니와 예수 연구조차도 이제까지 일반 종교사의 범주 안에서 취급되어 온 점을 비판하였다. 이와 함께 그는 인간의 죄에 대한 깊은 인식 속에서 예수 그리스도를 파악하고자 하였다.[13] "죄에 대한 완전한 깨달음은 오직 중보자 안에서만 가능하다. 죄에 대한 깨달음 곧 죄에 대하여 몸부림치며 뉘우치는 것은 중보자를 믿게 되는 전제조건이다."[14] 이 글귀에는 브룬너의 인간이해가 그 바닥에 깔려 있다.

인간은 결코 본래부터 착한 존재가 아니라 죄인으로 존재하고 있으며, 죄는 인간의 피부에 달라붙어 있으나 언제든지 떼어 내어서 던져 버릴 수 있는 더러운 오물이 아니라 인간존재의 한복판에 그 자리를 차지하고 있다. 그러므로 인간은 죄인으로서 존재하고, 그러한 인간은 반역자이다. 이러한 인간실존에 하나님의 계시가 간절하다. "계시란 어느 반역자가 나라의 임금 노릇을 하고 있다가 참된 임금이 오심으로 말미암아 그 자리에서 쫓겨나는 것"이다.[15] 반역자인 인간은 그리스도 안에서 그분으로 말미암아 하나님이 참된 임금이심을 비로소 깨닫게 된다. 다시 말해서, 인간과 하나님 사이에 가로놓여 있는 깊은 골이 그리스도 안에서 밝히 드러나게 된다. 이것이 브룬너의 계시이해이다. 이와 함께 그는 근세 계몽주의시대 이래로 서양 사회에서 형성되어 온 중요한 시민의식인 '자율의식'(Autonomiebewusstsein)에 대하여 날카롭게 비판하면서, 이 자율의식이야말로 하나님을 향한 인간의 반역을 대변하는 것이라고 지적하였다.

그러므로 '중보자' 그리스도는 이러한 인간에게 뉘우치고 돌이키도록 큰 소리로 부르신다. 이렇게 회개를 촉구하는 중보자의 음성 속에 하나님의 계시가 선포되고, 이 계시는 인간의 결단을 촉구한다. 따라서 하나님의 계시는 이러저러한 이론이나 가르침으로 전달되는 것이 아니라 그리스도 안에서 사람이 되신 하나님의 말씀으로 선포되는 것이다. 그리고 이 선포는 계시사건으로 일어난다. 이리하여 이제 예수 그리스도는 천재적인 종교창시자라거나 우화 속에서 등장하는 뛰어난 종교인이라고 말할 수가 없다. 그리스도는 장막 뒤에 가려져 있던 하나님의 비밀을 우리에게 밝혀 주셨고, 지금도 여전히 이 계시의 비밀이 그분 안에서 밝혀지고 있는데, 우리는 오직 신앙으로 그분을 통하여 하나님의 계시를 깨달을 수 있다. 그리스도 안에서 계시하신 하나님은 지금도 여전히 숨어 계시는 하나님이다.

이렇게 브룬너는 성육신하신 중보자를 강조하였고, 인류의 죄를 대신하여 죽으신 중보자의 대속의 죽음을 강조하였다. 이러한 그의 기독론은 기독교 윤리학의 전제가 된다. 중보자 그리스도를 믿는 신앙과 그분의 뒤를 따르는 삶이 서로 별개의 것으로 분리될 수 없다는 뜻이다. 중보자를 통하여 자신의 현존을 깨닫고 자신의 실존을 파악한 사람은 이 중보자 안에서 올바른 길이 무엇인지 깨달으면서 비로소 이웃을 바라볼 수 있게 되고, 또 그 이웃을 사랑할 수 있게 된다.

이어서 브룬너는 신앙과 신학의 상관관계 및 신학의 학문성에 대하여 다시 정리하였다. 여기에는 19세기 학문의 흐름인 주지주의, 내재적 심리주의, 역사적 상대주의 등을 극복하려는 의도가 내포되어 있다. 그가 본 기독교 신앙은 예수 그리스도 안에서 자신을 밝혀 드러내신 하나님을 깨달아 받아들이는 것이고, 사람이 되신 하나님의 말씀(로고스)이 신앙의 근거이자 내용이며 규준이다. 이 신앙을 학문적 개념으로 표현하는 작업이 신학이다. 신학은 또한 하나님의 계시를 다루는 학문이므로 결코 일반 종교학의 범주에 머물지 말아야 한다. 기독론에서 하나님의 계시를 그 중심에 가져다 놓은 브룬너는 이런 식으로 19세기 신학사상을 극복하고자 하였다.

3) 대화기법

브룬너는 「중보자」를 출판함으로써 아주 중요한 신학적 작업을 수행하였다. 그는 이 책에서 신학의 근본과제인 계시에 관하여 서술하였다. 이어서 그는 기독교의 굵은 줄기에서 조금 벗어나 있는 잔가지 같은 주제들을—예컨대 교회론, 종말론 등—다루지 않고 그 대신에 "신앙이란 무엇이며, 또 이를 위하여 우리는 무엇을 해야만 하는가?"라는 질문과 씨름하였다. 그러자 신앙윤리와 관련된 여러 주제들이 그에게 가까이 다가왔다.

1929년에 브룬너는 「신학의 또다른 과제」(Die andere Aufgabe der Theologie)라는 글을 쓰면서 신학의 과제와 책임에 관하여 서술하였다.[16] 그가 보기에 "신학연구는 진공 상태에서 진행되는 것이 아니라 구체적인 상황 속에서 진행되는 작업"인데,[17] 이 상황 속으로 하나님의 말씀이 선포된다고 강조하였다. 하나님의 말씀은 때때로 인간상황에 도전장을 던지고 있으며, 이런 점에서 이 말씀은 '논쟁'(Eristik) 곧 대화이다. 그러나 이것은 상대방을 일방적으로 공격하려는 도전이 아니라 상대방을 이해하면서 대화로 이끄는 산파술(간접방법)을 사용한다. 이 대화기법은 결코 교리논쟁으로 빠져들지 않으며, 그 시대의 세상언어를 잘 이해하고 활용해서 간접적인 방법(산파술)으로 기독교의 진리를 전달한다.

브룬너는 신학이 '논쟁적'(eristisch) 곧 대화적이어야 한다고 보았다. 신학의 원초적인 형태는 대화이며, 신학자들은 세상 사람들로 하여금 대화기술을 통하여 복음과 교회가 '정당한' 것으로 인정받도록 설득시켜야만 한다. 따라서 신학은 고대 희랍 철학자 소크라테스의 문답식 대화법을 기독교 방식으로 개발할 필요가 있는데, 즉 "너 자신을 알라"는 질문을 통하여 인간 스스로가 자신의 내면으로부터 비(非)진리가 무엇인지 자백하도록 이끌어 내는 대화기법을 개발할 필요가 있다. 이러한 대화술에 관하여 브룬너는 특별히 키에르케고르의 글을 통하여 배웠다. 키에르케고르는 세상의 언어를 사용하여 같은 세대의 사람들에게 말하였는데, 그의 언어 속에는 언제나 하나님의 말씀이 간접적으로 선포되었다. 인간은 하나님이 베푸신 은총의 말씀에 응답할 수 있다. 왜냐하면 인간은 그 말씀을 향하도록 지음 받은 존재이기 때문이다. 이미 「중보자」에서 죄는 인간의 실존을 이해하는 열쇠라고 밝혔듯이, 브룬너는 죄로 말미암은 인간의 절박한 상황이 하나님의 말씀을 경청할 수밖에 없는 긴급한 상황으로 인도된다고 보았다. 인간의 실존이 '바르게 서 있는 존재가 아님'(Nicht-recht-Sein)을 깨닫는 것이 '신앙과 말씀을 위한 접촉점'(Anknüpfungspunkt)이라고 보았다.[18]

대화기법은 고정관념을 깨트리고 허상을 무너뜨리는 기술이다. 이 기법을 통해 밝혀지는 것은 오직 신앙을 통하여 사물의 실재를—허상 없이—바라볼 수 있게 된다. 그러나 이렇게 파악되는 실재는 인간실존의 이중성 곧 겉과 속이 일치하지 않음으로 빚어지는 자기갈등이다. 대화기법은 이런 식으로 공격적인 질문을 통하여 진리의 순간을 포착하고자 하며, 그러면서 은연중에 하나님을 찾아간다. 키에르케고르가 그러했던 것처럼, 브룬너는 대화기법을 교회 안에서 활용해야 한다고 보았다. 교회 안에 현존하는 관념론의 허상과 정통주의의 고정관념이 무엇인지 밝혀 내고 벗겨 내야 한다고 보았다.

똑같은 방식으로 교회 밖 세상에서도 인간의 참된 실존이 무엇인지 깨우치게 하는 대화기법이 필요하다고 보았다. 더 나아가서, 기독교 바깥에 있는 다른 대륙의 사람들도 이 대화기법을 통하여 자기네가 스스로 이해하고 있는 하나님에 관하여 말해야 하고, 또한 이를 통하여 새로운 길을 찾아 나서게 해야 한다고 보았다. 기독교를 전파하는 해외 선교 사역을 염두에 두던 브룬너는 접촉점에 관하여 적극적으로 평가하였고, 이와 관련하여 자연신학에 대해 긍정적으로 평가하였다.[19]

브룬너는 그로부터 3년 뒤에 접촉점에 관하여 본격적으로 다룬 글을 썼는데, 그 제목이 "접촉점을 신학의 문제로서 다루어 보고자 함"(Die Frage nach dem Anknüpfungspunkt als Problem der Theologie)이었다. 이에 앞서 그는 불트만(R. Bultmann)의 신학에 대하여 존경심을 드러냈는데, 그 까닭은 불트만이 '인간의 자기이해'(Selbstverständnis des Menschen)에 대한 질문을 신학사고(思考)의 중심 속으로 강하게 끌어들였기 때문이다.[20] 이것은 파스칼, 키에르케고르, 고가르텐의 주제이기도 하였다. 그러면서 브룬너는 인간 곧 자연인이 자기 스스로에 관하여 알고 있는 것, 이것이 바로 접촉점이라고 보았다.

이렇게 접촉점에 관하여 강조하는 브룬너를 바르트가 강하게 비판하였다. 그러나 브룬너는 인간이 말을 할 수 있다는 점이야말로 하나님의 말씀에 응답할 수 있는 '형식적인 전제'(formale Voraussetzung)라고 보았다. 그러므로 인간의 언어능력은 신앙의 전제인데, 이 점을 바탕으로 다른 피조물과 달리 오직 인간만이 신앙에 이를 수 있는 것이다. 하나님의 말씀이 선포되고, 이 말씀을 인간이 이해할 수 있는 것은, 그에게 이성과 몸이 있다는 사실에 기인한다. 따라서 브룬너에 따르면 인간의 이성과 몸은 하나님의 말씀에 연결되는 접촉점이다. 그가 이렇게 주장하는 신학적인 근거는 인간창조 곧 하나님의 형상을 따라 인간이 지음을 받았다는 점에 있다. 브룬너는 이 형상이 인간의 죄 지음으로 말미암아 훼손되었으나 완전히 파괴되지는 않았다고 보았다. 또한 인간에게 하나님과 율법에 대한 지식이 부분적이나마 보존되어 있다고 보았다. 그래서 브룬너는 화해의 은총 이외에 창조의 은총과 보존(견인)의 은총도 있다고 강조하였다. 그리고 그는 창조질서를 통하여 어느 정도 하나님을 인식할 수 있다고 보았다. 그러나 이 인식은 하나님의 진노에 대하여 깨닫는 것이며, 또 인간 스스로가 하나님 앞에서 자기 자신에 대하여 절망하는 것이다.

4) 윤리학

브룬너는 일반 인문학에 관심을 갖고 그 흐름에 참여하며 대화하였으나, 그의 신학은 언제나 계시이해에 초점이 맞추어졌다. 그는 언제나 자기시대의 철학사조와 접촉하고 대화하였지만 그의 신학이 철학에 얽매이지는 않았다. 그는 자신의 신학노선이 칼 바르트의 그것과 일치한다고 믿었으나 두 사람의 관심은 서로 달랐다.[21] 특별히 윤리학의 경우에는 그 내용 또한 매우 달랐다. 브룬너의 윤리학은 바르트와 달리 중보자 그리스도에 기반을 두지 않고 창조신앙에 두었다.

1934년에 브룬너는 칼뱅 연구를 바탕으로 자연계시가 그리스도 안에서 임하시는 하나님 계시의 준비단계라고 말하였다. 자연신학에 대한 그의 입장은 자신의 윤리학을 형성하는 데 결정적으로 중요하였다.[22] 그런데 이 당시에 칼 바르트는 독일에서 나치정권과 맞서 있었으며, 또 이 정권을 옹호하는 독일 루터교회를 공격하던 중이었다. 따라서 바르트가 보기에 자연계시는 나치정권의 인종 청소와 관련하여 정치적으로 악용될 소지가 있었다. 그래서 그는 브룬너의 글에 대하여 단호하게 "아니오!"라고 대답하였다. 이에 따라 브룬너의 윤리학은 이제 심판대 앞에 세워졌다. 바르트는 브룬너의 윤리학은 독일교회에 조금이라도 영향을 끼쳐서는 안 되며, 또 영향을 끼칠 수도 없다고 생각했다. 이에 앞서 1932년에 브룬너는 프로테스탄티즘의 정치윤리에 관한 책 「계명과 질서들」(Das Gebot und die Ordnungen)을 출판하였다. 이 책에서 그는 계명을 하나님의 사랑으로서 하나님의 구원계획에 상응하는 것으로 보았다. 그리고 세상의 질서들은 하나님의 뜻에 상응하면서 창조질서를 보존하는 것이고, 정의의 법을 세우는 기초를 조성한다고 보았다.

따라서 그리스도교 윤리란 하나님의 뜻이 실현되는 것인바, 하나님의 뜻이 변증법적 원리에 따라 이루어진다. 즉, 인간행위의 목표와 절차가 하나님의 뜻에 합당할수록 사랑의 실현이 더욱더 큰 의미로 부각된다. 또한 창조질서를 보존하는 사회제도를 보다 더 분명하게 확립할수록 정의의 법이 더욱더 중요해진다. 좀더 구체적인 삶의 현장을 들어 언급하자면, 결혼한 부부가 가정의 질서를 세워 가는 과정 속에서 가장 중요한 것이 사랑인데, 이에 못지않게 정의 곧 부부 사이의 수평적인 관계성을 확립하는 것도 중요하다. 이와 마찬가지로 경제질서에 있어서도 계약 당사자들 사이에 정의로운 계약이 반드시 체결되어야 한다. 그리스도인 사업가는 동업자와 정의로운 관계 속에서 사업을 추진해야 하고, 이와 동시에 사랑으로 그를 배려하고 인격적으로 대해야 한다.

"우리는 창조주 하나님의 계명에 따라 당신이 하고 계시는 창조질서 보존에 참여해야 한다. 이와 마찬가지로 우리는 구속주 하나님의 계명에 따라 당신이 세우신 구속의 질서에도 참여해야 한다."[23] 이 문장은 브룬너의 윤리학에 복음의 종말론적 요소가 받아들여졌음을 말해 준다. 그는 또한 다음과 같이 종말론을 서술하였다. "그리스도인은 장차 오실 하나님의 나라를 소망하는 데 그쳐서는 안 되며, 장차 오실 그 나라를 바라보고 있으므로 지금 당장 이 세상에서 해야 할 일을 해야 한다."[24]

종말론적 복음의 관점에서 보면, 인간의 행위는 '보수적'인 동시에 '혁명적'이어야 한다. 일반적으로 세상 사람들의 관점은 지금 구체적으로 주어진 환경 속에서 형성된다. 이와 달리, 그리스도인의 관점은 현재가 아니라 장차 도달하게 될 목표지점에서 형성된다. 이렇게 미래의 시점에서 확립된 목표는 지금 당장 해야 할 일이 무엇인지 그 동기를 부여한다. 이처럼 그리스도인은 종말론적으로 세상을 보는 눈이 형성된다. 이에 따라 미래의 관점에서 현재를 파악하면서 오늘과 내일을 동시에 살아가고 있다. 그리스도인은 그리스도 안에서 이미 새로운 존재가 되었으나 여전히 옛 세상에서 살고 있다. 그리스도인은 장차 오실 하나님 나라의 백성이지만 여전히 뒤틀려진 현실 속에 살고 있다. 그리스도인은 구원받은 인간이지만 여전히 죄인이다. 그리스도인은 하나님의 말씀을 들으면서 책임적인 한 개인으로 살아가고, 이와 동시에 현실 사회의 질서에 부응하는 공동체의 일원이다.

종말론적 윤리의식에 바탕을 둔 브룬너의 윤리학은 '책임윤리' (Verantwortungsethik)를 강조하였다. 이 윤리는 사회 현실에 대해 눈과

귀를 틀어막고 자신의 내면을 깊이 성찰하려는 정적주의(靜寂主義, Quietismus)를 반대하고 현실 사회를 혁명으로 뒤집으려는 열광주의도 거부하면서 제3의 길로 나아가는 현실변혁으로서, 이것은 율법적인 혁명이 아니라 종말론적 사랑의 계명으로만 가능하다는 것이다. 특별히 브룬너는 창조주 하나님의 창조질서 보존에 동참하려는 뜻에서 신앙인들이 불신앙인들과 함께 일할 수 있다고 보았다. 비록 양자는 서로 다른 세계관을 갖고 있고, 또 서로의 관점의 차이로 말미암아 함께 일한다는 것이 지극히 어렵겠으나, 신앙인들은—여러 가지로 제한된 범위이긴 해도—기독교의 바깥 사람들과 공통되는 윤리의식을 가지고 사회현실을 향하여 예언자적인 기능을 담당하며 사랑으로 섬겨야 한다고 보았다. 교회는 사회정의를 위하여 교회 밖의 일반 사회단체와 연대해야 한다고 보았다.[25] 그러자 그는 보수주의자들의 거센 비난과 압력을 감수해야 했다.

브룬너의 그리스도교 윤리학이 실천된 현장은 대부분 스위스였다. 그 당시에 이웃 나라 독일에는 나치정권이 막 들어서려는 참이었다. 그의 윤리학은 스위스의 여러 정치정당들이 서로 화해하는 데 영향을 주었고, 또 기업주와 노동자들이 서로 화합하는 데 커다란 영향력을 끼쳤다. 화해와 화합의 열쇠는 사람이 사람으로 존중받고 매사(每事)에 일이 정의롭게 타결되는 데 있었다. 이를 위한 그의 노력은 글을 통하여, 강연을 통하여, 수련회 모임을 통하여 전달되었다. 이 과정에서 그는 하나님의 뜻이 현실 사회에서 구체적인 열매로 맺히게 하였고, 그의 노력은 사회의 신뢰로 되돌아왔다. 그는 언제나 그리스도인은 '신앙에 바탕을 둔 현실주의자'(ein Realist aus Glauben)이어야 한다고 강조했다.

브룬너의 윤리학은 시간이 지남에 따라 신학적 인간론으로 정착되었다. 그가 생각하는 죄, 회개, 죄 용서 등이 여러 경로를 통하여 그의 윤리학 속으로 스며들어 왔고, 그리고 나서 이것이 말씀선포(설교)와 실천을 통하여 교회와 사회 속에서 구체화되었다.

5) 인간론

인간이해에 관하여 체계적으로 정리한 브룬너는 1937년에 「모순 가운데 있는 인간」(*Der Mensch im Widerspruch*)이란 제목의 책을 출판하였다. 그리고 나서 1941년에는 계시와 이성의 상관관계를 다룬 책 「계시와 이성」(*Offenbarung und Vernunft*)을 출판하였다. 이 두 권의 책에 서술된 공통주제는 신앙인식에 관한 것인데, 그리스도교는 하나님의 계시에 대한 다양하고도 풍부한 원천을 믿는 것인데 이 계시는 인간의 삶과 깊은 관련이 있다는 것이다. 그리고 이 두 권의 책에 담긴 신학입장은 그가 웁살라(Uppsala)에서 강의했던 올라우스-페트리(Olaus-Petri) 강좌와 연결되는데, 이 강의가 「만남으로서 진리」(*Wahrheit als Begegnung*)라는 제목으로 출판되었다. 이 책에서 그는 주관주의나 객관주의의 저편에 있는 그리스도교의 진리인식에 관하여 주장하였다. 진리에 관한 인식은 '만남' 곧 인격적인 접촉에서 비롯된다. 진리인식의 근원은 하나님과 인간이 만나는 사건에 있고, 인간은 하나님의 파트너로 인식된다. 이것은 사도 바울의 말씀, "그리스도 예수 안에 있는 생명의 성령의 법이" 우리를 문자적인 가르침에서 "해방하였다"(롬 8 : 2)는 말씀에 상응하는 것이다. 생명의 영은 하나님과 인간을 인격적으로 만나게 하고, 또 하나님의 영은 인간을 당신의 뜻에 순종하는 삶으로 이끄시며, 그로 하여금 하나님과 교제하게 하신다. 예수 그리스도는 말씀 자신이시며 이 말씀을 통하여 하나님의 뜻이 사람들에게 선포된다.

언제나 그러하듯이, 브룬너의 신학사고는 변증법적 원리에 따라 전개되었다. 이 과정에서 하나의 관점이 다른 관점과 충돌하고 대립하게 되면 양자는 서로 '위기'를 맞게 된다. 이 대립과 갈등을 통하여 어느 쪽이 진리인지 파악되게 된다. 그런데 비록 신앙 안에서 파악되는 것이지만 진리라고 파악된 개념은 어디까지나 하나의 도구이고, 이 도구를 통하여 하나님, 예수 그리스도, 성령에 관하여 표현하고 서술한다.[26] 이것은 마치 '깔때기'에 비유할 수 있다.[27] 주둥이가 평평하고 넓은 깔때기가 목구멍에 들어가면서 점점 좁아지다가 마지막에는 바늘구멍 같은 정점에 이르듯이, 진리에 관한 이런 저런 개념과 내용들도 처음에는 넓고 평평하게 시작되었다가 맨 마지막의 꼭짓점에 이르러서는 삼위일체 하나님과 만나게 된다.

이 무렵의 독일은 나치정권의 전체주의 체제가 지배하는 독재국가가 되었다. 브룬너가 보기에 전체주의가 지배하는 지옥 같은 나라는 법질서가 붕괴되고 야만국가로 변질될 수밖에 없다. 이러한 현실상황에 대하여 고민하고 자유와 정의로 가득한 사회질서를 추구하면서, 그는 1942~1943년에 「정의-사회질서의 원칙들에 관한 하나의 가르침」(*Gerechtigkeit-eine Lehre von den Grundsätzen der Gesellschaftsordnung*)을 출판하였다. 이 책에서 그는 사회 평등과 불평등에 관한 문제를 다루었고, 정의에 대한 하나님의 법과 자유에 대한 인간의 권리가 서로 어떤 관계인지 다루었으며, 정의로운 경제질서와 정의로운 국가질서가 무엇인지 서술하였다. 그는 또한 이 책에서 20세기 초엽의 공산주의 사회와 독일 나치 국가에서 실현된 전체주의에 대하여 날카롭게 비판하였다. 이와 함께 민주사회를 지향하는 국가들도 자칫 전체주의로 갈 수 있음을 경고하였다. 사회구성원 다수의 의견에 따라 모든 일이 결정되는 민주사회에서는 자칫하면 개인이 무시되고 소수의견이 묵살되는 독재체제에 빠질 수 있으며, 더욱이 소수가 무시당하는 가운데서 사회정의가 결핍되는 상황이 올 수도 있다고 지적하였다. 그러면서 브룬너는 개인의 자유가 충분히 보장되면서도 공공의 안녕을 추구하는 사회질서를 추구하였다.[28]

브룬너는 개신교회가 근세 이래로 약 300년 동안 사회정의에 대하여 거의 다루지 않았음을 개탄하였다. 그는 이 문제에 관하여 자연법 연구와 병행하여 살펴보았다. 그런데 권력이나 사회정의에 대한 주제들은

1930년대에 역사상 처음으로 제기된 질문이 아니라 이미 고전적인 질문이었다. 다만, 오늘의 시대에 새롭게 대답해야 할 질문이었다. 브룬너의 사회현실 인식은 스위스의 종교사회주의자 라가츠의 영향을 크게 받고 있었다. 그러나 그는 막시즘을 단호하게 거부하였다.[29]

브룬너는 신학자로서 법치국가를 위하여, 또 민주사회를 위하여 봉사하였다. 이와 관련하여 그는 1947년과 1948년에 스코틀랜드 세인트 앤드류(St. Andrew) 대학의 기포드 강좌(Gifford Lectures)에서 "그리스도교와 문명"(Christianity and Civilisation)이라는 제목으로 강연하였다.[30] 1948년 여름에 그는 기독교청년회(YMCA)의 초청으로 인도, 파키스탄, 일본, 그리고 한국을 방문하였다. 그에게 맡겨진 방문과제는 세계기독교청년회의 지역총무들이 교육과 사회봉사를 잘할 수 있도록 독려하는 것이었다.

이에 앞서 그는 암스테르담(Amsterdam)에서 열린 세계교회협의회(WCC) 창립총회에 참석하였고, 이 자리에서 "사회와 민족의 질서를 위한 그리스도교의 증언"(Das christliche Zeugnis für die Ordnung der Gesellschaft und des nationalen Lebens)이라는 제목으로 강연하였다.[31] 이 강연에서 그는 두 개의 대립되는 이념 곧 공산주의와 자본주의에 관하여 논하였다. 그는 자본주의를 비판하는 견해를 피력하는 한편, 공산주의는 이보다도 훨씬 더 나쁘다고 평가하였다. 왜냐하면 공산주의는 당시에 전체주의 체제로 나아가고 있었기 때문이다. "전체주의 국가가 된 공산주의는…… 무서운 괴물이며, 이것은 인간성을 상실한 인류의 모습이다."[32] 그는 자본주의에 대하여 상당히 비판적인 입장을 취하고 있었으나 자본주의의 변모된 모습, 즉 초창기의 맨체스터적 자본주의 속에 있던 문제점이 지금은 상당히 개선되었으므로 이제는 어느 정도 긍정적으로 평가할 수 있다고 보았다.[33]

그런데 브룬너는 전체주의에 대하여 언제나 단호하게 거부하였다. 왜냐하면 전체주의는 국가 전체를 위하여 개인의 권리를 희생하라고 강요하기 때문이다. 하나님이 세상을 창조하신 이래로 개인에게 부여하신 권리를 국가가 무시하고 박탈하는 현상을 견딜 수가 없으므로, 브룬너는 전체주의 국가를 무조건 거부하였다.

한 개인이 하나님과 만나는 사건을 통하여 그에게 부여된 사람으로서의 가치가 성취된다고 보는 것이 브룬너의 근본확신이었다. 그러므로 하나님은 유일무이한 개인인 예수 그리스도 안에서 당신을 계시하셨다. 예수 그리스도는 교회의 주님이며 성경의 주님이므로 인간은 그분 안에서, 또 그분을 통하여 참된 인간성을 발견한다. 이 인간성이 그리스도교의 휴머니즘이며, 브룬너의 신학과 설교는 항상 이 휴머니즘을 중심으로 구성되었다. 즉, 하나님이 예수 그리스도 안에서 인간과 만나시고, 인간으로 하여금 당신의 성품에 참여하게 하신다는 것이다. 그리고 인간은 이러한 참여를 통하여 바르고 곧은 삶을 살아갈 수 있다. 이것이 브룬너의 인간론 속에 담겨 있는 핵심 내용이다.

세계교회협의회에 참석한 브룬너는 마음이 몹시 상한 채 취리히로 돌아왔다. 왜냐하면 제2차 세계대전의 종식과 함께 식민지 체제에서 벗어나 정치적으로 독립한 여러 신생국가의 교회들이 소련의 사회주의 체제에 열광하고 있었기 때문이며, 유럽과 북미의 신학자들이 자신의 경고에 귀를 기울이지 않고 오히려 칼 바르트의 입장을 좇아가고 있었기 때문이다.

1952년 1월에 일본 동경에서 새로 설립된 국제기독대학(Internationale Christliche University)이 브룬너를 교수로 초빙하였다. 이 대학은 그에게 그리스도교 윤리와 철학 분야의 교수직을 제의했다. 이제부터 그는 일본에 서양식 민주주의를 옮겨 심는 일에 참여할 수 있었다. 그는 1953년에 일본으로 건너갔고, 그 대학에서 그리스도교의 실존주의와 사회윤리학을 강의하였다. 동경의 국립대학도 그에게 강의를 부탁하였다. 이 대학은 이전에 일본의 제국주의 이념을 창출하였다. 그런데 아내의 건강이 나빠져서 더 이상 일본에 머물 수 없게 되었고, 곧 스위스로 돌아와야 했다. 또한 브룬너 자신에게도 뇌졸중이 발병하여서 일본으로 또다시 돌아갈 수가 없었다.

6) 신앙공동체

브룬너는 일본에서 머무는 동안에 무교회(無敎會) 신앙운동에 깊은 감명을 받았다. 이 운동은 루터의 교회개혁 정신의 핵심인 '오직 믿음으로'에 그 뿌리가 있다. 이 운동에 참여하는 신앙인들은 국가교회 체제는 물론이고 어떠한 형태이든 제도로서의 교회를 거부하였다. 이들은 자발적으로 신앙모임에 참여하면서 구성원들이 둥글게 자리를 잡고 앉아 성경을 중심으로 신앙의 대화를 나누는데, 각자가 깨어 있는 신앙과 생활에 관하여 이야기하면서 그리스도인의 윤리실천과 삶에 관하여 생각을 나누었다. 브룬너는 이 모임을 참된 신앙모임(에클레시아) 곧 거룩한 공동체(communio sanctorum)라고 보았다. 이미 그는 1949~1950년 겨울에 이 무교회운동을 경험하였다.

그는 이것을 계기로 교회론을 집필하게 되었다. 그래서 1951년에 「교회의 오해」(Das Missverständnis der Kirche)라는 책을 출판하였다. 책의 제목이 암시하듯이, 그는 한갓 하나의 제도로 굳어진 교회를 비판하려는 의도에서 이 책을 서술하였다. 그는 솜(Rudolf Sohm)이 제도와 법의 관점에서 쓴 교회론의 역사적 연구를 비판적으로 검토하고 난 뒤에, 교회의 본질은 법과 제도에 있는 것이 아니라고 강조하였다. 그는 그리스도교의 근원으로 거슬러 올라가서 교회의 역사에 관하여 되새김질하였다. 그가 확인한 대로 사도시대에는 카리스마적 질서가 교회를 이끌어 갔으며, 그러다가 1100년 무렵에서야 교황이 공포한 교서를 통하여 교회법이 지배하는 교회의 체제가 정착되었다. 이 같은 방식으로 브룬너는 독일 개신교회(루터교회)도 검정하였다. 그러면서 그가 확인한 바는, 히틀러의 독재 아래에서 여러 개신교회의 신학자들이 독재자의 비위를 맞추느라 세상 법을 교회 안으로 끌어들였고, 이에 맞선 고백교회의 지도자들은 독일의 제3제국에 저항하였다. 그 다음, 브룬너는 오늘도 여전히 교회법의 지배 아래 한갓 제도로 굳어져 있는 기성교회를 비판하였다. 그리고 대안을 제시하였다. 신약성경에서 교회를 가리키는 가장 중요한 말이 '에클레시아'인데, 이 말은 '코이노니아' 곧 공동체를 뜻한다는 것이다. 따라서 교회는 예수 그리스도를 믿고 그분의 뒤를 따르는 사람들이 스스로의 신앙적 동기에 이끌려서 모이는 신앙공동체여야 하며, 이러한 공동체가 살아 계신 예수 그리스도의 몸된 교회임을 강조하였다. 이와 함께 브룬너는 성령의 역사를 강조하였다. 성령께서 신앙공동체인 교회를 바르고 온전하게 이끄신다고 확신하였기 때문이다. 성령께서는 의례적인 성직 수행을 통하여 역사하지 않으시고 오직 당신이 택하신 사람을 통하여 역사하고 계심을 강조하였다.

7) 종말론

1953년에 브룬너는 그리스도교 종말론에 관하여 서술한 책 「미래와 현재로서 영원」(*Das Ewige als Zukunft und Gegenwart*)을 출판하였다. 이 책을 서술하는 동안에 그는 이듬해(1954)에 에반스톤(Evanston)에서 열릴 세계교회협의회(WCC) 총회의 주제인 "그리스도, 세상을 위한 소망"을 염두에 두었다. 이 작업과 함께 그는 자기 자신을 포함하여 같은 세대의 여러 신학자들이 종말론 연구에 관하여 그다지 힘을 기울이지 않았다는 사실을 알고 이를 반성하였다. 이제 그는 종말론을 깊이 다루어 보는 일이 가장 중요하다는 것을 깨달았다. 종말론에 관하여 신학적으로 다루는 작업이야말로 그리스도교의 미래를 대비하는 것이라고 보았다. 그는 이 일을 교의학(*Dogmatik*) 제3권을 서술하는 사전작업으로 이해하였고, 실제로 이 사전작업은 1946년부터 조금씩 진행되어 왔었다.

8) 삼위일체 하나님 신앙에 관한 교의학적 체계

1946년에 브룬너는 교의학 제1권을 출판하였는데 그 제목이 「하나님에 관한 그리스도교의 가르침」(Die christliche Lehre von Gott)이었다. 1950년에는 교의학 제2권을 출판하였는데 그 제목이 「창조와 구속에 관한 그리스도교의 가르침」(die christliche Lehre von Schöpfung und Erlösung)이었다. 그리고 1960년에 교의학 제3권이자 마지막 권인 「교회, 신앙, 그리고 종말론적 완성에 관한 가르침」(die Lehre von der Kirche, vom Glauben und von der Vollendung)을 출판하였다. 제3권의 서문에서 그는 사도신경(Credo)의 진리가 점차 한갓 전통으로 굳어지고 그리스도교 또한 하나의 가르침으로 화석화된 결과, 이 전통과 가르침이 성경말씀과는 현격한 차이가 난다고 강조하면서 성경의 신앙을 강조하였다. 그는 성경을 통하여 믿음으로 의롭게 된 신앙인은 전혀 새로운 생명체(ein neues Personsein)이며, 이 신앙 안에서 은혜와 진리(요 1 : 17)가 하나가 되고, 개인의 자유가 공동체 안에서 성취되고, 하나님의 공의와 인간의 구원이 일치된다고 서술했다.[34]

브룬너가 강조한 신앙이란 새로운 인간으로의 거듭남이다. 거듭나서 새로운 존재가 된 신앙인은 자신의 자아(自我, Selbst)가 공동체 속에서 참된 의미를 갖게 된다는 점을 깨달으며 자신과 공동체의 완벽한 조화를 추구한다. 이런 맥락에서 브룬너는 교의학 제3권에서 '회개 곧 돌이킴'도 강조하였다. "회개란 다름 아닌 그리스도의 뒤를 따르는 것인데 (……) 그리스도 안에서 그분으로 말미암아 참으로 회개한 사람은 세상을 향해서 회개하게 된다. 이 회개의 과정이 마지막에 이르게 될 종점은 그리스도의 생명 안에서 (종말론적으로) 완성된 세상이고, 또 그리스도 안에서 감추어져 있던 세상의 (종말론적) 완성이다."[35] 이러한 이중(二重)

의 회개는 아들 블룸하르트의 하나님의 나라 운동에서 시작되었고, 또 라가츠가 시시때때로 강조한 것이었다. 이렇게 보면 브룬너의 신학사상 속에는 블룸하르트와 라가츠가 언제나 크게 영향을 끼치고 있음을 알 수 있다.

브룬너는 이제까지의 프로테스탄트 신학에서 그리스도인의 거룩한 삶이 무엇인지를 제시한 성화에 관한 가르침이 결여되어 있다고 지적하면서 이를 몹시 아쉬워했다. 성화에 관하여 그는 다음과 같이 말했다. "성화란 완전한 삶에 이르는 것인데, 이것은 그리스도의 은혜 가운데서 그 은혜를 찬양하고 그분의 사랑을 실천하며 증거하는 온전한 삶이다."[36] "성화의 삶은 성령의 역사로 말미암아 드러나는바, 성령께서 사람에게 역사하시면 그 사람은 삶 속에서 하나님의 뜻이 이루어지게 하고, 또 빛의 도구로 쓰임을 받는다."[37] 종말론적 소망 가운데서 실천하는 거룩한 삶은 섬기는 종의 모습으로 이 세상에 오신 그리스도를 따르는 것이고, 이러한 거룩한 섬김 가운데서 그리스도의 영광에 참여하는 것이다.

브룬너는 교의학 제3권의 마지막 장에서 종말론적 '완성'(Vollendung)에 관하여 다음과 같이 서술하였다. "구원역사는 하나님 아버지 안에서 시작되었고, 또한 그분 안에 그 역사의 목표가 있다."[38] 하나님은 이 구원역사 안에서 예수 그리스도를 통하여 스스로를 드러내시는데, 예수 그리스도는 하나님의 계시를 성취하셨다.

9) 정리

브룬너의 신학사상은 초창기부터 후반기까지 그 중심이 되는 주제가 하나님의 계시였다. 그래서 그의 신학은 하나님의 계시에 관한 신학이고, 이 계시에 응답하는 인간실존의 신앙에 관한 신학이라고 말할 수 있다.

브룬너가 일평생 동안 증진해 간 신학사상은 '진리를 향한 열정'이라고 말할 수 있다. 하나님의 역사하심 가운데서 일어나는 사건들은 강 건너 불 구경하듯이 구경꾼의 입장에서 파악하려면 그것이 도저히 진리로 와 닿지 않는다. 이 진리는 그 사건을 일으키는 삼위일체 하나님의 능력에 이끌려서 그 속으로 직접 참여함으로써 깨달아 알게 된다. 이러한 사건들의 정점에 예수 그리스도의 사건 곧 그분의 성육신에서부터 부활에 이르는 사건이 있다. 그리스도의 사건은 초대교회 오순절에 임하신 성령의 역사하심 속에서 언제나 계속해서 일어난다. 이렇게 하여 하나님의 진리는 성령의 역사하심 속에 있는 그리스도의 사건을 깨우치는 가운데서 파악되고, 또한 이 진리는 예수 그리스도의 뒤를 따라 살면서 그 진리를 증언해야 온전하게 파악된다. 이 진리를 깨우치고 이해하고 파악하면서 그 진리대로 행동하며 실천하고 삶으로 옮기는 것이 신앙이다.

〈브룬너의 주요 저서 및 논문〉

Der Mittler. Zur Besinnung über den Christusglauben(1927) 4. Aufl. 1947.

Die andere Aufgabe der Theologie, ZZ 7, 1929, 255-276.

Die Frage nach dem "Anknüpfungspunkt" als Problem der Theologie, ZZ 10, 1932, 505-532

Das Gebot und die Ordnungen(1932) 4. Aufl. 1978.

Natur und Gnade. Zum Gespräch mit Karl Barth(1934), Fürst, W.(Hg.), "Dialektische Theologie" in Scheidung und Bewährung 1933-1936, 1966, 169-207.

Der Mensch im Widerspruch(1937) 4. Aufl. 1965.

Offenbarung und Vernunft(1941) 2. Aufl. 1961.

■■■ 미 주 ■■■

1. 쥔델은 요한 크리스토프 블룸하르트(Johann Chr. Blumhardt)의 전기를 저술하였고, 또 요한의 목회 자리를 물려받은 아들 블룸하르트(Chr. Blumhardt)와 일생 동안 가까운 친구로서 우정을 나누었다.
2. 쿠터는 취리히의 노이뮌스터(Neumünster) 교회에서 목회하였다. 그는 아들 블룸하르트에게 영향을 크게 입은 종교(예언자적) 사회주의자였으며, 1903년에 출판된 그의 책 *Sie müssen*(당신은 반드시 해야만 합니다)은 당시의 교회와 사회에서 커다란 반향을 일으켰다.
3. 라우터부르그 집안은 대대로 헤른후트 신앙공동체(Herrnhutergemeinde)에서 신앙생활을 하였다.
4. 흔히 아들 블룸하르트(Christoph Fr. Blumhardt, 1842-1919)라고 소개되는 그는 1842년 6월 1일 독일 서남부지역에 있는 작은 마을 뫼틀링엔(Möttlingen)에서 태어나 이 마을과 받볼에서 자랐다. 그는 1880년 2월에 아버지(Johann Christoph Blumhardt, 1805-1880)의 받볼 요양원 원장직과 목사직을 물려받았다. 그는 급변하는 사회현실(독일통일, 산업화, 생태계 위기, 노동운동, 유럽 제국주의 정책의 확장)에 대응하는 하나님 나라의 복음을 증언하기 위하여 온갖 수고를 하는 가운데서, 1899년 6월에 노동자들의 집회에 참석해서 즉흥 연설을 한 것이 계기가 되어 현실 정치에 뛰어들었다. 그는 당시에 무신론 정당이요 반(反)교회적인 성격을 띤 사민당(Sozialdemokratie)에 입당했다. 왕립종교국이 이 점을 그냥 지나치지 않았으므로, 그는 그 해 11월에 목사의 직위와 칭호를 포기해야만 했다. 그러나 그는 계속해서 노동자들의 모임에 나가서 자주 연설했으며, 뷔템베르그(Württemberg) 지역의 의원으로 당선되었다. 이제 그는 정치가로서 지역의 현안에서 국제문제까지 폭넓게 다루며 의정활동을 했다. 1906년에 주 의회선거 후보에서 사퇴한 그는 일선 정치에서 물러났다. 그리고 받볼로 돌아왔다.
5. E. Brunner, *Denken und Erleben*(Basel, 1919), p. 5.
6. E. Brunner, ibid., p. 6f.
7. Ibid., p. 13.
8. Ibid., p. 16.
9. Ibid., p. 83.

10. Ibid., p. 119f.
11. E. Brunner, *Ein offenes Wort* 2(Zürich, 1981), p. 7.
12. E. Brunner, *Ein offenes Wort* 1(Zürich, 1981), p. 87.
13. 신학자 알트하우스(P. Althaus)는 브룬너의 이러한 기독론에 관하여 비판적으로 언급하였다. 즉, 브룬너는 예수의 역사성(geschichtliche Wirklichkeit)에 관하여 충분히 검토하지 않았으며, 이러한 점에서 그가 '아래에서 위로 나아가는' 기독론을 보충해야 한다고 비판하였다. P. Althaus, Theologische Aufsätze Ⅱ, 177f.
14. E. Brunner, *Der Mittler. Zur Besinnung über den Christusglauben* (Tübingen, 1927 ; 4. Aufl., Zürich, 1947), p. 125.
15. Ibid., p. 533.
16. 이 글을 읽은 바르트는 자신과 브룬너가 이제 더 이상 신학적으로 같은 노선이 아니라고 느꼈다. K. Barth, *Nein. Antwort an E. Brunner*, 1934. p. 57f.
17. E. Brunner, *Ein offenes Wort* I, p. 190.
18. E. Brunner, *Der Mittler*, p. 480.
19. E. Brunner, *Ein offenes Wort* I, p. 190.
20. Ibid., p. 227.
21. M. Schoh, Emil Brunner(1889-1966)-Theologie der Begegnung, in : Gegen die Gottvergessenheit. Schweizer Theologen im 19. u. 20. Jh.(Hg.) S. Leimgruber u. M. Schoh(Basel ; Freiburg ; Wien : Herder, 1990), p. 322.
22. E. Brunner, *Ein offenes Wort* I, p. 367.
23. E. Brunner, *Das Gebot und die Ordnungen*(Tübingen, 1932 ; 4. Aufl., Zurich, 1978), p. 112.
24. Ibid., p. 322.
25. E. Brunner, *Das Gebot und die Ordnungen*, p. 244f.
26. E. Brunner, *Wahrheit als Begegnung*(Berlin : 1938 ; 2. Aufl., Zürich : 1963), p. 134.
27. M. Schoh, op. cit., p. 325.
28. E. Brunner, *Gerechtigkeit*, pp. 214f, 222, 229f.

29. E. Brunner, *Das Geobt und die Ordnungen*, p. 412f.
30. 이 책의 독일어 번역판은 1979년에 출판되었다.
31. 이 강연은 그의 저서 「공산주의, 자본주의, 기독교」(*Kommunismus, Kapitalismus, Christentum*)에 실렸다.
32. E. Brunner, *Ein offenes Wort* II, p. 240. 갈 바르트가 1950년대에 공산 정권의 지배 아래에 있는 헝가리 개혁교회와 교류하는 동안에, 브룬너는 이에 대하여 논박하는 공개서한을 바르트에게 보냈다. 즉, 바르트가 헝가리의 전체주의를 보지 못하고 그냥 지나친다는 점을 브룬너가 비판하였다.
33. E. Brunner, *Gerechtigkeit*, pp. 184, 207f.
34. E. Brunner, Dogmatik III, *Die christliche Lehre von der Kirche, vom Glauben und von der Vollendung*(Zürich ; Stuttgart, 1960, 2. Aufl., 1964), pp. 10, 270.
35. Ibid., p. 325.
36. Ibid., p. 331.
37. Ibid., p. 333.
38. Ibid., p. 496f.

III 헤리뜨 꼬르넬리스 베르까우어 : 로마 가톨릭 교회와 칼 바르트를 비판하는 개혁신학

1. 서 론

1996년 1월 25일 포르하우뜨(Voorhout)에서 소천한 네덜란드 개혁교회의 교의학자 헤리뜨 꼬르넬리스 베르까우어(Gerrit Cornelis Berkouwer, 1903-1996)[1]는 우리 나라에서는 다소 생소한 것 같지만, 「칼 바르트 신학에서 은총의 승리」라는 저서[2]와 방대한 18권의 「교의학」시리즈(1949-1972)로 유명하다.[3] 필자는 십여 년 전에 "개혁신학"이라는 과목과 함께 강의실에서, 그리고 석사학위 논문을 준비하면서 그를 접하게 되었다.[4] 헤셀링크가 네덜란드가 배출한 개혁파 조직신학자들 중에 자타가 공인하는 세계적 신학자로서 「개혁교의학」

(*Gereformeerde Dogmatiek*)의 저자 헤르만 바빙크(Herman Bavinck, 1854-1921)[5]와 「기독교신앙」(*Christelijk geloof*)의 저자 헨드리꾸스 베르꼬프(Hendrikus Berkhof, 1914-1995)[6]와 함께 베르까우어를 손꼽은 것은 당연하다.[7]

베르까우어는 처음에 '네덜란드 개혁교회'(de Gereformeerde Kerken in Nederland)에서 목사안수를 받아 목회를 하다가 바빙크가 가르쳤던 암스테르담의 자유대학(de vrije Universiteit)에서 교의학 교수로 임용되었다. 25년의 교수재임 축하식이 거행되던 1965년, 그가 신학을 시작한 지 벌써 43년이나 되었다. 이 축하식에서 스미뜨(G. Smit)는 베르까우어의 삶의 비결과 본질의 핵심에 대해서 물었다. 이때 베르까우어는 "당신이 왜 그렇게도 열심히 연구하고 가르치는지를 당신 스스로에게 물어보시오. 당신도 그렇게 하지 않을 수 없는 이유는 바로 당신은 복음에 의해서 항상 다시 즐겁고 행복해지며, 복음에 의해서 경탄해 마지않기 때문입니다."라고 대답했다.[8]

베르까우어는 복음을 통한 경이로움과 여기서부터 흘러나오는 신학함의 즐거움 외에 신학함의 어려움에 대한 언급도 빠뜨리지 않았다. "이 길을 걸어가는 것이 그렇게 쉬운 일은 아닙니다. 우리에게는 결코 과소평가할 수 없는 깊숙한 수렁에 빠져 있는 문제들도 있습니다. 이 길을 걸어간다는 것은 수없이 많은 아름다운 경치가 펼쳐진 대평원(大平原)으로 여행하는 휴가여행이 아니라, 차라리 험산준령(險山峻嶺)을 넘어야 하는 어려운 산악여행입니다"(상게서, 1).

우리는 본 고에서 주로 베르까우어의 1차 문헌을 중심으로 먼저 그의 초기의 저서를 분석하고, 다음으로 로마 가톨릭교회에 대한 저서의 분석에 이어 칼 바르트에 대한 저서를 분석하고, 마지막으로 그의 교의학 시리즈를 중심으로 그의 신학을 살펴볼 것이다.[9] 본 고에서 아쉬운 점은 베르까우어의 신학 사상의 역사적 발전에 대한 고려함이 없이 그의 저서들을 인물 내지 교의학 주제에 따라 접근한다는 점이다.

2. 초기 저서

베르까우어의 초기 저서들 중에 하나는 그의 박사학위 논문인 「독일의 새로운 신학에서 신앙과 계시」(1932)이다.[10] 이 논문의 서론에서 베르까우어는 신학에서 신앙과 계시라는 범주는 근본적으로 매우 중요하다고 말한다. 그 이유는 신앙과 계시의 관계는 교의학의 방법론을 좌우하며, 성경의 문제와 밀접한 관계 속에서 학문으로서 신학의 독립성을 위해서 중요하고, 다른 한편 신앙의 확실성의 문제를 위해서도 중요하기 때문이다. 이 문제는 특별히 종교개혁시대부터 근본적으로 제기된 문제이다.

그는 독일의 대표적인 신학자들(리츨, 하임, 스위스의 바르트, 브룬너)을 언급하면서, 계시와 신앙의 관계에 대한 그들의 해결점 속에 주관주의 내지 객관주의라는 양극화(兩極化) 현상이 나타난다고 지적한다. 리츨에게는 인간의 주관적 요소를 중요시하는 주관주의적 위험의 요소가 있는 반면, 하임에게는 객관주의적 위험의 요소가 있다. 베르까우어는 신앙과 계시의 관계를 중심으로 양극화의 조짐을 보이는 신학자들을 비판한다.

베르까우어는 모든 계시 개념과 신앙 개념 속에서 제기되는 가장 중요한 질문은 결국 성경의 의미에 대한 질문과 직결되는 것으로 간주한다. 왜냐하면 신앙과 성경 사이의 상호관계성(correlatie)이 존재하기 때문이다(상게서, 157). "신앙의 주관성은 상호관계성의 문제 중에 하나이다"(상게서, 173). 그러나 이 신앙의 주관성은 계시에 대한 질문을 해결하는 수단으로 이용될 수는 없다. "신앙 주체의 과제는 단지 복종이며 순종일 뿐이다"(상게서, 173). 다시 말하면, 이 순종이란 무오류(無誤謬)한 계시로서 영감된 성경에 대한 순종이다. 베르까우어는 그의 책 거의 마지막 부분에서, 계시와 신앙의 상관관계 문제에서 하나님의 계시로서 성경에 대한 완전한 권위를 신앙으로 고백하는 것이 가장 중요하다는 사실을 다시 한번 천명한다. 성령의 주관적 사역은 성경의 신적인 근거(divinitas)를 우리에게 알려 준다(상게서, 242). 베르까우어의 신앙 개념은 인간의 실제적인 주관성을 포함하는 동시에 하나님의 은혜를 통해서만 가능한 은사(gave)이기도 하다. 인간 속에 신앙을 불러일으키시는 분은 바로 성령이다. 성령의 사역은 이 같은 인간적인 주관성 속에서 구성적인 의미를 갖는다. 베르까우어는 정확무오한 성경 없이 주관적인 신앙으로만 치닫는 주관주의의 위험성과 성령을 통한 체험적 신앙 없이 성경의 계시만을 주장하는 객관주의의 위험성을 상호관계라는 사상과 성령을 통해서 잘 극복하고 있다. 성령은 인간 속에서 신앙을 불러일으키고, 성령은 성경계시를 신앙을 통해서 깨닫게 하신다.

3. 로마 가톨릭교회에 대한 베르까우어의 저서

로마 가톨릭교회의 객관주의에 대한 베르까우어의 신랄한 비판은 하나님의 말씀을 통해서 신학을 추구하고자 하는 종교개혁적, 개혁신학적 입장에 서 있는 그로서는 당연한 일이다. 그의 로마 가톨릭교회에 대한 대표적 저서는 「로마 가톨릭교회의 교리에 대한 반박」(1937)이다.[11]

베르까우어는 로마 가톨릭교회의 신학과 개혁신학 사이에 존재하는 큰 갈등 중에 하나를 계시의 문제로 본다. "종교개혁적 신앙고백이 하나님의 말씀을 절대적인 권위를 가진 것으로 주장한 것은 주관주의의 승리를 의미한다고 로마 가톨릭교회가 비판한 데서부터 양자 사이에 근본적인 갈등이 생겼다"(상게서, 99). 베르까우어는 "상호관계성 문제에서 창조성은 누구에게 부여되는가?", "성경 속에서 자신을 계시하시는 분은 하나님 자신인가? 아니면 다른 '제도'나 '기관'으로서 로마 가톨릭 교회인가?"라고 묻는다.

성경의 권위를 인정하는 것은 어떤 형식적 원리나 신앙고백문 자체가 아니라 신앙을 불러일으키는 성령과 성경의 내용과 약속의 내용이 중요한 것이다. 베르까우어는 칼빈을 인용하면서 신앙과 성경의 관계를 상호관계성과 계약관계를 통해서 논증한다. 성경은 자체가 신적 권위를 갖는 것이지, 로마 가톨릭교회가 주장하듯이 교회가 성경에 권위를 부여해서가 아니다(상게서, 105). 로마 가톨릭교회는 자신을 역사(歷史)의 주관자로 간주하지만, 베르까우어는 예수 그리스도를 역사의 중심이며 역사의 주관자로 간주한다.

성경의 전체 내용은 또한 예수 그리스도를 지향한다. 역사에 대한 이와 같은 기초를 통해서 베르까우어는 로마 가톨릭교회의 미사를 비판한다. 구약의 제사장 멜기세덱의 반차를 좇는 예수 그리스도의 십자가의 유일회적, 대속적 죽음은 로마 가톨릭교회처럼 반복적인 희생으로 이해될 수 없다(상게서, 255). 로마 가톨릭교회에 반대하여, 베르까우어는 교회는 하나님의 말씀 속에서 그리스도의 음성을 듣고 순종해야 한다고 주장한다. 그때야 비로소 교회는 그리스도에 대해 올바로 증언하는 교회가 된다.

베르까우어의 로마 가톨릭교회에 대한 또다른 유명한 저서는 「로마와의 갈등」(1948)이다.[12] 여기서 베르까우어는 상호 종합 속에서 해결해 버리는 로마 가톨릭교회의 은총과 자연에 대한 관계를 중심으로 종교개혁과 로마 가톨릭교회 사이에 존재하는 큰 차이점을 발견한다. "은총과 자연이 상호 어떻게 관련되어 있는지에 대한 문제 속에서, 인간의 본성이 더 큰 중요성을 갖는 종합 속에서" 로마 가톨릭교회는 자연과 은총의 문제를 해결하고 있다(상게서, 134).

  로마 가톨릭 신학자들은 '은총에 대한 죄인의 능력과 수용성'에 대해서 언급하는 반면, 종교개혁은 참된 하나님에 대한 반역 속에 있는 인간 속에 어떤 긍정성이나 수용성도 없다고 주장한다. "종교개혁이 하나님의 창조행위의 선하심을 부정하기 때문이 아니라 로마 가톨릭교회에 반대하여, 하나님에 의해서 창조된 세계와 인간이 그의 존재성 속에서 하나님으로부터 소외되고 '폐쇄된' 현실성이 되어 버렸기 때문이다"(상게서, 139). 다시 말하면, 종교개혁에서는 비록 인간의 타락에서, 그리고 인간의 타락 이후에도 하나님께서 인간을 보전하실지라도 인간의 본성은 하나님의 계시와 은혜에, 전적으로 모순과 갈등 속에 있다.

  존재하는 모든 것은 선(善)하다고 하는 로마 가톨릭교회의 존재론적 관점 속에 로마 가톨릭 교회론은 그 정점에 도달한다. 존재하는 모든 선한 것은 그 자체가 모든 존재의 근원이신 하나님께 참여한다. 이 같은 관점이 로마 가톨릭교회의 선행론, 마리아론, 칭의, 성화, 신앙의 확실성, 성도의 견인 등을 포함하는 구원론에도 동일하게 적용된다. 로마 가톨릭교회의 위와 같은 존재론에 반대하여(존재유비, analogia entis), 종교개혁은 신앙과 죄의 고백의 종교와 폐쇄되고, 눈먼 인간에 대한 하나님의 은총에 의한 기적의 종교를 주장했다(상게서, 141). 종교개혁은 하나님의 은총을 인간의 활동에 대한 상호 협동적인 관점에서 이해하지 않았다(상게서, 170).

  베르까우어는 로마 가톨릭교회 속에서 "인간의 선행이 하나님의 은총에 대한 관계 속에서 고유하고도 독립적인 위치를 차지하고 있음을" 보았다(상게서, 189). 가톨릭 신학자들은 종교개혁이 인간의 가치와 능력과 인간성을 과소평가했다고 말하지만, 베르까우어에 의하면 종교개혁이야말로 성경적인 인간이해를 하고 있다. 즉, 종교개혁은 "예수 그리스도 안에서 하나님의 구속하는 은총을 통해서, 전 우주적인 차원 속에서 피조된 인간의 참된 삶의 회복"에 대한 성경적인 관점을 가지고 있다(상게서, 279).

4. 바르트에 대한 베르까우어의 저서

베르까우어는 그의 박사학위 논문을 쓴 뒤에 주로 칼 바르트에 대한 연구에 몰두했다. 베르까우어는 바르트 신학에서 하나님의 말씀의 주권성(soevereiniteit) 또는 우월성을 발견했다.[13] 베르까우어는 바르트 신학을 '한계의 신학', '신적 구원의 신학', '하나님의 말씀의 자유의 신학' 등으로 불렀다(상게서, 26, 37).

계시와 신앙에 대한 바르트의 사고는 하나님의 주권성과 자유 및 하나님의 구원에 의해서 구조화되어 하나님의 주권성과 자유는 역사의 지평 속으로 파고들어 가지 못한다. 계시 속에 하나님의 절대적인 자유가 있다. 바로 이 점에서 베르까우어는 바르트의 계시 개념을 '행동주의적'(aktualistisch)이라고 규정했다. 다시 말하면, 하나님은 스스로 역사 속에서 자신을 계시하시고 행동하시지만 역사 자체는 하나님의 계시하시는 행동이 아니다(상게서, 51). 그러므로 계시는 어떤 연대기적인 역사와 연결되어 있는 계시가 아니며, 계시역사(historia revelationis)란 존재하지 않는다. 신적인 '아프리오리'는 신적인 '아프리오리'로 그대로 머물러 있게 된다.

여기서 베르까우어는 바르트의 계시와 역사 사이에 존재하는 이원론(二元論)을 발견한다. 바르트의 하나님의 일방적인 주권성에 반대하여, 베르까우어는 하나님의 계약과 이 계약으로부터 흘러나오는 이 세계 속에서의 하나님의 활동의 연속성과 인간에 대한 하나님의 관계의 연속성을 주장한다. 베르까우어의 계약사상은 인간이 지상에서 살면서 하나님과 갖는 유대관계를 제거하지 못한다. 계약은 이 세계 속에서 하나님의 활동의 구조를 보여 준다. 이 계약 개념으로부터 베르까우어는 성경 속에서 우리에게 주어지는 하나님의 말씀과 하나님의 자기계시를 상호관계로 이해하는 동시에, 다른 한편 자신을 계시하시는 하나님 속에서 우리 인간의 참된 신앙을 상호관계로 이해한다. 하나님의 계약의 보존은 하나님의 계명의 준수이다. 상호관계성은 계약관계성으로 번역할 수 있다. 이것은 하나님께서 그의 말씀 속에서 자신을 우리에게 주셨다는 신앙고백이다.

그러므로 베르까우어는 역사적으로 자신을 계시하시는 하나님과 죄와 불행 속에만 있는 사람과 전적으로 다른 기독교적 삶과 거룩성의 실존 속에 있는 신자(信者)의 상호관계성에 대해서 말할 수 있게 된다. 결국 베르까우어는 바르트의 행동주의적 상호관계성의 개념에 반대하여 연속적 상호관계성을 주장했다. 그리스도의 사역과 성령의 사역은 서로 떨어져서 나누어지는 것이 아니라 그의 백성에 대한 하나님의 계약사상 속에서 자신의 고유한 위치를 가지고 있다(상게서, 177). 바르트의 역사에 대한 과소평가에 반대하여, 베르까우어는 계약개념과 성령론을 통해서 역사 속에 있는 하나님의 진노에 대해서도 말하면서 역사의 가치를 인정했다.

그 후 4년 뒤에 베르까우어는 암스테르담의 특별 교수 취임식에서 "바르트주의와 가톨릭주의"(1940)라는 제목으로 취임강연을 했다.[14] 여기서 베르까우어는 또다시 '상호관계' 개념을 통해서 로마 가톨릭주의와 바르트를 다 같이 비판한다. 베르까우어에 의하면 전자는 상호관계성을 객관주의 속에서 이해했으며, 후자는 상호관계성을 하나님의 자유와 주권성 속에서 하나님의 역사적 계시 속에 정초시켰다. 베르까우어에 의하면, 상호관계성은 하나님의 계시에 기초해 있으면서도 인간에 대한 하나님의 계약 속에서 표현되는 쌍방성을 갖는다(상게서, 27). 바르트의 상호관계성 속에는 인간성이 배제되어 있다. "신앙은 우리의 인간적 삶과 떨어져 있다"(상게서, 29-30). 우리에게 성경 속에서 주어진 하나님의 역사적 계시와 은혜의 연속성 속에서 인간의 참된 신앙으로 남아 있는 참된 인간적인 신앙의 상호관계성은 계약사상을 통해서 가능해진다.

베르까우어는 다시 바르트에 관한 작은 작품 「칼 바르트와 유아세례」 (1947)를 출판했다.[15] 여기서도 베르까우어는 상호관계 개념을 사용한다. "상호관계 개념은 성찬론에 본질적으로 중요하다는 사실을 부인할 수 없다"(상게서, 70). "신앙과 '그리스도 안에 있는 구원' 사이의 상호관계성 속에서 하나님의 계약의 신비는 가장 깊이 계시된다는 사실"을 볼 때, 우리는 상호관계성의 특성을 이해할 수가 있다(상게서, 64). 베르까우어는 유아세례와 관련하여 상호관계적 표현을 명료화하기 위해서 두 가지 동기(動機)에 대해 언급한다. 첫째, 그는 교회의 성례전적인 삶을 위해서 '너희와 너희의 씨'"라는 말에 관심을 갖는다. '너희와 너희의 씨' 라는 말은 유아세례의 시행에 있어서 가족의 구성적 의미를 부여한다. 이것은 교회가 가족관계를 지지하는 것을 의미하는 것이 아니라 가족관계가 교회를 위해서 그 의미와 분리되어서는 안 된다는 것을 의미한다.

우리가 유아세례에 대해서 언급할 때, 우리는 신자에 대한 개인적이고도 추상적인 관점을 가지고 생각할 수 없다는 사실을 의미한다. 하나님과 인간에 대한 관계는 '피조물적인' 삶의 구체적인 연관성상에 있다 (상게서, 47). 교회는 각각의 개별적인 모임의 총체로 구성된 것이 아니라 '세대와 세대를 거쳐서' 하나님의 약속 안에 포함된 부름 속에 있는 것이다. 교회에서 유아세례를 받은 어린이가 바로 여기에 속한다. 옛 언약의 이스라엘 속에서 어린이들도 이스라엘에게 속했듯이 '너희와 너희의 씨' 라는 말은 새 언약 속에서도 유효하다.

언약이란 말과 언약의 구조는 새 언약 속에서 무효화된 것이 아니다. 세대 속에 있는 이스라엘에 대한 '너희와 너희의 씨'라는 언약의 말은 단순한 세대 속에 태어나는 모든 사람들에 대한 이론적이고도 객관적인 정보나 통계학적인 질량이 아니라 신앙 속에서 받아들이기 위해 부르시는 살아 있고, 능력 있는 신적인 언약의 말씀이다. 새 언약 속에서도 교회는 역시 신자 개개인의 총계가 아니라 어린이들과 성인들을 포함하는 하나님의 백성이다. 어린아이가 성장하여 어른이 되어 구원을 받아들이는 전 일생의 발전 과정은 하나님의 섭리 속에 있다(상게서, 62).

하나님의 섭리는 하나님의 자유와 모순되지 않고, 하나님의 자유는 구원의 비밀과 '너희와 너희의 씨'라는 언약의 말씀의 배경을 형성한다. 구원과 신앙의 상관관계는 어린아이가 세례를 받는 그 순간에 결정되는 것이 아니라 유아세례 시에 유아에게 주어진 약속된 말씀의 의미를 의식적으로 받아들이는 유아가 성인이 되는 시점에서 보아야 한다. 우리는 유아세례 시에 '상호관계성의 주관적인 측면'이 부재하다고 말해서는 안 된다. 유아세례 시의 상호관계성의 주관적인 측면은 하나님의 교회인데, 이 교회 속에서 유아의 성장과 발전을 위한 교회의 교육과 기도의 몫이 있는 것이다. 그러므로 세례와 신앙의 상호관계가 유아세례 속에서 부재하는 것이 아니다. 왜냐하면 이 상호관계성은 하나님에 의해서 의도되고 인도된 인간 삶의 발전 과정과 분리되지 않기 때문이다. 이 상호관계성의 문제는 어떤 이론적인 문제가 아니라 신앙의 현실성이다(상게서, 74). 바로 이 점에서 베르까우어는 칼빈과 정확하게 일치한다.

베르까우어에 의하면, 바르트는 신앙과 유아세례 속에 있는 성찬 사이에 존재하는 관계성을 단절시켜 버렸다. 바르트는 성인과 유아 사이의 관계를 언약에 대한 구성적인 의미로 이해하지 않고, '자연'에 의해서 주어진 것으로 보았다(상게서, 83). 그 결과로, 바르트는 유아세례를 부정하기에 이르렀다. 이 속에는 바르트의 창조에 대한 이해가 깊이 자리하고 있다. 바르트의 창조론은 역사적으로 최초의 완전하고도 선한 창조(status integritatis)를 알지 못한다. 바르트는 창조를 그리스도로부터만 이해한다. 피조물과 그리스도 사이에는 인식론적인 연관성뿐만 아니라 예수 그리스도 안에 창조의 존재론적인 근거도 있다. 즉, 바르트의 경우 창세기에 나타난 창조사건은 기독론적으로 이해된다.

베르까우어의 바르트에 대한 연구서 중에서 유명한 책은 「칼 바르트 신학에서 은총의 승리」(1954)이다.[16] 이 책에서 우리는 바르트 신학의 핵심을 발견할 수 있다. 이 책에 담긴 바르트 사상의 핵심 내용은 책 제목("은총의 승리") 자체를 통해서 반영되며 바르트의 선택교리 속에서 나타나는바, 바르트에 의하면 선택론은 '복음의 총화'이다. 베르까우어는 이같은 바르트의 사상을 다른 말로 '성경적, 기독교적 유일주의'(bijbels christelijk monisme), 즉 '기독론적 아프리오리'라고 불렀다. 이 원리가 창조와 타락과 하나님의 자기계시 사상을 지배한다.

5. 베르까우어의 「교의학」 시리즈에 나타난 신학

베르까우어의 유명한 「교의학」 시리즈(1949-1972)는 첫 번째 저서인 「신앙과 칭의」(1949)를 시작으로, 「교의학」 시리즈 마지막 저서인 「교회 II : 사도성과 거룩성」(1972)을 통해서 18권으로 구성되어 있다. 이 저서들에 기초하여 우리는 베르까우어의 신학을 분석해 보기로 한다.

1) 계시론

베르까우어의 계시론은 주로 「일반계시」(1951)와 「성경관」 I (1966) 및 「성경관」 II (1967)에 잘 나타난다. 어떤 신학자들은 '일반계시와 특별계시'(algemene en bijzondere Openbaring) 사이의 구별을 원치 않는다.[17] 여기에는 두 가지의 큰 역사적 배경이 있다. 19세기 이후 특별히 헤겔의 영향을 받은 신학에서는 예수 그리스도와 성경을 통한 특별계시는 일반 자연세계에 있는 하나님의 현현으로서 일반계시에 비해 상대적 가치만을 가지게 되었다. 이 같은 경향은 개신교 자유주의와 로마 가톨릭 신학에서는 보편화되었다.

여기에 대한 강한 반대가 소위 '자연신학 논쟁'을 통해서 바르트에 의해 일어났다. 바르트가 소위 낙관적 자연신학을 추구하는 개신교 자유주의와 로마 가톨릭신학에 대해 반대한 것과 변증신학자로서 신학 동료인 에밀 브룬너와도 벌인 자연신학 논쟁은 너무나도 유명하다(상게서, 11-12). 바르트는 일반계시와 자연신학에 반대하여, "세계 속에 있는 하나님의 유일하고도 배타적인 계시로서 그리스도 안에 있는 계시"만을 주장했다(상게서, 15, 26). 브룬너는 「자연과 은총」(Natur und Gnade)이란 저서 속에서 바르트에 반대하여 창조 속에 있는 일반계시와 예수 그리스도 안에 있는 특별계시를 말하는 동시에, 전자는 인간의 타락으로 인하여 하나님의 완전한 인식을 위해서는 불충분하다고 주장했다(상게서, 29). 브룬너는 이것을 인간이 갖고 있는 하나님의 형상에 적용시켜서, 타락한 모든 인간이 여전히 갖고 있는 '형식적 형상'과 잃어버렸지만 회복되어야 할 '실질적 또는 내용적 형상'을 주장했다(상게서, 30). 일반계시와 자연신학을 동일하게 이해한 바르트에 반대하여, 브룬너는 자연신학은 독립적이어서는 안 되고 반드시 성경과 예수 그리스도 안에 있는 계시를 자신의 규범으로 인정해야 한다고 주장한다. 결국 개신교 자유주의와 로마 가톨릭교회는 일반계시를 강조함으로써 계시의 보편성에 중점을 두었다면, 바르트는 기독론적 관점에서 특별계시를 배타적으로 주장함으로써 계시의 독특성을 강조하게 되었다(상게서, 46).

베르까우어는 일반계시와 특별계시 사이의 구별 문제를 해결하기 위해서 개혁신학의 특징대로 성경으로부터 시작해야 한다고 주장한다(상게서, 92). 베르까우어에 의하면, 성경은 '우주론적 차원'(het kosmologische)과 '구원론적 차원'(het soteriologische) 사이의 딜레마를 알지 못한다. 창조와 구속 사이의 분열은 비성경적인 사고이다. 성경은 이 양자의 긴장을 종말론적 관점에서 해결한다(상게서, 105-106). 개신교 자유주의와 로마 가톨릭 신학에 나타난 낙관적 자연신학은 성경 속에 있는 창조에 관한 이스라엘의 시편찬송을 결코 이해하지 못할 것이다. 말씀·계시를 통해서 하나님의 구원에 대한 눈이 열릴 경우에만 창조에 관한 시편을 통해서 창조주 하나님을 찬양하는 것이 가능해진다. 자연은 구원지식에 대한 경쟁자가 아니다. 아무도 그리스도를 통하지 않고는 아버지께 갈 수도 없고, 그의 손길이 미친 사역도 이해하지 못한다. 우리는 그리스도의 빛 속에서 창조의 빛을 본다. 예수 그리스도 안에 있는 하나님의 구원지식 속에 하나님의 선(善)의 하모니가 있다. 땅은 장차 주의 지식으로 충만해질 것이다(사 11:9, 계 4:11⟨상게서, 106⟩).

"성경은 하나님의 말씀이다."(Sacra Scriptura est Vebum Dei)라는 전통적인 신앙고백이 합리적인 성경비평을 통해서 의심을 받는 시대에 이르렀다.[18] 우리는 어떤 의미에서 성경의 확실성(zekerheid)에 대해 말할 수 있는가? 베르까우어에 의하면, 인간의 언어로 기록된 성경이 하나님의 계시의 말씀이며, 여기서부터 하나님의 음성(vox Dei)을 들을 수 있는 신적 권위를 가진 무오한 책이라는 사실은 '성령의 증언'(het getuigenis van de Heilige Geest)에 있다. 성령이 '위대한 증언자'(de grote Getuige)이시다(상게서, 40-82). 성경은 '정경'(正經, canon)이다. 로마 가톨릭교회에 의하면, 정경결정의 주체가 교회이기 때문에 교회(전통)가 성경보다 더 큰 권위를 가진다. 여기에 반대하여, 베르까우어는 교회를 정경결정의 수단으로 사용하신 하나님의 섭리 속에서 성령의 인도하심('leiding' van de Geest in de providentia)을 주장한다(상게서, 99).

베르까우어는 특별히 성경의 영감(theopneustie, inspiratie)의 특징을 강조한다.[19] 성경은 인간적인 언어로 기록되었지만, 하나님의 말씀을 운반하는 '종의 형체'를 가지고 있기 때문에[20] 역사성을 가지며, 번역과 해석의 작업이 불가피하다.[21] 그러나 성경은 신뢰할 만하고,[22] 명료하며,[23] 충족성을 가지며,[24] 설교를 통해서 선포되고 가르쳐야 한다.[25] 베르까우어는 현대의 비평학의 유용성과 함께 그 한계성을 지적한다. "'비평'에 대한 모든 고려, 즉 '크리티코스'(kritikos, 비평)에 대한 철저한 시각이 필수 불가결하다. 그러나 우리는 말씀에 대한(òp het Woord) 비평과 말씀에 관한(van het Woord) 비평을 예리하게 구별함으로써 하나님의 말씀을 보존해야 한다."[26]

2) 하나님의 섭리와 선택

(1) 하나님의 섭리

베르까우어는 하나님의 섭리(de voorzienigheid van God)에 대해서 본격적으로 논의하기 전에 먼저 기독교회의 섭리신앙에 대한 현대인들의 부정적인 반응을 소개한다. 특히 서양의 현대인들은 제2차 세계대전 이후 삶의 회의(懷疑)와 무의미(無意味)에 대한 경험 때문에 과학적인 이유에서뿐만 아니라 과학 이외의 이유에서도 섭리를 인정하기가 힘들게 되었다.[27] 그럼에도 불구하고 하나님의 말씀으로 살고자 하는 교회는 하나님의 섭리에 대해 성경을 통해서, 특히 시편과 잠언과 욥기를 통해서 말할 수밖에 없다고 베르까우어는 말한다(상게서, 12-13).

베르까우어는 하나님의 섭리의 성격에 대해서 다음과 같이 말한다. "그러므로 하나님의 진리에 대한 인간중심적인 하나 됨으로부터가 아니라 생명과 죽음 속에서 유일한 위로에 대한 길과 섭리의 위로에 대한 길을 예비하시는 그리스도의 십자가를 통해서 이루어진 구속으로부터 하나님의 섭리에 대한 신앙고백의 구원론적 관점이 결정적으로 중요하다. 섭리에 대한 신앙고백에 해당되는 그리스도의 말씀은 '나로 말미암지 아니하고는 아버지께로 올 자가 없느니라'(요 14 : 6)이다"(상게서, 51). "그리스도에 대한 신앙고백과 섭리에 대한 신앙고백은 상호간에 얼마나 밀접한 연관관계 속에 있는지가 분명해졌다"(상게서, 55).

베르까우어는 섭리를 '보존'(onerhouding)[28]과 '통치'(regering)[29]로 이해한다. "하나님의 은혜 속에서, 그리고 아직도 세계에 대한 하나님의 오래 참으심 속에서 하나님을 보는 사람은 하나님의 보존에 대한 신앙고백을 단순한 신학적 언어가 아니라 설교에서 부르시는 하나님의 음성이라는 것을 알고 있다"(상게서, 99). "하나님의 섭리의 방법을 이해하기 위하여 여러 가지 생각 속에서 방황하다가 우리는 마침내 경배 속에서 무릎을 꿇는 확고부동한 신앙의 단순성에 이를 수밖에 없음을 알게 된다. '하나님이여 주의 도는 극히 거룩하시오니 하나님같이 큰 신(神)이 누구오니이까?'"(상게서, 189).

(2) 하나님의 선택

베르까우어는 교리사적으로 선택론을 논의한 후에 "모든 논의는 신적인 예정(prae-destinatie)과 인간적 행동과 결단 사이의 관계 문제로 집중된다."고 말한다.[30] 이 문제를 중심으로 펠라기우스주의, 반(半)펠라기우스주의, 아르미니안주의, 신인협동설(神人協同說)로부터 이중예정과 예지예정, 보편화해론, 만유회복설(apokatastasis)에 이르기까지 많은 신학적 논쟁들을 교리사적으로 스케치한다(상게서, 28-55).

베르까우어는 선택(選擇, verkiezing)과 하나님의 '기뻐하심'(=임의성, 任意性, willekeur)의 관계(상게서, 56-111), 선택과 '감추어짐'(verborgenehid)의 관계(상게서, 112-149), 선택과 '그리스도'의 관계(상게서, 150-199), 선택과 '유기'(遺棄)의 관계(상게서, 200-258), 선택과

'설교'의 관계(상게서, 259-308), 선택과 '구원의 확실성'의 관계(상게서, 339-374) 등에 대해서 논의한다.

'임의성'이라는 말은 일반적으로 사람들에게 적용될 때는 부정적인 인상을 준다. 예를 들면, 우리는 독재자나 악한 왕의 불의하고, 무자비한 전횡이나 횡포를 생각할 수 있다. 그러나 임의성이 하나님의 선택과의 관련 속에서 이해될 때, 하나님의 임의성은 전혀 다르게 이해된다. 하나님의 '임의성'에 대한 오해는 주로 하나님의 은혜와 심판에 대한 오해로부터 기인하는 것이 아니라 '임의성'이 가지고 있는 표상이 거룩성과 영광의 표상과 완전히 반대되는 표상이기 때문이다(상게서, 110). 하나님의 임의성이 잘 나타나는 성경말씀은 느헤미야 9장이다. 여기에 하나님의 은혜와 심판에 대한 놀랄 만한 내용이 나타난다. 가령 하나님의 구름기둥과 불기둥 속에서 이스라엘의 인도하심(느 9:12), 하나님의 선하신 율법(느 9:13), 풍성한 은혜와 죄를 사하시는 하나님의 자비 등이다. 느헤미야의 기도와 믿음의 조상 아브라함이 동일선상에 있다. "그 마음이 주 앞에서 충성됨을 보시고"(느 9:8a), "여기에 하나님의 선택은 도덕화되지 않는다. 차라리 우리의 마음은 인간의 부정적인 임의성으로부터 벗어나서, 하나님의 자비 속에서 안식을 발견한다. 임의성이 인간의 삶 속에서는 횡포 내지 전횡으로 나타나지만, 하나님의 자비는 우리를 견고함(vastheid)과 신뢰(vertrouwen)로 인도한다. 비록 율법을 통한 행위가 없을지라도, 하나님의 자비를 신뢰하는 자는 그가 하나님의 선택 속에서 확실하게 하나님과 교제하고 있다는 사실을 선택에 대해서 생각할 때마다 더욱더 잘 이해할 것이다. 하나님의 선택은 신앙의 도상(途上)에서 나타나는 선택이다"(상게서, 111).

선택과 그리스도의 관계는 에베소서 1:4("곧 창세 전에 그리스도 안에서 우리를 택하사 우리로 사랑 안에서 그 앞에 거룩하고 흠이 없게 하시려고")에 너무나도 분명하게 나타난다(상게서, 176). 베르까우어에 의하면, 예수 그리스도 안에서 하나님의 선택은 하나님의 기뻐하심과 은혜와 자비에 기초하며, 하나님의 선택은 성도들이 어려움 가운데서도 구원의 감격을 가지고 믿음의 선한 싸움을 가능케 하여 성도에게 큰 위로를 주는 교리이다. "옳소이다 이렇게 된 것이 아버지의 뜻이니이다 내 아버지께서 모든 것을 내게 주셨으니 아버지 외에는 아들을 아는 자가 없고 아들과 또 아들의 소원대로 계시를 받는 자 외에는 아버지를 아는 자가 없느니라"(마 11 : 26-27〈상게서, 403〉).

3) 인간론[31]

베르까우어는 구약성경에서 인간론의 기초를 형성할 수 있는 하나님의 형상에 대한 중요성을 강조하지 않는다는 궁켈(H. Gunkel)의 주장에 반대하면서, 신·구약성경 전체는 하나님의 형상을 인간학의 중심으로 파악한다고 주장한다.[32] 베르까우어는 존재유비(analogia entis)의 관점에서 하나님의 형상을 이해하려는 모든 시도(대부분의 초대교부들, 로마가톨릭교회와 동방정교회 등)를 반대할 뿐만 아니라, 인간이 가지고 있는 특질의 관점에서 이해하는 이분설(二分說)이나 삼분설을 반대하고, 인간은 하나님과 뗄 수 없는 관계성과 의존성 속에서 살아가는 실존적이며 전인적인 존재라고 주장한다(상게서, 199-200). 전인적(全人的)이며 통전적(統全的)인 인간 이해를 바탕에 둔 베르까우어는 하나님의 형상을 영적인 것에만 국한시키지 않고, 인간의 영성과 육체성을 동시에 인정하는 전인(全人)에 관계시킨다(상게서, 77).

베르까우어에 의하면 피조물의 모양을 만들어 숭배함으로써 우상숭배를 낳게 되는데, 이런 행위에 대한 하나님의 반응은 질투로 나타난다(상게서, 79, 303). 그 이유는 인간만이 하나님의 형상으로 창조되었기 때문에 인간은 자신을 과소평가도 하지 말고, 과대평가도 하지 말고, 고유한 자신의 위치를 지켜서 하나님의 형상으로 자신을 지으신 하나님을 사랑하고, 하나님의 형상으로 창조된 동료 인간을 사랑하여 이웃의 피를 흘리지 말고(상게서, 84-85, 117), 자신에게 위임된 모든 자연을 보호하고 가꾸어야 한다. 그러므로 형상 금지명령은 수직적 관계에서는 우상숭배를 방지하고, 수평적(이웃과 자연) 관계에서는 인간의 존엄성과 자연의 보호와 관련된다.

베르까우어는 하나님의 형상은 창조적 관점에서는 인간에게 주어진 은사이지만, 타락 이후 하나님의 형상의 회복의 관점에서는 인간의 삶을 통해서 이룩해야 할 과제라고 말함으로써 하나님의 형상의 이중적(二重的) 국면을 유지하고 있다(상게서, 38, 87, 116). 하나님의 형상의 회복은 예수 그리스도 안에서 성령을 통해 가능하다고 말함으로써, 성령론적이고도 기독론적인 관점에서 하나님의 형상의 원천을 주장한다(상게서, 110, 112). 하나님의 형상의 회복의 내용은 빌립보서 2장에 나타난 그리스도의 겸비에서 나타난 사랑의 유비(analogia amoris) 속에서 발견된다(상게서, 116-117). 하나님의 형상의 회복의 내용은 새 생명과 성화와 입양(入養)과 그리스도를 닮는 것이며, 구원의 실제성으로 표현될 수 있다(상게서, 99, 117). 베르까우어의 하나님의 형상 회복의 특징은 종말론적인 성격을 갖기 때문에(상게서, 106) 현재의 삶 속에서 구체성과 현실성과 가시성을 띠게 되며, 각자의 소명과 사명과 연관되어(상게서, 114) 개인의 실존적 차원은 물론 공동체에서도 이룩되어야 할 과제로서 사회적 형상 요소도 가지고 있다(상게서, 182).

베르까우어는 인간의 전적 타락을 주장하면서도 형상의 잔재물(vestigium)에 대해서 말한다. 그가 이해한 전적 타락의 의미는 존재적 형상관의 주장처럼 타락 이후에도 인간이 가지고 있는 특질의 감소 여부에 의한 타락이 아니라 인간의 부패된 특질과 함께 인간 전 실존이 하나님 앞에서, 그리고 하나님과의 관계 속에서 철저하게 죄인으로 드러난다는 것이다(상게서, 149). 또한 타락 이후에도 인간이 가지고 있는 특질은 존재적 형상관이나 인문주의자들이 이해하는 하나님 앞에 의(義)의 근거가 되는 것이 아니라, 오히려 심판의 근거이며, 이러한 존재적 특질마저도 하나님의 은총을 통한 통제가 없다면 인간은 시민적(市民的) 의(義)조차도 행할 수 없다는 것이다(상게서, 149, 154). 이 같은 시민적 의를 베르까우어는 '일반은총'이라고 부른다(상게서, 93).

베르까우어는 인간의 인간성과 하나님의 형상의 상호관계성을 주장한다. 베르까우어가 이해하는 인간의 인간성은 인문주의자들이 이해하는 인간이 독립적으로 소유하며 독립적으로 사용 가능한 인간의 자율적인 도덕적 능력이나 책임성이 아니라, 오히려 인간의 전 실존이 하나님 앞에서 죄인으로 드러나지만 하나님과의 뗄 수 없는 관계성과 의존성 속에서 하나님의 은총의 개입을 통한 구원의 희망 속에 있는 것임을 말한다(상게서, 63-64). 예수 그리스도 안에서 회복된 참된 자유도 인간성의 주요 요소이며, 인간을 순종에로 이끌게 한다(상게서, 336). 그러면 베르까우어가 이해한 하나님의 형상과 인간의 인간성은 어떤 관계에 있는가? 베르까우어는 넓은 의미에서 하나님의 형상은 인간의 인간성이라고 이해한다. 이것이 인간의 본질을 규정한다. 그리고 좁은 의미에서 하나님의 형상은 하나님의 형상 자체이신 예수 그리스도 안에서 회복되어야 할 과제이다.

4) 그리스도론

베르까우어는 그리스도론을 중심으로 그리스도의 인격(위격)을 「그리스도의 인격」에서 다루고,[33] 그리스도의 사역(使役)을 「그리스도의 사역」에서 다루었다.[34] 베르까우어는 그리스도의 인격 문제를 다루면서, 먼저 '두 본성론·양성론(兩性論)의 위기'에 대해서 언급한다. "예수 그리스도가 참된 하나님이시면서 참된 인간이라는 교회의 오랜 신앙고백이 점점 더 아주 심화된 비판의 주제가 되어 버렸다."[35] 베르까우어에 의하면, 두 본성론의 위기는 단순히 이론적인 문제가 아니고 종교적인 위기인데, 이것은 본질적으로 교회가 사도 요한의 진지성과 사도 바울의 경고를 통한 책망에 귀를 기울이지 아니한 종교적인 위기이다(상게서, 43).

베르까우어는 두 본성론을 중심으로 고대교회의 에큐메니칼 신조(니케아 325, 콘스탄티노플 381, 칼케돈 451)[36]와 개혁교회의 신앙고백[37]을 교리사적으로 검토한다. 고대교회는 그리스도에 대한 비밀을 학문적인 형식으로 표현하지 않고, 교회의 신앙고백의 표현으로서 '참하나님과 참인간'이라고 고백했다(상게서, 55-56). 개혁교회의 신앙고백을 검토한 뒤에 베르까우어는 "개혁교회 전통 속에서 이해된 두 본성론은 고대교회의 두 본성론에 대한 발전인가? 아니면 단순한 반복인가?"라고 문제를 제기한다. "우리는 '칼케돈 신조를 유지할 것인가?'라는 물음에 스스로 숙고해 보아야 한다"(상게서, 64). 칼케돈 신조에 대한 많은 비판에도 불구하고, 베르까우어에 의하면, 칼케돈 신조는 역사 속에 나타난 잘못된 기독론적 이단에 대한 교회의 변증이지만, 고대교회는 이 변증을 단순한 사변에서 시작하지 않고 성경의 내용을 통해서 표현한 것이다. "이 비밀 속에서 비합리적인 신앙통찰 속에서만 간주될 수 있는 역설이 중요한 것이 아니라, 인간성을 받아들인 가운데서도 역시 참된 하나님이시고 참된 하나님으로 머물러 계시는 그분에 대한 하나님의 행동이 중요하다"(상게서, 75). "칼케돈 신조의 모든 비합리성 속에서 우리가 믿어야만 하는 이해할 수 없는 신비의 풍요가 아니라, 이단(異端)이 있는 상황 속에서 성경말씀('우리 주 예수 그리스도의 은혜를 너희가 알거니와 부요하신 자로서 너희를 위하여 가난하게 되심은 그의 가난함을 인하여 너희로 부요하게 하심이라', 고후 2:8)에 대한 기억의 풍성함이다"(상게서, 76).

베르까우어는 그리스도의 인격에 대해서 본격적으로 논의하기 전에 먼저 그리스도의 인격과 사역 사이의 구별의 문제는 보통 방법론적으로, 그리고 종교적으로 제기되었다고 말한다(상게서, 76). 베르까우어는 그리스도의 인격과 사역의 일치성이 희생되어서는 안 된다고 주장한다. "차라리 우리는 성경 속에서 계속적으로 그리스도의 인격과 사역의 파괴할 수 없는 일치성을 발견한다. 복음 속에서 중요한 것은 그리스도의 사역에 대한 이해이지만, 동시에 가이샤랴 빌립보에서 그리스도의 질문에서 나타나는 것처럼 그가 누구이신지를 아는 것도 중요하다. 거기서 중요한 것은 누가 하나님으로부터 보냄받은 이스라엘의 메시야인지를 아는 것이다"(상게서, 80-81). "그리스도의 인격과 사역에 대한 성경의 관점, 그가 누구이시며, 그가 무엇을 하시는가에 대한 성경적 관점이 수없이 많다. 교의학의 각론마다 동일하게 곳곳에서 취급되지는 않지만, 그럼에도 불구하고 교의학적 숙고는 가장 깊은 곳에서 일치를 이룬다. 이를 통해서 우리가 사변의 미궁에 빠지지 않고, 그리스도의 인격에 대해서 먼저 언급하고, 다음에 그리스도의 사역에 대해서 취급하고자 한다"(상게서, 85-86).

반(反)유대주의적 선전(宣傳, de antisemitische propaganda) 때문에 구약성경의 가치와 중요성이 감소했지만, 최근에 접어들어서 약속과 성취라는 도식 속에서 구약과 신약의 연속성은 메시야의 관점에서 가능해졌다(상게서, 87). 구약과 신약의 복음은 약속되었다가 마침내 오셨던 한 분 메시야의 복된 능력으로 가득 차 있다(상게서, 122). 하나님이 자신을 세상과의 화목을 위해 능력이 많으신 메시야 속에서 계시하셨는데, 이 메시야는 다윗의 씨로부터 태어났으며, 고난받는 주의 종이다. 여기서 우리는 비로소 신약에서 하나님의 아들과 인자(人子)로 인정된 메시야에 대한 신적 계시를 본다(상게서, 120).

베르까우어에 의하면, 예수 그리스도의 신성에 대한 고백에 반대하는 다양한 모티브가 있다(상게서, 129). 여기에 반대하여, 베르까우어는 성경 곳곳에 나타나는 그리스도의 신적인 이름, 신적인 능력, 그리스도의 선재(先在), 사죄(赦罪)의 능력 등을 통해서 그의 신성을 논증한다. 성경의 일치성을 받아들이는 신앙은 그리스도의 신성에 대한 신앙고백과 이사야 선지자의 예언(사 42 : 8) 속에 있는 여호와 사이에 어떤 모순도 없음을 본다(상게서, 158). 예수 그리스도의 인성의 문제와 관련하여 고대교회에서 가현설(假現說, het docetisme)적인 경향을 가진 이단들이 이미 있었다(상게서, 162). 베르까우어는 특히 성경을 통해서 예수 그리스도의 참인성을 논증한다. "하나님 자신이 우리를 위한 보증으로서 '말씀이 육신이 되어 우리 가운데 거하시매' 라는 말씀에 대한 필수적이고도 계속적인 기억을 보존하셨다"(상게서, 202). 베르까우어는 무엇보다도 성경을 통해서 그리스도의 '무죄성' (de zondeloosheid)을 강조한다. "그리스도의 거룩성에 대한 성경의 증언은 우리가 그것을 수 차례 걸쳐서 인정하지 않으면 안 될 만큼 분명하고도 확실하다"(상게서, 215). 베르까우어는 고대교회와 개혁교회의 전통에 서서, 성경을 통해서 그리스도의 '두 본성의 한 인격' (the One Person in two Natures ; una persona in duae naturae)을 주장한다. 그에 의하면, 특히 아타나시우스 신조(het Athanasiaanse symbool)는 '본성의 이중성' (de tweeheid van de naturen)과 '인격의 단일성' (de eenheid des persoons)을 유지하고 있다(상게서, 257).

"교회가 '참하나님과 참인간' (vere Deus, vere homo)이라는 기독교적 신앙의 고대 신앙고백을 지금도 여전히 듣고 있을 때 교회의 신앙은 결코 빗나가지 않고 계속될 것이다. 그러므로 '참하나님과 참인간' 이라는 말은 구약의 선지자들과 신약의 사도들의 위대한 증언의 배경 속에서 '예수 그리스도는 어제나 오늘이나 영원토록 동일하시니라' (히 13 : 8)는 성경말씀과 깨뜨려질 수 없는 관계 속에서 교회의 신앙의 핵심임을 말해 주고 있다"(상게서, 324).

베르까우어는 그리스도의 사역에 대해서 본격적으로 논의하기 전에 우리에게 한 가지 주의사항을 말한다. 신약성경 속에서 그리스도의 인격과 사역에 대한 다양한 가치가 발견된다. 그러나 신약성경은 주관적인 자신의 취향에 따라 마음대로 그리스도의 사역을 취사선택하지 않는다. 이와는 정반대로 성경의 다양한 관점은 결코 상호 분리되지 않는다. 이것은 그리스도의 사역의 풍성함을 보여 주는 것이다.[38] 베르까우어에 의하면, 그리스도의 성육신의 사건은 하나님의 경륜 속에서 인간의 죄라는 원인과 인간의 구원이라는 목적이 있다(상게서, 17-33).

베르까우어는 그리스도의 두 상태론(겸비와 고양, vernedering en verhoging)을 인위적으로 조직화하려 하지 않고, 성경의 빛 속에서 여기에 대한 복음을 설교하기 원한다(상게서, 53). 성경은 고난을 통해서 영광에 이르는 그리스도의 역사를 하나님의 행위 속에서 보고 있는데, 이것이 그리스도의 두 상태이다(상게서, 58). 베르까우어에 의하면, 성령의 기름부음 받은 메시야의 관점에서 이해된 그리스도의 삼중직(예언자, 왕, 제사장)은 교회와 신학과 성경에 기초를 두고 있다(상게서, 68). '성령을 통한 동정녀 탄생'에 대한 많은 비판에도 불구하고, "말씀이 육신이 되었다"는 사실은 신비에 속한다(상게서, 142). 베르까우어는 거의 사도신경 순서에 따라서, '그리스도의 고난'(상게서, 144-195), '그리스도의 부활'(상게서, 196-218), '그리스도의 승천'(상게서, 219-242), '그리스도의 하나님의 보좌 우편에 앉으심'(상게서, 243-263), '그리스도의 재림'(상게서, 264-275)에 대해서 자세하게 논의한 뒤에 그리스도의 사역의 중요한 관점을 '구속'(verzoening),[39] 희생(offerande),[40] 순종,[41] 승리[42]로 나누어서 언급한다.

5) 구원론

구원론과 관련해서 칭의와 성화와 신앙의 관계 문제는 콜부르그(Kohlbrugge), 까이뻐(Kuyper)와 바르트에 의해서 중요한 신학적 논의로 떠올랐다.[43] 여기에 로마 가톨릭 신학자들의 관심과 독일의 루터파 신학자(K. Holl)들의 루터에 대한 집중적인 연구가 이 문제에 대한 논의를 더욱 가속화시켰다(상게서, 17).

'구원의 순서(길, 단계)' (ordo salutis, 칭의, 성화, 영화 등)에 대한 문제는 17세기 개신교 정통주의에서 주된 관심의 대상이었다. 칼빈은 여기에 대해서 아주 단순하게 언급한다. "그리스도의 은혜를 받는 방법 : 어떤 유익이 우리에게 오며, 어떤 효력이 따르는가?"(「기독교강요」 Ⅲ권 1장 1절) 칼빈의 경우, 여기서 중요한 것은 성령의 역사와 성령의 은사인 신앙이다(상게서, 26-27).

신앙을 통한 칭의에 대한 신앙고백과 하나님의 선택하시는 은총에 대한 신앙고백은 교회가 일어서기도 하고 넘어지기도 하는 신앙고백에 속한다(상게서, 168). 종교개혁 사상에서 '신앙을 통한 칭의'와 관련하여 '오직 신앙'(sola fide)과 '오직 은혜'(sola gratia)에 강조점이 주어진다. 종교개혁자들은 로마 가톨릭교회와 오시안더(Osiander)의 종합적이고도 분석적인 칭의론에 반대하여 칭의의 법정적 성격(het forensisch karakter)을 강조했다(상게서, 100).

종교개혁자들은 여기서 '전가된 의'(imputatie)를 말하고, 로마 가톨릭교회의 신앙의 공로적 성격을 전적으로 배격했다(상게서, 98). "그래서, 오직 신앙-오직 은혜라는 말은 종교개혁에서 중심적이고도 총체적인 신앙고백이다. 그것은 하나님의 은혜의 복음만이라는 사실에 대한 단순한 이해와 일치한다. 이 칭의는 구원의 길의 한 단계가 아니라 삶의 전체성 속에서 모든 것을 결정하는 중요성을 갖고 있는 죄의 용서라는 말이다"(상게서, 100). 종교개혁과 개혁신학은 신앙만을 강조함으로써 선행을 무시하거나 약화시켰다는 비판을 받고 있다. 그것이 사실인가? 베르까우어에 의하면 그것은 사실이 아니다. 하나님의 자비에 기초한 신앙은 살아 있는 신앙인데, 이 신앙은 우리로 하여금 죄로부터 벗어나서 하나님과 이웃을 사랑하게 만든다. 바로 이 점에서 바울서신과 야고보서는 동일선상에 서 있다(상게서, 142). "구원의 길은 신앙의 길이라는 기적적인 사실을 우리는 확신한다. 왜냐하면 바로 이 신앙 속에서만 하나님의 은혜의 절대성이 인정되고 경배되기 때문이다"(상게서, 199).

신앙과 성화의 관계에서 '오직 신앙' 이라는 말은 펠라기우스주의나 반펠라기우스주의가 주장하는 하나님의 은혜와 인간의 행위 사이의 신인협동(神人協同)에 쐐기를 박는다.[44] 성화에서도 성령의 '역동성'에 관해서 말해야 하는데, 사람은 여기서 신앙으로부터 결코 분리되지 않는다. 오직 신앙과 오직 은혜라는 원리가 성화의 유일하고도 순전한 기초가 된다(상게서, 40).

베르까우어는 성화를 아예 무시하는 자유방종주의뿐 아니라 성화에 대한 잘못된 이해를 통해서 생긴 완전주의와 공로주의를 비판하면서도 성화의 시작[45]과 발전[46]에 대해서 말한다. 성화의 주요 특징은 겸손[47]과 그리스도를 본받음[48]과 하나님의 법에 대한 순종이다.[49] 우리는 칭의와 성화 사이를 구별하되 완전히 분리시켜도 안 되며, 완전히 일치시켜도 안 된다. 이 둘은 항상 상호관계를 유지해야 한다. 신앙, 칭의, 성화는 함께 가야 한다.

신앙과 성도의 견인(堅忍) 문제는 주로 세 진영, 즉 레몬스트란턴(Remonstranten)과 로마 가톨릭교회와 루터교회로부터 비판받았다.[50] 이 같은 비판에도 불구하고, 베르까우어는 성경에 기초하여 개혁신학 전통 속에 있는 '성도의 견인교리'를 주장한다. 베르까우어는 성도의 견인을 하나님의 훈계(경고)와 결부시킨다. "하나님의 신실하심과 하나님의 사랑의 오래 참으심은 성경 속에 나타난 훈계(경고)와 모순을 이루지 않는다는 사실은 신앙과 은혜의 상호관계로부터 잘 이해될 수 있다"(상게서, 95). 베르까우어에 의하면, 견인과 기도(祈禱) 사이에 밀접한 관계가 존재한다. "성도의 견인은 기도가 중심을 이루는 하나님과 인간 사이의 살아 있는 관계 속에서만 이해될 수 있다"(상게서, 112). "땅에 있는 그의 자녀들에 대한 기도의 중보자로 계시는 대제사장이신 그리스도를 기억할 필요가 있다"(상게서, 123). 우리가 견인과 기도 사이에 존재하는 뗄 수 없는 관계를 생각할 때, 우리는 항상 성도의 연약함으로 인한 유혹을 기억해야 한다. 신앙의 길에서 우리는 베드로처럼 유혹을 받지만, 우리의 신앙의 원천은 하나님의 능력과 신실하심에 있다(상게서, 175). "견인과 훈계, 견인과 기도, 견인과 유혹 사이에서도 견인의 위로가 항상 앞으로 나타난다"(상게서, 177).

"그러므로 계(언)약과 위로의 연결고리(반지)는 함께 연결되어 있다. 왜냐하면 그들의 삶 속에 있는 유동성과 연약성 속에서 인간에게는 불가능한 것이 하나님께는 가능하기 때문이다"(상게서, 191). 그러나 우리는 성도의 견인을 하나의 이상(理想)이나 비현실성 속에서 논의하는 것이 아니라 현실성(werkelijkheid) 속에서 이해한다(상게서, 192). "성도의 견인에 대한 싸움은 신앙을 통한 그리스도 안에 이식(移植)된 불가해한 신비와 밀접한 관계 속에 있다. 그리고 한순간이라도 겸손한 신앙과 성령을 통한 기도를 벗어날 경우, 그리스도의 이식으로부터 구원받으려는 자는 이 이식의 영광으로부터 멀어질 수도 있다"(상게서, 209).

6) 교회론

(1) 교회의 네 가지 특성

베르까우어는 니케아-콘스탄티노플(Nicae-Constantinopolitanum, 381) 신조에 나타난 '하나의 거룩한, 보편적인, 사도적'(et unam sanctam catholicam et apostolicam) 교회를 중심으로 한 소위 교회의 네 가지 특성에 대해서 두 권을 할애한다.[51] 한 권에서는 교회의 일치성(eenehid)과 보편성(katholiciteit)에 대해서 논의하고,[52] 다른 한 권에서는 사도성(apostoliciteit)과 거룩성(heiligheid)에 대해서 논의한다.[53] 베르까우어에 의하면, 교회의 네 가지 특성 중에 먼저 언급되는 교회의 일치성과 보편성은 나중에 언급되는 교회의 사도성과 거룩성을 희생시키지 않으면서, 그리고 그것과의 연계성 속에서 언급되어야 함을 천명한다.[54]

베르까우어는 교회의 '일치성'을 언급하는 단원의 제목을 "Ⅱ. 일치성과 다양성"(Ⅱ. Eenheid en verdeeldheid)이라고 붙임으로써, 상반되어 보이는 두 단어를 병행해서 표기하여 역설적인 인상을 줄 수 있다고 말하면서 말문을 연다(상게서, 31). 베르까우어에 의하면, 교회사(敎會史) 속에서 나타나는 교회는 물론 신약성경 속에 나타나는 교회, 특히 고린도 교회 속에서 분열이 있었다(상게서, 44). 이 같은 현실에도 불구하고 우리는 교회의 일치성에 대해서 말할 수 있는가? 여기에 대답하기 위해서 베르까우어는 요한복음 17장에 나타난 예수 그리스도의 기도의 내용을 검토한다. "우리는 특별히 '아버지께서 내 안에 내가 아버지 안에 있는 것같이 저희도 다 하나가 되어 우리 안에 있게 하사 세상으로 아버지께서 나를 보내신 것을 믿게 하옵소서'(요 17 : 21)라는 그리스도의 기도 속에서 아버지와 아들 사이의 일치성의 유비(喩比, analogie)를 기억한다. …… 아버지와 아들 사이의 일치성은 그리스도의 메시야적 삶의 큰 비밀이며, 여기서 교회의 본질에 속하는 뿌리 깊은 기초를 형성한다"(상게서, 56-57).

"이 같은 일치가 위협받고 있는 곳에서 다시 한번 '스스로 분쟁하는 나라마다 황폐하여질 것이요 스스로 분쟁하는 동네나 집마다 서지 못하리라'(마 12 : 25)는 하나님의 나라에 대한 그리스도의 말씀이 기억한 바가 되어야 한다. 교회와 교회의 본질과 교회의 선포 속에서 일치성이 가능할 때 비로소 교회는 세상 속에서 세상을 위하여 참교회(vera ecclesia)로서 열매를 맺을 것이다"(상게서, 58). "교회의 일치성의 기초는 교회의 성격 자체에 있다. 목자의 음성을 듣는 가운데서 한 우리의 양떼들과 한 분의 목자(de ene kudde en de ene Herder, 요 10 : 16)가 있다는 것은 참으로 가능한 일이며, 상상할 수 있는 일이다"(상게서, 59).

베르까우어는 '교회들의 복수성'(pluraliteit van kerken, a plurality of churches)에 대해서 말하는 것이 아니라, '교회의 다양한 형태'(de pluriformiteit der kerk=the pluriformity of the Church)에 대해서 말한다. 베르까우어에 의하면, 교회사 속에서 심지어 신약성경 속에서조차도 '교회의 다양한 형태'가 발견된다. "보존되고 보호되어야 할 교회의 모든 다양한 형태 속에 있는 빛이 손상될 수 없는 교제(교통, gemeenschap, communicatio) 속에서 빛난다"(상게서, 93). 신약성경 전체 속에서 그리스도의 교회의 다양한 유형들이 나타난다. "하나님의 백성으로서, 성령의 전으로서, 하나님의 건물로서, 선한 목자의 양떼로서 교회에 나타난 모든 표상(表象)들은 다양한 방법 속에서 교회의 오직 한 가지 실재성(werkelijkheid)을 보여 준다. 모든 표상은 교회의 한 비밀의 동일한 방향 속에서 하나님의 사랑과 자비와 그 원천을 보여 준다. 새로운 교통은 여기서 한 형태로만 구성된 원 속에서가 아니라 흩어지고, 나누어지고, 갈라진 것을 그리스도의 오심을 통해 다시 함께 모으는 데서 참으로 연결시켜 주는 일치성 속에서 구성된다"(상게서, 94). "일치성과 교제에로의 부름은 하나님의 구원하시고 화해시키시는 행위 속에 깊은 배경을 가지고 있다"(상게서, 94).

'보편적인 교회를 믿는다'(credo ecclesiam catholicam)는 것은 무슨 뜻인가? '카톨리코스'(καθολικός)라는 단어는 '보편적'(algemeen)이라는 뜻을 가지고 있는데, 로마 가톨릭교회 등에 의해서 다양한 의미로 해석되었다(상게서, 127). '가톨릭'이란 말은 신약성경 자체 속에서 교회와 관련되어 사용되지 않고, 다만 성경 이외의 문헌에서 시간적으로, 공간적으로 지역적이고 부분적인 것에 대한 반대개념으로 사용된다. "가톨릭적이라는 것은 여러 가지 방법으로 주님의 사도들에 대한 세계지평적인 임무와 결부되어 있다. '그러므로 너희는 가서 모든 족속으로 제자를 삼아'"(마 28 : 16a〈상게서, 128〉). '가톨릭적'이라는 말은 "각 족속과 방언과 백성과 나라 가운데서 사람들을 피로 사서 하나님께 드리시고"(계 5 : 9)라는 구원에 대한 종말론적인 표현과 관계하여 보편적인 지평을 말하기도 한다(상게서, 128). "가톨릭성(katholiciteit)은 항상 모든 공동체(associaties)에게 경계선을 넘어 장벽을 헐고, 창문을 열어서 폭넓음과 보편성을 추구하도록 했다"(상게서, 129).

베르까우어는 과거의 로마 가톨릭교회가 자신의 교단만이 '가톨릭교회'라고 주장한 데 대해서 비판하고, 아울러 만유회복설적인 보편구원 사상에 대해서도 반대하고, 지상의 교회의 한계성을 직설법과 명령법 사이에 존재하는 긴장 속에서 이해하고, 이 긴장을 해소시키지 않고 종말론적인 관점에서 해결하려고 한다. "복음의 보편성과 교회의 보편성은 교만과 차별에 대한 철저한 반대상(反對象)이다. 그러므로 우리는 보편성을 축하할 이유도 없고, 계속적으로 보편성 속에 드리우는 깊은 심연 때문에 고통하면서 보편성으로부터 돌아설 이유도 없다. 차라리 우리는 '보편적인 교회를 믿는다'는 신앙고백 속에서, 철저한 '신뢰' 속에서 교회로 하여금 보편성을 향하도록 촉구해야 한다. 우리는 보편성을 축하할 수는 없지만 두려움과 떨림 속에서, 그리고 기다림으로 가득 찬 새로운 부름 속에서 보편성을 실천해야 한다"(상게서, 202).

교회의 사도성의 문제는 오랜 역사 속에서 교회의 기원과 연속성, 그리고 전통과 계승의 성격의 문제와 연관되어 많은 논쟁을 불러일으킨 주제이다.[55] 신약성경은 '보내는 자'와 '보냄받은 자'(사도) 사이를 어떤 관계로 규정하는가? 보내는 자의 권위와 능력과 보냄받은 자의 권위와 능력은 어떤 관계 속에 있는가? 교회사 속에서 '대리'(代理, plaatsvervangen)라는 개념을 통해서 보내는 자와 보냄받은 자의 권위와 능력을 동일시하는 시도가 있었는데, 가장 대표적인 예가 로마 가톨릭교회의 그리스도의 대리자(vicariaat)로서 교황인데, 교황은 그리스도의 승천과 재림 사이에 지상에서 그리스도의 대리자(plaatsbekleder)이다.

베르까우어는 이 같은 주장은 오류로서 비판받아야 한다고 주장한다(상게서, 13-14). 베르까우어는 교회의 직분을 은사(charisma)와 결부시켜 이중적으로 이해한다. 교회 속에서 직분적 구조와 은사적 구조는 상호 대립되지 않고, 오히려 상호 조화 가운데 있는 교회의 이중적 구조이다(상게서, 26). 교회의 사도성은 정경으로서 성경의 내용과 일치되는 사도적 증언과 관련된다(상게서, 32). 사도적 증언과 관련된 교회의 사도성은 '진리'에 대해서 질문하게 한다. 사도 바울은 사도성에 대한 입증, 권위, 합법성은 물론 자신의 고유한 사도권과 사도적 능력에 대한 질문에 노출되었다(상게서, 49). "그는 여기에 대해서 하나님의 은혜를 통해서, 하나님의 뜻에 따라서 부름받았으며 하나님의 계시를 통해서 복음을 받았다고 증언했다"(상게서, 49). 바울은 다른 복음이 아니라 바로 그 하나의 복음만을 알았다(상게서, 54). 사도성은 하나의 기능으로서 성령을 통한 복음의 선포와 관련된다(상게서, 64). "신약성경에서 사도직, 특히 바울의 사도직은 기쁜 소식으로서 복음의 전능으로부터, 그리고 성령을 고대하는 가운데서 이해와 통찰이 동반되어 깊숙이 침투하는 능력으로 가득 차 있다"(상게서, 65). 베르까우어는 마태복음 16장을 근거로 교황의 무오성을 통한 사도적 계승을 주장하는 로마 가톨릭교회의 사도성 개념을 비판한다(상게서, 74-76). 또한 종교개혁 전통에서 교회의 사도성을 하나님의 말씀과 일치하는 의미에서 말씀의 연속성 내지 교리의 연속성(successio Verbi of doctrinae)을 주장한다(상게서, 88).

교회의 거룩성 문제와 관련해서 제일 먼저 제기되는 질문은 죄론과 결부되어 있는데, "지상의 교회는 흠도, 점도 없이 과연 완전한가?"이다. 교회의 거룩성의 문제는 도덕주의나 완전주의와는 거리가 멀다. 교회의 거룩성은 하나님(특히 성령)의 거룩성에 근거를 둔다(상게서, 138). 성도는 하나님의 약속에 따라 은혜로 부어 주신 직설법적 거룩성으로부터 하나님의 명령에 자발적으로 순종한 명령법적인 거룩성에로 부름을 받는다. 이를 위해서 성도에게 치리를 통한 훈련과 책임이 주어지고(상게서, 183-225), 성도는 이웃 사랑을 실천하는 선교에로 파송된다(상게서, 226-262).

(2) 성례론 : 세례와 성찬

베르까우어는 성찬론을 본격적으로 전개하기 전에 먼저 성찬론의 위기에 대해서 언급한다. 오늘날 교의학 전 분야에서 성찬론도 예외는 아니어서, 신앙고백뿐만 아니라 이에 상응하는 교회실천 속에서도 혼란과 불확실성의 현상이 나타나고 있다.[56] 위기의 요소 중에 하나는 과거와 오늘날 사이에 존재하는 성찬에 대한 가치문제이다. 성찬에 대한 가치 차이는 이미 16세기 종교개혁시대에도 격렬한 논쟁을 불러일으켰던 주제였다. 교회 역사 속에서 성례의 가치를 항상 지나칠 정도로 강조하는 로마 가톨릭교회로 대표되는 '성례전주의'(het sacramentalisme)와 성례의 가치를 지나칠 정도로 무시하는 '영성주의'(het spiritualisme)가 있었다. "칼빈은 실재론(het realisme)과 영성주의의 종합을 추구하지 않고, 하나님의 손길 속에 있는 표징의 가치를 완전히 존중했다. 신앙이 이 같은 하나님의 행위를 지향하고 있는 곳에서 성례는 순수하지 못한 딜레마를 벗어나서 성경에 따라 그 가치를 보존할 수 있게 된다"(상게서, 28).

베르까우어는 로마 가톨릭교회가 헬라어 단어 '신비'(mustreion, 엡 5 : 32)를 불가타(Vulgata) 성경에서 '성례'(Sacramentum)로 번역하여 사용하는 것에 대해 비판한다(상게서, 29-32). 로마 가톨릭교회의 성례에 대한 종교개혁자들, 특히 칼빈의 비판의 대상은 주로 로마 가톨릭교회의 사효론(事效論, ex opere operato)이었는데, 사효론에 의하면 성례 전 집례시 물, 빵, 포도즙 자체에 의해서 하나님의 은혜가 자동적으로 작용한다(상게서, 42). "십자가의 희생과 미사희생 사이에 존재하는 관계"에 대한 이해를 중심으로 로마 가톨릭교회와 종교개혁은 첨예하게 대립되었다. "미사는 반복 또는 재현의 문제이다. 성례전은 계속적으로 새롭게 반복되는 은혜의 주입으로서 성례전에 대한 이해를 통해 신비의 성격(het mysterie-karakter)을 갖는다. 바로 여기에 종교개혁의 반대가 있다"(상게서, 46-47).

말씀과 성례전은 어떤 관계 속에 있는가? 말씀과 성례전은 다 같이 성령의 도구이며, 신앙 속에서 받아들여져야 한다는 점에서 상호 공통점을 가지고 있다. 그러나 말씀은 성례전이 없어도 존재할 수 있지만, 성례전은 말씀 없이는 존재할 수 없다는 점에서 상호 차이점이 있다(상게서, 51). 성례전의 효력에 대한 개념을 중심으로 로마 가톨릭교회와 종교개혁 사이에 현격한 입장 차이가 있었다. "하나님의 손길 속에 있는 도구와 이를 통한 은혜의 원인이라는 사상은 로마 가톨릭교회의 성찬론의 배경을 형성한다. 이 원인성(causalitas)이 바로 사효론의 기초를 이룬다. 왜냐하면 하나님의 사역의 배경 속에서(causa principalis) 은혜는 완전한 의미에서 재료적 표징에 의해서 주입되기 때문이다"(상게서, 79). 성례의 효과에 대한 로마 가톨릭교회의 자동주의적 이해로서 사효론에 반대하여, 종교개혁자들은 표징은 성령의 행위 속에서 하나님의 제정으로부터 신앙을 위해 완전한 효력이 발생된다고 주장했다(상게서, 105).

가. 세례

세례의 제정과 관련해서, 구약에서 할례와 신약 속에서 세례 요한의 세례와 예수 그리스도의 세례 속에는 구속사적인 발전이 있을지라도, 성례의 내용과 진리는 예수 그리스도이시기 때문에 세례의 중심은 예수 그리스도이다. "성례전, 세례 역시 신적(神的)인 제정에 의해서 신약과 결부되고, 메시야를 통한 하나님 나라의 도래와 결부된다. 성례는 역사적으로 기초되어 있을 뿐만 아니라 구속사적으로도 기원이 있다"(상게서, 112). 베르까우어는 세례의 제정을 기독론적, 삼위일체론적 관점에서 이해한다. "우리는 그리스도의 선포의 풍성함으로부터 하나님의 삼위일체적 풍성함의 관계 속에서 세례에 대한 풍성하고도 명료한 계시 앞에 서 있다"(상게서, 130). 베르까우어는 세례를 '표징(teken)과 인침(zegel)'으로 간주한다. "그러므로 세례를 '언(계)약의 표징'으로서 간주하는 것은 잘못된 종합이 아니라, 도리어 세례는 하나님의 자비의 표징과 인치심이고, 그리스도의 교회에 대한 접붙임이다. 바로 여기에 성령의 인치심이 세례의 가장 아름다운 형태 속에서 보인다"(상게서, 209).

나. 유아세례

기독교 역사 속에서 유아세례에 대한 강력한 반대는 16세기 재세례파 속에서 나타나고, 20세기 침례파 교회와 칼 바르트에게서 나타난다. "바르트의 유아세례에 대한 비판의 핵심은 그가 자연적인 출생과 영적 출생 사이에 존재하는 대립을 받아들이는 데 있었다"(상게서, 218). 베르까우어는 구약의 할례와 신약의 유아세례를 하나님의 은혜계약의 관점에서, 동일선상에서 파악한다. 한 걸음 더 나아가서 그는 유아세례와 성인세례를 본질적으로 동일한 관점에서 이해한다. "유아세례와 성인세례 사이에 존재하는 동일성은 이 두 세례 속에 존재하는 신앙과 중생이 필연적으로 세례를 선행해야 한다는 점에 있는 것이 아니라 신앙 자체가 지향해야 하는 하나님의 약속(de belofte Gods)에 있다. 성인세례나 유아세례에 대해서 숙고하는 사람은 항상 다시 하나님의 측량할 수 없는 행위에 대해서 의식적으로 생각해야 할 것이다"(상게서, 246).

다. 성찬

현대 성경비판학을 통해서 이루어진 신약성경의 성찬제정에 대한 연구결과는 매우 다양하여, 교회에서 시행되는 성찬의 실천과 괴리현상을 보여 주고 있다. "성찬제정 문제를 중심으로 선포와 역사 사이에 존재하는 긴장은 견딜 수 없을 정도로 아주 첨예하다"(상게서 254). 베르까우어에 의하면, 우리가 비록 성경비평학을 사용할지라도 공관복음서는 물론 바울서신조차도 성찬은 우리 주 예수 그리스도에 의해서 제정된 것임이 분명하다. "참으로 성찬이 교회의 주님 자신에 의해서 제정된 것이라면, 교회에서 성찬의 집례는 현대 시대에 역행하는 것이기는커녕 도리어 순종과 신앙의 길임을 우리는 천명할 수 있다"(상게서, 255).

베르까우어는 먼저 "상징(symbool)이냐? 실재성(werkelijkheid)이냐?"라는 양자택일의 딜레마에 대한 문제를 교회사와 신약성경을 중심으로 검토한 뒤에 다음과 같은 물음을 제기한다. "이것은 개혁신학적 성찬론의 역사 속에서 계속적으로 제기된 질문이다. 문제는 우리가 지금도 성찬 속에 있는 '신비', 즉 성찬에서 그리스도의 참된 현존성(tegenwoordigheid)에 대해 말할 수 있는가이다"(상게서, 293).

베르까우어는 특히 16세기에 가장 논쟁을 불러일으켰던 루터, 츠빙글리, 로마 가톨릭교회, 칼빈 등이 이해한 성찬 개념과 개혁교회 신앙고백들 속에 나타난 성찬개념을 자세하게 논의한다. 베르까우어에 의하면, 루터나 로마 가톨릭교회의 성찬 개념에는 그리스도의 본체적 현존을 일방적으로 강조한 나머지 성령의 사역을 약화시킬 우려가 있었고, 열광주의자들은 성령을 일방적으로 강조한 나머지 성령이 그리스도를 대신하여 그리스도를 제외시키는 위험성이 있었다. 그러므로 베르까우어는 성찬에서 그리스도의 실제적 현존성(praesentia realis)을 출발점으로 성령론과 기독론 사이의 균형을 유지하기 원한다. "교회의 신앙고백 속에서 성령론적인 것은 결코 기독론을 위협하지 않도록 작용해야 하며, 또한 그리스도의 현존성은 성령을 통해서 그리스도의 참된 현존에 대한 신앙고백을 위협해서는 안 된다. 따라서 교회는 그리스도의 현존성 속에 있는 은사와 그리스도의 참된 몸과 피와 성령을 통해서 공급되는 은사에 대해서 말했다"(상게서, 321). 한 걸음 더 나아가서 부활하시고 승천하시며 장차 오실(파루시아) 그리스도와의 가까이함과 교제(gemeenschap)를 강조함으로써 성찬 속에서 그리스도의 현존성을 종말론적 관점에서 이해하기를 원한다(상게서, 321-324).[57]

베르까우어는 성찬사용 범위 문제를 중심으로 두 가지 극단, 즉 성찬을 너무나도 율법주의적으로 제한하는 경향과 무절제하게 남용하는 경향에 반대한다. "우리는 성찬과 성찬참여에 합당치 않음의 관계에 대해서 고려할 때, 성찬은 주님의 몸을 구별하지 않는 합당치 않음에 대해서 반대하고 있다는 비평적인 기능에도 주의해야 할 뿐만 아니라, 신앙과 회개의 과정에서 우리 안에 여전히 남아 있는 죄는 우리가 성찬의 은사를 통한 위로로 나아가는 것을 방해하지 않는다는 사실에도 주의해야 한다"(상게서, 343). 베르까우어는 종교개혁이 강한 비판을 제기했던 로마 가톨릭교회의 미사희생(misoffer)에 주목한다(상게서, 345-347). 「하이델베르크 신앙고백」은 로마 가톨릭교회의 미사를 "근본적으로 예수 그리스도의 고난의 유일한 희생을 부인하는 것이며, 저주받은 우상숭배와 조금도 다를 바가 없다."고 이해한다(상게서, 345). 베르까우어 의하면, 미사를 교회에 전승된 그리스도의 희생으로 보는 것은 일종의 신인협동설(het synergisme)의 한 측면이다(상게서, 365).

6. 결론 : 요약과 평가

1) 요약

베르까우어는 그의 초기 저서 「독일의 새로운 신학에서 신앙과 계시」(1932)에서 계시와 신앙의 관계 문제를 중심으로 리츨의 주관주의적 위험성과 하임의 객관주의적 위험성을 비판하고, 계시와 신앙 사이의 상호관계성(correlatie)의 개념을 통해서 양자의 문제를 해결하려고 애쓴다.

베르까우어의 로마 가톨릭교회의 신학에 대한 비판은 주로 성경의 교회에 대한 권위 문제와 구원론에 집중된다. 베르까우어에 의하면, 성경의 권위는 교회의 전통보다 우위에 있음에도 불구하고 로마 가톨릭교회는 오히려 이와 정반대로 나아가고 있다. 구원론의 문제와 관련해서, 베르까우어는 주로 믿음과 선행의 관계 및 사죄의 문제(열쇠의 힘)에 집중한다. 베르까우어에 의하면, 하나님의 선물로서 우리는 믿음에 의해서 칭의를 받으며, 칭의의 열매로서 사랑의 봉사가 가능해진다. 그러나 로마 가톨릭교회에서는 믿음과 사랑이 공로적 성격을 가진다. 죄 사함의 효과는 말씀과 성령으로 멜기세덱의 반차의 계열에 서 있는 대제사장으로 임재하시는 그리스도에게만 있는 것이지, 사효론(事效論, ex opere operato)에 근거한 미사집례를 통한 희생제사에 있는 것이 아니다.

계시론(말씀론)에서 그는 계시를 자연과 성경이라는 객관적 요소와 우리의 인식구조와 관련된 성령의 주관적 역동성의 상호관계 속에서 파악한다. 여기서는 특별계시로서 성경과 성령의 내적 조명이 결정적으로 중요하다. 그는 성경고등비평학을 긍정적으로 받아들이면서도 그 기능과 한계성을 분명하게 밝힌다.

베르까우어는 구원론적 관점이 전제된 섭리를 보존과 통치로 이해한다. 그는 선택론과 관련하여 하나님의 은총과 자유를 하나님의 자비와 신실함과 결합시킨다. 그는 또한 이중선택론(선택과 유기, gemina praedestinatio)을 통해서 그리스도 안에서 선택을 강조한다.

그에 의하면, 인간은 하나님의 형상으로 창조되었지만 전적으로 타락하여, 형상이 매우 손상되어 하나님의 형상으로서 그리스도 안에서 종말론적으로 회복되어야 한다. 그는 하나님의 형상을 인간의 하나님에 대한 의존성의 관계에서 파악한다. 그는 넓은 의미의 하나님의 형상을 일반은총의 차원에서, 좁은 의미의 하나님의 형상을 구속은혜의 관점에서 파악한다.

그에 의하면, 예수 그리스도는 우리의 죄 때문에, 그리고 우리의 구원을 위해서 오신 중보자로서 '참하나님이시면서 참인간'(vere Deus, vere homo)이시고 두 본성과 한 인격을 가지신다. 그리스도의 주된 사역은 구속, 희생, 순종 및 승리의 사역이다. 구원의 내용은 그리스도이시며, 구원의 적용은 성령과 그의 은사인 신앙을 통해서 이루어진다. 칭의, 성화, 영화, 성도의 견인은 하나님의 자비와 성령의 역사에 의존한다.

그는 「니케아-콘스탄티노플 신조」에 나타난 교회의 네 가지 특성(하나의 거룩한, 보편적, 사도적 교회)을 강조하고, 세례론에서 성인세례와 유아세례를 하나님의 약속의 관점에서 동일하게 간주한다. 베르까우어는 성찬론에서 로마 가톨릭교회의 사효론을 비판한다. 성찬에서는 성령께서 물질을 은혜의 도구로 사용하시면서 실재로 임재하시는 것이 중요하다.

2) 평가

첫째, 계시론(말씀론)에서 자연신학을 매우 부정적으로 간주하고, 말씀의 삼중성을 주장하는 바르트와 달리 자연(일반)계시와 특별계시를 상호 관련시키면서도 상호 구별하는 칼빈과 브룬너를 베르까우어가 따른다는 인상을 받는다.

둘째, 섭리와 선택(예정)의 관계 문제에서 칼빈과 베르까우어는 이 두 가지 범주가 존재론적으로는 다르지만 인식론적 우선순위는 선택론에 주어진다. 그러나 바르트의 경우 존재론적으로나 인식론적으로 선택론이 창조와 섭리를 우선한다. 선택론(예정론)에서 칼빈과 베르까우어는 이중예정(gemina praedestinatio)을 주장하지만, 바르트는 만인화해론의 입장에서 예수 그리스도 안에서 모든 사람의 선택과 하나님 안에서 유일하게 유기되는 자로서 예수 그리스도를 주장한다.

셋째, 인간론에서 칼빈, 바르트, 베르까우어 모두 피조물로서 인간, 하나님의 형상으로서 인간, 죄인으로서 인간을 강조한다. 하나님의 형상 이해에서 베르까우어는 바르트의 '계약 관계' 개념을 그의 형상 개념에 도입하여 사랑의 유비(analogia amoris)에까지 나아간다. 칼빈과 베르까우어의 경우, 신학적 인간론의 존재론적 근거는 첫 아담이고, 인식론적 근거는 둘째 아담이신 예수 그리스도이다. 그러나 바르트의 경우, 둘째 아담이신 예수 그리스도가 신학적 인간론의 존재론적 근거인 동시에 인식론적 근거가 된다.

넷째, 기독론에서 칼빈과 베르까우어는 예수 그리스도의 주요 직책을 중보자로 이해한다. 칼빈과 베르까우어는 그리스도의 두 상태(겸비와 고양)를 하나님의 경륜 속에서 시간적으로, 단계적으로 파악하는 데 반하여, 바르트는 하나님 안에서 변증법적으로 파악한다.

다섯째, 구원론에서 칼빈과 베르까우어의 경우 성도의 견인에 대한 언급이 눈에 띄게 나타나고, 바르트의 경우 소명(召命)에 대한 언급이 특징적이다.

여섯째, 교회론에서 칼빈과 베르까우어와 바르트 모두는 전통적인 교회론의 입장에 서 있다. 한 가지 큰 차이는 칼빈과 베르까우어는 유아세례를 성인세례와 함께 하나님의 약속의 관점에서 동일하게 볼 수 있는 근거를 성경주석을 통해서 정당화한 반면, 바르트의 경우 주로 자연신학에 대한 부정적인 입장과 성경 주석을 근거로 유아세례를 인정하지 않는다.

본 고에서, 특별히 위의 요약과 몇 가지 비교를 통해서 우리는 베르까우어를 '로마 가톨릭교회와 바르트를 비판하는 칼빈주의자'로 규정해도 무리는 없을 것이다. 그러나 우리가 분명히 주의해야 할 사항은 베르까우어의 로마 가톨릭에 대한 비판의 정도와 바르트에 대한 비판의 정도를 동급(同級)으로 간주해서는 안 된다는 사실이다. 로마 가톨릭에 대한 그의 비판은 신랄하여 상호 접촉점이 보이지 않는다. 그러나 바르트에 대한 그의 비판은 수용비판으로 이해된다. 이 같은 사실은 특별히 하나님의 형상으로서 인간 이해와 「칼 바르트 신학에서 은총의 승리」라는 저서에서 잘 나타난다.

　베르까우어는 종교개혁신학과 개혁교회 전통에 서서 성경주석을 중심으로 자신의 독창적인 신학을 구사하고 있다. 베르까우어는 계시와 신앙의 관계 문제에서 주관주의와 객관주의를 극복하려고 노력했다. 바르트의 계시 중심, 말씀 중심, 그리스도 중심, 은총 중심의 사상에 빚을 지면서도 그의 지나친 행동주의적 계시관과 기독론 중심의 유일주의의 약점을 감지했다.[58] 베르까우어의 로마 가톨릭교회에 대한 시각은 매우 날카롭다. 오직 은혜, 오직 그리스도, 오직 성경, 오직 믿음이라는 종교개혁사상을 그의 신학의 뿌리로 삼고 있는 베르까우어로서는 최근에 많은 탈바꿈을 시도하고 있는 로마 가톨릭신학조차도 그에게 타협의 여지를 허용하지 않는 것 같다. 결론적으로, 우리는 베르까우어를 "로마 가톨릭교회와 바르트를 비판하는 칼빈주의자"로 명명할 수 있을 것이다.

■■■ 미 주 ■■■

1. www.yahoo.nl, suche(gerrit cornelis berkouwer) ; O. J. de Jong, *Nederlandse Kerkgeschiedenis*, Callenbach 1972, 407.
2. G. C. Berkouwer, *De triomf der genade in de theologie van Karl Barth*, Kampen 1954(=trans. by H. R. Boer, *The Triumph of Grace in the Theology of Karl Barth*, Wm. B. Eerdmans Pub. Co., 1956), 이 책은 독일어로는 물론 우리말로도 번역되었다.
3. G. C. Berkouwer, *Geloof en Rechtvaardiging*, Kmapen 1949(1949, G en R, 「신앙과 칭의」), *Geloof en Heiliging*(1949, G en H, 「신앙과 성화」), *Geloof en Volharding*(1949, G en V, 「신앙과 견인」), *De voorzienigheid Gods*(1950, 「하나님의 섭리」), *De algemene openbaring*(1951, 「일반계시」), *De persoon van Cristus*(1952, De Persoon, 「그리스도의 인격」), *Het werk van Christus*(1953, Het Werk, 「그리스도의 사역」), *De sacramenten*(1954, 「성찬론」), *De verkiezing Gods*(1955, 「하나님의 선

택」), *De mens het Gods*(1957, De Mens, 「하나님의 형상으로서 인간」), *De Zonde I Oorsprong en kennis der zonde*(1958, 「죄론 I : 죄의 기원과 인식」), *De Zonde II Wezen en vebreiding der zonde*(1960, 「죄론 II : 죄의 본질과 확산」), *De wederkomst van Christus* I(1961, De Wederkomst I, 「그리스도의 재림 I」), *De wederkomst van Christus* II(1963, De Wederkomst II, 「그리스도의 재림 II」), *De Heilige Schrift* I(1966, HS I, 「성경론 I」), *De Heilige Schrift* II(1967, HS II, 「성경론 II」), *De kerk I Eenheid en katholiciteit*(1970, 「교회론 I : 일치성과 보편성」), *De kerk II Apostoliciteit en Heiligheid*(1972, 「교회론 II : 사도성과 거룩성」), 참고 : 베르까우어의 「교의학」 시리즈의 영어번역본(1952-1976)이 출판되었다 (*Studies in Dogmatics*, W. B. Eerdmans Publishing Co., Grand Rapids, Michigan).

4. 참고 : 최윤배, "Gerrit Cornelis Berkouwer의 하나님의 형상 이해"(장로회신학대학교 대학원, Th. M. 논문, 1989) ; ibid., "G. C. Berkouwer의 하나님의 형상의 회복," 「복음과 신학」 제4호(2001), pp. 98-116 ; ibid., "G. C. Berkouwer의 하나님의 형상 이해," 「한국기독교신학논총」 21집(2001), pp. 137-161.

5. H. Bavinck, *Gereformeerde Dogmatiek*, I/II(1928), III(1929), IV(1930), Kampen.

6. H. Berkhof, *Christelijk geloof*, Nijkerk 1975/19906.

7. I. J. Hesselink, *On Being Reformed : Distinctive Characteristics and Common Misunderstandings*(New York : Reformed Church Press, 1988), pp. 34-35(최덕성 역, 「개혁주의 전통」〈서울 : 본문과 현장 사이, 1997〉).

8. G. W. de Jong, *De Theologie van dr. G. C. Berkouwer : Een struktuurele analyse*, Kampen 1971, p. 1.

9. 우리는 본 고에서 베르까우어의 종말론에 대한 본격적인 논의는 제외시키기로 한다. 왜냐하면 이 논문이 실린 책의 시리즈 중에 나중에 나올 책 한 권에서 베르까우어의 종말론에 대해서 집중적으로 다루어질 계획이기 때문이다.

10. G. C. Berkouwer, *Geloof en openbaring in de nieuwe Duitsche theologie*, Utrecht 1932.

11. G. C. Berkouwer, *De strijd om het Roomsch-Katholieke dogma*,

Kampen 1937.
12. G. C. Berkouwer, *Conflict met Rome*, Kampen 1948.
13. G. C. Berkouwer, *Karl Barth*, Kampen 1937, 71, 82, 91, 99.
14. G. C. Berkouwer, *Barthianisme en Katholicisme*, Kampen 1940.
15. G. C. Berkouwer, *Karl Barth en de kinderdoop*, Kampen 1947.
16. G. C. Berkouwer, *De triomf der genade in de theologie van Karl Barth*, Kampen 1954(=Tran. by H. R. Boer, *The Triumph of Grace in the Theology of Karl Barth*, Wm. B. Eerdmans Pub. Co., 1956).
17. G. C. Berkouwer, *De Alegemene Openbaring*, 5.
18. G. C. Berkouwer, HS I, 10-11.
19. G. C. Berkouwer, HS II, 5-113.
20. G. C. Berkouwer, HS II, 114-142.
21. G. C. Berkouwer, HS II, 143-187.
22. G. C. Berkouwer, HS II, 188-246.
23. G. C. Berkouwer, HS II, 245-330.
24. G. C. Berkouwer, HS II, 331-386.
25. G. C. Berkouwer, HS II, 387-414.
26. G. C. Berkouwer, HS II, 427. 베르까우어는 네덜란드어의 전치사 '옵'(op=독일어 auf)과 '판'(van=독일어 von)을 구별하여, 전자는 성경에 대한 고등비평을 허용하는 의미에서 성경에 대한 비판이고, 후자는 하나님의 말씀의 권위를 가진 성경에 대한 근본적인 부정을 가리키는 것 같다.
27. G. C. Berkouwer, *De Voorzienigheid Gods*, 5.
28. G. C. Berkouwer, *De Voorzienigheid Gods*, 56-99.
29. G. C. Berkouwer, *De Voorzienigheid Gods*, 100-150.
30. G. C. Berkouwer, *De Verkiezing Gods*, 55.
31. 참고 : 최윤배, "Gerrit Cornelis Berkouwer의 하나님의 형상 이해"(장로회신학대학교 대학원, Th. M. 논문, 1989) ; ibid., "G. C. Berkouwer의 하나님의 형상의 회복," 「복음과 신학」 제4호(2001), pp. 98-116 ; ibid., "G. C. Berkouwer의 하나님의 형상 이해," 「한국기독교신학논총」 21집(2001), pp. 137-161.
32. G. C. Berkouwer, *Man : The Image of God*(trans. by D. W. Jellama,

⟨Michigan : Wm. B. Eerdmans, 1962⟩), p. 67.
33. G. C. Berkouwer, De Persoon.
34. G. C. Berkouwer, Het Werk.
35. G. C. Berkouwer, De Peroon, 12.
36. G. C. Berkouwer, De Persoon, 44-56.
37. G. C. Berkouwer, De Persoon, 57-64.
38. G. C. Berkouwer, Het Werk, 8-9.
39. G. C. Berkouwer, Het Werk, 279-325.
40. G. C. Berkouwer, Het Werk, 325-349.
41. G. C. Berkouwer, Het Werk, 349-364.
42. G. C. Berkouwer, Het Werk, 364-380.
43. G. C. Berkouwer, G en R, 11.
44. G. C. Berkouwer, G en H, 21.
45. G. C. Berkouwer, G en H, 67-99.
46. G. C. Berkouwer, G en H, 100-116.
47. G. C. Berkouwer, G en H, 117-135.
48. G. C. Berkouwer, G en H, 136-170.
49. G. C. Berkouwer, G en H, 170-217.
50. G. C. Berkouwer, G en V, 32-72.
51. G. C. Berkouwer, De Kerk I, 13.
52. G. C. Berkouwer, De Kerk Ⅰ.
53. G. C. Berkouwer, De Kerk Ⅱ.
54. G. C. Berkouwer, De Kerk I, 26.
55. G. C. Berkouwer, De Kerk Ⅱ, 6.
56. G. C. Berkouwer, De Sacramenten, 11.
57. G. C. Berkouwer, De Sacramneten, 371-395에서 베르까우어는 성찬 교제에 대해서 상세하게 다룬다.
58. 김재진, 「칼 바르트 신학의 해부」(서울 : 한들출판사, 1998), p. 26 : "그의(바르트, YBC) 교리신학은 개신교 측에서는 이반트(H. J. Iwand), 포겔(H. Vogel), 베르까우어(G. C. Berkouwer), 그뢰겔(G. Glögel) 등에 의해서 구조적 비판을 받았고……."

IV 오토 베버 : 칼빈과 칼 바르트를 중재하는 개혁신학

1. 서 론

오토 베버(Otto Weber, 1902-1966)는 1902년 6월 4일 라인의 뮐하임(Mülheim)에서 태어나 1966년 10월 19일에 성(聖) 모리츠(St. Moritz)에서 소천했다. 그는 본(Bonn)과 튀빙겐에서 공부했고, 특별히 아돌프 쉴라터(Adolf Schlatter, 1852-1938)와 칼 바르트(Karl Barth, 1886-1968)의 영향을 많이 받았다.[1] 그는 바르트의 제자요 위르겐 몰트만(Jürgen Moltmann, 1926-)의 스승이었으며, 1934년 여름학기부터 괴팅엔 대학교의 개혁신학 교수로 임용되었다.[2] 김명용은 베버를 바르트 계열의 신학자로 분류하는 가운데, 베버는 '바르트 신학과 매우 유사한 신학'을 전개했다고 주장한다.[3] 김재진에 의하면, 베버는 바르트를 잘못 이해하면서도 그를 비판적으로 수용했다고 평가한다.[4] 이같이 베버는 일반적으로 국내외에서 바르트 계열의 신학자로 알려져 있다.[5] 필자도 여기에 전적으로 동의하면서도 베버의 신학에 대한 연구 및 평가 이전에 먼저 한마디 부언하고자 한다.

필자가 평소에 아쉽게 생각하는 점은 다음과 같다. 시대와 개인의 차이에도 불구하고, 개혁신학 전통 속에서 같은 뿌리를 공유하고 있는 개혁파 종교개혁자들(츠빙글리, 부처, 칼빈 등), 개혁파 정통주의자들(워필드, 바빙크, 헤페, 르세르 등), 개혁파 신정통주의자들(바르트, 브룬너 등), 개혁파 현대신학자들(베르까우어, H. 베르꼬프, 베버, 로흐만, 토랜스, 몰트만 등) 사이에 존재하는 공통점과 차이점 중에서 차이점만이 강조되고 부각되어 개혁신학 전통 속에서 조화보다는 갈등과 균열의 현상을 경험하는 것이다. 물론 여기에 대한 다양한 이유들이 있겠지만, 그 중에 하나는 상호 협력(조화, 통합) 내지 상호 존중의 정신의 부재라고 생각된다.

필자는 본 고에서 베버를 칼빈과 바르트의 입장에서 평가하면서 상호간의 화해의 다리를 놓으려는 시도를 하고자 한다. 여기서 문제는 16세기의 칼빈과 20세기의 바르트와 베버 사이에 역사적 간격이 너무 크다는 점이다. 그럼에도 불구하고 우리는 베버의 주저인 「교의학의 기초」를 중심으로 그의 신학을 정리하고,[6] 마지막으로 필자가 이해한 칼빈과 바르트의 입장에서 베버를 평가하고자 한다.

2. 계시론(말씀론)

1) 계시와 신 지식

베버에 의하면, "기독교 신앙은 본질적으로 그리스도를 믿는 신앙이다"(GD I, 13). 한 인격으로서 예수 그리스도를 만나는 문제와 관련된 신앙은 신뢰와 순종과 자기복종으로 이해된다. 기독교 교리 중에서 중심된 교리는 항상 예수 그리스도에 대한 교리이다. 기독교 교리는 계시에 대한 해석과 하나님의 자기교통으로서 특수하며, 시간적이고, 인격적이다(GD I, 19). "기독교 교리는 교회, 즉 신앙공동체의 기능이다"(GD I, 29). 베버에 의하면, 기독교 교리는 삼중적 형태, 즉 설교(Predigt ; 선포, Verkündigung), 교의(Dogma, 교리), 교의학(Dogmatik)이다. 기독교 교리는 설교 자체로부터 생긴다. 그러므로 "교의와 교의학은 설교와 관계된다"(GD I, 38).

베버에 의하면 계시, 하나님에 대한 지식, 인간(피조물)의 자기지식, 이 세 가지는 상호 밀접하게 연결되어 있다. "이 세 개념 중에 어떤 것도 다른 것 없이는 파악될 수 없다는 사실이 인정되어야 한다. 계시는 항상 하나님의 지식과 연관되고, 하나님의 지식은 항상 (인간의/피조물의) 자기지식과 관계된다. 정반대의 경우도 마찬가지이다"(GD I, 185). "하나님에 대한 인간지식의 본질에 대해서 말할 수 있는 근거는 우리에게 하나님의 사기노출(Selbsterschließung Gottes)의 본질로 보이는 데 있다" (GD I, 186). 베버는 하나님의 계시를 은사(Gabe)의 차원에서 하나님의 자기노출로 이해한다. "우리는 그것을 은사로 이해한다. 이 은사 속에서 하나님께서 우리에게 하나님을 아는 가능성을 허락하신다"(GD I, 187).

베버에 의하면, '계시'는 첫째로 항상 실제적으로 일어나는 사건이며, 둘째로 하나님의 행위의 본질에 있으며, 셋째로 신비를 알려 주는 것이다(GD I, 188-189). 하나님의 계시와 인간의 이성 사이에는 통일성도 있지만, 계시는 하나님의 구원하시는 행동으로서 이성을 초월한다(GD I, 191-192). 하나님의 계시는 인격성과 역사성(歷史性)을 갖는다. "하나님이 역사 속에서 자기 자신을 노출시키시는 분이라는 사실은 하나님의 역사적 활동성의 수직적인 관점을 보게 한다. 하나님은 역사나 발전에 따라 수리화(數理化)할 수 있는 구성요소가 되지 않고, 항상 역사의 모든 순간에 자기 자신이시다. 그러나 하나님이 참으로 자기 자신을 역사 속에서 노출시키신다는 사실은 그의 계시를 수평적인 관점에서 보게 한다"(GD I, 193).

그러면 하나님의 계시의 내용은 무엇이며, 하나님께서 자신을 어떻게 노출시키시는가? 여기에 대한 "가능한 유일한 대답은 하나님께서 자기 자신을 자신의 말씀 속에서 노출시키신다는 것이다"(GD I, 195). 베버에 의하면, 하나님의 말씀은 '사건화된 말씀'(geschehene Wort)이며(GD I, 195-202), '증언된 말씀'(bezeugte Wort〈GD I, 203-208〉), '선포된 말씀'(verkündigte Wort)이다(GD I, 208-214).

베버는 소위 '자연신학'의 문제에 대해서 교리사적으로 길게 논의한 뒤, 교의학적 사고는 이 문제를 필연적으로 취급하게 만든다고 말한다. 하나님의 자연 지식에 대한 관점은 각각 특별한 배경을 가진 매우 다른 세 가지 관점, 즉 이방인 내지 무신론자에 대해서 종교철학이나 자연이성을 사용하는 변증적인 관점, 하나님은 창조주시라는 사도신경 첫 조항에 근거한 창조신학의 관점, 자연과 은총 사이의 연속성을 주장하는 존재 유비의 관점이 있다(GD I, 226-229).

2) 성경

베버는 그의 성경관을 전개하기 위해서(GD I, 252-384) 성경의 '영감'(Theopneuste) 문제, 성경과 교회의 관계 문제, 구약과 신약의 관계 문제, 성경해석의 문제를 다룬다. 사건화된 말씀은 증언된 말씀에서 주어지고, 선포된 말씀은 증언된 말씀에 기초하기 때문에 성격상 증언된 말씀이 특별히 중요하다(GD I, 252).

베버는 먼저 '성경영감론'에 대해서 교리사적으로 상세하게 다룬다. "영감론(die Inspirationslehre)은 인간 속에서, 그리고 인간 위에서 성령의 사역에 근거하여 성경을 이해한다. 이것은 두 가지의 기본적인 관점으로 귀결되는데, 성령의 사역이 하나님 자신의 사역인 동시에 그리스도 자신의 사역이며, 그럼에도 불구하고 그것은 계시의 주관적 '실재성'이고 '가능성'으로서 이해하는 첫 번째 관점('객관적으로')은 성경에 고유하고도 특별한 실재성을 부여한다. 그러나 성령의 사역('주관적으로')은 절대적으로나 상호 보상적으로가 아니라 예측할 수 없는 신적 형태 속에서 인간(신앙에 대한, 증언에 대한, 순종에 대한)의 사역과 관계되어 있다"(GD I, 258).

"만약 우리가 이 마지막 두 가지 관점('객관적', '주관적')을 함께 요약한다면, 우리는 '영감'의 본질과의 관련 속에서 다음과 같은 결론을 내릴 수 있을 것이다. 성경은 증언된 하나님의 말씀으로서 '하나님을 통해서 영감되었다.' 즉, 성경은 하나님의 선물이며, 성령의 작품이다. 성경은 단지 인간의 말로 축소될 수 없는 인간의 말로서 하나님의 말씀이며, 이 말씀 속에서 하나님은 생명 또는 죽음을 위해서 우리를 분명하게 만나신다. 왜냐하면 하나님은 성경 속에서 우리를 만나시기 때문이다"(GD I, 259). "성경의 '영감'은 구원 사건에 대한 내용적 관계성 속에서, 그리고 성경의 증언을 받아들이고 있는 사람에 대한 성경의 인격적 관계성 속에서 이해되어야 한다"(GD I, 260).

베버는 성경의 '영감'의 문제를 논의한 뒤에 '성령의 내적 조명의 교리' 문제를 논의한다. 성령의 내적 조명의 교리는 성경의 권위가 고전적인 영감론의 의미에서 객관적으로, 우리 자신의 경험의 의미에서 주관적으로 보장될 수 없다는 사실을 분명하게 밝혀 주고, 우리의 자유와 우리의 구속(拘束)을 좌우하는 분으로서 당신의 자유 속에 계시는 성령 하나님께서 성경말씀을 통해서 우리에게 다가오실 때 우리는 그것에 의해서 설득될 것이라는 사실을 확증한다(GD I, 270-171).

성경과 교회의 관계 문제를 중심으로 로마 가톨릭교회와 종교개혁자들은 서로 첨예하게 대립했다. 종교개혁자들은 성경의 권위를 교회의 전통 위에 두었다. 그러나 성경이 교회에 의해서 우리에게 제공되었다는 말도 진실이다. 교회는 선포된 하나님의 말씀의 담지자(擔持者)이며, 어떤 성경(문서)이 정경(正經)에 속하는지를 결정했다. 이 기능 속에서 교회는 다만 수행하는 권위를 가졌다(GD I, 274f).

3. 신 본

1) 삼위일체 되시는 하나님

"하나님은 누구이신가?" 베버는 하나님을 삼위일체 되시는 하나님으로 이해한다(GD I, 386). 삼위일체론은 계시에 대한 해석의 열매이다(GD I, 403). 고대교회는 오랫동안 일체성을 희생시킨 종속론과 삼위성을 희생시킨 양태론에 반대하여 삼위일체 하나님을 주장했다(GD I, 405). 고대교회에서 삼위일체론 논쟁은 주로 구원론에 중요한 기능을 수행했다(GD I, 408-409).

베버는 하나님의 '삼위성 속에 있는 일체성'과 '일체성 속에 있는 삼위성'에 대해서 논의하기 전에 먼저 하나님의 행동과 본질 사이의 뗄 수 없는 관계에 대해서 진술한다. "하나님의 행동은 참되고도 진정한 존재에 일치하는 행동이다. 하나님은 그의 참된 본성 속에서 그 자신의 대응 면이시고 일치성이시므로, 그의 사역은 창조자의 사역이고, 화해자의 사역이며, 우리를 성화시키시는 자의 사역이다. …… 하나님의 사역과 하나님의 본성은 상호 분리될 수가 없다"(GD I, 430-431).

'삼위성 속에 있는 일체성'이라는 표현은 근본적으로 '동일본질'(ὁμοούσιος)이라는 내용을 포함한다. 만약 '삼위성 속에 있는 일체성'이라는 표현이 하나님 안에 있는 특별하고도 특이한 존재 양식(Seinsweisen in Gott)이 참된 신적 본성(Eigentlichkeit) 속에서 함께 하나라는 사실을 해석적으로 진술하는 것을 목적으로 한다면, 이 개념은 적절하다(GD I, 432).

스콜라 신학과 17세기 개신교 정통주의 신학은 동방교회의 '페리코레시스'(περιχώρησις, circumincessio)의 개념을 더욱 발전시켰다. 교의학 전통이 관계론(Relationenslehre)의 발전 속에서 아버지에 의한 아들의 출생(generatio)과 아버지와 아들에 의한 성령의 '출원'(spiratio, 숨을 내쉼)에 대해서 언급하고, 이것을 삼위일체 하나님의 '내재적 사역'(opus ad intra)으로 간주하는 것은 타당하다. 이 표현이 관계론에서 하나님의 세 존재 양식의 우위성의 순서라는 것이 한 존재 양식이 다른 존재 양식에 실제적으로 종속되는 것으로 구성되지 아니하고, 오직 '존재의 양식'(modus subsistendi)에만 적용된다면 이것도 타당하다(GD I, 433).

베버는 동방교회와 서방교회의 분열의 원인 중에 하나였던 '필리오크'(filioque) 문제와 관련해서, 동방교회가 주장한 '성령의 단일출원'에 반대한 서방교회가 주장한 '성령의 이중출원'은 성경적 근거가 있으며, 특별히 바르트의 수장에 동의하면서 그의 수장을 요약한다. "우리는 바르트에게 동의해야 한다"(GD I, 434). 베버는 삼위성 속에 있는 하나님의 일체성을 하나님의 내재적 사역뿐만 아니라 '외적(경륜적) 사역'(opus ad extra)과도 관계시킨다. "삼위성 속에 있는 하나님의 일체성은 '내적인' 일체성일 뿐만 아니라 피조물을 향한 하나님의 사역에 있는 일체성이다. 이 같은 전제는 삼위일체론 전체에 대한 기본적 신앙의 직접적 결과이다. 이 사실에 대한 반대는 양태론(내적으로는 일체성, 구속역사 속에서는 삼위성)으로 인도할 수 있다"(GD I, 434-435).

'일체성 속에 있는 삼위성'과 관련하여, "하나님은 아버지와 아들과 성령으로서 개별적으로 다른 하나님이 아니라 그들 모두 안에서 동일하신 하나님 자신이시다. 그럼에도 불구하고 하나님은 각 인격 속에서 구별되고, 각 인격은 자신의 존재양식 속에서 구별된다. 창조는 아들과 성령이 '함께하는' 아버지의 사역이지만, 창조는 아들이나 성령의 특별한 사역은 아니다. 십자가에 못 박힘은 분명히 아버지의 사역과 의지이지만 아버지와 성령이 우리를 위해서 못 박히신 것이 아니다. 아버지, 아들, 성령은 각각 하나님 자신이시다. 만약 우리가 하나님의 삼위성 속에 있는 하나님의 일체성에 관해서 우리가 말했던 모든 것을 기억한다면, 우리는 이 일체성 속에 있는 삼위성에 동일한 주의를 기울여도 좋고 또 기울여야만 한다 : 하나님의 존재의 일체성 속에 있는 삼위성과 하나님의 사역의 일체성 속에 있는 삼위성"(GD I, 436).

중세시대와 17세기 정통주의시대의 신학은 하나님의 한 사역의 삼위성에 대해서 기술하기 위해 '고유성에 대한 교리'(Lehre von den 'Appropriationes', Appropriationenlehre)를 발전시켰다. 이 교리를 통해서 하나님의 어떤 특징은 배타적인 방법으로가 아니라 특별한 방법으로 인격(Personen) 각각에게 돌려졌다. 가령, 칼빈은 각 인격의 고유성(proprietas)으로서 아버지에게는 '시초'(principium)를, 아들에게는 '지혜'(sapientia)를, 성령에게는 '힘'(virtus)을 돌렸다(GD I, 436). 여기서 아버지의 고유한 사역인 창조는 아들과 성령에게도 관련되고, 아들의 고유한 사역인 화해와 구속은 아버지와 성령에게도 관련되며, 성령의 고유한 사역인 성화는 아들과 아버지에게도 관련된다. "고유성에 대한 교리는 '인격의 질서'(ordo personarum)에 대한 성찰임이 분명하게 밝혀져야 한다. …… 그러므로 이 교리는 계시될 때조차도 측량할 수 없고 다함이 없는 하나님의 일체성과 삼위성의 신비, 신비이기를 멈추지 않는 신비를 돌아보게 한다"(GD I, 437-438).

2) 하나님의 본질과 속성

베버는 계시 속에 계시는 하나님의 본성과 속성에 대해서 진술하기 위해 먼저 계시된 하나님과 숨어 계시는 하나님이라는 하나님의 이중성에 대해서 "하나님의 계시와 하나님의 신비"라는 제목 하에 언급한다. "아주 가까이 계시는 하나님은 역시 아주 멀리 계시는 하나님이다"(GD I, 445).

베버는 교리사적으로 하나님의 본성과 속성에 대해서 검토한 뒤에 다음과 같이 요약한다. "우리는 우리의 상황 속에서 다음과 같이 오랫동안 유지해 온 하나님의 속성에 대한 구분을 수정해야 할 것이다. 이 구분 속에서 우리는 한편으로 사랑하시는 분으로서 하나님의 '속성'(Eigenschaften)에 관해서 말하고, 다른 한편으로 거룩한 분이며 자유로우신 분으로서 하나님의 '속성'에 관해서 말한다"(GD I, 446). "하나님의 사랑은 신적인 사랑으로서 그것의 본질상 거룩하다. 그때에 하나님은 그의 본질과 그의 실재성과 거룩하고도 자유로우며 주권적인 사랑 속에 계신다. 앞의 짧은 한마디의 내용이 '하나님에 대한 기독교적 개념이다'"(GD I, 450). 또한 베버는 더욱 구체적으로 성경에 나타난 하나님의 이름을 통해서 하나님의 본질과 속성에 대해 언급한다(GD I, 458).

"하나님은 자유 속에서 사랑하시는 분이다. '주권적인 사랑', 이것이 그의 '본질'(Wesen)이다. 그러나 마지 부족해질 수 있는 어떤 첨가적인 것이 될 수 있는 것이 하나님의 '속성'이라는 의미에서 우리는 하나님의 '본질'과 하나님의 '속성'을 구별할 수는 없다"(GD I, 463). 결국 베버는 하나님의 본질과 속성을 '사랑'과 '자유'라는 두 단어 속에서 이해한다(GD I, 465).

4. 창조론

1) 창조자 하나님

베버는 하나님의 본질과 속성에 관한 교리와 하나님의 사역에 관한 교리가 뗄 수 없는 관계 속에 있음을 천명한다. "우리는 하나님의 사역

(Werk)을 통해서만 그의 본질(Wesen)에 대해서 말할 수가 있다. 그러므로 하나님의 본질과 속성에 관한 교리는 그것이 하나님의 사역이라는 관점에서 그의 사역에 대한 해석일 뿐이다. 그리고 하나님의 사역에 대한 교리는 하나님이 행동하시는 분이라는 관점에서 하나님에 관한 교리일 뿐이다. 하나님의 본질과 속성에 대한 교리와 하나님의 사역에 대한 교리는 서로서로에게 속해 있다"(GD I, 510).

'하나님의 결의'(決意, Decreta Dei)와 관련해서 "하나님의 창조는 주어진 것이 아니라 하나님의 본질과 의지의 깊이로부터 우리에게 알려지고 허락된 선물이다"(GD I, 511). 신·구약성경은 포괄적인 의미 속에서 창조자 하나님에 대해 증언하고 있다. "창조에 대한 성경의 증언은 태초에 있는 것에 대한 회고가 아니라 동일한 방법으로 시작과 중간, 끝과 결부시킨다. 하늘과 땅에 대한 창조에 관한 언급은 성경의 처음에 나타나고, 새 하늘과 새 땅에 대한 언급(계 21:1, 사 65:17, 사 66:2, 벧후 3:13)은 성경의 증언의 끝에 있다"(GD I, 511-512). 베버는 창조자에 대한 신앙과 그리스도에 대한 신앙을 상호 관계시킨다. "하나님에 대한 신앙고백은 참으로 그리스도에 대한 신앙고백의 기능이다"(GD I, 513). "살아 계시는 하나님은 창조자이시다. 이 사실은 하나님은 세계에 속해 있지도 않고, 인간과 세계를 포함하는 포괄적인 구조의 한 부분이 아님을 의미한다"(GD I, 515).

"창조자 하나님에 대한 신앙은 세계와 세계의 기원과 궁극적인 목적에 대한 우리의 성찰에 의존하지 않고 하나님의 자기노출에 기초되어 있다"(GD I, 535-536). "하나님만이 창조자이시다. 모든 실재성의 깊이를 포함하여 하나님으로부터 구별된 모든 실재는 창조이다. 이것은 창조자 하나님에 대한 신앙의 내용이다. 그러나 한 가지 어두움의 문제가 여전히 남는다. 그것은 악의 문제이다. 악도 하나님의 창조인가? …… 아무도 악마의 존재(실재, Existenz des Teufels)를 '증명할' 수가 없다.

그러나 신자는 그의 대적자를 알고 있다"(GD I, 539).

"우리는 악마가 어떻게 하나님의 선하신 창조에 위치를 갖고 있는지를 설명할 수는 없다. 우리는 전능한 신적인 부정(否定, Verneinen)의 빛 속에서 마귀를 볼 뿐이다. 이것은 우리가 확실히 창조자와 피조물 밖에 있는 제3의 장소를 마귀에게 부여할 수 없음을 의미한다. 우리가 마귀를 방해자로 이해할 수가 있고, 마귀를 대적하고, 피조된 존재의 실재성에 대해 투쟁하는 것은 창조자에 대한 신앙고백의 한 부분이다. '성경은 정복될 수 없는 전능하고 전지하며 편재하는 사단을 모른다"(GD I, 543).

베버는 이원론의 문제, 바르트의 무성론(無性論, Barths Lehre vom Nichtigen)의 개념, '무로부터의 창조'(aus dem Nichts) 등의 문제를 비판적으로 검토한 뒤에 다음과 같은 결론에 이른다. "하나님은 자신의 창조적 행동의 근거와 전제를 자기 자신 안에 두고 계신다. 하나님은 피조물을 필요로 하지 않으시며, 하나님의 행동은 그의 자신의 존재 밖에 있는 어떤 전제도 필요로 하지 않으신다. 창조자 밖에는 다만 다른 피조물이 있을 뿐이다. 하나님은 절대적으로 자유하신 창조자이시다 : '무로부터의 창조'(creatio ex nihilo). 하나님은 절대적으로 자유하신 화해자이시다 : '하나님 없는 자에 대한 칭의'. 하나님은 절대적으로 자유하신 완성자이시다 : '죽은 자의 부활'(resurrectio mortuorum)"(GD I, 553).

2) 하나님의 섭리

베버는 하나님의 창조를 단지 과거에만 제한하는 이신론(理神論)을 비판하면서 창조사역의 과거의 측면과 현재의 측면을 동시에 주장한다. "하나님은 '게으른 하나님'(deus otiosus)이 아니시다. 이것은 다음을 의미한다. 우리는 우리의 존재와 활동을 조건지어 주는, 그리고 우리에게 주어지고 지정된 실재성을 단번에 하나님에 의해서 '시작되었을' 뿐만 아니라 하나님의 '지배'(Walten)와 '섭리'(Vorsehung) 아래서 현재적으로 하나님에 의해서 통치되는 것으로 받아들여도 좋다(GD I, 554).

'계속된(연속된) 창조'(creatio continuata)나 '계속하고 있는 창조'(creatio continua)의 개념은 실제적으로 잘못된 표현은 아니지만, 보다 더 나은 표현은 '그의 사역을 계속하는 창조자'(creator opus suum continuans)이다(GD I, 556). "비록 분명히 창조자가 보전(존)자(Erhalter)인 동시에 통치자(Regierer)일지라도 창조와 보존(Erhaltung) 또는 창조와 섭리(Vorsehung)는 동일시될 수 없다. 여기에 대해서 가장 분명하게 밝혀 주는 이유는 다음과 같은 단순한 사실에 있다. 하나님의 보존하고 통치하시는 행동, 즉 그의 섭리는 결코 '무로부터'(aus dem Nichts) 일어나지 않고, 이미 현존하고 활동적인 것으로서 창조된 존재를 보존하신다는 사실을 전제하고 있다"(GD I, 557).

베버는 한 걸음 더 나아가서 섭리신앙을 선택(Erwahlung)과 결부시킨다. "여기서 밝혀진 바와 같이 섭리신앙은 단지 선행(先行)하고 있는 하나님의 결의(Tatschluß)로서 선택 속에 뿌리를 두고 있다. …… 그러나 선택은 섭리의 결과나 적용이 아니라 그 반대이다"(GD I, 565). 섭리는 하나님의 인도하심과 주권과 하나님의 신실하심의 행위와 관계된다. "통치자(gubernator)로서 하나님은 자비로우신 분이다"(GD I, 576). 베버는 하나님의 섭리와 관련하여, 마지막으로 섭리와 관련된 하나님의 나라에 대해서 말한다. "우리는 하나님의 나라에 대해서 언급하지 아니하면서 하나님의 섭리에 대해서 말할 수 없다"(GD I, 576).

5. 인간론

베버는 피조물로서의 인간, 하나님의 형상으로서의 인간, 죄인으로서의 인간에 대해 강조한다. 그리고 예수 그리스도는 그의 신학적 인간론의 인식론적 근거인 동시에 존재론적 근거가 된다. 베버는 피조물(Geschöpf)로서의 인간에 대해 기술하기 위해서 먼저 신학적 인간학의 몇 가지 주제에 대해 언급한다. 베버는 인간이 없이 하나님만을 주장하는 '하나님 중심주의'와 하나님 없이 인간만을 주장하는 '인간 중심주의'를 비판하면서, 하나님에 대한 지식과 인간에 대한 지식의 밀접한 상관관계를 주장함으로써 신학적 인간론의 첫발을 내딛는다. "기독교적 신론과 기독교적 인간론은 서로서로에게 속해 있다"(GD I, 582).

"칼빈에 의해서 주장된 '하나님에 대한 지식'(cognitio Dei)의 우선성은 하나님에 대한 지식이 성경에서 뜻하는 것과 일치하는 하나님에 대한 지식일 때만 타당하다. 성경에서 하나님에 대한 지식은 하나님께서 자신과 우리 사이에 있는 교제의 확립 속에 있는 그의 계시에서, 그리고 예수 그리스도의 성육신과 사역에서 우리에게 자신을 허락하시는 지식이며, 이때에 하나님께서 그의 영을 통해서 우리 안에서 참되게 만드시는 지식이다. 우리를 위한 하나님의 실존으로부터 시작하는 신학만이 기독교적 의미에서 '신중심적'(theozentrisch)일 수가 있다"(GD I, 586).

"신학적 인간론의 주제는 하나님 앞에 서 있는 인간(der Mensch vor Gott), 바로 '그'(der) 인간이다!"(GD I, 587). "성경적 인간관의 특징인 보편주의는 모든 인간이 타고날 때부터 가지고 있는 특질(Qualitäten)에서 비롯되는 것이 아니다. …… 이스라엘의 하나님은 어떤 제한도 없이 모든 사람들의 창조자이다. …… 이러한 사실은 신약성경에서도 전혀 다르지 않다. 예수 그리스도의 아버지는 이스라엘의 하나님이시다"(GD I, 589). "하나님께서 한 인간 예수 그리스도 속에서 인간을 다루셨기 때문에, '그' 인간에 대해서 말하는 것은 신학적으로 타당하다"(GD I, 591). "예수 그리스도의 인격의 신비는 그가 참으로 '참인간' 속에 있다는 사실에 있다. …… 여기서 참으로 중요한 성령의 본성과 사역 속에 있는 신비는 성령께서 인간 안에, 그리고 인간 위에서 일하게 하신다는 사실이다"(GD I, 598-599).

기독교적 인간은 피조물인 동시에 죄인으로서 살아간다. '완전한 상태'(status integritatis)와 '타락한 상태'(status corruptionis〈GD I, 606〉) 사이의 문제는 창조와 화해(구속)의 관계와 직결된다(GD I, 610). 인간에 대한 기독론적 이해를 통해서 문제 속에 있는 인간에게 화해와 구원의 빛이 보인다. "우리는 인간의 죄의 심각성을 최소화시키지 않고, 은혜의 중요성을 말하면서도 자유롭게 인간의 피조성에 대해서 말할 수 있을까? 이것이 가능한 이유는 인간 예수 그리스도가 하나님을 위한 인간인 동시에 우리 동료 인간을 위한 인간이시기 때문이다. …… 우리 인간 동료로서 예수 그리스도는 참된 인간, 하나님 앞에 있는 인간이시면서 하나님을 위한 인간이시다"(GD I, 613-614).

베버는, 피조물로서의 인간은 '하나님의 형상'(imago Dei ; das Ebenbild Gottes)으로 창조되었다는 사실을 강조한다. 베버는 '하나님의 형상'에 대한 다양한 해석을 성경적으로, 교리사적으로 검토한 뒤에(GD I, 615-629), 동방교회나 로마 가톨릭교회의 일반적인 이해인 '존재적 형상이해'를 비판하고 주로 '계약 관계' 개념을 중심으로 '계약규정성으로서 하나님의 형상성'(Gottebenbildlichkeit als Bundesbestimmtkeit)에 대해 말한다(GD I, 629-639).

"예수 그리스도는 율법의 성취이시며 '하나님의 형상'의 실재성 자체이시다. 그는 하나님을 위한 인간이시며, 하나님으로부터 오신 인간이시며, 하나님 앞에 서신 인간이시다. 예수 안에서 우리에 대한 하나님의 거부가 끝났다. 그를 통해서, 그리고 그의 위에…… 그분 안에서 우리에 대한 하나님의 거부는 심판받았고, 하나님의 은혜에 의해서 대체되었다. …… 하나님께서 '죄 있는 육신의 모양으로'(롬 8 : 3) 보내셨던 바로 그분이신 예수 그리스도의 인격 속에서 인간은 하나님의 형상이다. …… 새 인간은 예수 그리스도뿐이지만 그 자신만을 위해서가 아니라 신자(信者)를 위해서인데, 신자는 그분 속에서 자신의 새 신분과 실존의 종말론적인 형태를 갖는다"(GD I, 636-637).

일반적으로 사회나 종교 현상 속에 나타나는 죄에 대한 지식은 가능하지만 그 인식은 한계성을 가진다. 베버에 의하면, 기독교적 죄 인식은 율법의 완성자로서 그리스도 안에서 비로소 완전하다. "율법은 '전인'(totus homo)으로서 인간을 만나는 하나님의 자기현시로서 계시되었다"(GD I, 650). "하나님의 은혜로운 한 의지가 율법 '속에, 함께, 그리고 아래에' 우리를 만나신다. 율법은 하나님의 계약 의지의 시현으로서, 그리고 우리가 대답하는 예(Ja)가 아니라 하나님의 예(Ja) 속에서 확립된 법으로서 우리 자신에 대한 하나님의 '심판'이다. 우리의 부정(Nein)은 하나님의 긍정(Ja)과의 만남 속에서 부정(Nein)으로 보인다. 용서를 위한 기도를 포함하는 죄의 고백은 복음을 받아들이는 실재성이 된다"(GD I, 651). 죄는 인격적이며, 하나님 앞에서의 죄이다.

'원죄'(peccatum originale)를 중심으로 교회사 속에서, 특히 종교개혁과 펠라기우스주의 내지 반펠라기우스주의 사이에 벌어진 논쟁은 유명하다. 베버는 원죄에 대한 교회의 주장은 긍정적인 측면이 많다고 주장한다. 행위로서 죄는 인격적인 죄이며, 실제적인 죄이다(GD I, 684). 죽음의 심각성과 삶의 확실성의 내적 연결성은 지적인 성찰에 기초하지 않고, 예수 그리스도의 사역에 기초한다. 죄의 삯은 죽음이지만, 예수 그리스도 안에 있는 하나님의 은사는 영생이다(GD I, 692-693).

6. 기독론[7]

1) 기독론의 과제와 방법

베버에 의하면 기독론은 대체로 두 가지 의미, 즉 '관념'으로서의 그리스도(Christus-Idee)와 '원리'로서의 그리스도(Christus-Prinzip)의 의미에서 교의학과 교회의 선포와 신학의 중심(Mitte)을 이루었다. 이 같은 기독론은 사변적 기독론으로서 역사적(歷史的) 예수를 무시하는 결과를 낳았다. "그러므로 기독론은 관념이나 원리를 취급하는 것이 아니다"(GD II, 13).

베버에 의하면, 하나님 자신이신 독생자 예수 그리스도가 이 세계에 오신 것은(갈 4 : 4, 요 3 : 17) 세계사와 구속사 속에서 하나의 종말론적인 '전환점'(Wende)을 이루었다. 여기서 '성서적 그리스도'(biblischen Christus)에 대해 결정적으로 중요한 것은 유일성, 반복 불가능성, 역사성, 시간성, 인격성, 가능성이다. 신약성경은 이것을 '단번에'(ephapax, hapax ; 롬 6 : 10, 벧전 3 : 18, 히 7 : 27, 9 : 12, 10 : 10, 14)로 표현하는데, 이것은 기독론에 필수불가결하다. 삼위일체론과 관련해서 기독론은 하나님 자신이 우리를 만나시는 그분, '우리와 함께하시는 하나님'이신 그분을 향하게 한다.

기독론에 대한 인식론적 접근방법 문제와 관련해서 베버는 그리스도의 인격과 사역에 대한 상호 분리의 문제를 강하게 비판한다. "우리는 그리스도의 인격론과 사역론의 분리를 피하고 있는 신학자들을 따르고자 한다. 이들 중에서 보다 최근의 신학자들은 쉴라터와 바르트와 (원칙적으로) 브룬너이다. …… 예수 그리스도는 그의 사역의 사역자(Jesus Christus, der Wirker des Werks)이실 뿐만 아니라 그의 사역 속에 계시는 분이다. 그 자신이 하나님의 화해하시는 행동이다. 하나님은 인간을 위해서, 바로 예수 그리스도 안에서 자기 자신을 연루시키셨다"(GD II, 20).

베버는 주로 고전적 기독론에 나타난 '위로부터 아래로'(von oben nach unten)의 기독론의 방법과 계몽주의시대 이후에 주로 나타난 '아래로부터 위로'(von unten nach oben)의 기독론의 방법의 장·단점에 대해서 자세하게 논의한 뒤에 다음과 같은 결론에 이른다. "우리는 둘중의 어느 한 방법도 받아들일 수 없다. 우리가 전자를 거절해야 하는 이유는 하나님의 자유가 그 속에서 올바르게 보장되지 않기 때문이며, 우리가 후자를 거절해야 하는 이유는 이 속에서 어떤 이도 그러한 상호관계적 체계 속에서 능동적인 수행자가 될 수 없기 때문이다. 다시 말하면, 기독론이 '위로부터'만 시작할 수 없는 이유는 하나님은 '단지 위에만' 계시는 분이 아니라 그리스도 안에 계시는 인간의 하나님이시기 때문이다. 기독론이 단지 '아래로부터'만 시작할 수 없는 이유는 '아래에' 있는 것은 단지 하나님의 행위에 의한 것일 뿐이며, 이 '아래'에 대한 관계 속에서 신앙은 신격화(Apotheose)를 허용할 수 없기 때문이다"(GD Ⅱ, 35-36).

역사적 예수(historischen Jesus)와 케리그마의 그리스도(Christus des Kerygma) 사이의 양자택일을 통해서 양자의 연속성의 문제가 제기되었다. 역사적 예수 연구에만 몰두한 순수 역사 실증주의자들은 불트만과 마르틴 쾰러(Martin Kähler, 1835-1912)를 비롯한 케리그마의 그리스도만을 추구한 자들과 서로 나뉘어졌다. 그러나 베버는 성령을 통한 그리스도의 실존적 만남을 통해 역사적 예수와 케리그마의 그리스도 사이의 연속성의 근거를 다음과 같이 제시한다. "케리그마 속에 있는 그리스도와 복음서에 의해서 의도된 그리스도 사이에 존재하는 연속성은 후자의 내적·역사적 효과나 그리스도로부터 파생된 도덕적·종교적 관점이 아니라 차라리 '어제도 계셨고', 그리고 '오늘도 동일하신' 그 한 분으로서 그리스도 자신이다. 부활신앙도, '기적의 증거도' 없이 '성령'에 대한 모든 이야기야말로 참으로 열광주의다(Spiritualismus). 그리스도께서 우리의 역사적 상황 속에서 우리를 만나실 때 성령론적 그리스도(der pneumatische Christus)는 신앙을 위한 분인데, 바로 이분 안에서 1~30살의 그리스도(역사적 예수)가 우리를 만나신다"(GD Ⅱ, 44). 베버는 위의 사실에 대한 신앙을 전제로 복음서에 대한 역사비평적 방법 연구가 비로소 가능한 것으로 보고 있다(GD Ⅱ, 53-55).

2) 그리스도에 대한 성경의 증언과 교회의 기독론

기독론을 위한 신약성경의 중요성은 성경의 증언의 성격에서 나타난다. 신약성경은 신앙의 증언이다. 신약성경의 증인들은 결정적인 '만남'에 대해 증언한다. 이 만남은 절대적인 의미에서 자기 자신을 증인들에게 나타내시는 분에 의해 규정된다. "예수 그리스도에 대한 신앙 자체가 증언하지 않을 수 없게 만든다"(GD Ⅱ, 56-57). 신약성경의 그리스도에 대한 증언은 공동체의 증언이다. "'케리그마'는 공동체가 없이는 결코 존재하지 않는다. 그러나 공동체는 그리스도가 없이는 아무것도 아니라는 사실을 알고 있다"(GD Ⅱ, 58). 우리는 예수를 공동체의 증언과 공동체의 기독론으로부터 분리시켜도 안 되며, 공동체와 완전히 동일시해서도 안 된다.

그리스도에 대한 신약성경의 증언의 내용들은 다양하지만, 이것들은 상호 통합되어 있다. (1) 그리스도는 '여인으로부터, 그리고 율법 아래에서' 태어나셨다. 그분은 한 '인간'으로서 예수이시며, 하나님 앞에 서 있는 인간이시며, 기도하시는 인간이시며, '위로부터' 오신 인간이시다. "그는 확실히 '한' 인간이시다! 그러나 복음서가 말하고 있는 그 한 분은 동시에 인간이시며, 인자(人子)이시며, 모든 인류를 위한 인간이시다"(GD Ⅱ, 60-67). (2) 신약성경은 예수를 그리스도라 부르고, 바울은 '예수 그리스도' 또는 '그리스도 예수'라 불렀다. 공동체는 죽었다가 부활하신 예수를 그들의 메시야, 구약에서 기대되었던 이스라엘의 메시야로 인정했다. 그러므로 예수는 인자나 '오실 분'으로 불렸다. (3) 예수는 성경에 따라 우리의 구원을 위해서 십자가에 못 박히신 분이다. (4) 예수는 우리의 의를 위해서 부활하신 분이다. (5) 예수는 주(큐리오스)이시며, 하나님의 아들이시다. 그는 주로서 부활하신 자이시며, 세계의 주이시며,

하나님의 아들로서 하나님이시다(GD II, 67-97).

베버는 교회의 기독론에 대해서 언급하기 전에 기독론에 대한 역사적 기술과 교의학적 기술을 상호 분리시키는 것에 대해서 경고한다. "신앙고백의 행위 속에서 우리가 알고 있으며 우리에게 알려진 그리스도는 교의학적 구조의 대상일 뿐만 아니라 역사적 연구의 대상이기도 하다. 그리스도는 항상 이 두 경우에 해당된다. …… 우리는 '평범한' 역사가 없이 예수 그리스도에 대해서 말할 수 없을 뿐만 아니라, 우리는 신앙이 없이는 결코 그에 대해서 말할 수도 없다"(GD II, 97-98).

베버는 초대교회의 대표적인 기독론의 이단이었던 영지주의와 에비온주의에 대한 비판적 기술을 시작으로 고대 에큐메니칼 신조를 중심으로 고대 기독론 논쟁에 대해서 자세히 기술하고, 중세와 종교개혁시대의 기독론을 거쳐서 '하나님의 의식'(Gottesbewußtsein)에 근거한 기독론을 전개한 슐라이어마허 등을 비롯하여 현대까지 역사적으로 개괄한다(GD II, 125-164). 19세기의 기독론은 대체로 계몽주의 정신을 가지고 전통적 기독론을 강하게 비판했고, 도덕적, 일반 종교적 차원에서 이해되었다(GD II, 167-169). 현대 기독론은 사신과 세계와의 관련 속에서 예수 그리스도의 인격적이고도 실존적인 의미에 집중했다. "예수는 우리 주위를 둘러싸고 있는 무기력한 세계에서 우리 자신에 대한 새로운 이해를 위한 궁극적이고도 유일한 원천이다"(GD II, 170).

베버는 현대 기독론을 탁월하게 발전시킨 사람들 중에 한 사람으로서 바르트를 손꼽는다. 바르트는 칼빈의 그리스도의 삼중직론을 그의 기독론의 구조 속으로 통합시키면서도, 전통적으로 '과정'이나 '단계'로 이해한 그리스도의 두 상태(겸비와 고양)를 인간의 하나님에 대한 화해를 위한 예수 그리스도 속에서 일어난 '두 측면 또는 방향 또는 형태'로 이해했다(GD II, 172). 베버는 전통적 기독론이 정태적 존재론적인 기독론이지만 신약성경의 증언을 담고 있기 때문에 거부될 수 없다고 주장하고, '고양된 기독론' 모델의 가치의 회복을 소망한다. 예수 그리스도는 '참하나님인 동시에 참인간이시다'와 같은 기독론적·역설적 진술은 모순된 것이 아니다.

베버는 그리스도의 사건을 기독론과 관련해서 구원사건으로서 강조한다. 종교개혁자들은 '우리 밖에 계시는 그리스도'(Christus extra nos)에 대한 신앙도 강조했지만, '나(우리)를 위한 그리스도'(Christus pro me⟨nobis⟩) 또는 '우리 안에 계시는 그리스도'(Christus in nobis)에 대한 신앙도 강조했다. "기독론에서 중요한 것은 우리 의식의 변화가 아니라 모든 영역 속에 주님의 통치가 이루어지는 변화와 삶의 모든 구조의 변화이다. 예수 그리스도는 우리 지식의 대상이 아니라 새 생명과 삶의 수여자이시다. 그러므로 기독론은 결코 '구속주 하나님에 대한 지식' 자체가 아니라 우리의 실존 속에서 일어나는 전환의 경험이다"(GD Ⅱ, 188).

베버에 의하면, 전통적인 기독론은 발전 과정에서 두 가지의 주요한 특징을 보여 준다. 그 중에 하나는 전통적 기독론이 이단(異端)적 기독론을 거부하는 표준의 역할을 한 것과, 다른 하나는 전통적 기독론 중에서 교회의 기독론으로서 한 번도 만장일치로 단일화된 기독론이 나타나지 않았다는 사실이다. "전통 자체가 비평의 소지를 갖는다. 전통은 신약성경의 증언을 피할 수가 없다. 그리고 이 증언도 예수 그리스도의 탁월한 인격적 능력 아래에 서 있다. 예수 그리스도 자신은 전통에 대한 비평가이시다. 왜냐하면 예수 그리스도는 자신이 전통보다도 우월하다는 사실을 입증하시기 때문이다"(GD Ⅱ, 167).

3) 예수 그리스도 : 위격과 사역

(1) 예수 그리스도의 직무
예수 그리스도의 인격과 사역의 하나됨은 그리스도라는 이름 속에 가장 잘 나타난다. 그 이름은 분명히 수동태로 이루어져 있다. 그리스도는 기름부음 받은 자이시며, 모든 능력을 구비하신 분이다. 그리스도 안에서, 그리고 그리스도를 통해서 행동하시는 그분은 아버지이시다. 그리스도는 그 자신의 능력으로 일하시는 것이 아니라 자신의 임무를 가지고 계신다. 그리스도의 위엄은 그가 자신의 일을 수행하시지 않는 데 있다. 종말론적 선포조차도(빌 2 : 11) '하나님 아버지에 대한 영광을 위하는' 가운데서 일어난다. 그리스도이시며 주이신 그는 결코 아버지와 경쟁 관계 속에 들어가지 않으시고, 차라리 아버지 자신의 충만한 능력으로 일하신다"(GD Ⅱ, 194-195). 따라서 '그리스도의 직무'(Amt ; munus, officium)는 그리스도께서 아버지에 의해서 보냄받은 자이며, 기름부음 받은 자라는 사실 속에서 핵심적으로 나타난다.

베버는 신약과 구약을 통해서 예수 그리스도의 직무를 '은사적·신정론적(神政論的) 직무'(charismatisch-theokratische Amt')로 이해한다. 베버는 구약의 왕과 제사장과 예언자의 '기름부음 받음'이나 예수의 '세례 받음'을 중심으로 성경을 통해서 자세히 검토한 뒤에 다음과 같이 결론짓는다. 성서주의적 접근법을 사용할 경우 그리스도의 '직분'론은 직접적으로 수립될 수 없고, 다만 다른 요소들과 합하여 그리스도의 직분론 수립에 간접적으로 기여할 수 있을 뿐이다. 그러므로 그리스도의 직분론은 성서주의적 진술이 아니라 교의학적 진술이다(GD Ⅱ, 198).

베버는 칼빈이 그의 구원론을 위해서 사용한 그리스도의 삼중직론을 선호한다. "'삼중직'론의 체계 속에 구원론을 위치시키는 것에는 타당한 이유가 있을 것이다"(GD Ⅱ, 202). 베버는 칼빈이 주장한 그리스도의 삼중직론의 교의학적 개념 위에 윤리학적 개념을 첨가시킨다.

(2) 화해

교회사 속에서 '화해'론(die Versöhnungslehre)이라는 용어가 바르트와 리츨과 쾰러의 경우를 제외하고는 거의 사용되지 않았다. 그 이유는 신약성경 속에도 이 용어의 사용빈도가 낮고 초대교회의 교의학에서도, 심지어 종교개혁자들의 경우에도 화해론이 중심을 이루지 못했기 때문이다. 루터나 루터 정통주의에서는 그리스도의 제사장직이 강조되고, 칼빈의 경우 그리스도의 중보자직이 강조되었다. 종교개혁자들은 칭의 내지 죄용서나 그리스도의 의(義)의 전가라는 용어를 더욱 선호했다.

'화해'(和解, Versöhnung) 또는 '화목'(和睦)이라는 개념은 절대적으로 바울적이다. 이 용어는 사람 사이의 관계(마 5 : 24, 고전 7 : 11)에도 사용되지만, 특히 인간의 하나님에 대한 관계에 집중되는데(롬 5 : 10, 고후 2 : 5, 18ff, 고후 11 : 15, 골 2 : 20, 22, 엡 2 : 16), 여기에서는 상호 인격적 관계가 중요하다(GD II, 209). 화해를 통해서 적의(敵意)와 소외의 관계가 제거되고(롬 5 : 10), 저주나 심판이나 정죄가 소멸된다(롬 8 : 1). "우리 자신에 대한 하나님의 행위인 화해는 우리 자신에 의해서 '원수'로 경험되고, 화해는 하나님께서 그의 아들을 정죄하심으로써 일어난다"(고후 5 : 21〈GD II, 212〉). 화해는 의식적(儀式的)으로나 육체적으로 이해될 수 없다. 모든 경우에 인격과 인격에 대한 관계성이 중요하다. 화해는 평화의 상태의 수립과 진노의 제거이다(롬 5 : 6ff). 화해의 구체적인 형태는 공동체의 화해 속에서 발견된다. 화해는 매우 포괄적인 개념을 가지고 있는데, 칭의는 화해의 사역 속에 있는 한 요소일 뿐이다. 또한 화해는 개인뿐만 아니라 교회와 세계에도 관계된다(GD II, 236).

'속죄'(贖罪, Versuhnung) 역시 하나님의 사역이다. 어린양 예수 그리스도께서 우리를 대신하여 자신의 보혈을 흘리시고 희생제사를 드림으로써 하나님을 만족시키시고, 우리의 죄를 사하셨다. 이 같은 사상은 특별히 구약의 레위기(레 17 : 11)와 신약의 히브리서에서 지배적으로 나타난다(히 2 : 17, 6-10장, 막 10 : 45, 마 20 : 28). "희생을 통해서 대리(Stellvertretung)가 일어난다"(GD II, 218).

예수 그리스도는 거부당하신 분으로서 순종적인 분이다. 분명히 십자가는 그리스도에 대한 신약성경의 전통 속에서 중심점이다. 무엇보다도 우리가 예수를 하나님과 우리 사이에 수립된 화해와 속죄와 평화의 담지자라고 말할 때 이것은 더욱 그러하다. '현대적' 감각을 가진 자에게는 가끔 거북스러울 때도 있지만, 성경에는 그리스도의 '흘린' 보배로운 피에 대한 기록이 수없이 나타난다. 이 같은 사실은 증언의 본질적인 모든 차원을 통해서 발견된다. 우리는 특별히 잘 알려진 예로서 전통적인 형식 속에 있는 성찬제정의 말씀을 들 수 있다(GD Ⅱ, 218-219).

베버는 그의 화해론의 전개를 위하여 특별히 예수 그리스도의 고난과 죽음을 숙고한다. 예수가 메시야라는 사실은 그의 말과 행동 속에서 직접적으로 발견된다. "예수 그리스도는 누구에게 자기 자신을 드리고 순종하셨는가? 모든 복음서는 '아버지에게' 라고 말한다. 복음서는 또한 '바로 인간 때문에' 라고 말한다"(GD Ⅱ, 221). "그는 법을 성취하시고, 그의 완전한 희생 속에서 순종하신다"(GD Ⅱ, 223). 그는 거부당하신 분이다. 그의 전 생애 속에서 그의 행동은 고난이다. 시편 22편은 이를 잘 보여 준다(GD Ⅱ, 226-227). 그는 이 모든 것을 우리를 위해서 하셨다. "분명히 '우리를 위하여' 라는 말은 우리가 할 수 없었던 것을 예수, 즉 예수 그리스도 안에 계신 하나님께서 하셨다는 것을 의미한다"(GD Ⅱ, 232).

베버는 화해론에 대한 논의를 교회 속에 나타난 다양한 속죄설에 대한 언급으로 마친다. 사실상 최근까지 화해론에 대한 논의는 거의 없었고, 속죄론에 대한 논의가 대부분이었다. 동방교회에서는 '범죄의 제거'가 아니라 '인간의 죽음에 대한 종속의 폐기' 가 속죄론의 주된 내용이었다. 화해론이 발전하지 못한 주된 이유 중에 하나는 교회의 세례의 실천을 통해서 원죄의 문제가 이미 해결됨으로써 화해론은 세례 받은 이후의 죄의 문제와 관련되었기 때문이다. 베버는 안셀름(1033/1034-1109)의 만족설 내지 객관설과 아벨라르(1079-1142)의 주관설 내지 도덕설에 대한 자세한 논의를 통해서 장·단점을 언급함으로써 그들을 평가한 뒤에 합리주의적 소치니스주의, 슐라이어마허, 칸트, 호프만(1810-1877), 리츨(1822-1889)의 화해론에 대해 간략하게 논의한다. 현대신학자들 가운데서 바르트에 대한 언급으로 그의 화해론 논의가 끝난다.

"바르트에게 예수 그리스도의 인격과 사역은 이 화해론에서 드러나야만 한다. …… 그가, 바로 그만이 타향으로 가는 아들이시다. 그가, 바로 그만이 타향으로부터 아버지에게로 돌아오는 사람이다. 그가, 바로 그만이 자기 자신에 대해서 증거하고 다른 사람들을 그의 증인들로 만드시는 분이다. …… 바르트의 화해론은 교의학 중에 교의학이다. 기독론과 구원론은 하나이다. 중요한 점에서 바르트를 따르지 않는 사람들조차도 바르트의 화해론이 법률적 구조 속에서 화석화됨이 없이 집중된 관심과 활기를 얻었다는 사실을 인정해야만 하든지, 아니면 바르트의 화해론을 경험의 분석 속에서 해체시켜야만 한다. …… 바르트가 성령론을 화해론의 배경으로 위치시키는 것은 적절하다"(GD Ⅱ, 256-257).

7. 성령론

1) 아버지와 아들의 영

베버는 성령론에 대한 접근법에 대해 먼저 간단하게 논의한다. "예수 그리스도는 우리를 위한 예언자, 제사장, 그리고 왕이시다. …… 그러나 우리는 이것이 어떻게 보다 자세하게 기술될 수 있는지를 물어야 한다. 계속되는 질문은 예수 그리스도께서 우리를 위해서 하셨던 것이 그의 교회공동체의 행동 속에서, 그리고 세상 속에서 상응(Entsprechung) 관계를 가지고 있는지 없는지이다"(GD Ⅱ, 261). 베버에 의하면, 이 문제는 주로 성령론의 문제와 '적용된 은혜'(gratia applicatrix)의 문제와 관련된다(GD Ⅱ, 261).

우리가 성령의 사역에 대해서 말할 때, 그것은 하나님의 사역과 그리스도의 사역을 의미한다. 누가에게 오순절 사건은 구원의 시대의 도래이지만, 요한에게는 성령이 아직도 주어지지 않았고 종말론적 사건이 발생하지 않았다(GD Ⅱ, 269). 성령, 하나님의 영, 그리스도의 영은 그의 사역의 시초와 관련해서 자신의 정해진 시간을 갖는다. 성령은 우리에 대한 '상응'의 관계 속으로 들어가기 때문에(롬 8:16), 성경은 성령론적 가현설을 알지 못한다(GD Ⅱ, 269). '아라본'(ἀραβών)이라 불리는 성령은 종말론적 은사이다(GD Ⅱ, 270).

베버는 성령의 사역과 관련해서 대체로 「기독교 강요」(1559)에 나타난 칼빈의 성령 이해와 바르트의 성령 이해로서 주로 '기독론적·응(적)용적 성령론'을 전개시킨다.[8] "하나님은 성령 안에서 자신이 창조자 되심과 화해자 되심을 보여 주시고, 이 속에서 성령은 우리를 성화시키신다"(GD Ⅱ, 276). "성령은 하나님께서 창조자와 화해자이심을 증명해 준다. 성령은 그리스도의 사역을 우리의 것이 되게 만들어 준다. 성령은 자기 자신에 대한 어떤 것을 하실지라도 그 사역 이외에 다른 어떤 것을 하시지 않는다. 성령은 그리스도의 사역을 우리가 소유하도록 만들 수 있다. 왜냐하면 이 사역은 그 속에서 자신의 사역을 포함하고 있기 때문이다(GD Ⅱ, 276). 베버는 칼빈처럼 그리스도의 삼중직(munus Christi triplex)을 성령론적으로 이해한다. "예수 그리스도의 '삼중직'(dreifache Amt)은 그리스도 안에서 그것의 존재를 갖고 우리 속에서 표현된 그 효과를 성령의 삼중적 활동성 속에서 성취한다"(GD Ⅱ, 276).

성령의 주요사역은 평화의 수립뿐만 아니라 입양(入養)의 문제와 관련된다. 성령은 자녀의 신분으로 받아들이는 '입양'에 효력을 미친다. 입양된다는 것은 자유를 의미하고, 상속을 받는 것을 의미한다(GD Ⅱ, 283). 성령은 우리를 자유케 하시는 분이다. "주의 영이 계시는 곳에 자유함이 있다"(GD Ⅱ, 288). "예수 그리스도는 성령에 의해서 기록된 말씀과 성령에 의해서 효과가 일어나는 말씀 속에서 우리를 위해 살아 계시는 주님이다"(GD Ⅱ, 291).

2) 칭의와 성화

베버는 루터와 함께 칭의(Rechtfertigung)의 위치는 교회가 일어서거나 넘어지는 문제(articulus stantis et cadentis ecclesiae)라고 말한다. 트렌트 공의회도 '죄인의 칭의'(justificatio impii)에 대해서 언급했지만, 로마 가톨릭신학에서는 항상 '협동하는 은총'(gratia cooperans) 사상을 통한 신인협동주의(Synergismus)의 위험성을 가지고 있다. 16세기의 종교개혁자들은 로마 가톨릭신학에 반대하여 칭의의 법정적(forensisch) 성격을 강조했다. "칭의는 전인(全人)을 만나시고 판단하시는 하나님의 판결(Urteil)의 선언이다. 적어도 일차적인 의미에서 칭의는 인간 속에 이미 존재하거나 인간으로부터 발전되거나 인간으로부터 발생한 어떤 것이 아니라 판결(Richterspruch), 즉 법정적 행위(actus forensis)로서 선언적(deklaratorisch)으로 이해되어야 한다"(GD Ⅱ, 328). "칭의는 선언적 행위이다"(Rechtfertigen ist deklaratorischer Akt!〈GD Ⅱ, 329〉).

'낯선 의'(aliena iustitia)가 그리스도를 통하여 전가되는 것(imputatio meriti Christi)은 '오직 신앙을 통해서만'이다. 이것은 '행위(공로)를 통한 의'가 아니라 '신앙을 통한 의'이다. "종교개혁의 '오직 믿음'(sola fide)이라는 사상은 '오직 그리스도'(Christus solus)라는 사상의 다른 형태일 뿐이다"(GD Ⅱ, 352). "우리의 죄에 대한 하나님의 강력한 부정(Nein)을 포함하는 하나님의 긍정(Ja)은 예수 그리스도를 믿는 자를 위하여 세상으로 전향했던 하나님의 긍정이다. '왜냐하면 하나님께서 세상을 이처럼 사랑하셨기 때문이다'"(GD Ⅱ, 354).

베버는 칭의와 성화(Heiligung)의 관계 문제와 관련해서 양자를 동일시하거나 분리시키거나 양극화시키는 것에 반대하고, 양자를 서로 구별하면서도 상호 밀접하게 연결시킨다. "칭의는 성화의 근원적인 원인이 아니라 계속적인 근거이다. 또한 성화는 칭의의 순전한 결과(Folge)가 아니라 인간의 구체적인 삶 속에서 나타나는 칭의의 살아 있고 연속적인 효과(Auswirkung)이다"(GD Ⅱ, 370).

8. 선택론

1) 은혜의 자유

베버는 선택론의 출발점과 문제와 관련해서 제일 먼저 선택의 성격을 규정한다. "자신의 자유 속에 계시는 하나님! 그의 우월성, 배타성(절대성), 주(主) 되심 속에서, 그리고 그분의 사역의 단번에 모든 것 되심, 최종성(궁극성), 구체성 속에서 하나님은 인간을 위한 하나님이면서도 모든 것이 되는 참된 하나님이다. 그분은 인간을 향하시고, 인간의 존재를 받아들이시고, 인간을 위해 관여하시는 하나님이다. …… 하나님의 은혜 속에 있는 하나님의 자유와 하나님의 자유 속에 있는 하나님의 은혜는 예수 그리스도 안에서 규정된다"(GD Ⅱ, 459). 하나님의 은혜로우신 선택(롬 11:5)의 교리는 하나님의 행위를 은혜 속에 있는 하나님의 사역과 그리스도 안에 있는 하나님의 사역으로 해석한다(GD Ⅱ, 460).

베버는 선택론과 관계된 제반 문제, 즉 '선택'과 관계된 용어의 성경적 기원 문제, 선택은 신론(선험적, a priori)에 또는 구원론(후험적, a posteriori)에 속하는가의 문제, 신론의 요소로서의 선택론, 은혜론의 요소로서의 선택론, 선택론의 동기(경험, 구원의 확실성, 교회론), 선택론에 대한 반대에 대해서 교리사적으로 개괄한다(GD Ⅱ, 461-486).

이상의 논의의 마지막에서 베버는 철저한 '예정론주의자'(어거스틴

등)와 반(反)예정론자(자유의지론자, 계몽주의자 등)를 동시에 비판한다. 왜냐하면 그들은 이미 어떤 전제를 가지고 있기 때문이다. 베버에 의하면, 신학사 속에서 나타난 이 같은 딜레마를 의식하고 이것을 새롭게 발전시킨 사람은 바르트이다(GD Ⅱ, 484).

베버는 선택론을 "복음과 선택"이란 제목 하에 설교와 목회에 연관시킨다. 복음 선포와 목회상담을 회피하는 교의학은 참된 교의학이 아니다. "하나님께 속하는 존재로서 인간에 대한 결정, 즉 선택은 구약성경에 표현되어 있다"(GD Ⅱ, 487). "구약성경은 계약에 대한 신적인 계약 수립을 잘 알고 있다. 이 계약 속에서 선택이 분명해진다"(GD Ⅱ, 491). "우리는 신약성경이 선택에 대한 증인으로서 그리스도에 대한 증언을 의식하고 있다는 사실을 알고 있다. 그러므로 우리는 기독론과 선택론이 눈에 띄게 서로 상응하고, 서로에게 관련되어 있음을 본다. 선택에 대한 신약성경의 메시지의 기독론적 접근은 직접적으로 교회론적 진술로 인도한다. 선택은 교회와 관계되고, 교회를 규정하고, 심지어 교회를 수립한다"(GD Ⅱ, 492).

"신약성경은 사실(事實)의 관점에서 '이중예정'(gemina praedestinatio)에 관해서 말하지 않는다. 우리가 믿는 선택과 참으로 신뢰할 수 없는 유기(遺棄) 사이에 존재하는 어떤 논리적 균형이 없다. 그러나 어두움이 있다. …… 그러나 어떤 어두움도 우리가 선택의 메시지를 복음의 선포에 대한 다른 형태로 이해하는 것을 방해하는 것이 허락되지 않는다"(GD Ⅱ, 495). "복음에 대한 해석, 즉 예수 그리스도 안에서 나타나고 자유롭게 주어진 하나님의 자기노출 이외에 다른 어떤 선택론이 없다"(GD Ⅱ, 496). "선택론은 복음으로부터 파생된다"(GD Ⅱ, 496). "선포된 복음은 하나님의 은혜가 우리에게 자유에 대한 긍정(Ja)을 개방시켜 주는 형태이다"(GD Ⅱ, 497).

2) 교회공동체와 이스라엘의 선택

베버는 교회공동체의 선택 문제와 관련해서 몇 가지 잘못된 선택에 대한 이해를 비판한다. "우리는 지금 앞에서 논의된 것을 다음과 같이 요약할 수 있다. 선택에 대한 추상적·개인적(abstrakt-individuell) 이해나 추상적·일반적(abstrakt-generell) 이해나 조건적 또는 무조건적 특수주의나(Partikularismus) 필연적(결과적) 보편주의(konsequente Universalismus)는 하나님의 결정이 오직 예수 그리스도 안에서만 우리를 만난다는 사실을 정당하게 받아들이지 않는다"(GD Ⅱ, 504). "만약 우리가 원래대로 선택을 선포된 복음 속에서 결정된 구원에 대한 하나님의 행위로서, 그리스도 안에 있는 선택으로서 이해한다면 본질적으로 하나님의 '백성'에 선행(先行)하는 공동체인 그리스도의 '몸'이라는 교회공동체에 대한 선택일 뿐이다"(GD Ⅱ, 500). "사실상 선택론은 '오직 은혜'(sola gratia)가 의미하는 내용에 대한 진술에 불과하며, '오직 그리스도'(Christus solus)가 의미하는 내용에 대한 진술에 불과하다. 이것이 교회공동체가 가지고 있는 유일하고도 견고한 기초이다"(GD Ⅱ, 516).

교회와 이스라엘 사이에 연속성이 존재한다. "예수 그리스도의 공동체의 선택은 자신의 모델과 시작을 이스라엘의 선택 속에서 갖는다. 마찬가지로 양자 사이에 존재하는 모순은 이스라엘이 하나님을 거부한 것에서 발견되고, 그것의 완전성은 이스라엘의 수용과 회복 속에 있다. …… 우리가 마태복음 16 : 18 이하와 18 : 15 이하에서 보다시피 교회공동체는 새로운 제도가 아니라 이스라엘의 메시야의 공동체이다"(GD Ⅱ, 534). 그러나 교회공동체와 이스라엘 사이에 존재하는 연속성은 깨진 연속성(gebrochene Kontinuität)이다. 이스라엘은 자신들의 그리스도에 대해서 아니라고 말했다(GD Ⅱ, 535). 이스라엘의 메시야이신 예수 그리스도의 선택 속에서 이스라엘 자신의 선택은 받아들여져서 열매를 맺게 된다(GD Ⅱ, 538). 이스라엘이 신적 선택에 참여하는 곳에서 이방 기독교인들의 공동체는 하나님의 은혜의 지식으로 인도된다. 이것이 유일한 신뢰의 원천이다(GD Ⅱ, 539). 바울 사도는 공동체의 완성을 유대인의 회복과 함께 우주적인 차원 속에서 파악한다(GD Ⅱ, 546).

"예수 그리스도의 선포는 복음의 선포로서 하나님의 부름을 알려 주는 것이다. 그러므로 선포는 이미 '부름'(vocatio)이다"(GD Ⅱ, 548). 선포는 신앙을 지향한다. 부름은 결코 선택으로부터 분리되지 않고, 오히려 선택의 실현이다. 만약 선포가 본질적으로 '부름'이라면, 부름은 또한 선택의 형태이고 실현이며, 이때에 효력성이 선포에 기인될 수 있는지 없는지, 그리고 어떤 의미에서 가능한지라는 문제가 제기된다(GD Ⅱ, 554). 선포는 성례전 자체에 의해서(ex opere operato, 사효론〈事效論〉) 또는 설교자의 선포 자체에 의해서(ex opere operantis, 인효론〈人效論〉) 효과적으로 되는 것이 아니라[9] 오직 '그리스도 안에 있는 하나님의 사역에 의해서'(ex opere Dei in Christo operato), 그리고 '성령의 사역에 의해서'(ex opere Spiritus Sancti) 효과적이 된다(GD Ⅱ, 556).

선포는 극단적으로 정의할 경우 '외적 부름'(vocatio externa)이다. 그럼에도 불구하고 선포가 성령을 통해서 능력이 주어질 때 선포는 동시에 '내적 부름'(vocatio interna)이다(GD Ⅱ, 556-557). 교회공동체는 각 성도로 구성되지만 각 사람은 공동체 속에 있는 참된 개인일 뿐이다. 그러므로 교회공동체는 집단적인 것이 아니다. 교회에서 개인은 한 사람으로서 간주되고, 책임적인 존재로 간주된다(GD Ⅱ, 560). 교회는 참으로 말씀의 피조물(creatura verbi)일 뿐이다. 만약 우리가 교회론이 세상 전체를 향한 하나님의 사랑의 시야를 잃지 않는다는 사실을 기억한다면, 선택론은 교회론에 속한다(GD Ⅱ, 562).

9. 교회론

베버는 그의 교회론을 전개하기 위해서 "예수 그리스도의 공동체"(Gemeinde Jesus Christi)라는 제목 하에 "공동체"와 "공동체 속에서 예수 그리스도의 사역"이라는 제목으로 두 장을 할애한다.[10]

1) 예수 그리스도의 공동체

베버는 교회론을 기독론과 성령론의 기본적인 구조 속에서 논의하면서도 특별히 기독론에 무게를 둔다. "교회론은 본질적으로 기독론이다. …… 공동체는 일방적으로 결정된 하나 됨 속에 있는 교회의 주(主)와 머리에 관계되어 있다 : 이것은 교회 자신이 주나 머리가 아니다. 왜냐하면 예수 그리스도께서 교회의 주시며 머리시기 때문이다. 교회는 자신의 생명으로 살지 않고 예수 그리스도의 생명으로 살아간다"(상게서, 575). 베버는 교회 안에서 '현존하시는 그리스도'(Christus praesens)와 '설교된 그리스도'(Christus praedicatus)에 대해서 강조한다. 또한 교회는 '성령 안에서 하나님이 거하시는 장소'(Behausung Gottes im Geist)이며, '영적인 실재성(현실성)'(pneumatische Wirklichkeit)이다. 교회는 성령의 능력에 의해서 자신의 본질을 가진다(GD Ⅱ, 576). "공동체는 '성령의 은사들'을 받았기 때문에 교회의 구조는 성령의 은사들에 의해서 규정된다. …… 은사들의 수여자는 성령이시며(고전 12 : 4, 8, 11), 하나님이시다(고전 12 : 28)"(GD Ⅱ, 578).

교회는 '세상 속에 있는 공동체'이다. 만약 교회가 하나님의 백성이고 만물 안에서 만물을 충만케 하시는 자의 충만(엡 1 : 23)이라면, 교회는 세상을 향해 있다. 그리고 하나님은 세상을 거부하시거나 배제하신 것이 아니라 사랑하셨다. 베버는 교회의 세상에 대한 밀접한 관련성에 대한 근거를 기독론적으로, 성령론적으로, 구원론적으로, 교회론적으로 기술한다(GD Ⅱ, 579-581).

교회는 '하나이며, 거룩하고, 보편적인 교회'(die eine, heilige katholische Kirche)이다. "공동체는 하나이다. …… 교회의 하나 됨은 구원의 시대의 교회의 확실성과 함께 주어졌다. 창조주와 인간의 갈등과 인간들 사이에 있는 간격은 예수 그리스도 안에서 극복되었다. 그러므로 예수 그리스도는 공동체가 하나가 되어 살아가도록 하시는 분이다"(GD Ⅱ, 611). 베버는 교회의 보편성을 교회의 일치성과 교회의 세계성(Ökumene)과 결부시켜 논의하면서 교회의 세계성을 강조한다. "교회는 자신에게 속한 그 무엇 때문에 거룩한 것이 아니라 하나님에게 속한 그 무엇 때문에 거룩하다"(GD Ⅱ, 618).

베버는 교회의 리더십(Leitung)을 은사(Gabe)인 동시에 위임명령(Auftrag)으로 이해한다. "왜냐하면 예수 그리스도께서 성령 안에 있는 공동체에 계시기 때문이다"(GD Ⅱ, 626). "예수 그리스도의 삼중직(triplex munus Christi)과 관련해서 우리는 다음과 같이 표현할 수 있다. 믿는 공동체에서 예수 그리스도 자신은 그의 활동을 통해서 우리의 눈멈과 거짓의 힘을 없애 버리시며(예언자직, munus propheticum), 우리의 상실(喪失)과 죄의 힘을 분쇄시키시며(제사장직, munus sacerdotale), 우리 자신의 주장을 거부하신다(왕직, munus regium). 예수 그리스도의 '교회적 통치'가 우리의 해방이다"(GD Ⅱ, 627).

베버는 교회공동체의 직분(Amt)의 다양성을 인정하면서 공동체의 직분을 섬김(diakonia)으로 이해한다. 이 직분은 기독론적이고도 성령론적이며 교회론적인 근거를 가지고 있다. 이를 위해서 베버는 칼빈의 말을 인용한다. "그렇다면 이 '사역자'는 본질적으로 '도구'이다. …… 만약 예수 그리스도께서 성령을 통해서 우리를 그의 활동의 기능이나 구경장소로 만드시는 것이 아니라 우리를 도구가 되도록 능력을 부여하시고 우리가 그렇게 되도록 부르신다면, 인간으로서 사역자가 영적인 봉사와 카리스마적인 사역으로서 권위를 가지게 된다"(GD Ⅱ, 627-628).

2) 교회공동체 안에서 예수 그리스도의 사역

(1) 선포된 말씀으로서의 설교

베버는 '말씀'과 '성례'의 전통적인 이중성(Dualität)은 성례를 말씀과의 관련 속에서 이해함으로써 평가 절하할 수 있다고 지적하면서, '성례'라는 말을 선포된 말씀으로서의 설교에 대해서도 적용할 수 있는 가능성을 제시한다. "전통적인 것보다 더 나은 용어는 '선포행위'(Verkündigungshandlungen)이다. 그러나 이 용어가 '성례'라는 용어를 대신하는 것은 만족스럽지 못하다. 이 용어는 적어도 세례와 성찬이 설교와 함께 공통적으로 가지고 있는 그 무엇을 표현하고, 설교를 선포의 말씀으로서 세례와 성찬과 구별하는 데 사용될 수 있을 것이다"(GD Ⅱ, 656).

"선포된 말씀은 공동체의 신비에 대한 효과적인 표징(wirksames Zeichen)이다. 설교가 효과적이라는 말은 설교가 능력을 주며, 부르며, 구원하는 말씀이기 때문이다. 설교가 표징이라는 말은, 선포된 말씀은 공동체의 신비를 만져서 알 수 있게 하는 것이 아니라 그것을 약속한다. 우리가 이 점을 고려할 때 '성례'와 함께 선포된 말씀 자체를 '구원의 수단'으로 결합시키는 것은 타당하다"(GD Ⅱ, 646). 선포된 말씀은 하나님의 말씀의 한 '형태'이다. 그러므로 선포된 말씀은 인간에 의한 단순한 의사소통이나 행동이 아니라 구원 사건의 고유한 한 부분이다.

(2) 세례

베버는 세례를 교회공동체의 회원의 가입으로 이해한다. "세례는 항상 먼저 공동체의 선포 행위 속에서 일어난다. 세례는 공동체의 회원의 가입이다"(GD Ⅱ, 656). 세례는 구체적이고도 삶과 직결된 행위

(konkreter, leibhafter Akt)이며, 이를 통해서 우리는 공동체의 지체가 된다. 세례는 선포하고 약속하며 요구하는 말씀에서 일어나고, 삼위일체 하나님의 이름으로 일어난다. 세례는 개인적인 행위가 아니기 때문에 두 사람 이상이 필요하다. 세례는 사람을 신자들의 교제(통)의 지체가 되게 한다. 세례는 그리스도에게 접붙임 받는 것이기 때문에 세례 받은 자는 도래하는 하나님의 나라에 속한다. 세례는 그리스도의 죽음과 부활에 참여하는 것이다(GD Ⅱ, 656-663). 세례의 기초와 능력은 살아 계시고 현존하시는 주님이다. "하나님은 예수 그리스도 안에서 인간에 대해 예(Ja)라고 말씀하신다. 인간은 예수 그리스도의 '이름'으로 하나님에 대해 예(Ja)라고 말한다. 세례 속에서 인간은 예수 그리스도의 소유로 규정되고, 예수 그리스도의 소유가 됨이 선언된다"(GD Ⅱ, 663).

베버는 물세례와 성령세례의 관계에 대해서 다음과 같이 주장한다. (물)세례는 그 자체에 의미와 본질을 가지지 않는다. 이런 이유 때문에 (물)세례의 의미와 본질은 예수 그리스도 안에서 발견된다. 세례의 실재성과 효과는 영적(pneumatisch, 성령론적)이다. 성령 안에서 예수 그리스도는 현존하시는 분이고, 영적·카리스마적(pneumatisch-charismatischer) 작용을 통해서 그리스도의 과거는 현재가 되고, 그의 오심을 향해서 열린다. 영적인 실재성은 구원의 시대의 실재성이다. 그것은 오시고 계시는 분의 현존성이며, 단번에 현존하시는 분의 오심이다. 요한의 세례는 물세례이며, 그리스도는 불과 성령으로 세례를 주시는 분이다(GD Ⅱ, 663). 교회의 일치성은 세례에 기초한다(갈 3 : 27).

세례는 구원에 대하여 필수적인가? 베버는 루터와 칼빈, 그리고 개신교 정통주의의 주장과 함께 세례의 '필요성'을 절대적 필요성(necessitas absoluta)이 아니라 제정에 의한 필요성(necessitas praecepti ; necessitas ordinata)으로 이해한다(GD Ⅱ, 666-668).

유아세례(Kindertaufe) 문제와 관련해서 베버는 신앙과 세례를 동일시하여 유아세례를 부인하는 자들(특히 16세기의 제세례파, 그리고 현대의 침례파 교회와 바르트)을 비판한다. 신약성경에서 유아세례를 지지하는 본문이 모호할지라도 어린이에 대한 예수 그리스도의 축복(막 10 : 13ff)을 세례의 축복과 결부시킬 수 있으며, 특히 성경에 나타난 언(계)약 개념을 통해서 유아세례를 인정할 수 있다고 주장한다. "재세례파의 잘못은 다음과 같다. 인간의 신앙과 시간적 순서 속에서 인간이 베풀고 받는 세례를 함께 연결시키는 것이다"(GD Ⅱ, 673). 베버에 의하면, 우리는 우리 자신의 능력이나 우리 자신의 신앙에 의해서 계약 속에 들어가는 것이 아니라 하나님의 행동에 의해서 들어간다. 우리에 대한 하나님의 계약이 우리를 감싸 안는다. "왜냐하면 '참하나님이며 참인간'으로서의 예수 그리스도는 절대적으로 우리를 선행(先行)하시는 계약의 담지자이시고 보증이시기 때문이다"(GD Ⅱ, 672). "하나님의 계약은 신앙과 세례를 초월하고 이 둘을 포괄한다"(GD Ⅱ, 673). "그러므로 유아세례는 가능하다. 그러나 세례와 신앙, 그리고 신앙과 세례를 주제별로 따로따로 논의하는 것은 불가능하다"(GD Ⅱ, 676).

(3) 성찬

베버에 의하면, 주의 만찬(Herrenmahl, 성찬)의 의미에 대한 이해가 16세기 종교개혁시대에는 물론 신약성경 자체 속에서도 매우 다양하다. 그럼에도 불구하고 베버는 성찬을 단순한 식탁교제나 최후의 만찬의 차원을 넘어 '구원공동체'(Heilsgemeinde)와 종말론적 공동체로 이해한다. "우리가 성찬을 구원공동체의 만찬이라고 주장했을 때, 이것은 오직 다음 사실을 의미할 수 있다. 공동체는 자신을 주시고 새로운 신적 질서인 새 언(계)약을 수립하시는 주님의 현존의 능력을 통해서만 존재하는 그 무엇이다"(GD Ⅱ, 686). "성찬은 확신을 가지고 기다리는 구원공동체의 만찬이다. 이 공동체는 그리스도의 죽음 속에서 확립되었고, 살아 계시는 분에 의해서 살아가고 있는 공동체이다. …… 성찬은 현재적 구원을 매개시킨다"(GD Ⅱ, 682).

또한 베버는 성찬을 '종말론적' 만찬으로 이해한다. "성찬은 종말론적 만찬으로 이해되어져야만 한다는 사실이 오늘날 일반적으로 인정되었다"(GD Ⅱ, 709). 성찬 속에서 예수 그리스도의 현존은 계속적으로 주님으로 오시고 계시는 분의 현존이다. 성찬은 마지막 날 구원의 잔치의 선취(先取)이다(GD Ⅱ, 709).

그렇다면 예수 그리스도는 어떤 방법으로 성찬 속에 임재하시는가? 베버는 이 문제를 중심으로 종교개혁시대에 논쟁을 불러일으켰던 다양한 개념들을 개괄한 뒤에 다음과 같이 정리한다. "성찬에서 '그리스도의 현존'(praesentia Christi)은 츠빙글리에 의해서 '관념주의적'(ideal) 방법으로, 말하자면 루터에 의해서 만질 수 있는 '객관적'(objektiv)인 방법으로, 그리고 칼빈에 의해서 영적인(spiritual) 방법으로 이해되었다"(GD Ⅱ, 698). 결국 베버는 칼빈의 성령론적 성찬 이해에 성찬의 종말론적인 측면을 덧붙인다. "만약 예수 그리스도가 성찬의 분여자(Geber)인 동시에 성찬의 선물(Gabe)이라면, 성찬은 성령론적으로(pneumatologisch) 취급되어야 한다. …… 예수 그리스도는 성령 안에서 자신을 우리에게 주신다"(GD Ⅱ, 700). "'참된 현존'(Realpräsenz)에 대한 문제는 성찬에서 주님의 영적이고도(spiritualen) 종말론적인(eschatologischen) 현존의 문제이다"(GD Ⅱ, 706).

10. 평 가

본 고의 서론에서도 밝혔듯이, 필자는 개혁전통 속에 있는 개혁파 종교개혁자와 개혁파 정통주의자와 개혁파 신정통주의자를 대치상태로 몰고 가려는 많은 시도들에 어느 정도 제동을 걸고, 상호 비판적으로 대화하고 수용하는 발판을 마련하고 싶다. 이에 대한 좋은 시도들 중에 하나가 바로 베버의 신학이라고 생각된다.

전체적인 맥락에서 볼 때, 베버는 성서신학의 바탕 위에 자신의 독자적인 신학을 전개하고 있을지라도 종교개혁신학과 개혁신학 전통에 서서 바르트를 제일 앞에, 개혁파 정통주의신학을 제일 뒤에, 그리고 칼빈을 중간에 두는 것 같다. 다시 말하면, 칼빈과 바르트에 대한 베버의 시각은 개혁파 정통주의에 대한 시각보다 더 호의적이다. 만약 우리가 베버에게 칼빈과 바르트 사이의 양자택일을 강요할 경우 그는 바르트 쪽을 선택하겠지만, 베버에게 다행한 것은 그는 양자택일할 이유가 없으며, 바르트 쪽에 기울어져 있으면서도 칼빈으로부터, 그리고 개혁파 정통주의로부터 유익한 사고들을 차용한다.

이 사실은 바르트에게도 적용될 수 있을 것이다. 칼빈의 예정론과 바르트의 선택론 사이의 차이점이 불행하게도 그들의 신학 전반을 양분하는 잣대가 되어 이 두 사람 사이에 존재하는 차이점은 본래 이상으로 과장되고, 그들 사이에 존재하는 공동점은 본래 이상으로 너욱 축소되어 버렸다. 우리는 위의 부언을 염두에 두면서 이제 '개혁교회 신학의 2대 거장, 칼빈과 바르트'의 신학에 기초하여[11] 베버의 신학을 평가하기로 한다.

첫째, 베버가 이해한 기독교 신앙의 인격적, 실존적 성격과 그리스도 중심적 성격은 바르트나 칼빈에게도 적용될 수 있다.

둘째, 베버의 계시 이해와 관련해서, 우리는 하나님에 대한 지식과 인간(피조물)의 자기지식 사이의 밀접한 상관성에 대한 강조와 성경관과 관련해서, '성령의 영감'과 '성령의 내적 조명'에 대한 강조 속에서 칼빈을 보는 것 같다. 베버의 말씀의 삼중성(사건화된 말씀, 기록된 말씀, 선포된 말씀)은 바르트를 반복하고 있다.

셋째, 베버의 신론과 관련해서 삼위일체론의 근거가 계시라는 이해나 양태론과 종속론에 대한 구체적인 비판이나 '필리오크'(filioque)의 인정은 칼빈과 바르트와 함께 전통적 삼위일체론에 똑같이 서 있다는 인상을 받는다. 베버의 '삼위성 속에 있는 일체성'과 '일체성 속에 있는 삼위성'이라는 표현이나 계시 가운데서도 숨어 계시는 하나님의 이중성에 대한 변증법적 표현이나 하나님의 본질과 속성이 '사랑'과 '자유'라는 표현은 바르트를 반복하고 있으며, 성부, 성자, 성령의 고유성(시초, 지혜, 능력)의 내용은 칼빈을 반복하고 있다.

넷째, 베버의 창조론과 관련해서 창조와 섭리를 같은 범주(비록 이 양자 사이에 성격상의 차이가 있을지라도)에 넣은 것은 칼빈에게 더 가깝다.

다섯째, 베버의 인간론의 문제와 관련해서 그는 거의 바르트와 같다. 왜냐하면 칼빈의 경우에 기독교 인간론의 존재론적인 근거는 첫 아담이고, 인식론적 근거는 둘째 아담인 예수 그리스도이지만(기독론이지만), 베버와 바르트의 경우에는 기독론이 기독교 인간론의 존재론적 근거인 동시에 인식론적 근거가 되기 때문이다.

여섯째, 베버의 기독론과 관련해서 최근의 성서신학적 연구 결과를 토대로 그리스도의 두 본성론(양성론)을 고전적 기독론처럼 존재론적으로 접근하지 않고 '성서적 그리스도'로부터 출발하고자 한다. 칼빈은 중보자직을 중심으로 양성론을 '엔히포스타시스'(enhypostasis) 관점에서 접근한다면, 바르트는 '안히포스타시스'(anhypostasis) 관점에서 접근한다. 또한 베버는 칼빈의 그리스도의 삼중직을 통해서 자신의 가장 큰 발판을 마련하면서도 내용적(두 상태론, 두 본성론)으로 바르트를 따르고 있다. 특히, 베버는 구속론 내지 화해론의 문제에서 바르트의 화해론을 적극적으로 따르면서도 무성(無性)의 문제, 유기(遺棄)의 문제, 어두움의 문제에서는 바르트보다는 더 적극적으로 성령의 역사를 통한 소명과 교회의 선포의 책임성을 강조한다.

일곱째, 베버의 교회론과 관련해서 칼빈, 바르트, 베버의 교회론은 모두 선택론과 기독론, 성령론과 깊은 관계가 있지만, 베버와 바르트에게는 본회퍼처럼 교회에서 '그리스도의 현존성'을 강조하여 기독론에 더 많은 무게가 주어지는 것 같다. 교회의 세계성을 강조한 칼빈처럼 베버도 그것을 강조한다. 베버는 성례전을 내용적으로 말씀에 종속시키는 칼빈과 바르트와는 달리, 말씀을 '성례전적'으로 볼 수 있는 길을 보여준다. 성찬에서 그리스도의 임재에 대한 베버의 이해는 칼빈의 영적(성령론적) 임재설과 비슷하다. 칼빈과 베버는 세례와 신앙을 계약 속에서 통전적으로 이해하여 유아세례를 인정하지만, 자연신학을 지나치게 부정적으로 이해하는 바르트는 유아세례를 거부할 수밖에 없다.

 우리는 위에서 평가한 몇 가지 관점들을 통해서 베버가 칼빈보다는 바르트 쪽에 더 가까이 기울고 있다는 점을 발견할 수 있다. 그러나 베버는 칼빈의 사상을 비판하면서도 긍정적으로 수용하고 있다는 사실도 발견된다. 굳이 산술적 용어를 사용한다면, 베버가 칼빈으로부터 50%, 바르트로부터 50%를 취한다는 의미에서의 중재자가 아니라, 바르트에 50% 이상의 무게를 두면서도 칼빈의 사상과 단절하지 않고 자신에게 유익한 부분의 칼빈 사상을 개혁신학의 뿌리로 인정하면서 긍정적으로 이용하는 그의 신학함의 방법 속에서 중재자로서의 모습이 돋보인다. 베버의 바로 이 점이 칼빈과 바르트를 첨예하게 대립시키는 분위기에 화해의 분위기를 조성할 수 있을 것이다. 다양한 개혁전통들이 통전적으로 이해되는 것이 가능하다는 한 실례가 바로 베버의 신학일 것이다. 필자는 바로 이 점에서 베버에게 '칼빈과 바르트의 중재자'라는 이름을 붙이는 모험을 감행했다.

■■■ 미 주 ■■■

1. www.yahoo.de, suche(otto heinrich weber) ; C. Frey, P. Dabrock, H.-G. Mellies(Hrg.), *Repetitorium der Dogmatik*, Bochum 1993, p. 234.
2. 위르겐 몰트만, 김균진 역, 「신학의 방법과 형식-나의 신학 여정」(서울 : 대한기독교서회, 2001), p. 23.
3. 김명용, 「이 시대의 바른 기독교 사상」(서울 : 장로회신학대학교출판부, 2001), pp. 341-342.
4. 김재진, 「칼 바르트 신학 해부」(서울 : 한들출판사, 1998), p. 26.
5. www.yahoo.de, suche(otto heinrich weber).
6. Otto Weber, *Grundlagen der Dogmatik*(=GD) Ⅰ(1955), Ⅱ(1962) Neukirchen, 이하 이용시 GD Ⅰ 또는 GD Ⅱ로 표기하기로 한다. 본 고에서 종말론에 대한 논의는 제외된다. 왜냐하면 이 책이 속한 시리즈 제3권 「개혁교회의 종말론 : 하나님 나라와 교회」에서 종말론이 집중적으로 다루어지기 때문이다.
7. O. Weber, *Grundlagen der Dogmatik*(=GD) Ⅱ, S. 10-257.
8. 성령의 사역을 그리스도의 객관적 사역의 주관적인 적용 또는 응용으로 이해하는 칼빈과 바르트 등의 개혁신학 전통에서 일반적으로 나타나는 성령의 사역에 대한 이해를 네덜란드의 개혁신학자 헨드리꾸스 베르꼬프는(1914-1995) '인식론적·적용(응용)적·주관적' 성령론으로 명명했다. H. Berkhof, *De leer van de Heilige Geist*, Nijkerk 1964, pp. 23-24를 참조하라.
9. '사효론'은 성례집례자의 거룩성(도덕성)과 관계없이 물, 포도즙, 떡을 통한 성례전 자체에 의해서 하나님의 구원의 은혜가 자동적으로 매개된다는 로마가톨릭교회의 주장이며, '인효론'은 설교자의 선포 자체에 의해서 설교의 효과가 나타난다는 주장인데, 베버는 양자 모두를 거부하고, 말씀 선포나 성례전 집례가 다만 성령과 그리스도의 도구(수단)로 이용될 뿐이라고 주장한다.
10. O. Weber, GD Ⅱ, S. 563-715.
11. 김명용, 「열린 신학 바른 교회론」(서울 : 장로회신학대학교출판부, 1997), p. 172.

V. 라인홀드 니버와 리처드 니버 : 미국 개혁교회의 네오칼비니즘 신학

1. 라인홀드 니버

1) 라인홀드 니버의 생애와 저서, 그리고 그 사상적 배경

(1) 신학의 형성기

라인홀드 니버(Reinhold Niebuhr, 1892-1971)는 1892년 6월 21일 미국의 미주리 주 라잇(Wright) 시에서 출생하였다. 그의 아버지는 1878년 독일에서 이민을 와서 북미 독일 복음주의 교단[1]으로부터 안수를 받은 목사였다. 그의 어머니는 같은 교단의 목회자를 아버지로 둔 독일 이민 2세였다. 독일어로 목회를 하던 그의 아버지는 라인홀드 니버의 초기 신학적 정향성에 가장 큰 영향을 준 존재였다. 개혁신학과 루터교 신학의 영향을 강하게 받은 니버는 10세 때 이미 그의 아버지에게 자신이 후에 목사가 되겠노라고 고백하였다고 한다. 그것은 그의 아버지가 그 고장에서 가장 관심을 모으는 존재로 보였기 때문이었다. 그는 독일계 이민교회가 세운 엠허스트(Elmhurst) 대학과 에덴(Eden) 신학교에서 수학하였으나 그 학교들은 정부의 공식 인가를 받지 않은 상태에 머물러 있었다.

니버는 독일계 이민교회의 울타리에서 벗어나기 위하여 그의 어머니의 격려 아래 예일(Yale) 대학 신학부에 입학하여 2년간 수학하였다. 그는 이 당시 인식론의 문제에 관심을 가져 문학석사(M. A.) 학위를 취득한 바 있다. 당시 예일을 풍미하였던 자유로운 사회사상적 분위기 속에서 그는 나름대로의 생활양식을 발전시켰다. 그것은 곧 신학이란 당대의 인간적 필요에 대한 응답적 성격을 가져야 한다는 그의 신학의 기본적인 성격이 이때 형성되기 시작하였다는 추론을 가능케 한다.

1915년에 석사학위를 마친 후 니버는 박사학위 공부를 뒤로 미룬 채 (이후 니버는 박사학위를 취득하기 위한 공부의 기회를 가지지 못하였으나 옥스퍼드 대학을 비롯한 18개 대학에서 명예 박사학위를 취득하였다.) 미시간 주 디트로이트 시에 위치한 벧엘 복음교회의 청빙을 받아 부임하였다. 이때 그의 어머니는 아들과 함께 디트로이트로 이사하여 1931년 니버가 결혼할 때까지 아들의 목회에 큰 도움을 주었다. 미국의 자동차 공업의 요람인 디트로이트 시에 위치한 벧엘 교회는 니버의 부임 당시 18개의 가정이 등록되어 있던 작은 교회였으나 니버가 목회한 후, 13년이 지난 후에는 800여 명의 교인들이 출석하는 교회로 성장하였다. 또한 50만 명 정도에 머물렀던 디트로이트 시의 인구는 자동차 산업의 발달에 힘입어 그 기간 중 350만 명에 이르게 되었다. 니버 자신에 따르면 이 두 가지 사실이 그 어떤 책보다 자신의 성장에 영향을 미쳤다고 고백하였다. 니버는 벧엘 교회의 목회를 통하여 기독교 신앙의 본질에 대해 새롭게 다시 한번 배우게 되었음을 고백하였다. 또한 그는 회중들의 다양한 사회적 맥락으로부터 많은 신학적 도전을 받았다.[2] 물론 그는 라우쉔부쉬의 사회 복음으로부터는 사회적 정의에 대한 관심을, 칼 막스로부터는 사회경제적 환경이 인간에게 미치는 영향에 대하여, 키에르케고르로부터는 자유로운 인간은 불안한 존재라는 사실을 배웠으나, 가장 기본적인 신학적 교훈은 개인적인 경험으로부터 얻었다. 그는 책들이 아닌 사실들이 자신의 신학을 형성하였다고 고백한 바 있다.[3] 이러한 관점에서 마틴 마티는, 이후에 전개된 니버의 신앙적 공동체에 대한 견해는 디트로이트의 교구목회의 경험에서 유래한 것이라고 주장한 바 있다.

그의 교회는 급격하게 성장하였지만, 니버는 대학에서의 강의와 설교, 종교와 비종교적인 잡지를 망라한 원고 기고와 각종 사회와 정치행사에 참여하면서 외국여행도 하는 등 그 활동영역을 지속적으로 넓혀 나갔다. 1924년에는 이미 전국적인 규모의 정치무대에 등장하였다. 니버의 뛰어난 연설 능력에 깊은 인상을 받았으며 당시 YMCA의 지도적 인사였던 셔우드 에디(Sherwood Eddy)는 벧엘 교회가 부교역자를 청빙할 수 있도록 모금을 주도하여 니버의 캠퍼스 사역이 가능토록 도왔다. 니버는 당시를 회고하며 "나는 신앙의 학문의 세계를 통학하는 처지였다."[4]고 말한 바 있다.

아무튼 그의 디트로이트에서의 목회는 그의 사상과 관심 영역에 결정적인 영향을 미쳤다. 그는 그곳에서 산업화하는 미국을 발견하였기 때문이다. 그는 경영자와 노동자 사이의 격렬한 투쟁을 목격하였고, 자연스럽게 사회정의에 대한 관심을 갖게 되었다. 산업사회에서의 비인간화 과정 속에서 희생되는 이들을 그의 목회현장에서 일상적으로 목격하였기 때문이다. 이러한 목회현장에서 행하였던 니버의 설교는 그를 유명인사로 만들었으며, 당시 대표적 경영인인 헨리 포드 1세에게는 가장 위험한 존재가 되었다. 그는 당시를 회고하며 "나는 이를 악물고 헨리 포

드와 싸웠다."고 표현할 정도였다.[5]

당시 니버에게 있어서 포드는 자본가의 이익만을 추구하는 천민 자본주의의 상징이었다. 니버는 디트로이트에서의 목회를 통하여 노동자의 비인간화와, 경영자와 노동자 사이의 치열한 긴장과 보험 없는 실업과 열악한 노동환경 등의 산업화의 대가를 생생하게 경험할 수 있었다. 이러한 상황과 경험은 니버로 하여금 온건한 사회주의적 성향을 가진 '사회복음'에 관심을 갖도록 이끌었다. 그러나 그는 곧 그가 개인적이며 집단적인 차원에서의 죄를 간과하였다는 의미에서 '순진하다'(naivete)고 비판하였던 사회복음의 이론을 극복하려고 노력하였다. 아무튼 디트로이트에서의 경험은 평생 동안 그가 관심을 가졌던 인종 간의 갈등, 경제적 부정의, 국제적 무질서와 이러한 문제들에 적절하게 응답하는 신학 등의 연구주제들을 제공하였다고 볼 수 있다.[6]

니버 자신의 회고에 따르면 신학을 마칠 무렵 그 자신을 사로잡았던 자유주의 신학적 이상을 1915년부터 시작한 교구 목회를 통하여 완전히 포기하기 시작하였다. 그는 초기 자본주의의 냉엄한 현실 앞에서 복음의 사회적 적절성에 깊은 관심을 갖기 시작하였으며, 자유주의는 바로 그러한 관점에서 무기력한 것이었다. 그의 자유주의에 대한 비판은 도덕적 진보에 대한 자유주의의 낙관적 견해에 대한 환상에서 벗어남으로 정점에 달하였다. 니버는 "근대 자유주의는 자연세계나 역사세계를 통틀어 그 어디에도 존재하지 않는 종교적 낙관주의로 빠져들었다."[7]고 비판하였다. 특별히 제1차 세계대전의 발발은 자유주의가 제시하는 낙관적 삶에 대한 견해에 결정적 타격을 가하였다. 그는 민족주의와 자유주의가 의로움을 가장하여 결합하는 것은 참으로 불행한 것이라고 생각하였다.

니버는 복음과 세계의 관련성에 대하여 두 가지의 잘못된 신학적 견해를 지적하였다. 그 하나는 좌파 진영에서 주장하는 자유주의이며, 다른 하나는 우파 진영에서 주장하는 정통주의이다. 그는 양 진영의 주장을 반박하며 나름대로의 길을 모색하기 시작하였고, 후에 그것은 기독교 현실주의라는 독특한 성격으로 더욱 구체화되었다. 1927년에 출판한 그의 첫 번째 저작인「문명은 종교를 필요로 하는가?」(Does Civilization Need Religion?)는 니버의 디트로이트에서의 목회경험과 산업문명에 의하여 초래되는 비인간화에 대한 경각심을 반영하였다.[8] 또한 이 책은 그가 1930년대에 가하였던 자유주의에 대한 막스주의적 관점에서의 비판과 1940년대의 아우구스티누스적 관점에서의 자유주의 비판의 서문에 해당한다고 볼 수 있다. 니버에게 있어서 진보에 대한 잠재력은 동시에 파괴에 대한 잠재력을 동반하는 것으로 파악되었다. 왜냐하면 인간은 불완전한 존재이고, 따라서 역사도 미완의 상태에 놓여 있기 때문이다. 니버는 이러한 관점에서 자유주의를 비판하며 하나님에 대한 더욱 '초월적인' 관점과 인간, 특별히 집단적인 인간에 대한 더욱 '현실적인' 관점을 강조하기 시작하였다.[9]

제1차 세계대전 중 니버는 YMCA의 지도자인 에디와 함께 유럽을 여행할 기회를 가진 바 있다. 에디는 여행 후 니버가 전국적인 차원에서 많은 청중들에게 연설할 수 있는 기회를 마련하였다. 그러한 일련의 일정 가운데 니버는 1923년 디트로이트에서의 학생 집회에서도 연설을 하였는데, 당시 청중석에서는 후에 유니온 신학교의 총장이 되었던 헨리 스로운 코핀(Henry Sloane Coffin)이 자리하고 있었다. 이것이 인연이 되어, 후에 코핀은 니버에게 유니온에 와서 응용신학(Applied Theology)을 가르칠 것을 권유하였다. 그러나 니버는 이러한 요청에 당황하며 자신이 특정한 전공분야에서 공식적인 학문적 훈련을 받은 바 없으며, 따라서 전문적인 지식이 부족하다는 사실을 고백하며 "도대체 내가 무엇을 가르칠 수 있겠습니까?"라고 되물었을 때에 코핀은 "그저 당신이 생각하는 것을 가르치면 됩니다."라고 답하였다고 한다. 어쨌든 니버는 1928년 뉴욕 유니온 신학교에서 전임 교원의 삶을 새롭게 시작하게 되었다. 니버 자신은 이러한 전환을 "참으로 위험한 모험"이었다고 회상하였다.[10]

비록 유니온에서의 교수직을 시작하였지만 니버는 사회정의에 관련된 사회운동 모임에 적극적으로 참여하였으며, 1930~1940년대에는 100여 개에 이르는 단체에 그의 이름이 오르내렸다. 그는 세속사회의 의미를 새롭게 발견한 개척자로서 하나님의 은혜가 교회 밖에도 존재한다는 사실을 확인하는 사역의 주창자가 되었다.

니버는 경제대공황으로 미국 사회가 심각한 타격을 입게 되자 자유주의의 무기력함을 다시 한번 뼈저리게 확인하였으며, 이러한 확신은 1932년 「도덕적 인간과 비도덕적 사회」(Moral Man and Immoral Society)라는 걸작을 통하여 구체적으로 표현되었다. 이 책의 영향력은 마치 바르트의 로마서 주석이 유럽에 미친 영향과 같은 정도로 심대한 것이었다. 니버는 이 책에서 개인윤리와 집단윤리 사이의 긴장과 대조점에 대하여 집중적으로 다루었다. 니버는 사회적 관점에서 최상의 도덕적 이상은 정의이지만, 개인적 차원에서는 비이기심(unselfishness)이라고 보았다. 그는 사회윤리적 재구성을 위해서는 힘(power)에 대한 냉정한 평가가 필수적이라고 판단하였다. 그는, 각각의 사회 집단은 이러한 관점에서 너무도 이기적이어서 그 각각의 집단이 서로 견제하여 균형을 이룰 수 있는 힘이 보장되어야 지속될 수 있는 정의가 가능하다는 점을 주창하였다.[11] 그는 많은 윤리학자들이 집단의 잔혹한 성격에 대하여 심각한 착각을 하였다고 주장하였다. 그러므로 니버에게 있어서 정치적 결정과 정책수립에 가장 적절하게 적용되는 기준은 자유주의자들이 주장하는 사랑이 아니라 정의(Justice)라고 하였다. 이러한 통찰은 결국 니버가 이전까지 관심을 보였던 온건한 형태의 사회주의와 평화주의적 입장으로부터 그를 멀어지게 하는 결과를 낳았다. 물론 그는 전쟁의 악함에 대하여 충분히 인지하고 있었지만, 그것은 나치의 폭정에 비해 차선의 악(lesserevil)으로 판단되었던 것이다.[12] 당시 그는 틸리히(Paul Tillich)를 독일에서 구출해 내는 등의 적극적인 정치 참여를 하였고, 결국 미 국무부의 정책결정에도 참여하게 됨으로써 미국 지도력의 중심부에서 자문역할을 수행하게 되었다.

1935년에 그는 「기독교윤리학 해설」(An Interpretation of Christian Ethics)을 출간하였다. 이 책이 주목받는 것은 니버가 그의 사회복음에 대한 비판을 원죄에 대한 재발견을 통하여 새롭게 강조함으로써 신학적 인간학에 대한 그의 깊은 조예를 드러냈다는 점 때문이다. 이 책에서 니버는 어떻게 우리가 아가페의 윤리에서부터 역사적 질서 안에서 적용될 수 있는 윤리적 기준으로 나아갈 수 있겠는가의 문제, 즉 복음이 증거하는 절대적 윤리로부터 사회윤리로 어떻게 나아갈 수 있는가에 관심을 가졌다. 그는 "예언자적 전통으로부터 그 활력을 공급받아 새롭게 젊음을 회복한 적극적 기독교 신앙만이 우리 시대의 도덕적, 사회적 문제들을 적절하게 다룰 수 있다."고 주장하였다.[13] 이 책에서 그는 십자가의 사랑은 그 희생의 무조건성과 보편성에 있어서 인간 삶의 유일하며 최종적인 기준임을 확인하였다. 그러나 그러한 아가페의 윤리는 인간의 죄된 역사적 현실 안에서는 결코 자연인에 의하여 성취 불가능한 것이라는 점을 강조하였다. 아가페는 초월적 기준으로서 남아 있을 뿐이다. 그는 이상적인 것은 결코 역사 안에서 완성될 수 없음을 분명히 함으로써 자유주의의 자연주의적 경향을 배격하였다. 이것은 곧 사회윤리는 순수한 복음적 윤리로부터 직접적으로 추론될 수 없음을 뜻하는 것이기도 하였다.

1937년에 출간된 「비극을 넘어서」(Beyond Tragedy)를 통하여 니버는 기독교 신학의 고전적 핵심 주제들을 재발견하였다. 그는 십자가의 신학에 관심을 기울이면서, "기독교 세계관의 중심에 위치한 십자가는 인간이 범한 죄의 심각성과 함께 그것을 극복하시는 하나님의 목적과 능력을 함께 계시하여 준다."고 주장하였다.[14] 기독교적 관점이란 비극을 통하여 '그 비극을 넘어서는' 소망을 보는 것이었다. 이러한 주장은 니버가 아우구스티누스로부터 비롯되는 개혁신학적 전통에 서 있음을 보여 주는 좋은 예이다.

(2) 신학의 성숙기

1939년 영국의 에딘버러 대학이 그 학문적 전통을 자랑하는 기포드 강연에 라인홀드 니버를 강사로 초청하였을 때, 니버의 학문적 명성은 어느 누구도 의외라고 생각하지 않았을 정도로 확고한 위치에 오르게 되었다. 결국 기포드 강연은 니버에게 신학적 대작을 남길 수 있도록 기회를 제공하는 역할을 하게 되었다. 그의 추종자들에 따르면 미국 신학자에 의해 쓰인 가장 뛰어난 기독교 신앙에 대한 변증서로 평가받는 「인간의 본성과 운명」(The Nature and Destiny of Man)의 제1권은 1941년에 출판되었다. 이 책에는 수많은 주제들이 망라되었으나, 많은 사람들은 자아에 대한 현상학적 고찰이 그 책을 관통하는 가장 심오하며 독창적인 주제라는 데에 의견의 일치를 보인다. 즉, 자아의 본성(The nature of the self)에 대한 탐구가 그것이다. 니버는 자신이 다른 영역들을 다룰 능력이 없어서 인간론에 집중하였다고 겸손히 말하였다.[15] 이 책에 나타난 니버의 방법론은 성경과 아우구스티누스와 개혁신학으로 이어지는 개신교적 전통을 이은 것이었다. 즉, 인간의 본성은 영과 자연의 창조적 조합이며, 역사적 과정 안에서 발현되는 인간의 죄는 그의 피조물로서의 한계를 거부하려는 인간의 자기중심성을 구성한다는 것이다. 또한 인간의 운명은 창조로부터 시작하여 그리스도의 재림에서 그 절정에 이른 후 결론인 심판의 날로 나아간다고 보았다.[16]

니버의 인간론은 인간이 하나님의 형상대로 지음받았다는 성경적 사상에 기초하여 전개된 것이었다. 그리스 철학의 영향으로 하나님의 형상을 인간의 이성과 연관시킨 많은 교부들과는 달리 니버는 아우구스티누스를 따라서 하나님의 형상을 자아-의식과 전체적 자아로서의 인간의 자기초월적 성격으로 파악하였다. 이러한 자유하며 자기결정적인 인간이 동시에 제한적이며 유한한 하나님의 피조물이라는 사실을 강조하였다. 즉, 인간은 자유로운 존재이며 유한한 존재라는 것이다.

제2차 세계대전이 시작되기 전인 1940년, 니버는 정치적 사안에 대한 그의 비평을 담은 16개의 글을 묶어 「기독교와 힘의 정치」(Christianity and Power Politics)라는 책을 출판하였다. 여기에서 그는 충돌을 피하는 것이 선이라는 자유주의적 완전주의자들의 견해를 비판하며, 그것은 나쁜 종교일 뿐만 아니라 나치의 폭정 앞에 미국을 나약하게 만드는 나쁜 정치이기도 하다고 지적하였다. 그 책은, 미국은 그 대가가 어떠하든 간에 악에 굴복해서는 안 된다는 니버의 경고였다.

제2차 세계대전이 시작되자 니버는 「기독교와 위기」(Chrisanity and Crisis)라는 잡지의 출간과 편집에 참여하였다. 이것은 그의 신학의 두 축이라고 할 수 있는 인간과 역사에 대한 관심 가운데 후자를 반영한 것이라고 볼 수 있다. 원래 그 잡지의 의도는 폭정의 위협에 맞서는 적절한 방법론을 기독교적인 신앙으로 해석함에 있었다. 그러나 잡지가 점차 히틀러라는 폭군의 위협에 비현실적인 태도를 취하여 간다는 판단으로 인하여 의도적으로 거리를 두게 되었다. 그는 히틀러의 위협은 히틀러의 폭정을 막기 위한 전쟁에 참여하는 것보다 더욱 심한 악이라고 보았다. 그러므로 제2차 세계대전 중 그의 기고문들은 루스벨트 대통령의 전쟁 수행방향을 대체적으로 지지하였다.

제2차 세계대전이 끝나갈 무렵인 1944년, 니버는 민주주의적 정치 이론서인 「빛의 자녀들과 어둠의 자녀들」(The Children of Light and the Children of Darkness)을 출간하였다. 이것은 그의 민주주의에 대한 변증서였다. 그는 낙관론과 비관론에 치우치지 않는 더욱 적절한 인간에 대한 해석이 민주주의를 더욱 탄탄한 토대 위에 자리하게 한다고 믿었다. 그의 유명한 격언인 "정의를 향한 인간의 능력은 민주주의를 가능하게 하며, 부정의를 향한 인간의 성향은 민주주의를 필요로 한다."는 것이 바로 이 책에 기록된 것이다.[17]

이 시기에 니버는 더욱 사회적으로 강력한 영향력을 미치는 유력한 인사가 되어 갔다. 그는 미 국무부의 정책기획 부서의 자문위원으로 위촉되었으며, UNESCO의 미국 대표단으로 선임되어 활동하기도 하였다. 동시에 그는 1948년 암스테르담에서 개최된 세계교회협의회(WCC)의 기초문서와 분과위원장으로도 활약하였으며, 미국 교회협의회(NCC)의 자문위원으로 덜레스 국무장관과 합력하기도 하였다.

1946년, 니버는 그의 두 번째 설교집인 「시대의 징조를 분별하며」(Discerning the Signs of the Times)를 통하여 기독교적 희망의 두 측면을 강조하였다. 그 하나는 인간 역사 안에서의 하나님의 뜻의 실현과, 다른 하나는 역사의 한계를 넘어서는 기독교적 희망에 대한 이해였다. 그는 우리가 이러한 성경적 희망의 두 측면을 이해해야 거짓된 희망과 좌절에서 벗어날 수 있다고 주장하였다. 니버에게 있어서는 심판이 자비에 선행하였다. 이 설교들은 바로 그러한 니버의 생각을 반영한 것이었다. 그는 겸손한 태도로, 신앙으로 현실적 희망과 좌절의 딜레마를 받아들여야만 하나님이 허락하시는 실존의 진정한 의미를 받아들일 수 있다고 주장하였다. 그러므로 인간들은 현실 문제들에 직면하여 너무 큰 부담감을 가지고 염려할 것이 아니라 오늘 여기에서 자기에게 부과된 의무를 충실히 수행하는 것이 곧 하나님의 나라를 위한 자신의 사역이라는 것을 강조하였다.

니버는 1949년 다시 한번 역사에 대한 기독교적 신학 이해를 모색하였다. 「신앙과 역사」(Faith and History)가 그것이었다. 그는 이 책이 기포드 강연의 후편에 해당한다고 하였다. 그가 여기에서 채택한 방법론은 변증적인 것으로 고전적인 그리스적 견해들과 근대 사상들과 비교하여 기독교적 관점의 우수성을 논증하는 것이었다. 그는 기독교적 신앙의 진리 됨은 오로지 회개와 신앙에 의해서만 파악될 수 있는 것이지, 결코 이성적 명료성에 의하여 받아들여질 수 있는 것이 아님을 역설하였다.[18] 니버의 논지는, 그리스도의 복음은 시대와 상황을 망라하여 모든 역사적 과정과 사람들에게 진리라는 것이다. 이러한 기독교적 관점은 창조와 심판과 구속으로 확증되는 하나님의 주권으로 시작된다. 하나님의 주권이야말로 생명과 역사의 의미를 규정하는 기본적인 틀이라는 것이다. 니버의 신학적, 사회적, 정치적 영향력은 1950년대 초반에 정점에 달하였으며, 그 후에 수 세대 동안 지속되었다.

(3) 생애 후반기와 신학적 배경

매우 강건하였던 니버도 제2차 세계대전이 끝난 후 쇠약해지기 시작하였다. 1952년에는 심장발작을 경험하기도 하였으나 그것으로 그의 활동을 중난하시는 아니하였다. 1960년에 유니온 신학교를 은퇴한 후 프린스턴의 고등연구소(The Institute for Advanced Studies)에 초빙되었으며, 그곳에서 그의 신학적, 정치적 관심을 지속할 수 있었다. 또한 그는 캘리포니아 주 산타 바바라에 위치한 민주연구소(The Center for the Study of Democratic Institutions)의 활동에도 적극적이었다. 1966년에는 은퇴 장소인 매사추세츠 주 스톡브리지로 이사하여, 그의 말년 20여 년간은 중풍의 지속적인 발작으로 인한 몸의 마비로 고통스런 나날이 많았다. 그러나 그는 그러한 엄청난 육체적 고통을 은혜와 유머로 견디어 나갔다.

1953년 니버는 「기독교 현실주의와 정치적 문제들」(*Christian Realism and Political Problems*)이라는 제목의 저서를 출간하였다. 그

책은 니버가 병상에 있는 동안 신학적, 윤리적, 정치적 주제들에 대한 저술을 묶어 놓은 것이었다. 원칙적으로 이 글들에는 이전의 저작들에서 발견할 수 없었던 새로운 내용은 없었다. 그러나 그 글들은 아우구스티누스의 정치적 현실주의에 대한 새로운 인식과 수용을 반영하고 있다. 니버는 인간에 대한 해석이 아우구스티누스로 하여금 인간의 창조성에 대한 높은 평가와 함께 인간의 파괴적 능력에 대한 심오한 통찰을 가능케 함으로써 결국 그를 위대한 기독교 정치 사상가로 우뚝 서게 하였다고 주장하였다.[19]

1955년에 출판된 「자아와 역사의 드라마들」(The Self and the Dramas of History)은 이 당시 니버의 사상과 더욱 발전된 자아에 대한 현상학적 관찰을 보여 주는 저술이다. 이 책은 니버 전문가들 중 상당수가 니버의 저서 중 3번째의 위치에 있다고 평가할 정도로 의미를 가진다. 니버는 오랫동안 역사와 사회 안에 나타난 인간 본성의 복합성을 탐구해 왔다. 그러나 이 책에서는 주체를 대하는 관점을 완전히 전환하였다. 예컨대 이전에는 대부분의 학자들이 그러하듯이 객관적 자아로부터 자아를 파악하려 하였지만, 이 책에서는 객체 배후에 자리한 주관적 자아로 그 초점을 옮겼던 것이다.

이러한 니버의 관점은 1952년에 출판된 폴 틸리히의 「존재에로의 용기」(Courage to be)에 대한 공개적인 응답의 성격을 띠고 있었다. 틸리히는 자신의 저서를 통하여 존재론이 윤리에 우선함을 역설하면서, 존재 자체의 구조 안에서 자신을 발견한다는 것을 주장한 바 있다. 니버는 이러한 틸리히의 존재론적 접근은 그 자체가 가지는 고식적 성격으로 말미암아 인간의 자유를 제약한다는 점에서 비판적이었다. 니버에게 있어서 자아는 틸리히의 존재론적 자아와는 달리 그 자체와 이웃, 하나님과 끊임없는 대화의 관계에 있는 피조물이었다. 니버는 이러한 관점이 곧 성경이 증거하는 그것이라고 주장하였다.[20]

1959년, 니버는 그의 정치사상을 가장 형식적으로 잘 정리한 「국가들과 제국들의 구조」(The Structure of Nations and Empires)를 출판하였다. 그는 이 책을 통하여 국제 정치에 있어서 영원한 것과 일시적인 것을 분별하는 데에 전력하였다. 그는 미국과 러시아라는 초강대국들은 제국들이며, 그들은 다른 국가들을 자신들의 헤게모니 아래에 두려고 하는 것이 국제정치 구조의 가장 중요한 측면이라고 주장하였다. 그러나 니버는 이러한 국제정치 구조 안에서도 적절성을 가지는 기독교 윤리적 기준을 마련하려고 노력하였다. 그는 미국의 국제정책은 미국사람들이 생각하는 것만큼 덕스러운 것이 아님을 보여 주려고 노력하였다. 그것은 소련의 경우도 마찬가지였다. 그는 결론적으로, 그가 기포드 강연에서 설파하였듯이, 인간의 자유는 창의성과 파괴성의 양면을 모두 가지고 있으므로 그 어떤 제국도 자신을 온전한 선으로 착각해서는 안 될 것임을 경고하였다.[21] 니버의 미국의 환상에 대한 경고와 미국 역사의 모순점에 대한 지적은 이후 하이머트와의 공저(A Nation so Conceived, 1963)와 지그문트와의 공저(The Democratic Experience, 1969)에서 계속되었다. 그러나 니버는 이 두 권의 책을 통하여 역사는 결코 비극으로만 끝나게 되는 것이 아니며, 또한 반드시 악으로 결말짓게 되는 것도 아님을 역설하였다. 물론 인간은 파괴적이지만 자유로운 피조물로서 창의적 가능성을 가지고 있기 때문이라는 것이다.

1965년에 출간된 「인간의 본성과 공동체들」(Man's Nature and His Communities)은 기포드 강연에서 다루었던 인간의 본성과 운명에 대한 지속적인 재수정 작업의 결과물이었다. 이 책에서 가장 큰 관심을 모은 부분은 니버 자신의 자서전적 서문이었다. 그 서문의 소제목은 "변화하는 관점들"(Changing Perspectives)이었으며, 제목이 암시하듯이 그는 이 서문을 통하여 자신의 관점의 변화과정을 서술하였다. 이 책과 기포드 강연의 결과물의 가장 큰 차이점은 신학적 술어가 사라졌다는 것이다. 이것은 지성인 사회에 접근하려는 형식에 있어서의 노력이었으며, 내용에 있어서의 큰 변화를 의미하는 것은 아니었다. 니버는 시간이 지남에 따라 더욱 세속 학문과 가치들에 대한 긍정적 평가를 하였다. 예컨대 에릭 에릭슨(Erik Erikson)의 심리학은 니버가 자신의 신앙에 대한 견해를 명확히 하는 데에 도움이 되었다. 후기에 이르러 일상적인 인간관계 안에서의 '일반 은총'(Common Grace), '숨겨진 그리스도'(the Hidden Christ) 등을 더욱 노골적으로 말하기 시작하였다.[22]

1969년과 1970년에 「기독교와 위기」(Christianity and Crisis)라는 잡지에 발표된 두 글은 그의 마지막 작품으로서 고통과 쇠락함의 나날들 속에서도 그가 얼마나 신앙의 현실참여에 관심을 가졌었는가를 짐작케 해 준다. 두 글은 모두 백악관 종교와 대통령의 독재를 경고하는 예언자적인 글들이었다. 그는 닉슨 행정부가 매주일 백악관에서 가지기로 한 예배가 백악관 종교가 될 가능성을 경고하였다. 니버는 백악관 예배를 주재하는 목사가 만일 정권이 하나님의 절대적인 정의의 기준 아래 있음을 분명히 하지 못한다면 그들과 국가의 자만을 막지 못한 죄를 짓게 될 것이라고 역설하였다.

1971년 5월 31일 니버는 스톡브리지의 자택에서 향년 78세를 일기로 하나님의 부르심을 받았다. 그 후 3년이 지나 미망인인 율수라 니버 여사는 니버의 설교와 기도문을 모아 「우리 설교자들은」(we preachers)이라는 제목의 책을 출간하였다. 이 책은 니버 목회의 두 가지 측면들을 잘 보여 주고 있다. 그 하나는 기독교 신앙의 기본적 형식들을 설교하는 것이며, 다른 하나는 그것이 사회적 상황에 어떻게 적용될 수 있는가에 대한 관심이다. 그러므로 니버에게 있어서 설교자의 두 가지 과제는 먼저 성경적 전통에 정통한 것이며, 다른 하나는 그것을 회중들의 사회적, 개인적 삶에 적절하게 적용하는 것이었다. 니버 여사는 남편의 신앙을 다음과 같이 정의하였다. "(니버에게 있어서 기독교 신앙은) 우리의 실존을 조명하고, 의미를 부여하며, 모든 사람이 그 안에 관계되어 있는 죄의 불행 속에서 우리를 건져 내어 주는…… (그리고) 인간의 자유와 필연성에 대한 신비로운 역설을 설명하여 주는 생명에 대한 현재적 사실이며 진리이다."[23]

2) 라인홀드 니버 신학의 주요 주제들

(1) 인간론

니버 신학의 체계는 무엇보다도 그의 인간론으로부터 출발한다. 니버의 인간론은 그의 윤리학, 역사관, 기독론, 속죄론과 교회론을 전개함에 있어서 결정적인 역할을 하였다. 니버는 무엇보다도 먼저 인간의 영적 본성으로 인한 자기초월성이 곧 성경이 증거하는 바 '하나님의 형상'을 의미하는 것임을 강조하였다. 둘째로 인간은 그 육적인 본성에 따라 유한하며 의존적이라고 하였다. 그러나 그러한 유한성이 곧 악의 근원은 아니라고 말하였다. 셋째로 그는 인간에게서 발견되는 악은 인간의 유한성과 불안정성을 인정하지 않으려는 것을 뜻한다고 주장하였다.[24]

니버는 이러한 신학적 인간론은 그리스 철학이나 근대 철학의 인간론을 능가한다고 하였다. 예컨대 자연주의는 자아를 자연에 속한 기계적 부품 정도로 환원시키고 있으며, 이상주의(idealism)는 정신의 추상적 보편화 안에서 자아를 상실하였으며, 낭만주의는 더 큰 단위의 집단 안에서 자아를 상실한다고 비판하였다. 니버에 따르면, 인간은 육신이라는 의미에서 피조물로서의 제한성을 가지지만 다른 동물과는 달리 자기초월성을 가진다는 것이다. 니버는 자아가 자신의 본성적 한계와 육체적 필연성을 인정하고 받아들일 때에 바로 제한성으로부터 영적 자유에로의 전환이 일어난다고 주장하였다. 니버에게 있어서 인간은 '자연과 영의 접합점에서 살아가는' 존재였다.[25] 자기초월과 자기초월을 향한 기억의 무한한 접근 등의 개념은 니버가 아우구스티누스로부터 빌려온 것으로서 니버의 신학체계의 중추적 역할을 하고 있다.

니버에 따르면 인류 사상사에 있어서 기독교적인 사상이 인간의 개별성(individuality)에 대하여 가장 정확한 파악을 하였으며, 그 대표적인 예증으로 종교개혁자들의 만인사제설을 소개하였다.[26] 니버는 "기독교적 신앙이 뒷받침되지 못한다면 개인은 자연주의에서 보듯이 아무런 의미를 가지지 못하는 존재에 불과하거나 이상주의에서 보듯이 너무 큰 존재가 되어 버리게 된다."[27]는 점을 간파하였다. 니버의 신학적 인간론을 가능하게 한 첫 번째 자료는 문화에 대한 해석이며, 두 번째 자료는 기독교적 계시라고 말할 수 있다. 그러나 문화에 대한 해석이 인간문제에 대한 기독교적 해답에 대한 주석보다 시차적으로는 앞선 것이 사실이지만, 그것은 사실상 기독교적인 신앙을 받아들이는 것을 전제로 한다. 그러므로 니버에게 있어서 신앙적인 전제 없이 인간의 상황을 파악한다는 것은 불가능한 것이었다.

니버는 그리스도가 자아와 하나님의 참본성을 계시하여 주었다고 주장한다.[28] 그러나 하나님의 형상대로 지어졌기에 자유로운 인간, 동시에 피조물로서의 제한성을 가지는 인간의 모순적 현실은 죄의 '기회'를 제공한다고 주장하였다. 모순된 상황 그 자체가 죄스러운 것은 아니지만 죄의 기회를 제공한다는 것이다.[29] 하지만 니버에게 있어서 인간적 본성의 가장 주요한 특징은 자유의 차원에 있었다. 그 자유야말로 하나님의 형상인 인간의 본질이기 때문이었다. 자아의 자유는 인간에게 자연과 이성의 구조를 넘어 하나님을 만날 수 있는 영적인 세계로 인도하는 것이다. 니버는 인간이 자유 안에서, 자유를 통하여 하나님과의 접촉점을 가진다고 주장하였다.[30]

(2) 죄론

니버의 신학체계의 핵심인 인간론의 핵심은 인간이 피조물인 동시에 하나님의 형상이라는 것이었다. 그러나 이와 함께 지적되어야 할 것은 죄인으로서의 인간관이다. 이와 관련하여 우리는 다음과 같은 사실에 주목할 필요가 있다.

무엇보다도 먼저, 인간은 자연과 자유로운 피조물로서의 영 사이에 존재하는 매우 독특한 위치에 있다는 사실에 주목하였다. 다음으로 주목해야 할 사실은, 악마는 하나님에 의하여 마련된 이러한 위치를 인간으로 하여금 거부하도록 유혹한다는 것이다. 마지막으로 주목해야 할 요소는, 인간은 이러한 맥락 속에서 하나님의 원래적 질서와는 반대로 자신의 힘만으로 자신의 위치를 확보하려고 애쓰는 가운데 불안해한다는 것이다.[31] 그러나 사실 이러한 불안감은 인간이 자유로운 존재이기 때문에 가능한 것이다. 니버는 이러한 삼중적 상황이 다음과 같은 다양한 죄의 양상으로 구체화된다고 보았다.

니버가 가장 먼저 주목하는 것은 인간이 그 유한성과 자유로움을 인정하지 않으려 할 때 혼란과 죄에 빠져든다는 사실이었다. 창세기에 등장하는 뱀은 악마로서 하나님에 의하여 규정된 질서를 벗어나도록 인간을 유혹하는 미혹자이다. 인간은 고유의 유한성과 자유로움의 역설로 인하여 불안감(anxiety)을 가지게 되며, 이것은 인간의 모든 의미 있는 행동의 전제가 된다고 주장하였다.[32] 물론 이것은 죄와 신앙 모두를 향한 가능성에 열려 있다. 그러므로 불안 자체가 죄는 아니며, 단지 죄의 전제 조건이 될 뿐이라는 것이다. 이제 인간은 불가피하게(inevitably) 이러한 불안을 극복하기 위하여 우상들을 만들게 되었다.[33]

니버에 따르면 개인으로서의 인간은 불안에 휩싸이게 될 때 그것을 극복하기 위하여 자만(pride)과 방탕(sensuality)이라는 죄에 빠져 든다. 자만에는 네 가지 종류의 자만이 있는데, 그것은 권력(power)의 자만, 그 안에 도덕적 자만이 포함된 지적인 자만, 영적 자만, 죄의 최종적 표현인 부정직(dishonesty)이 그것들이다. 권력의 자만이란 자신의 피조물로서의 한계성으로 인하여 초래되는 불안정함으로 인한 불안을 극복하기 위하여 더 많은 힘을 획득함으로써 자기충족을 추구하려는 경향을 말한다.[34] 지적인 자만은 권력의 자만이 승화된 형태의 죄이다. 지적인 자만은 인간이 자기의 지식이 마치 진리인 것처럼 행동하는 것으로 나타난다. 그러나 이러한 지적 자만은 권력의 자만과 같이 자신의 유한성에 대한 무지나 그러한 유한성을 인식함으로 인한 불안함에서부터 오는 것이다. 니버는 도덕적 자만은 자신의 지식을 진리인 양 말하는 지적 자만에서 오는 것으로서, 자신이 의의 기준이 되는 절대적 도덕성을 주장한다는 측면에서 지적인 자만에 속하는 것이라고 보았다.[35] 영적인 자만은 이러한 도덕적 자만의 즉각적 소산이라고 보았다. 그것은 곧 자기를 높이는 자기-영화를 의미한다. 곧 자기의 의와 하나님의 의를 일치시키려는 시도를 말한다. 니버는 종교를 사칭하여 자기 의를 절대화하려는 의도들에 대하여 매우 날카로운 비판을 가하였다.[36] 이러한 맥락에서, 니버에게 있어서 기독교는 이러한 자만을 산산이 부수어 버리는 종교였다. 최종적으로 니버는 부정직을 논하였다. 니버에 따르면 자신의 위치(status)에 대하여 속는다는 것은 순전히 무지 때문이거나 부정직 때문만은 아니라고 하였다. 그것은 자아가 불가피하게 자신을 전체 세계로 믿는다는 의미에서 때로는 무지함에 기인한다는 것이다. 이러한 부정직은 죄의 최종적인 표현이라고 주장하였다.

니버는 집단의 교만은 개인적인 교만이 자란 결과라고 하였다. 그러나 집단은 더욱 교만하며, 위선적이며, 자기중심적이며, 또한 그 목적을 추구함에 있어서 더욱 무자비하다는 점을 간파하였다.[37] 이러한 집단적 교만은 인간의 한시성을 부정하려는 최후의 몸부림이며, 인간 죄의 가장 본질적인 것이라고 주장하였다.

니버는 교만과 함께 육체적인 방탕(sensuality)을 죄의 두 번째 유형으로 제시하였다. 교만이 자아를 영과 일치시키려는 시도에서 비롯된다면, 육체적인 방탕은 자아를 자연과 일치하려고 할 때 나타나는 것이다. 니버에 따르면 "방탕은 사실상 하나님에 대한 사랑보다는 자아를 먼저 사랑하는 것에서 오는 것으로 모든 피조된 가치에 대한 불필요할 정도의 과도한 사랑이다." 그는 사치와 술취함과 성적인 과도한 욕망을 이러한 방탕함의 대표적 예들로 제시하였다. 술과 성에 대한 탐닉은 자아로부터의 도피 혹은 자아를 고양하려는 시도에서 비롯되는 것이다. 이러한 방탕함의 죄는 결국 자기패배적인 자아-사랑, 자아 바깥에서 신을 발견함으로써 자신으로부터 도피하려는 시도와 죄로 인하여 야기되는 혼란으로부터 도피하려는 시도로 나타난다고 하였다.

(3) 은혜론

라인홀드 니버의 신학에 있어서 가장 많이 알려져 있는 것은 죄론일 것이다. 이와는 대조적으로 가장 알려지지 않은 것은 은혜론이다. 그러므로 많은 사람들의 니버에 대한 인상은 그가 인간의 본성에 대하여 너무 비관적인 견해를 가졌다는 것이다. 그러나 이것은 니버의 신학에 대한 지나친 단순화이며 편견이라고 말할 수 있다. 이것은 니버가 기포드 강연의 전권에서 강조한 내용에만 주목하는 것이고, 기포드 강연 2권 이후부터 지속적으로 발전시켜 왔던 은혜론에 주의를 기울이지 못하였기 때문이었다고 볼 수 있다. 니버가 죄론을 강조한 것은 사실이지만, 그의 신학에 있어서 인간의 죄를 압도하는 하나님의 은혜가 결론으로 자리한다는 것을 간과한다면 니버 신학을 온전히 이해하였다고 말하기 어렵다.

니버의 은혜론은 그의 인간론, 죄론과 함께 그의 신학의 핵심적 요소를 구성하고 있다. 그에게 있어서 은혜는 원죄에 대응하는 매우 본질적인 요소이다. 니버에게 있어서 하나님의 은혜는 진리와 능력으로 그리스도 안에서 임하는 것이다. 그의 인간론과 죄론이 예시하듯이, 인간은 결코 자신의 힘으로 그 진리를 알지 못하므로 오로지 그리스도 안에 있는 하나님의 은혜가 자아에게 합당한 규범을 제시할 수 있게 되는 것이다. 죄로 가득 찬 인간환경에 대한 첫 번째 응답은 진리 되신 그리스도 안에서 나타난 하나님의 은혜였다.[38]

니버의 죄론에 따르면 죄인 된 자아는 이성으로는 진리를 알 수 없으며, 자신의 의지로 그 진리에 순종할 수도 없다. 그러므로 인간에게는 규범으로서의 진리를 제공하여 주며, 또한 진리에 순종할 수 있도록 힘을 제공하여 주는 하나님의 은혜가 요청된다. 능력으로서의 하나님의 은혜만이 인간의 왜곡된 이성과 의지를 회복시킬 수 있기 때문이다. 니버는 은혜의 종말론적 특성을 강조하였다. 오로지 하나님만이 인간의 도덕적 분투를 완성할 수 있기 때문이다. 기독교인들은 이러한 은혜에 힘입어 신앙을 통하여 역사를 초월한 사랑의 승리를 미리 맛볼 수 있다. 니버는 그리스도의 재림은 하나님의 주권과 사랑의 최종적인 우월함을 증명하여 준다고 역설하였다. 또한 종말론적 상징으로서의 부활은 영적 자유함과 육체적 제한성 사이에서의 긴장을 조화시키는 절정이라고 주장하였다. 몸의 부활은 영과 육체의 궁극적 조화를 가리키며, 이것은 곧 역사적 과정은 무효화되는 것이 아니라 완성되는 것임을 말한다고 하였다. 기독교 신앙은 부활이 세상의 역사를 완성시키는 힘을 가지신 하나님과의 사랑스런 관계임을 파악한다는 것이다.[39]

(4) 사랑과 정의

니버의 주요한 관심사항 중 하나는 신앙에 기초하여 책임 사회(responsible society)를 건설함에 있었다. 그에게 있어서 종교의 진실성은 그 종교가 가지는 사회적 적절성(relevance)에 있었다. 이러한 맥락에서 정의와 개인과 집단적 삶을 향한 하나님의 사랑의 관계는 니버 신학사상의 핵심적 위치에 자리하였다. 니버는 오로지 하나님의 은혜를 알고 그 은혜에 힘입은 기독교인만이 인간과 역사에 대한 환상 없이 더 좋은 세상을 건설하기 위한 노력을 계속할 수 있다고 확신하였다.[40]

니버는 하나님의 은혜에 대한 완벽한 표현은 십자가의 그리스도를 통해 나타난 희생적 사랑이라고 주장하였다. "희생적 사랑으로서의 은혜는 하나님의 나라의 윤리적 기준의 정점이라는 것이다. 문제는 '하나님의 사랑에 힘입어 새롭게 된 자아가 세속적 사회구조 속에서 그 하나님 나라의 윤리를 적용할 수 있겠는가?' 이다." 니버는 사랑을 정의의 구조와 연관시킴으로써 이러한 질문에 대한 답을 시도하였다. 사실 니버의 사회윤리는 십자가의 사랑으로부터 시작된다. 그에게 있어서 사랑을 사회적 관계에 적용시키는 것은 '불가능의 가능성'(impossible possibility)이었다. 이 말은, 사랑은 항상 적용될 수 있는 것이지만 실제로 그것을 사회생활에서 완전히 수행하는 것은 매우 어렵다는 현실을 반영한 표현이다. 물론 그는 후에 이러한 표현을 포기하였다. 그것은 그것이 틀린 표현이어서가 아니라 너무도 쉽게 오해되었기 때문이었다. 니버의 의도는 사랑에 의하여 인간 세상이 개선되는 것은 가능한 것이지만, 사랑의 초월성은 사랑이 이 역사 안에서 완전히 성취되는 것을 어렵게 만든다는 것을 표현하고자 함이었다. 그러나 사랑은 사람들의 행위를 궁극적으로 판단하고, 윤리적인 삶의 동기를 제공한다는 의미에서 역사적 상관성을 갖는다.[41] 니버가 사랑이 사회적 관계 안에서 단순한 가능성이 아니라고 한 것은, 완전한 사랑은 항상 역사 안에서 십자가에 달려지기 때문이었다. 그는 사랑의 우선적 의미는 자기희생 안에서 발견된다고 주장하였다.

니버에게 있어서 사랑과 정의의 관계는 변증법적이다. 정의는 실현 가능한 행위의 형태를 가진 사랑이다. 하나님의 우리를 향한 사랑(아가페)은 서로-사랑(mutual love)에로 우리를 이끈다. 서로 사랑은 그것이 이기적인 것이 되는 것을 방지하기 위하여 아가페 사랑을 필요로 한다.

니버에 따르면 서로-사랑은 아가페의 바로 아래 단계이며, 정의는 서로-사랑의 아래 단계에 존재한다. 니버는 정의의 단계만이 사회에서 성취될 수 있는 규범이 될 수 있을 것이라고 보았다. 정의의 최소한의 기준은 자아에게 '요청'과 '권리'로서 말하는 이웃의 필요에 대한 응답하는 삶이다. 즉, 정의는 이성에 의하여 이웃의 필요를 분별하여 내는 도덕적 개념이며, 사랑의 도덕적 요청을 제도화하려는 시도이다.[42] 또한 집단적 차원에서의 정의는 공동체 안에서 서로 경쟁하는 집단들 사이의 균형을 모색하는 원칙이 된다. 니버의 힘의 균형에 대한 주장은 그의 사회정책에 있어서 매우 핵심적인 역할을 하였다.

사랑은 부분적으로는 정의를 완성하며, 부분적으로는 부정함으로써 정의와 관계된다. 니버는 이러한 사랑과 정의의 관계를 다음과 같은 세 차원에서 논하였다. (1) 사랑은 정의라는 규범의 원천이다. 그리스도의 사랑으로부터 정의를 개선할 수 있는 가능성이 오기 때문이다. 그러나 정의의 형태들은 결코 아가페로서의 사랑을 성취할 수는 없으며, 단지 그것에 접근할(approximate) 뿐이다. (2) 사랑은 정의의 확립을 위한 역동적인 동력이 된다. 사랑은 아가페 사랑을 고양함으로써 정의가 더욱 높은 차원으로 나아갈 수 있는 수단을 지속적으로 제공한다. 예컨대 자아가 하나님의 아가페 사랑을 만나면, 그는 감사로 응답하게 된다. 아가페 사랑으로부터 오는 감사는 정의를 더욱 완성하도록 하는 원동력이 된다. (3) 정의가 수단이라면 사랑은 목적이다. 즉, 사랑은 정의가 최종적으로 지향하는 목적인 것이다.[43] 즉, 니버에게 있어서 사랑은 가장 좋은 사회적 질서를 모색하는 근본 동력이다. 정의는 이러한 사랑에 힘입어 그 사랑을 적용하는 수단이 된다. 그러므로 정의는 사랑에 근접하여야 한다. 그러나 동시에 정의는 사랑에 의하여 항상 수정되어야 하며, 그럼으로써 더 높은 차원으로 나아갈 수 있을 것이다.

3) 결론 : 라인홀드 니버 신학이 오늘 우리에게 주는 도전

라인홀드 니버 신학의 요점과 그것의 의미를 우리는 다음과 같이 요약하여 볼 수 있을 것이다. (1) 니버의 특징은 신학자로서의 독특한 신학적 주장에만 있었던 것이 아니라 행동하는 신앙인이었다는 점이다. 이것은 21세기 한국교회와 신학계가 지향해야 할 신앙적 신학함, 신학적 신앙함의 태도라고 볼 수 있을 것이다. (2) 니버는 아우구스티누스와 개혁신학의 전통을 이어 인간과 죄에 대한 깊은 통찰을 제시하였다는 점이다. 특별히 개인적인 차원에서 뿐만 아니라 집단적인 차원에서의 죄에 대한 통찰은 현대사회에서의 구조적인 악에 대한 신앙적 응답을 가능케 하는 신학적 기초를 제공하였다고 볼 수 있다. (3) 무엇보다도 우리는 니버의 현실주의적 통찰로부터 신앙인들과 세속사회가 가지는 이 세상의 악과 도덕적 진보에 대한 순진한 환상으로부터 벗어날 수 있을 것이다. 결론적으로 니버의 신학은 기독 신앙이 세속사회를 어떠한 관점에서, 어떻게 접근해야 하는가에 대한 교과서적 역할을 하고 있다고 평가할 수 있을 것이다. 물론 니버의 기독교 현실주의적 신학은 그 나름대로의 시대적 한계로 인하여 여성 신학자들로부터는 너무도 남성중심적인 인간론이나 죄론을 주장하였다는 점에서, 또한 3분의 2 세계 신학자들로부터는 너무도 미국 중심의 정치신학을 주장하였다는 점에서 비판을 받고 있다. 그러므로 그의 시대적, 문화적 한계가 그의 신학에 미친 영향은 비판적으로 고려되어야 할 것이다. 그러나 이러한 약점들에도 불구하고 그의 신학은 신앙과 신학의 이분화, 교회의 사회로부터의 게토(ghetto)화라는 위기상황에 직면해 있는 한국교회에 매우 유용한 자극이 되며, 바람직한 방향성을 제시할 수 있을 것이다.

2. 리처드 니버

1) 리처드 니버의 생애와 저서, 그리고 그 사상적 배경

헬무트 리처드 니버(Helmut Richard Niebuhr)는 독일계 이민 1세대 목사였던 구스타브 니버(Gustav Niebuhr)와 독일계 이민 2세대인 리디아 호스토(Lydia Hosto) 부부 사이에서 1894년 9월 3일에 출생하였다. 미국의 중서부 지역인 미주리 주의 라잇 시에서 5남매 중 막내로 출생한 리처드 니버는 그와 함께 미국 신학의 큰 맥을 이룬 그의 형 라인홀드, 맥코믹 신학교에서 기독교교육 교수로 일생을 바친 누이 훌다와 함께 독일 복음주의 교회의 강력한 영향력 아래에서 교육을 받았다. 예컨대, 리처드 니버는 그 교단에서 운영하는 엠허스트 대학에서 신학교의 예과에 해당하는 4년간의 교육을 받았으며, 졸업 후에는 역시 그 교단에 속한 세인트루이스(Saint Louis)에 있는 에덴 신학교(Eden Theological Seminary)를 졸업하였다.[44]

니버가 속한 복음주의 교단은 독일에서 일어났던 종교개혁운동에 그 역사적 기원을 두고 있다. 그 교파의 신학은 스위스를 기반으로 하였던 칼빈보다는 독일의 루터에 가까웠으며,[45] 그 창설자들은 경건주의자들의 영성에 깊은 영향을 받은 바 있다. 초기 복음주의자들에게 있어서 "신앙이란 머리보다는 마음이 더욱 문제가 되는 것이었다." 니버 연구가인 디펜탈러(Diefenthaler)의 관찰에 의하면,

> 이러한 경향성은 그 교단이 신앙고백의 형식화를 반대하면서, 오히려 실제적인 유형의 신앙(experimental type of faith)을 강조함으로써 개인뿐만 아니라 사회의 물리적이며 영적인 복지에 대한 깊은 관심으로 나타나게 되었다.[46]

니버는 이러한 유형의 신앙을 긍정적으로 받아들였다. 그러나 그는 이러한 신앙이 미국문화의 중심에서도 그 역할을 감당할 수 있어야 한다고 생각하였다. 그는 배타적인 교파주의를 비판하면서 강력한 교회연합운동의 관점의 필요성을 역설하였다. 그러나 이러한 주장은 제1차 세계대전이 일어나기 전까지는 호소력을 발휘할 수 없었다. 복음주의 교단 안에 자리하고 있던 강력한 '독일 정신'이 그 주요한 원인이었다.[47]

그의 아버지가 그러하였듯이 리처드 니버도 그의 교단이 미국문화의 본류에 참여해야 한다고 주장하였다. 그의 관심은, 교회 내의 분열은 신학적 차이나 교단적 구조들 사이의 차이 때문만이 아니라 그들이 자리하고 있는 사회경제적인 문화 구조의 차이에서 기인한다는 관찰을 낳게 되었다. 이러한 그의 통찰은 「교파주의의 사회적 배경」(Social Sources of Denominationalism, 1929)과 「그리스도와 문화」(Christ and Culture, 1951)라는 두 권의 저서로 구체화되었다.

니버는 복음주의 교단에서 운영하는 교육기관들은 미국적인 교육기준을 따라야 한다고 주장하였다. 사실상 이 당시의 엠허스트 대학은 독일의 김나지움의 형태로 운영되었다. 이러한 교육은 니버에게도 고전적인 지식에 대한 탄탄한 토대를 마련해 준 바 있다. 그러나 동시에 사회과학과 물리과학의 분야에 대해서는 훈련받을 기회가 주어지지 않았다. 더욱 문제가 되었던 것은 엠허스트뿐만 아니라 에덴 신학교도 모두 대학졸업 학위를 수여할 수 있는 공인을 받지 못한 상태였다는 것이다.[48] 결국 이러한 교육상황은 니버로 하여금 예일에서 박사학위 수업을 시작하기 전에 미국 각지의 5개 이상의 대학원에서 부족한 인문사회 과목들을 수강하도록 자극하였다.[49] 니버의 이러한 다양한 신학 수업은 그의 복음주의 교단이 미국 신학과 문화의 본류에 참여함에 있어서 니버가 개척자적인 역할을 하는 데에 큰 역할을 하였다. 실용주의 철학과 근대 신학적 토론들을 다양한 교육기관에서 접할 수 있었던 니버는 그의 관점을 더욱 미국적으로 확장할 수 있었던 것이다.

예일 대학에서의 학위 취득 후 모교인 엠허스트 대학의 학장으로 부름을 받아 3년을 봉직하였던 니버는 1931년에 예일 대학으로부터 기독교윤리학 교수로 초빙을 받았으며, 1938년에는 신학과 기독교윤리학 분야를 담당하는 스털링 석좌(Sterling Chair) 교수가 되었다. 니버는 30여 년 동안의 예일에서의 교직생활을 통하여 롤란 베인튼(R. Bainton), 로버트 칼훈(R. Calhoun) 등과 더불어 예일의 학문적 위상을 확고히 하는데 큰 공헌을 하였다. 예일에서의 첫 수년 동안, 니버는 이른바 신정통주의 혹은 개혁신학에 대한 새로운 강조에 큰 관심과 동조를 나타냈다. 자율과 진보와 문화에로의 적응 등을 강조하였던 19세기 자유주의와 대조적으로 하나님의 신비와 주권, 인간 죄의 편만함과 회개와 은혜의 근본적 필요성과 서양문화에 대한 철저한 비평을 추구하는 신정통주의적 신학에 상당부분 동의하였다.

이러한 니버의 신정통주의적 입장에 대한 관심과 동조는 '타락한 문명의 굴레로부터의 교회의 해방'을 주창한 「세상에 대립하는 교회」(The Church Agains the World)의 출간으로 구체화되었다. 1930년대의 니버는 신학적으로는 세상의 문화로부터 거리를 두고, 정치적으로도 1932년의 만주사변에 미국이 불개입할 것을 촉구하는 등의 고립주의적 정책을 지지하는 듯한 인상을 주었다. 그러나 이러한 니버의 신학적, 정치적 입장은 진정한 교회의 사회참여를 위한 전략적 후퇴였음을 기억해야 한다. 니버는 이러한 그의 입장을 1930년대에는 '철저한 신앙'(radical faith)이라고 하였으며, 1950년대에 이르러서는 '철저한 유일신론'(radical monotheism)으로 대변하였다. 이러한 신앙은 우리가 경험하는 모든 사건들 속에는 하나님과의 만남이 전제되어 있으며, 따라서 모든 사건은 하나님의 목적에 따라 해석되고 변혁되어야 한다는 것을 의미한다.

1937년, 니버는 미국에서의 「하나님의 왕국」(The Kingdom of God in

Amirica)이라는 저서를 출간하였다. 이 책은 300여 년에 걸친 미국의 기독교 역사를 조망하면서 하나님의 역동적 통치에 대한 철저한 신앙에 기초한 이른바 '건설적인 프로테스탄티즘'(constructive Protestantism)을 미국적 신앙의 주류로 소개하였다. 그러나 니버는 19세기 자유주의 신학의 영향으로 인하여 미국 교회는 그 역동성을 상실하였다고 비판하였다. "진노와는 거리가 먼 하나님이 십자가 없는 그리스도와 그러한 그리스도의 사역을 통한 심판 없는 왕국에로 죄를 의식하지 않는 사람들을 인도하였다."고 당시의 신앙적 상황을 풍자하였다.[50]

1941년, 니버는 그의 또다른 역작인 「계시의 의미」(The Meaning of Revelation)를 출판하였다. 그는 여기에서 칼 바르트의 통찰과 트뢸취의 비판적 관점을 종합하려는 시도를 하였다. 트뢸취는 역사적 연구는 상대적 성격을 피할 수 없다고 주장하였다. 니버는 "그렇다면 이러한 상대적 역사 안에서 절대적인 하나님의 계시는 어떻게 일어날 수 있겠는가?"라는 질문에 대한 답을 모색하였다. 이후에 계시와 신앙의 유형에 관한 장에서 더욱 자세히 다룰 것이지만, 니버는 상대성의 영역에 속하여 있는 역사적 사건들의 의미를 밝히는 역할을 하는 것으로서의 계시를 주장하였다.[51]

제2차 세계대전이 끝난 이후 니버는 모든 문화는 변혁되어야 한다는 관점을 발전시켰다. 이러한 그의 입장을 잘 대변한 것이 1951년에 발행된 「그리스도와 문화」(Christ and Culture)였다. 니버는 일반인들에게 가장 잘 알려진 이 책을 통하여 트뢸취가 주창한 교회 유형과 분파 유형을 확장하여 5가지 유형을 제시하였다. 그것은 문화에 대립하는 그리스도, 문화의 그리스도, 문화 위의 그리스도, 역설적인 관계의 문화의 그리스도와 문화의 변혁자로서의 그리스도의 유형들이었다. 후기 해석자들 가운데 다소의 의견은 있지만 대체적으로 니버가 변혁자로서의 그리스도를 선호하였다는 점에 동의하고 있다고 볼 수 있다.

니버는 1952년부터 1957년에 걸쳐 문화와 신앙의 관계에 대한 연구를 진행하였다. 공산주의에 대한 과도한 공포감이 표현된 매카시즘과 냉전, 또한 한국전쟁을 겪으면서 신앙의 적극적 측면인 충성(loyalty)은 신앙의 수동적 측면인 신뢰(confidence)가 양육, 형성되는 틀 속에서 더욱 보장될 수 있음을 강조하였다. 이러한 점에서 니버의 신학적 확신은 정치적 관점과 연계된다. 사실 제2차 세계대전 이후에 계속된 냉전은 애국주의와 신앙의 의미 사이의 관계를 숙고하여야 한다는 과제를 부과하였다. 니버는 "교회가 미국으로 하여금 평화로울 때뿐만 아니라 전쟁을 할 때에도 하나님의 구속의 손길을 볼 수 있도록 도와야 한다. 그러나 동시에 그 믿음은 한 나라만의 국가적 자기이익을 초월하여야 한다는 점을 강조하여야 한다."[52]고 주장하였다. 그는 그의 형인 라인홀드 니버의 기독교 현실주의적 접근을 비판적으로 보았다. 리처드 니버에 의하면, 라인홀드 니버의 하나님은 나타나신 분이 아니라 여전히 '숨겨진' 분으로 남아 있었기 때문이었다.[53] 이와 대조적으로 리처드 니버의 하나님은 역사 안에서 현존하시는 분이었다. 그렇기 때문에 그는 일생을 통하여 어떻게 하면 우리가 역사 안에서의 사회적 책무를 포기하지 않으면서도 기독교 신앙의 통전성을 유지할 수 있겠는가의 문제를 놓고 씨름하였던 것이다.

1954년부터 1956년에 걸쳐 니버는 다이엘 윌리암스와 제임스 거스탑슨과 함께 북미주를 중심으로 신학교육에 대한 집중적 연구를 실시하였다. 이 연구는 세 권의 책으로 출간되었으며, 이후 신학교육에 지대한 영향력을 미쳤다. 「교회와 그 사역의 목적」(The Purpose of the Church and Its Mintstry), 「역사적 관점에서 보는 목회」(The Ministry in Historical Perspectives)와 「신학교회의 발전」(The Advancement of Theological Education)이 그것들이다.

1962년 6월 5일에 갑작스런 심장마비로 인하여 67세를 일기로 하나님의 부르심을 받을 때까지 니버는 1950년대 내내 신학에 필요한 변화가 무엇인지에 대한 성찰을 계속하였다. 이에 관한 작은 글들을 많이 기록하였으며, 그러한 글들을 사후에 엮은 것이 1989년에 출간된 「이 땅에서의 신앙」(Faith on Earth : An Inquiry into the Structure of Human Faith)이었다. 또한 1963년에 「책임적 자아」(Responsible Self)가 유고작으로 출판되었다.

2) 리처드 니버 신학의 주요 주제

(1) 신학적 경향과 교회갱신

젊은 신학도로서 이미 복음주의 교단의 차세대 지도자로서 부각되었던 니버의 우선적인 과제는 자기 교단의 폐쇄성을 극복하면서 미국문화의 본류에 합류하는 것이었다. 문화에 대한 그의 개방적 성향은 1930년대에 이르러서는 더욱 적극적이고 구체적인 사고와 제안으로 열매를 맺기 시작하였다. 그에게 있어서의 주요 관심은 "어떻게 하면 기독교신앙을 이 세상과 관련시킬 수 있겠느냐?" 하는 문제였다. 니버는 이러한 관점에서 자신의 신학을 관통하고 있는 중심주제로서 '교회의 갱신'을 주창한 바 있다.[54]

물론 니버가 주창한 교회의 개혁은 개혁 자체를 위한 개혁이 아닌 기독교 신앙이 이 세상 안에서 그 본분에 해당하는 기능을 하기 위하여 신앙의 통전성을 회복하여야 한다는 의미에서의 개혁이었다. 기독교 신앙이 함의하고 있는 이 세상성을 니버가 신학적으로 중요시하게 된 데에는 독일의 학자인 에른스트 트뢸취의 영향력이 지대하였다. 니버는 트뢸취를 통하여 "교회사 안에서 나타나는 인간의 개체성(individuality)과 복합성(multiformity)과 운동들(movements)"을 파악할 수 있었다. 니버 자신도 자신의 신학에 미친 트뢸취의 영향에 대하여 다음과 같이 고백한 바 있다. "그는 나로 하여금 역사적 개체들뿐만 아니라 관찰자와 해석자로서의 역사적 주체들의 상대성(relativity)을 인식하고 받아들이지 않을 수 없도록 하였다."55) 나아가 니버는 트뢸취가 주장한 바, 칸트류의 형식주의를 넘어서서 종교와 국가, 경제생활과 과학 등을 망라한 문화에 의하여 파생된 실제 가치들을 보다 신중하게 다루어야 한다는 견해에 동의하였다.56)

니버는 어린 시절부터 자유주의적인 신학사고를 접할 수 있었다. 대학에 들어가기 전에도 그의 아버지를 통하여 하르낙에 대한 이야기를 들을 수 있는 기회가 있었을 정도였다. 특별히 그가 자신의 복음주의 교단을 미국문화의 본류에 합류시키려는 생각을 가졌을 때, 자유주의적 사고는 그에게 많은 도움을 주었다. "니버는 성경의 지혜가 현대적 사고와 문화에 적용되어야 한다는 '자유주의적' 개신교도들의 확신을 공유하였다."고 볼 수 있다.57) 니버는 "과학적 교육과 종교교육의 관심은 서로 상충되지 아니한다."고 주장한 바 있다.58) 니버는 그의 전 생애를 통하여 과학에 대하여 매우 긍정적인 견해를 유지하였다. 혁명적인 과학적 진보들을 깊이 의식하고 있었던 니버는 기독교의 메시지도 '재상징화'의 과정을 밟아 나가야 한다고 주장하였다. 이러한 변화는 결코 단순한 '재번역'(retranslation)이 아니라 현대적인 사고와 경험을, 도움을 바탕으로 하는 재해석(re-interpretation)을 의미하였다.59)

이 세상에 대한 신앙의 참여라는 측면에서 자유주의에 동조한 니버였지만, 자유주의를 전적으로 받아들인 것은 아니었다. 그는 모든 것을 인간적인 가치 척도에 따라서 판단하는 치명적인 자유주의의 약점을 간과할 수 없었다. 이러한 맥락에서 사회복음운동에도 이의를 제기하였다. 교회가 세상의 삶의 전 영역에 관심을 가져야 한다는 사회복음운동의 주장에는 기본적으로 동의하였지만, "점차로 이 운동 안에서는 하나님이 목적을 위한 수단이 되어 간다."는 점을 지적하였다.60) 니버는 사회

복음운동은 인간중심적인 관점에서의 하나님에 대한 신앙이 아닌 하나님의 파괴적인 면도 배제하지 않을 정도로 하나님의 주권을 강조하는 신앙[61]의 토대 위에서 전개되어야 한다고 주장하였다. 비록 과학 일반에 대하여 긍정적인 견해를 가진 니버였지만, 이러한 강력한 신학적 확신은 그가 과학적인 방법론을 실제로 채택하는 것에 매우 조심스러운 과정을 밟도록 견제하는 역할을 하였다.

니버는 타 학문과의 관계에 있어서 신학적인 규제를 가능케 하는 대표적인 신학적 확신을 '하나님의 주권'으로 보았으며, 이것은 바르트의 확신과 일맥상통하는 것이다. 바르트의 실재론(realism)을 통하여[62] 자칫 트뢸취의 관념론으로 빠져 버릴 수도 있었을 자신의 신학적 균형을 유지하려 하였다.[63] 그러나 이른바 바르트의 '계시 실증주의'에도 만족할 수 없었다. 사실상 니버는 슐라이어마허와 트뢸취 등에 의하여 강조되는 경험의 중요성을 한시도 간과한 적이 없었다. 특별히 니버가 신앙의 문제를 경험론적인 관점에서 접근하였을 때, 그는 자신이 '위대한 객관론자'인 바르트보다는 '위대한 주관론자'인 슐라이어마허에 가깝다고 고백한 적이 있을 정도이다.[64]

니버는 실재론과 관념론, 객관적 관점과 주관적 관점, 객관주의와 상대주의라는 이분법을 극복하려고 노력하였다. 니버는 이러한 이분법을 극복할 수 있는 돌파구를 마련하기 위하여 한편으로는 슐라이어마허와 트뢸취를, 다른 한편으로는 바르트를 그의 대화 상대자로 채택하였던 것이다. 그에게 있어서 가장 중요한 문제는 하나님의 주권과 부정할 수 없는 이 세상의 상대성을 어떻게 관련 혹은 조화시킬 수 있느냐는 것이었다. 결론적으로 니버는 '철저한 유일신론'을 통하여 그 돌파구를 마련하였다. 그것은 "나는 너희의 하나님이니 내 앞에 다른 신을 두지 말라."와 "무엇이든 존재하는 것은 선한 것이다."(Whatever is, is good)[65]라는 두 개의 명제로 대표되는 사상이다. 여기에서 우리는 조나단 에드워즈

(Jonathan Edwards)의 영향력을 여실히 엿볼 수 있다. 물론 니버 자신도 에드워즈로부터의 지대한 영향을 고백한 바 있다.[66]

(2) 신앙에 대한 분석

니버는 일반적인 의미에서 신앙이란 "그 자신을 둘러싸고 있는 모든 존재들에 대한 자아의 태도"이며, 또한 그 태도는 "근본적으로 존재 자체를 신뢰하는가, 아니면 불신하는가?"[67]로 나누어진다고 하였다. 그러나 그는 이러한 신앙에 대한 이해가 함의할 수도 있는 비합리성의 정서를 배제하기 위하여 "신앙이 모든 앎(knowing)의 요소인 것과 같이",[68] 합리적 사고(reasoning)도 믿음(believing) 안에 자리한다는 것을 동시에 강조한다.[69] 니버에게 있어서 신앙과 이성은 근본적으로 상호배타적인 것이 아니다. 오히려 신앙은 이중적 의미에서 이해를 추구한다. "신앙은 그것이 믿고 있는 대상뿐만 아니라 어떻게 믿는가에 대해서도 이해하려고 노력한다."[70] 니버의 신앙에 대한 이러한 반성은 철저해서 "주관적 행위에 대한 비판적 의식 없이는 어느 누구도 그 신앙의 대상들에 대한 비판적인 구별을 할 수 없다."[71]고 할 정도였다.

이러한 관점에서 니버에게 있어서 신학의 첫 번째 임무는 "신앙 안에 있는 이러한 합리적 사고를 발전시키는 것"(develop this reasoning in faith)이고, 두 번째 임무는 "신앙에 대한 비판"(criticism of faith)이다.[72] 니버에 따르면 신학은 결코 신앙의 대상에 대한 반성들(reflections)을 하나의 정합된 체계로 세워 놓은 것이 아니며, "주어진 만큼의 자료들을 나름대로 이해하고 설명하여 보는" 작업일 뿐이다.[73] 니버가 신학과 신앙의 관계성을 논할 때, 그는 기본적으로 인식론적인 접근을 취한다고 볼 수 있다. 이것은 그가 소위 '반성의 방법론'의 필수성을 말할 때 명백해진다.

소위 니버의 '반성의 방법론'(methodology of reflection)에 의하면 신

학은 결코 객관적인 실체로부터 시작되는 것이 아니다. 그것은 또한 자아가 그 자신의 행위의 출발점이라고 이야기하지도 않는다.[74] 신학의 당면한 관심은 우리들의 신앙과 그 신앙의 대상과의 관계이다. 니버는 그의 방법론, 즉 반성의 방법은 "간인격적인(interpersonal) 것으로서 상호 간의 의사소통, 즉 다른 사람들의 반성들로부터 확증, 수정 내지는 인도"까지도 받는 것임을 강조한다. 이러한 신앙의 간인격성은 "신뢰 혹은 불신의 태도로서 만남을 갖게 되는 실체들에 의하여 자아에게 던져져 오는 신앙에 대한 실존적인 질문들"에로 우리를 인도한다. 그것은 또한 우리로 하여금 "이러한 만남들에 대한 이야기들을 알기를 요구하는 동료들에 의하여 자아에게 던져져 오는 신앙의 고백적인 측면에서의 질문들"에 이르게 한다. 최종적으로 우리는 "'과연 우리가 이러한 만남과 고백들에 대하여 사회 내에서는 어떠한 일을 하여 왔는가?' 라는 우리 자신을 향한 반성적인 질문들"[75]을 하게 된다. 즉, 니버는 '나와 너 혹은 그것 사이의 계속적인 대화' 를 의미하는 대화적 방법의 필요성을 논하였던 것이다.[76]

니버는 이러한 일련의 신앙에 대한 그의 반성적 고찰, 즉 신학을 통하여 "신앙이란 자아에게 가치를 부여하는 존재에 대한 신뢰(trust)이며 자아가 가치를 인정하는 존재에 대한 충성"[77]이라는 정의에 도달하게 된다. 즉, 신앙이란 가치-중심에 대한 의존이자 그 원인자(cause)에 대한 충성이라는 것이다. 이러한 개념이 가지는 윤리적 함의는 매우 중요한 것이다. 즉, 신앙의 대상이 가치의 중심이 되는 한 "옳음과 그름이 그 신앙의 대상에 의하여 결정된다."[78]는 것이다. 이렇게 윤리와 신학은 신앙을 통하여 서로 맞물려 있는 것이다. 우리의 윤리적 삶이 신앙들 간의 갈등으로 둘러싸여 있다는 사실을 다시 한번 상기한다면 신앙에 대한 신학적 분석은 다시 한번 그 필요성이 강조되어질 수 있을 것이다.

니버에 의하면 신앙하는 행위에 있어서 '나' 는 '너' 의 현존을 인정한다.[79] 니버는 부버와 미드의 영향 아래에서 자아의 사회적 성격을 논한다. 즉, 각자는 오로지 각자의 자아를 아는 다른 인식자와 만나게 될 때만 자기 자신을 알 수 있으며, 또한 진정한 자기 자신이 될 수 있다는 것이다.[80] 그러나 니버의 계속되는 관찰은 우리에게 제3의 존재를 인식토록 한다. 그는 "나는 너의 공헌 없이는 그것에 대한 직접적인 지식을 얻을 수 없다."고 한다. 또한 "나는 우리에게 함께 관계하는 제3의 존재(a common third)에 대한 나의 믿음의 증언을 통하여 너를 알게 된다."[81]고도 하였다. 사실상 '나'와 '너', 그리고 '그것'의 삼자는 상호연결적인 관계로 형성되어 있다는 것이다. 이것이 니버가 지적하는 신앙의 첫 번째 요소이다.

두 번째로 니버는 신앙이 나와 너 사이에 일어나는 상호적인 행위임을 논한다. 그 상호적인 행위는 내가 너를 '신뢰하는' 가운데, 또한 너를 '충성'을 하는 자로 인식하는 가운데서 일어나는 것이다. 마지막으로는 자아와 제3의 존재(the third reality) 사이의 상호작용(reciprocity)이다. 조시아 로이스(Josiah Royce)에 따르면 이 제3의 존재는 '원인자'(a cause)[82]이다. 니버는 이 원인자는 "충성의 대상일 뿐만 아니라 신뢰의 대상이기도 하다. 왜냐하면 신뢰는 충성을 하는 자아에서 항상 함께 발견되기 때문"[83]이라고 논하였다.

결국 니버는 신앙의 구조에 있어서 "자아(self)와 동료들(companions)과 초월하시는 분(the Transcendent), 즉 세 가지의 존재들"을 확신하였다. 신앙의 간인격성을 본질적인 것으로 파악하는 니버는 초월자의 인격성도 강조한다. 그는 "삶은 관념에서 인격으로가 아닌 인격으로부터 관념에로의 방향성을 가짐"을 논한다. 그러므로 신앙은 삼자 간의 인격적인 관계성 안에서 이해되어야 하며, 이러한 역동적인 삼자적 관계를 고려하지 않고 신앙을 이해하려는 시도는 무의미한 것이다.

(3) 계시와 신앙의 유형들

니버에게 있어서 계시는 유일한 원인자로서의 하나님과 도덕적 행위자(moral agent), 그리고 공동체(the community) 사이의 상호적 관계를 묘사하는 개념으로서 설명되어진다. 그러므로 하나님에 대한 계시는 "오로지 우리가 살고 있는 한계 내에서의 매개물에 의하여" 설명되어질 수 있다. "물고기가 물 안에서 살듯이 우리는 역사 안에 산다."[84]는 니버의 선언은 계시의 의미를 밝힘에 있어서 이야기(story)가 매우 중요한 위치에 있음을 나타내 주는 것이다. 여기에서 이야기란 사건들과 그 사건들에 관계되는 행위자들을 이해할 수 있는 형식으로 함께 묶어서 설명해 주는 서사적 묘사를 의미한다. 그러므로 우리의 자아를 발견할 때에 그러한 것처럼, 우리는 하나님의 역사를 알 때에 특수한 행위자로서의 하나님을 발견할 수 있게 되는 것이다.[85]

니버가 계시의 의미를 설명하기 위하여 이야기의 중요성을 논할 때, 그는 이야기를 '외부적'(external) 이야기와 '내부적'(internal) 이야기로 구별하는 것이 필요하다고 하였다. 외부적 이야기란 개인적인 관심을 배제하면서 연속되는 과거의 사건들을 객관화하여 기록하는 것을 뜻한다. 반면에 내부적 이야기는 "등장인물들과 공동체들의 운명 안에서, 그리고 그것으로부터" 과거의 사건들을 파악하고, 또한 "그 사건 내에서 결단하고 헌신하는 인물들의 맥락으로부터" 과거의 사건들을 해석하는 것을 말한다. 내부적인 이야기는 본질적으로 인격적이지만 그것이 '자아들의 공동체'를 통하여 매개되는 것이기 때문에 독존적인(solipsisitic) 것은 아니다. 자아들은 각각의 공동체 내에서 내부적으로 서로 연결되어 있다. 그러므로 자아들의 공동체의 구성원이 된다는 것은 "그 공동체의 과거를 자신의 과거로 받아들이는 것"이며, 그럼으로써 "그 과거가 우리 안의 현존으로 변화되는 것"이다.[86] 내부적인 이야기와 외부적인 이야기는 '자아의 결단, 신앙의 비약, 회개'를 통하여 서로 관계성을 갖는다고 니버는 말한다. 즉, 마음의 혁명적 변화를 뜻하는 회개는 "관찰로부터 참여에로, 관찰된 역사로부터 경험되어진 역사(lived history)에로 인도한다."[87] 또한 니버는 "역사를 통한 하나님의 계시는 곧 자아에 대한 계시이다. 하나님을 안다는 것은 그분에 의하여 알아진다는 것을 뜻하며, 이것은 곧 하나님에 의하여 고찰된 대로의 자아를 안다는 것과 같은 것"[88]임을 주장한다. 이러한 니버의 주장을 통하여 우리는 행위자(agent)로서의 인간과 해석자(interpreter)로서의 인간임을 동시에 파악할 수 있는 통합적인 인간개념을 정립하려는 그의 의도를 엿볼 수 있게 된다.[89] 니버가 파악하는 인간은 기본적으로 이전의 '선행행위'에 응답하는 '응답적' 존재이다.[90]

계시에 대한 인간의 응답은 '통합된 자아의 발달'(the development of integrated selfhood)을 뜻한다. 그것은 곧 자신에게 부딪쳐 오는 행위에 자기가 어떻게 응답하여야 하는가에 대하여 숙고하게 되는 자아의 상태를 묘사한 것이다. 니버에 의하면, 자아의 통합성은 모든 인간이 "모든 사건들에 현존하는 그분께 신뢰와 충성으로 응답할 때" 비로소 이루어지는 것이다.[91] 여기에서 우리의 특별한 주목을 끄는 것은 니버가 전제로 하는 우주적 맥락이다. '모든 사건들에 현존하는' 그분은(the One, or the Cause) 니버의 윤리의 맥락을 우주적 맥락(universal context)으로 확장케 한다.[92]

니버의 철저한 유일신론(radical monotheism)[93]에서 주목할 것은 신앙의 핵심적 요소는 충성이라는 것이다. 또한 그 충성으로서의 신앙은 존재의 원리 자체(the principle of being)이신 하나님만을 향한 것이 아니라, 하나님이 원인이 되어(the one's cause) 존재하게 되는 모든 영역이 포함된다는 것을 인식하는 것이 중요하다. 그러므로 철저한 유일신론적 신앙은 그분에 대한 신뢰와, 그분과 가치의 근본이 되는 그분의 원인됨에 대한 충성을 뜻한다.[94] 니버에게 있어서 하나님의 원인됨은 우주적인 원인됨이요, 그럼으로써 우주적 충성, 즉 존재하는 모든 것에 대한 우리의 충성을 요구하게 된다. 그는 우주성에 대한 인식의 차이가 그 정도에 비례하여 다양한 형태들의 도덕성을 낳게 된다고 주장한다.

다신론적인 신앙(polytheistic faith) 안에서는 이웃이란 곧 나와 이익의 관계를 같이하는 나와 가까운 이로서 정의된다. 단일신론적인 사회적 신앙(henotheistic social faith)에서는 폐쇄된 사회 안에서의 나의 동료가 나의 이웃이다. 그러므로 양자의 경우에 있어서 이웃사랑의 법의 반대는 이웃이 아닌 적은 미워해야 한다는 결론을 갖게 된다. 그러나 철저한 유일신론에 있어서 나의 이웃은 나와 함께 존재하는 나의 동료(my companion in being)를 뜻한다. 비록 우주적인 맥락보다 작은 맥락 안에서는 그가 나의 적이라 할지라도, 결국 [우주적인 맥락 안에서] 나에게 요구되는 것은 그를 사랑하여야 한다는 것이다.[95]

위에서 살펴본 바와 같이 니버가 생각하는 우주적 공동체는 매우 포괄적인 것이다. 그 공동체가 우주적이라 함은 곧 우리의 충성의 대상도 우주적임을 의미한다. 이러한 의미에서 니버는 '무엇이든 존재하는 것'에 대한 이야기를 하게 된 것이다. 다른 말로 표현한다면 그것은 "존재하는 것의 전체 공동체"(the total community of being)를 지칭한다.[96] 우주적 공동체는 "가치의 영역으로부터 존재의 영역"을 배제하지 않으며, 그 원인자는 "전체로서의 존재의 영역만큼 포괄적"이다.[97] 신학적인 해석을 덧붙인다면, 원인자의 모든 존재들에 대한 신실함을 나타내는 그리스도의 사건은 "철저한 신앙(radical faith)을 도출토록 한다."[98]

우리가 니버가 이야기하는 제3의 존재, 즉 근본적인 원인자(The Cause)를 논할 때에는 항상 그 존재가 "한편으로는 인격적이면서도 다른 한편으로는 인격성을 초월하는 성격"[99]을 지닌 존재임을 잊지 말아야 한다. 그것은 곧 자아들의 준거집단으로서의 어떠한 공동체라도 그 공동체가 표상하는 실체 그 자체와는 구별되어야 한다는 것이다. 그러므로 어떠한 형태의 자아들이라도, 심지어 매우 포괄적인 공동체일지라도 그것 자체가 초월 자체인 것은 아니므로 그 모든 것들은 상대화되어야 한다. 이러한 의미에서 신앙은 원인자로서의 하나님의 초월성을 전제로 하는 삼각적인 관계를 유지할 때 우주적인 맥락을 향한 윤리적 호소를 하게 되는 것이다. 여기에는 "그 원인자로부터 자아를 향한 운동, 즉 요구(demand)의 성격을 가진 어떠한 움직임"이 전제된다. 니버에 의하면 이 움직임은 우리와 우리의 이웃들을 위한 은혜로서의 하나님의 신실함(loyalty)을 뜻한다. 그러나 이러한 신실함은 자아와 원인자 간의 '상호적'인 움직임이다. 이러한 의미에서 니버는 한 자아가 원인자에게 온전히 헌신할 때까지는 그의 '도덕적 자아'(moral selfhood)를 성취할 수 없다고 하는 조시아 로이스의 의견에 동의한다.[100] 그러므로 하나님과 하나님 안에 있는 공동체에 대한 충성의 응답은 곧 우리의 책임적 삶을 의미한다. 신앙은 곧 "끊임없이 계속되는 책임적인 삶에로의 도전"을 의미하는 것이다.[101]

(4) 신앙과 윤리 유형의 상관성에 대하여

신앙은 우리에게 책임의 지평을 계속적으로 확장하도록 도전한다. 이미 우리는 (신앙의 필수적 요소인) 충성에 있어서 고려되는 맥락의 포괄성의 정도에 따라 다양한 형태의 도덕적 삶이 형성됨을 니버의 증언을 통하여 살펴본 바 있다. 신앙은 결코 정태적인 상태에서 존재하는 그 무엇이 아니며, 매우 역동적인 관계성을 전제로 하는 것이다. 신앙은 자아의 이웃공동체와 원인자를 향한 태도를 의미한다. 그러므로 한 사람의 신앙 안에서 자리하는 삼각적인 관계의 양태가 그 사람의 윤리적 유형을 형성하게 되는 것이다.

가. 신앙과 해석

책임이라는 개념에는 "응답자로서의 인간, 자신을 향하여 행해진 선행적인 행위에 대하여 응답하는 인간, 즉 대화적인 관계에 있는 인간"이 이미 전제되고 있다.[102] 니버는 응답(response), 해석(interpretation), 책무(accountability)와 우주적 연대(universal solidarity)를 책임의 개념을 구성하는 네 개의 요소들이라고 주장한다.

이러한 니버의 책임적 윤리관의 기저에는 철저한 유일신론적 신앙이 자리하고 있다. 주지하는 바와 같이 니버에게 있어서의 도덕성은 신앙 안에 자리하는 세 실체들 간의 관계성으로서 이해되는 것이다. 니버는 "책임을 하나님의 단독적인 주권과, 하나님의 공동체적 품성과 계속적인 갱신을 주도하는 하나님의 인격적인 선행(先行)을 동시에 포괄하는 철저한 유일신론적 신앙의 핵심적 측면을 부각시키는 데에 매우 유용한 범주로서 응용하였다."[103] 한 자아는 "그것이 보다 광범위하고 역사적인 전체(an historic whole)를 상징하는 것이라는 해석에 의거하여" 자신에게 부딪혀 오는 선행적 행위에 응답한다.[104] 이러한 의미에서 니버는 "도덕적 행위란 우리에게 부딪혀 오는 해석되어진 행위에 대한 응답"이라고 한다.[105]

그렇다면 우리는 어떻게 역사적인 전체를 파악할 수 있는가? 니버는 일상언어에서 의사소통을 가능케 하는 일종의 항상성(constancies)이 우리가 도덕적 행위를 해석할 때에도 유용하다고 주장한다. 니버는 "그분의 나를 향한 태도에 있어서 뿐만 아니라, 나와 나 이외의 공동체 구성원들과의 관계에 있어서도"[106] 일종의 항상성이 있다고 주장한다. 즉, 나를 둘러싸고 행하여지는 특정행위에는 일정한 항상성이 있다는 것이다. 왜냐하면 그 행위는 전체 행위의 일부분이기 때문이다. 그러므로 "나의 양심은, 즉 간인격적인 상호행위의 형태로서 나를 둘러싸고 있는 사회적 사조(ethos)와 서로 연결되어 있다."[107] 어떤 사람은 자신의 특정사건에 대한 해석이 그 사회 내의 다른 해석들과는 전혀 관계가 없는 독자적인 것이라고 주장할 수도 있을 것이다. 그러나 니버에 따르면 그것은 불가능한 일이다. "아무도 그 자신이 몸담고 있는 그의 사회문화로부터 독립하여 살아갈 수는 없기 때문이다." 원래 인간은 한 사회 내에서 공급되어지는 '단어들과, 범주들과 관계성들' 안에서 살기 때문이다.[108] 우리는 공통된 문화에 기초한 항상성으로 인하여 과거를 해석할 수 있고, 미래를 예측할 수 있다. 이렇게 볼 때, 니버의 윤리적 행위자(ethical agent)는 과거에 큰 비중을 두게 되는 매우 보수적인 성격을 띠는 행위자로서의 경향성을 지니게 된다. 윤리적 합의의 도출을 위하여 니버가 공동의 기억과 희망을 강조하였던 점은 이러한 예측의 신빙성을 더욱 강화하여 준다고 볼 수 있을 것이다.

이때 현재 안에서 과거를 변화시킬 수 있는 자아의 능력과 관련하여 자유에 대한 질문이 대두된다. 즉, 니버가 과거에 매몰된 보수주의적 해석을 극복할 수 있는 가능성에 대한 질문이 그것이다. 사실 니버는 다음의 두 가지 주장들로부터 정태적인 보수주의를 극복하는 길을 발견한다. 그 첫 번째는 데카르트와 철저한 경험론(radical empiricism)에서 발견되어지는 '반전통주의의 길'(the way of antitraditionalism)이다. 이 방법은 자연과의 관계를 다룸에 있어서는 매우 성공적인 것이다. 그러나 "자아들을 해석의 능력 없이 그저 반응만 하는 단순한 객체들(objects)로 환원시킨다."는 점에 있어서 그것은 치명적인 약점을 가지고 있다.[109] 두 번째는 니버 자신이 선호하는 '재해석의 방법'을 지적한다. 사회적 인간들이 그 사회의 과거를 공유하며 현재를 살아갈 때, "그들은 그 과거를 폐기하는 대신에 오히려 그것을 회상하고, 받아들이고, 이해하며, 재구성할 수 있다."[110] 이렇게 '재구성된 해석'은 개인적인 차원에서 뿐만 아니라 공동체적인 차원에서도 영향을 미치게 된다. "세 개의 시제(three tenses)에 걸쳐 살아가는 '나'라는 흥미로운 실존 속에서 이루어지는 우리의 과거의 재구성은 우리의 미래를 향한 희망의 큰 부분을 이루게 된다."[111] 또한 우리로 하여금 과거와 현재와 미래를 새롭게 해석할 수 있게 해 주는 자유는 기존의 상투적인 해석에 의문을 제기하면서, "행위자로서의 우리가 보다 큰 맥락으로서의 사회에서 보다 근원적으로 시야를 넓혀서 일련의 상호행위들을 고찰할 때" 시작되어진다는 것이 니버의 주장의 핵심이다.

그러나 우리의 새로운 해석을 가능케 하는 시원지인 역사적 전체, 즉 궁극적인 게슈탈트(Gestalt)가 근본적으로 변화하지 않는다면 그만큼 우리의 새로운 해석도 제한되어진다. 우리의 모든 역사와 전기들이 신화를 통하여 작용되어지는 것이기에 '큰 역사로서의 형식'으로서의 신화가 변화하여야 한다. 이러한 의미에서 니버는 우리의 죽음의 신화를 생명의 그것으로 수정할 것을 주장한다. 니버에 따르면 죽음의 신화는 결국 우리들을 "방어적인 사조와 그에 따른 생존을 위한 윤리"(ethics of survival)에로 이끈다.[112] 이에 비해 생명의 신화는 "영원한 생명에 의하여 둘러싸여진 삶의 시간들과 역사 안에서의 우리의 적절한 응답"이라고 한다.[113]

니버에게 있어서 구원은 "신뢰하는 가운데 삶의 전 영역에서 일어나는 모든 것들을 해석하는 자유"를 의미한다. 그것은 "죽음의 윤리가 생명의 윤리로 대치되는 것이다." 우리는 예수 그리스도를 통하여 회개로 인도된다. 그 회개는 삶과 죽음을 뜻하는 역사적 전체(historical whole)에 대한 기존의 해석들을 재정의함을 뜻한다. 그리스도에 의하여 유도되는 책임적 자아는 철저한 유일신론과 우주적 공동체에 대한 신뢰에 기반을 두는 윤리적 해석자와 행위자이다. 이제 우리는 자신에게 행해지는 행위를 해석할 수 있게 해 주는 게슈탈트의 역할과 그것이 신앙의 양태와 밀접하게 연관되어 있음도 함께 확인하였다. 이제부터는 해석과 윤리적 유형의 상관성을 밝혀 보기로 하자.

나. 해석과 윤리적 유형

「책임적 자아」(The Responsible Self)라는 저서를 통하여 니버는 목적론적(teleological), 의무론적(deontological), 응답의 윤리(ethics of response)라는 세 가지 유형의 윤리를 제시하였다. 그는 목적론적 윤리와 의무론적 윤리의 유형들을 분석, 비교함으로써 윤리적 자아의 통전성을 담보하는 책임적 윤리를 모색하였다. 이러한 그의 분석과 비교의 작업을 통하여 괄목할 만하게 대두되는 것은 신앙과 윤리의 관계에 있어서 해석이 매우 중요한 역할을 감당한다는 점이다.[114]

니버에 따르면 지금까지 언급된 목적론적 유형에서의 '만드는 자로서의 인간' 과, 의무론적 유형에서의 '시민으로서의 인간'이라는 상징들은 도덕적 경험의 일부분을 묘사함으로써 전체를 표현하고 해석해 보려는 제유법(synecdoche)에서 유래한 것이다. 그러므로 그 각각은 저마다 도덕적 행위자의 중요한 측면들을 대표하고 있음은 사실이지만, 그것들만으로는 행위자와, 그 행위자와 상통하는 원인자와 공동체의 관계들을 이해함에 있어서 많은 부족함을 노출하게 되는 것이다. 우리가 이미 확인한 바 있듯이 목적론적으로 파악된 자아는 궁극적인 상대주의를 극복하기 위해서는 의무론적 사고의 도움을 필요로 한다. 또한 의무론적 유형 역시 인간을 윤리적 결단과정에서 소외시키는 율법주의로 기우는 경향성을 가진다.

니버는 의무론적 윤리가 빠지기 쉬운 보편적이며 절대적인 법을 강조하는 율법주의와 목적론적 유형에서 암시되고 있는 원색적인 상대주의를 모두 경계하면서, 책임이라는 은유(metaphor)를 통하여 이른바 맥락적 윤리(contextual ethic)로서의 응답의 윤리를 제안한다. 니버의 제안이 목적론적인 유형과 의무론적인 유형과 구별되는 것은 그것이 죄와 구원을 보다 통합적인 관점에서 파악하고 있다는 점이다. 죄가 "하나님으로서 안 알려진 하나님, 그 선함이 알려지지 않은 하나님, 사랑의 대상이며 사랑을 주시는 하나님임이 알려져 있지 않은 하나님" 앞에서의 인간의 실존을 의미한다면, 구원이란 "벌어지는 모든 일들을 죽음까지도 생명의 영역 안에 포함시키며, 오로지 새롭게 재창조하기 위하여 파괴하는 하나의 총합적 행위와 하나의 뜻 안에 포괄되어 있는 것으로 신뢰 안에서 해석할 수 있는 자유"[115]이다.

니버에게 있어서 하나님이 창조자(Creator)이며 구속주(Redeemer)일 뿐만 아니라 주관자(Governor)로 이해된다는 점은 매우 핵심적인 대목이다. 실재로서의 이 세상의 '갈등의 복합성'[116]을 인정하는 니버였지만 '오직 한 뜻에 의한, 한 영역 안에서' 모든 것들을 해석할 수 있다는 것이 그의 주장이다.[117] 목적론자들과 의무론자들에 있어서는 율법과 복음 사이에 명백한 괴리가 있었지만, 니버는 복음의 일부로서의 율법을 논한다. 이러한 관점은 결국 니버로 하여금 '죽음의 윤리'가 아닌 '생명의 윤리'를 주장하도록 하였다.[118]

니버는 '응답하는 인간'(homo-dialogicus)으로 상징되는 제3의 윤리 유형을 제안하였다. 이 새로운 상징은 현대생물학과 사회과학의 도움을 받은 자아에 대한 새로운 이해에서 비롯된 것이다.[119] 이제 인간의 실존은 상호작용, 즉 인간이 응답하도록 도전하는 다른 인간의, 또한 자연과 사회적 환경들의 선행적 행위와의 상호작용이라는 관점에서 이해되어지게 된 것이다. 보다 근본적으로 본다면, 이 책임이라는 은유는 사회적인 위기상황과 개인적인 고통을 포함하는 위기의 순간들에 직면하는 우리의 윤리적 경험들을 표본화한 것이다.[120] 여기에서 인간은 인간의 자율성이 아닌 주어진 한계와 가능성이라는 관점에서, 즉 자신과 자신의 행위들이 항상 밀접하게 관계를 맺고 있는 그것과의 관계성이라는 관점에서 자신을 정의하게 된다. 행위자의 행위는 이전에 선행된 행위에 대한 응답으로 이해되는 것이므로, 응답의 윤리에서는 주어진 맥락 안에서의 적절한(fitting) 행위에 초점이 집중된다. 적절한 행위가 되는 조건은 다음의 요소들이 대화적으로 상호 작용해야 한다는 것이다 : 선행행위(alteraction), 해석(interpretation), 책무(accountability)와 사회적 연대(social solidarity).

이러한 책임적 윤리의 유형은 이미 아리스토텔레스와 스토익 철학자들에게서 그 모형을 발견할 수 있다. 그러나 니버가 주장하는 책임적 윤리에 있어서는 신학적 동기가 보다 강력하다. 즉, 책임적 유형에 있어서 우선되는 "지금 무엇이 진행되고 있는가?"라는 물음은 "하나님이 당신을 향하여 행해지는 모든 행위에 관계하신다. 그러므로 당신은 하나님의 행위에 응답하듯이 모든 행위에 응답하라."[121]는 믿음에 의하여 확언되는 것이다. 이제 "지금 무엇이 진행되고 있는가?"라는 질문은 "하나님이 이 세상에서 무엇을 하고 계시는가?"라는 질문으로 옮겨질 수 있다. 여기에서는 인간의 자유와 책임이 창조자이며, 구속주이며 주관자로서의 하나님에 대한 절대적 의존이라는 맥락 안에서 최종적인 자리매김을 하게 된다. 철저한 유일신론적 신앙은 창조와 심판과 구속에 걸친 하나님의 행위의 통일성과 보편성을 확언하기 때문이다. 이러한 의미에서 니버는 '우리 운명의 결정자'[122]로서의 하나님을 논한다. 물론 그러한 믿음은 종말론적인 것이다. 하나님의 행위와 인간의 자유는 윤리적 경험 안에서 구분되지 아니한 채로 묶여 있다. 기독교인에게 있어서 그 둘 사이의 관계는 시간과 역사 안에서 존재하는 인간공동체의 일부분으로서의 기독교공동체의 경험이라는 관점에서 이해되어진다.

그러나 니버는 결코 현실적 실체로서의 인간의 자유를 배제하지 않고 있다. 그는 인간의 자유는 역동적인 실체로서 그것의 차원들과 의미는 부분적으로 행위자로서의 인간의 현재적, 역사적 정황을 포함한 과거와 미래에 대한 해석과 재해석에 의하여 형성된다고 주장한다.[123] 인간이 된다는 것은 피조물로서의 자유와 신앙 안에서의 책임을 행사하는 것이다. 결론적으로 우리는 책임적인 윤리의 유형을 통하여 신앙의 간인격적, 삼각적 관계성이 보다 충실하게 보장되고 있는 통합된 자아를 그릴 수 있는 기회를 맞게 되었다고 볼 수 있다.

3) 결론 : 리처드 니버 신학의 도전과 우리의 과제

니버가 파악하는 바대로의 기독교윤리학은 창조주, 주관자이며 구속주가 되는 하나님의 행위에 기초하는 매우 신 중심적인(theocentric) 윤리이다. 기독교윤리가 이러한 신론에 입각하여 다른 형태의 윤리들과도 대화적인 관계를 가질 수 있다는 것이 니버의 주장이다. 니버는 책임이라는 개념을 통하여 하나님, 즉 최종적인 원인자가 그 중심에 자리하는 사회적 상호작용의 과정에 참여하려는 시도를 한다.

니버의 '응답의 윤리'로 대표되는 신학은 신앙에 대한 신학적 분석을 통하여 신앙의 초월적인 성격과 사회적인 성격 사이의 긴장과 조화를 확보할 수 있는 토대를 마련하여 준다. 니버에게 있어서 모든 행위는 그 행위자의 사회와 역사와의 관계성을 통하여 이해되어진다. 이것은 한국의 역사에 비추어 볼 때 윤리적 결단에 접근하려는 우리의 노력에 매우 유용한 통찰을 세공하여 준다. 특별히 니버가 신앙에 있어서의 실존적(existential), 고백적(confessional), 대화적인(dialogical) 측면들을 제시한 것은 한국 기독교에 만연한 자신의 신앙만을 절대화하려는 교조적 관점들을 수정하는 작업에 매우 도움이 될 것이다. 또한 기독교의 정체성과 사회적 책임성을 동시에 담보함을 우선적 과제로 하는 21세기 한국교회에 큰 도움을 줄 것이다.

■■■ 미 주 ■■■

1. 니버가 속한 복음주의 교단은 독일에서 일어났던 종교개혁운동에 그 역사적 기원을 두고 있다. 그 교파의 신학은 스위스를 기반으로 하였던 칼빈보다는

독일의 루터에 가까웠으며, 그 창설자들은 경건주의자들의 영성에 깊은 영향을 받은 바 있다.
2. Bob E. Patterson, *Reinhold Niebuhr*(Word Books, Publisher, Waco Texas, 1977), pp. 20-22.
3. Ibid., p. 23.
4. Reinhold Niebuhr, "Intellectual Autobiography," in *Reinhold Niebuhr : His Religious, Social, and Political Thought*, The Library of Living Theology, vol. 2, ed. Charles Kegley and Robert W. Bretall(New York : Macmillan Co., 1956), p. 3(이하 Niebuhr, "*Intellectual Autobiography*"로 함).
5. Patterson, op. cit., p. 24.
6. Ibid., p. 25.
7. Reinhold Niebuhr, *Does Civilization Need Religion?*(New York : Macmillan Co., 1927), pp. 9-10.
8. Patterson, op. cit., pp. 26-27.
9. Ibid., p. 28.
10. Niebuhr, "*Intellectual Autobiography*," p. 8
11. Patterson, op. cit., pp. 32-33.
12. Ibid., p. 34.
13. Ibid., p. 37.
14. Ibid., p. 38.
15. Ibid., p. 42.
16. Ibid.
17. Ibid., p. 47.
18. Ibid., p. 50.
19. Reinhold Niebuhr, *Christian Realism and Political Problems*(New York : Charles Scripners's Sons, 1953), p. 2.
20. Reinhold Niebuhr, *The Self and the Dramas of History*(New York : Charles Scribner's Son, 1955), p. 4.
21. Reinhold Niebuhr, *The Structure of Nations and Empires*(New York : Charels Scribner's Sons, 1959), p. 282.

22. Patterson, op. cit., p. 60.
23. Reinhold Niebuhr, *Justice and Mercy*, ed. Ursula M. Niebuhr(New York : Harper & Row, 1974), p. 5.
24. Patterson, op. cit., p. 64.
25. Ibid., p. 66.
26. Ibid., p. 71.
27. Niebuhr, *The Nature and Destiny of Man*(New York : Charles Scribner's Sons, 1953), p. 92.
28. Patterson, op. cit., p. 73.
29. Ibid., p. 78.
30. Ibid., p. 79.
31. Ibid., p. 83.
32. Niebuhr, *The Nature and Destiny of Man*, Ⅰ : 180.
33. Niebuhr, *The Nature and Destiny of Man*, Ⅰ : 182.
34. Ibid., p. 191.
35. Ibid., p. 199.
36. Ibid., p. 200.
37. Ibid., p. 208.
38. Niebuhr, *The Nature and Destiny of Man and Faith and History*을 참조하라.
39. Patterson, op. cit., p. 125.
40. Ibid., p. 126.
41. Ibid., p. 129.
42. Ibid., p. 130.
43. Ibid., p. 134.
44. Jon Diefenthaler, *H. Richard Niebuhr : A Lifetime of Reflections on the Church and the World*(Mercer University Press : Macon, Georgia, 1986), p. ix.
45. 그러나 특별히 하나님의 주권을 강조한다는 점에서 니버는 칼빈에게서도 많은 영향을 받았다.
46. Jon Diefenthaler, op. cit., p. 2.

47. Ibid., p. 4. 당시 대부분의 목사들은 독일어로 교육을 받은 이른바 "독일인 목사"였다.
48. Ibid., "1914년 예일 대학원에 재학 중이던 라인홀드는 에덴 신학교가 공인된 학위를 수여하지 못하는 상황을 한탄하는 편지를 보낸 적이 있을 정도이다."
49. 니버는 세인트루이스의 워싱턴 대학, 콜롬비아 대학, 뉴욕의 유니온 신학교, 미시간 대학, 시카고 대학 등에서 수강한 바 있다.
50. H. R. Niebuhr, *The Kingdom of God in America*(New York : Harper & Row, 1937), p. 193.
51. H. R. Niebuhr, *The Meaning of Revelation*(New York : Macmillan, 1941), p. x.
52. Ibid., p. 56.
53. Ibid., p. 56.
54. Harole E. Fey ed., *How My Mind Has Changed*(Cleveland and New York : The Word Publishing Company, 1960), pp. 74-75. cf : Niebuhr, "Reformation : Continuing Imperative," *Christian Century* 77(1960), pp. 248-251.
55. Niebuhr, *Christ and Culture*, p. xii.
56. James Fowler, *To See The Kingdom : The Theological Vision of H. Richard Niebuhr*(Lanham, MD : University Press of America, 1974), p. 101.
57. Jon Diefenthaler, op. cit., p. 33.
58. Ibid., p. 34.
59. Niebuhr, "Reformation : Continuing Imperative," p. 251.
60. Niebuhr, "The Social Gospel and Liberal Theology," p. 13.
61. Niebuhr, "The Social Gospel and the Mind of Jesus," unpublished essay read before the American Theological Society, New York, 21 April 1933, HRN papers, Harvard Divinity School, pp. 21-21a.
62. 참고 : Ibid., pp. 62-64. 그러나 파울러에 따르면 더욱 결정적인 실재론의 영향은 틸리히에게서 찾아지게 될 것이라고 하였다.
63. Niebuhr, *The Meaning of Revelation*(New York : Macmillan Publishing Co., 1941), p. x.

64. Fowler, op. cit., p. 203.
65. Niebuhr, *Radical Monotheism and Western Culture*(New York : Harper & Brothers, 1960), p. 34.
66. 참고 : W. Beach and Niebuhr, *Christian Ethics*(New York : The Ronald Press Company, 1955), p. 380. 니버는 그의 사상 안에서 기독교 윤리 사상의 역사적 다양성과 본질적인 일상성을 동시에 발견할 수 있다는 의미에서 미국 역사상 가장 위대한 신학자로서 에드워즈를 꼽은 바 있다.
67. H. Richard Niebuhr, *Responsible Self : An Essay in Christian Moral Philosophy*(San Francisco : Harper & Row Publishers, 1963). p. 118.
68. Ibid.
69. Niebuhr, *Radical Monotheism and Western Culture*, p. 4.
70. Niebuhr, *Faith on Earth : An Inquiry into the Structure of Human Faith*(New Heaven & London : Yale University Press, 1989), p. 24, ed. by Richard H. Niebuhr.
71. Ibid., p. 23.
72. *Radical Monotheism and Western Culture*, pp. 6−7.
73. *Faith on Earth*, p. 102. cf. *Radical Monotheism and Western Culture*.
74. Ibid., p. 24. 니버에 의하면 신학의 기초는 삼위일체 하나님이다.
75. Ibid.
76. Ibid., p. 30.
77. *Radical Monotheism and Western Culture*, p. 9.
78. Ibid., p. 10.
79. *Faith on Earth*, p. 46.
80. Ibid., p. 47.
81. Ibid.
82. Ibid., p. 51. 로이스는 바로 이러한 관점에서 공동의 기억과 공동의 소망을 공유하는 공동체의 중요성을 강조한 바 있다.
83. Ibid., p. 60.
84. Niebuhr, *The Meaning of Revelation*(New York : Macmillan Publishing Com., Inc, 1941), p. 36.

85. 이러한 의미에서 니버는 소위 이야기신학 및 윤리(Narrative theology and Narrative ethics)의 개척자적인 학자로 평가받을 수 있을 것이다.
86. Niebuhr, *The Meaning of Revelation*, pp. 59-65.
87. Ibid., p. 61.
88. Ibid., pp. 64-65.
89. 참고 : *Faith On Earth*, p. 42. 이와 동시에 우리는 "계약관계(covenant relations) 안에서 살아가는 사회적 인지자(social knowers)로서의 자아들"을 주목해야 할 것이다.
90. 참고 : Hans Frei, "H. R. Niebuhr on History, Church and Nation," in *The Legacy of H. R. Niebuhr*(Minneapolis : Fortress Press, 1991), ed. by R. F. Thiemann, p. 14.
91. *Radical Monotheism and Western Culture*, p. 47.
92. Ibid., p. 51.
93. Ibid., p. 28. 니버에 따르면 이것[철저한 유일신론]은 "무엇이든지 존재하는 것은 선한 것이다."(whatever is, is good)라는 믿음이다. 그것이 바로 모든 것들이 그로 말미암았으므로, 즉 모든 가치의 원리이자 모든 존재의 원리이기 때문이다. …… 유일신론(monotheism)은 존재의 원리와 가치의 원리를 구별한다는 의미에서 철저한 의미에서의 유일신론으로서는 부족함을 드러낸다.
94. Ibid., p. 29.
95. Ibid., p. 30.
96. Niebuhr, *The Responsible Self*, p. 87.
97. Ibid., p. 57. 니버는 존재와 가치의 일치를 논하고 있는 것으로 보인다. 그러나 인간의 뿌리 깊은 죄성과 악의 이 세계 내에서의 편만성을 누구보다도 인식하고 있었던 니버가 어떠한 의미에서 존재와 가치의 일치를 주장하는가를 검토하여 보는 것은 참으로 흥미로운 일이다.
98. *Radical Monotheism and Western Culture*, p. 42.
99. *Responsible Self*, p. 85.
100. Ibid., p. 49.
101. Ibid., p. 112.
102. *Responsible Self*, p. 56.
103. Lonnie D. Kliever, *H. Richard Niebuhr*(Waco : Word Books, 1977), p.

131.
104. *Responsible Self*, p. 62.
105. Ibid., p. 61.
106. Ibid., p. 77.
107. Ibid., p. 79.
108. Ibid., p. 81.
109. Ibid., p. 102. 의무론적 윤리와 목적론적 윤리들은 바로 이러한 이유로 비판되어질 수 있을 것이다.
110. Ibid., p. 102.
111. Ibid., p. 104.
112. Ibid., p. 106.
113. Ibid., p. 107.
114. 이 부분은 지면의 한계로 매우 압축될 수밖에 없었던 부분이다. 보다 온전한 내용을 참고하기 원하는 이는 "리처드 니버의 '응답의 윤리'에 나타난 방법론 연구"(「교회와 신학」, 1995/27집, 장로회신학대학) 편을 참조하기 바란다.
115. Ibid., p. 142.
116. Ibid., p. 138.
117. Ibid., p. 38.
118. Ibid., p. 143.
119. Ibid., p. 71. 니버 자신의 증언에 의하면 자신은 조지 쿨리(George H. Cooley), 조지 미드(George H. Mead)와 해리 설리반(Harry S. Sullivan) 등의 영향을 받았다고 한다.
120. Ibid., pp. 59−60.
121. Ibid., p. 126.
122. Ibid., p. 155.
123. Ibid., p. 102.

VI 위르겐 몰트만 : 종말론적 개혁신학

1. 위르겐 몰트만의 생애와 사상

몰트만(Jürgen Moltmann, 1926-)은 본래 물리학과 수학을 전공하려고 했다. 그런데 그는 1943년 영국 공군이 함부르크를 공습하는 동안, 본인은 살아남았지만 4만 명의 생명이 죽는 것을 목격하게 되었다. 이와 같은 상황에서 그는 처음으로 "나의 하나님, 당신은 어디에 계십니까?"라고 질문하였고, 이 질문에 대한 대답을 구약의 시편과 마가복음에서 찾았다고 한다.[1] 그는 "구약의 애도의 시편(39편)이 나의 마음을 사로잡았고, 나는 예수님의 수난과 십자가의 고난에로 인도되었다."[2]고 하였다. 그래서 다음과 같은 자신의 경험을 토로하였다.

"나의 하나님, 왜 나를 버리셨나이까?" 바로 이 절규가 하나님을 향한 나의 절규였다. 나는 그분이 나를 이해했다고 느꼈기 때문에 고난받으시고, 공격받으시며, 하나님께 버림받으신 예수님을 이해하기 시작했다. 그리고 나는 이 예수님이 우리의 곤경 가운데서 우리와 함께하시는 신적인 형제(the divine Brother)라는 사실을 파악하였다. 그는 포로수들과 버림받은 자들에게 소망을 갖다 주신다. 그는 우리를 짓누르고 우리들로부터 모든 미래를 앗아 가는 죄책으로부터 우리를 구원하시는 분이다. 그래서 나는 인간적으로 볼 때 전혀 소망이 없는 상황에서 소망에 사로잡혔다. 나는 절망적인 상황에서 삶의 용기를 얻었다.[3]

그리하여 몰트만은 물리학과 수학 연구를 포기하고, 영국에 있는 개신교 신학자들의 포로수용소에서 1947년에 신학 공부를 시작하였다. 아우슈비츠와 히로시마의 충격을 안고 신학수업을 시작한 것이다.[4] 결국 1945~1948년 사이에 전쟁포로였던 몰트만은 절망 속에서 하나님을 소망의 능력으로 경험하였고, 고난 속에서 하나님의 현존을 경험하였다. 보캠은 몰트만의 이러한 경험이 그의 "소망의 신학"과 "십자가에 달리신 하나님"을 쓰게 했다고 한다.[5] 몰트만은 절망과 고난 가운데서 예수 그리스도를 소망의 능력과 하나님의 현존으로 경험하였다.

그리고 몰트만은 1948년 괴팅겐에서 이봔트(Hans Joachim Iwand)로부터 루터 강의를 들으면서 종교개혁의 이신칭의론과 십자가의 신학을 배웠다. 그리고 볼프와 오토 베버에게서 더욱 학문적인 훈련을 받았고, 베버 밑에서 자신의 박사학위를 하였다. 그는 학위를 끝내고(1952) 결혼을 하였는데, 그 이후 히틀러를 지지하는 국가교회에 관계한 것이 아니라 바르멘 선언(1934)을 발표한 '고백교회'에 가담하였다.

하지만 전쟁 동안에 고백교회운동이 힘을 잃어버리게 되자, 몰트만은 제2차 세계대전 후 고백교회의 유산을 물려받은 정치와 기존 교회에 대하여 비판적인 '형제단'과 '개신교 신학회'에 가담하였다. 이때에 몰트만은 바르트주의자로서 '국가와 교회', '신앙과 부르주아', '종교와 자본주의'의 분리와 무관성을 주장하는 신학자들 그룹에 속했다. 그래서 '오직 그리스도'와 '철저한 제자의 도'를 주장하면서, '핵전쟁' 반대와 '도덕 재무장운동'을 지지하였다. 이때에 몰트만은 '성경의 중심'을 찾았으니, 철저히 그리스도 중심주의적(solus Christus)이 되었다.[6]

그러나 몰트만은 그 후 바르트의 협소한 입장과 바르트적 정통성에 만족할 수 없었다. 그리하여 주변이 없는 중심은 중심이 아니라고 생각하였고, 1951년에는 본회퍼의「옥중서신」에 영향을 받아서 '진정한 세상성'과 '종교 없는 기독교'를 발견하게 되었다. 그리고 1957년에는 네덜란드의 개혁신학자인 룰러(Arnold van Ruler)에게서 개혁교회 전통의 하나님의 나라 신학과, 호켄다이크에게서 네덜란드적인 하나님의 선교(missio Dei)의 신학을 배웠다. 그리고 브레멘의 근교에 있는 시골 교회의 목사로 시무하면서 블룸하르트(Christoph Blumhardt)의 하나님의 나라의 신학에 관한 저서를 많이 읽었다. 그래서 1959년에「그리스도 주권의 지평 속에 있는 공동체」라는 최초의 신학책(39페이지 정도)을 내놓았는데, 여기서 이미 메시야적 차원, 땅에 대한 신실성, 하나님의 미래로 초대하는 지평, 정치신학, 세속적 설교 등 훗날에 전개될 신학적 단초들을 제시하였다.[7]

그리고 몰트만은 1960년에 블로흐의「소망의 원리」에서 '소망'에 대한 아이디어를 얻어 초기 기독교의 하나님의 나라에 대한 소망을 오늘날의 세계에 적용해야 할 것을 생각하였다. 몰트만은 포이에르바하-마르크스적 무신론을 소망의 근거로 삼는 블로흐의 입장을 따르지 않고, 출애굽에서 부활에 이르는 하나님의 성서적 역사로부터 출발하였다. 또한 블로흐처럼 단순히 '수고하고 무거운 짐진 자들'을 위한 사회적 유토피아나 '굴욕을 당하고 상처 입은 사람들'을 위한 정의의 유토피아를 추구한 것이 아니라 '죽은 자들의 부활에 대한 종말론적 지평'을 개방시켰고, 하나님의 영원한 현존 안에서 죽음 그 자체의 멸절로 일어나는 '동일성의 고향'을 보았다. 이와 같은 맥락에서 1964년에 「소망의 신학」이 세상에 나온 것이다.[8]

2. 몰트만에게 있어서 셋이 한 쌍을 이루는 저서들과 나머지 저서들과의 관계

보캠[9]은 몰트만의 신학발전을 두 단계로 나눈다. 하나는 셋이 한 쌍(trio)을 이루는 세 저서의 시기요, 다른 하나는 그 다음 저서들의 시기이다. 셋이 한 쌍을 이루는 「소망의 신학」(1964), 「십자가에 달리신 하나님」(1972), 「성령의 능력 안에 있는 교회」(1975)에서 몰트만은 각각 초점을 달리하지만 전체를 구축하는 신학(the whole theology)을 제시하고, 나머지 저서들에서는 이 전체에 기여하는 부분들로서 메시야 신학(messianic theology)을 개진시켰다. 보캠은 몰트만의 초기 세 저서들을 그의 메시야적 신학을 위한 준비로 본다. 몰트만은 이 세 저서를 신학적 초석으로 깔고서 주요 교리들을 자세하게 전개시켰다는 것이다. 그는 이것을 조직신학 혹은 교리라고 하기보다 신학적 논의를 위한 일련의 신학적 기여로 본다. 보캠은 대체로 1979년을 초기 저서들의 마감 시기로 보고 그 다음으로 이어지는 저서들을 후기 저서들로 보는데, 몰트만의 주요 후기 저서들은 같다.

제Ⅰ권 : 「삼위일체와 하나님의 나라」(1980, 영문 1981)
제Ⅱ권 : 「창조세계 안에 계신 하나님」(1985, 영문 1985)
제Ⅲ권 : 「예수 그리스도의 길」(1989, 영문 1990)
제Ⅳ권 : 「생명의 영」(1991, 영문 1992)

제Ⅴ권 : 「오시는 하나님」(1995, 영문 1996)
제Ⅵ권 : 「기독교 신학의 기초와 방법론」(1999)[10]

이제 '셋이 한 쌍'을 이루는 저서들이 말하는 종말론의 틀거리를 소개하고, 특히 제3권인 「성령의 능력 안에 있는 교회」(1975)에서 몰트만이 어떠한 종말론적 비전 하에서 교회의 본성과 역할, 기능을 말하고 있는 지를 말하려고 한다.[11]

3. 「소망의 신학」(1964)

1) 서 론

요한네스 바이쓰와 알버트 슈바이처 이래로 칼 바르트와 불트만이 나름대로 20세기 종말론의 길을 열어 놓았다. 적어도 이들 이래로 "종말론"은 조직신학의 마지막 장(章)에 나오는 여러 신학적인 주제들 가운데 하나가 아니라 신·구약성경 전체를 결정하는 주제요, 나아가서 조직신학 전체를 규정하는 주제가 되었다. 그런데 몰트만은 바르트와 불트만이 주장하는 키에르케고르 전통의 '영원과 시간'의 변증법이 시간을 플라톤화 혹은 영지주의화하는 경향을 가지고 있다고 비판, "구약에 있어서 하나님의 계시에 대한 말씀들과 진술들이 전체적으로 '하나님의 약속'에 대한 진술들과 결합되어 있다."[12]고 하면서 신약의 복음에 입각한 구약의 약속사를 중요시하고, 이 구약의 약속사와 복음이 약속하는 미래 종말론의 차원을 확보하였다. 여기에서 '미래'란 현재의 연장으로서의 미래가 아니라 '새 창조'(creatio nova)에 의한 질적으로 새로운 미래 (adventus vs. futurum)이다.

2) 종말론적 복음의 부활 차원을 강조하는 종말론

몰트만은 그의 종말론을 단순히 성경의 명제적 진리들[13]에 근거시켜 정립하는 것이 아니라 '복음'에 있어서, 특히 부활에 초점을 맞추어 종말론적 비전을 제시하고 있다. 그는 '복음'을 종말론적으로 이해하고 있다. 그는 십자가에 달리셨던 분의 '부활'에서 그리스도의 미래적 영광과 주권을 발견한다. 예수 그리스도는 그의 부활에서 장차 그가 어떤 분인가를 알리셨다. 예수 그리스도의 부활은 '무로부터의 새 창조', '죽은 자들의 부활', '하나님의 나라' 혹은 '하나님의 의'를 약속한다고 한다. 그는 이처럼 예수 그리스도의 부활에 근거, '종말론적 약속'에 대해서 주장한다. 본 서는 예수님의 '십자가' 보다도 예수님의 '부활'과 이 부활에 나타난 종말론적 비전을 강조한다.[14]

몰트만에 의하면, 믿는 자들이 받은 성령은 종말론적 담보로서 그리스도를 죽은 자들로부터 부활시키시고 우리의 죽을 몸을 부활시키실 분이다(롬 8:11). 그도 그럴 것이 믿는 자들을 진리로 인도하는 말씀이 영생(아직 우리는 영생 그 자체를 소유한 것이 아니지만)에 대한 약속이기 때문이다.[15] 이 맥락에서 몰트만은 고린도전서 15:3~5에 근거하여 그의 미래적 종말론을 제시하고 있다. 여기에서 죽음의 지배가 십자가상에서 완전히 극복되고 끝난 것이 아니라 아직 다가올 미래에 극복되고, 하나님을 적대하는 모든 권세에 대한 극복이 '하나님께서 모든 것의 모든 것이 되시는' 미래에 일어난다고 한다.[16] 그리고 그리스도의 세상에 대한 통치는 하나님의 유일하고 모든 것을 포괄하는 주권에로 넘겨질 것이라고 한다.[17] 그러나 "하나님은 피안 저편에 계신 것이 아니라 오고 계시고 오시는 분으로서 현존하신다. 그는 모든 것을 포괄하는 생명의 새로운 세계, 그리고 의와 진리의 새로운 세계를 약속하신다."[18]

그러면 몰트만의 종말론적 복음이해에 따른 새 창조의 세계로서 미래 세계란 어떤 것인가? 몰트만은 "약속과 기대로서 부활하신 예수 그리스도의 미래가 무엇인가는 이미 구약의 예언자적 기대들에 의해서 대략적으로 밝혀졌고, 이것들은 그리스도의 말씀과 고난과 죽음에 의해서 재규정되었다."[19]고 보면서 예수 그리스도의 미래를 세 가지로 본다 : 1. **하나님의 의에 대한 약속, 2. 죽은 자들로부터 부활의 결과로 얻게 될 생명에 대한 약속, 3. 존재의 새로운 전체성 가운데 있는 하나님의 나라에 대한 약속**이다. 이제 이 세 가지를 간단히 요약하고자 한다.

3) 복음이해에 따른 새 창조의 미래세계

(1) 의의 미래

몰트만은 구약의 은혜의 언약사에 나타난 하나님의 신실성을 보편사 및 창조세계 전체에 적용한다. 따라서 이스라엘 백성은 이 하나님의 의로부터 구원을 기대했고, 이 신실하신 하나님의 은혜의 언약에 대한 신뢰와 이 언약의 요구에 일치하는 삶을 살므로써 하나님과 이웃과 만유와 의로운 관계를 가질 수 있다고 믿었다.[20]

몰트만은 위에서 언급한 구약의 '의' 개념을 가지고 신약에서 바울의 '복음'을 이해한다. 몰트만은 바울의 '하나님의 의'를, "공동체 관계에 대한 하나님의 신실성으로, 그리고 하나님에 의해서 초래되는 새 창조와 새 생명의 사건으로"[21] 본다. 몰트만에 따르면, 바울에게 있어서 이 하나님의 의가 복음에 계시되었고(롬 1 : 17), 이것이 신앙에 의해서 포착된다는 것이다. 이 복음은 다름 아닌 하나님에 의한 예수 그리스도의 십자가에 달리심과 부활하심에 관한 기독론적 복음이다. 바로 이 사건에서, 하나님의 의가 불의한 사람들과 법적인 의미와 존재론적 의미에서 하나님의 진노 앞에 설 수밖에 없는 사람들을 위해서 계시되었다(롬 5 : 18). 이와 같은 종말론적 복음은 만유구원론적 미래를 약속한다. 그것은 결국 만유를 성취시키고, 만유를 하나님과 바른 관계에 놓으며, 만유에게 신분과 존재를 부여하는, 새 창조를 향해 정위(oriented)되어 있는 우주적 복음이다.[22] 결국 바울의 이신칭의는 이상과 같은 우주적 혹은 만유구원론적 복음에 대한 응답이라는 것이다.

(2) 생명의 미래

몰트만은 이 주제에 대하여도 구약에서 출발한다. 몰트만은 종말론적 부활을 전제하는 이 세상의 삶의 적극성을 구약에서 발견한다. 몰트만은 구약의 하나님의 백성들이 역사의 지평 안에서 삶을 진지하게 살았다고 하는 점, 특히 이들의 삶이 미래 목표들에 의해서 결정되었다는 사실을 지적하고 있다. 이들에게 있어서 죽음이란 하나님, 하나님과의 살아 있는 교제로부터 단절되는 것을 뜻하고, 삶이란 하나님 존전에서 감사와 찬양을 드리는 것이었다고 한다.[23] 몰트만은 에스겔 37 : 5, 11을 '여호와에 의해서 주어지는 생명의 새 약속에 대한 예언자적 메시지'로 본다. 이것은 '자신의 백성에 대한 하나의 창조 행위에 대한 약속'으로서 시간적인 것과 이 세상적인 가능성을 넘어서는 것이라고 한다. "그것은 여호와의 무로부터의 창조 행위(creatio ex nihilo)에 근거한 죽은 자들로부터의 생명에 대한 약속"[24]이라는 말이다. 몰트만은 이 '무로부터의 창조'와 '죽은 자들의 부활'에 대한 사상이 후기 유대교에서 나온 것으로 본다.[25]

몰트만은 이상과 같은 구약의 '삶과 죽음'에 대한 이스라엘 사람들의 경험에 비추어, 예수님의 십자가 죽음을 "그가 사랑했고, 그 속에서 소망했던 삶의 끝장이었다."[26]고 했다. 그리고 동시에 예수 그리스도의 죽음은 아버지로부터 파송받으신 메시야의 죽음이요, 하나님 자신의 죽음이었다고 한다. 따라서 그의 죽음은 하나님으로부터 버림받음, 심판, 저주, 약속된 삶으로부터의 제외, 유기와 정죄로 경험되었다는 것이다.[27] 이런 맥락에서 그분의 부활은 단순히 생명을 되찾는 것이 아니라 죽음의 무시무시함에 대한 정복으로 이해된다. 다시 말하면, 그것은 하나님께 버림받음에 대한 정복, 심판과 저주에 대한 정복, 약속된 삶의 성취의 시작, 죽은 가운데 죽어 있는 모든 것에 대한 정복, 하나님의 부정에 대한 부정인, 부정성에 대한 부정(the negation of the negative)으로 이해되어야 한다.[28]

몰트만은 위와 같은 내용을 경험케 하는 것은 성령의 역사라고 한다. 성령은 부활사건을 통하여 영생을 경험케 한다. 바울에 따르면, '성령'은 "생명을 부여하시는 영으로서 그리스도를 죽은 자들로부터 살리시고," "그리스도와 그의 미래를 인정하는 사람들 '안에 거하시며', '그들의 죽을 육체들을 살리실 영이시다'"(롬 8:11).[29] 여기에서 성령은 그리스도의 부활사건으로부터 나오신 분으로서 그분의 미래에 대한 보증이요 약속이며, 보편적 부활과 삶에 대한 보증이요 약속이다. 이 성령은 죽음의 권세와는 달리 믿는 자에게 자유를 주고, 미래를 향한 길을 열어주며, 영원 세계와 영생으로 인도한다.[30] 몰트만에 의하면, 성령은 복음과 복음의 종말론적 차원을 인식하게 하고 소망 가운데 사랑으로 행하게 하신다.[31] 이처럼 몰트만의 성령이해 역시 그의 복음이해와 마찬가지로 우주적이고 만유구원론적인 시야를 가지고 있으나, 잠정적으로 특수공동체인 교회가 그것을 수용한다고 한다.

(3) 하나님의 나라와 인간의 자유의 미래

이미 논한 '의의 미래'와 '생명의 미래'가 개인의 종말론뿐만 아니라 역사적, 우주적 차원의 종말론을 말하고 있는 것처럼, 지금 논하는 '하나님의 나라' 혹은 '하나님의 주권' 역시 개인과 역사와 우주를 포함하고 있다. 몰트만은 이 주제에 관하여도 구약에서 출발하는바,[32] 구약에 나타난 여호와의 주권개념을 두 가지로 본다. 하나는 그분의 역사적 주권에 대한 기억과 그것에 대한 확신이요, 다른 하나는 세계와 열방과 만물

이 그의 세계(universe)와 나라와 찬양이 될 그분의 우주적 주권이다.[33]

역시 몰트만은 하나님의 나라를 규명하기 위해서 구약에서 신약으로 넘어간다. 그는 신약성경에서, 특히 공관복음서에서 '나라'(basileia)가 중심개념이라고 한다. 특히 부활 이전에 일어난 예수님의 메시지와 행동들, 기적들과 비유들은 '하나님의 나라'를 묘사하고 있다. 예수님은 메시야적 하나님의 나라를 선포하셨다는 말이다. 그분의 하나님의 나라 선포의 특징은 이 하나님의 나라에로의 접근, 돌입 및 유업이 듣는 자들의 결단과 그분의 위격에 대한 태도에 달렸다고 하는 것이다. 신적 주권의 미래가 직접적으로 그분 자신의 현존의 신비에 달렸다는 것이다.[34] 역시 몰트만은 우주적이고 만유구원론적인 하나님의 나라에 대한 신망애의 응답을 암시하고 있다.

그런데 예수님은 구약의 묵시문학적 하나님의 나라 전통을 변형시키셨다. 예수님이 자신의 시간을 결단을 위한 마지막 시간으로 선포하심으로써 하나님의 나라에 대한 묵시문학적 그림을 비신화화하셨다는 말이다. 그러나 예수 그리스도의 부활 사건 이후, 교회는 예수님의 선포를 수용하면서도 변형시켰다. 즉, 교회는 부활을 구약의 묵시적 기대의 틀 안에서 인식하고 선포했다. 부활이 종말론적 사건으로 인식되고 선포되었다는 것이다. 여기에서 예수님은 부활의 첫 열매로 인식되고 선포되었다. 그런데 몰트만은 임박한 하나님의 나라에 대한 예수님의 선포에 있어서 종말론적 결단은 십자가에 달리셨다가 부활하신 주님의 메시지에 대한 종말론적 결단으로 이월하였다고 본다. 역시 우주적이고 보편적인, 종말론적인 부활에 대한 신망애로서의 참여가 지적되고 있다고 하겠다.

이상에서 몰트만은 종말론에 있어서 보편주의(특수에서 출발한 보편주의이지만)에서 특수로 나간다. 즉, 그는 우주적이고 보편적인 종말론적 복음을 성령님의 역사로, 교회가 신망애로 수용한다고 하는 구조를 일관성 있게 제시하고 있다. 우리는 이와 같은 구조를 「성령의 능력 안에 있는 교회」에서도 발견할 것이다. 그리고 몰트만의 나머지 저서들은 이와 같은 기본 구조를 보강하는 개별적인 주제들을 다루고 있다.

4) 종말론적 비전 하에서의 하나님의 선교

이제 우리는 몰트만이 이상과 같은 종말론적 비전 하에서 하나님의 선교(missio Dei)를 어떤 식으로 주장하고 있는가를 볼 차례이다. 그는 '기독교적 선교의 해석학'을 논한다. 우선 그는 신약성경의 중심을 종말론적 복음에 의해서 개방되고 약속된 종말론적 미래라고 하면서, 이 비전 하에서 missio Dei를 주장한다. 몰트만은 신약성경의 중심을 지금까지 논한 '그리스도의 미래'(의의 미래, 생명의 미래, 하나님 나라의 미래)로 본다. 신약성경의 선포, 실존 이해 및 세상 이해 역시 '그리스도의 미래'를 향하여 방향 잡힌 것으로 본다. 그래서 기독교의 현재적 선교는 세상과 모든 인간을 위한 하나님의 종말론적, 우주적 미래와 긴장관계에 있다는 것이다.

그리고 이런 의미에서 "종말론적 소망과 선교는 인간의 현실을 '역사적'(historic)으로 만든다."35)는 것이다. "인간의 본성은 인간이 역사적 선교의 빛 아래에서 결정되는 한 역사적이 된다."36) "이 세계의 실재는 그것이 이와 같은 선교에 있어서 선교적 책임 수행의 장(場)으로 생각되고, 이 세계를 변혁시키기 위한 가능성 모색을 위해서 검토되는 한 역사적이 된다."37)

몰트만이 복음전도(Evangelism)로만 만족할 수 없는 이유는, 종말론적 복음이 계시하고 약속하는 우주적이고 종말론적인 '미래'(adventum vs. futurum) 혹은 '새 창조'(creatio nova)의 세계의 성격 때문이다. 그가 주장하는 교회의 신망애(particularism)는 적어도 우주적이고 만유구원론적인 종말론적 계시와 약속에 대한 인간의 수용이기 때문이다.

이상과 같은 맥락에서 우리는 몰트만이 말하는 '출애굽 공동체'가 무엇을 말하는지를 이해해야 할 것이다. 몰트만은 「**소망의 신학**」의 끝 장에서 'Exodus Church'를 논한다. 그는 여기에서 히브리서 13 : 13 이하 "그런즉 우리는 그 능욕을 지고 영문 밖으로 그에게 나아가자 우리가 여기는 영구한 도성이 없고 오직 장차 올 것을 찾나니"를 인용하여, 무게 중심을 '역사 속의 기독교와 그 행동' 들보다도 '십자가를 통한 역사에 대한 심판과 부활 저편의 새로운 세계'에 두고 있는 것이 분명하다. 그러나 몰트만은 루터에게서도 발견되고, 특히 1537년의 "슈말칼트 신앙고백"에서 발견되는바 교회의 두 가지 표지(복음 설교와 성례)뿐만 아니라 신자들의 소명(직업)을 포함하는 교회를 종말론적 소망과의 긴장관계에서 말한다.[38] 몰트만은 18~19세기의 기독교 역사를 비판한 다음에 '하나님 나라의 기대의 지평 안에 있는 기독교'를 논하고, 끝으로 '사회 속에서의 기독교인들의 소명'에 대하여 논한다. 그리하여 몰트만은 신약성경을 따라 교회(the Church)를 종말론적 구원의 공동체[39]로 정의하고, 교회는 이 종말론적 기대로 모이고, 이것을 위해서 이 세상 속으로 파송받는다고 한다. 몰트만에 의하면, 부활하신 그리스도께서 사람들을 부르시고 보내시며, 의롭다 하시고 거룩하게 하시며, 이렇게 하심으로써 이들을 세상을 위한 그의 종말론적 미래 속으로 모으시고 부르시며 파송하신다고[40] 한다. 그래서 교회는 자기 자신으로부터, 그리고 자기 자신을 위해서 사는 것이 아니라 "부활하신 그리스도의 주권으로부터, 그리고 죽음을 정복하시고 생명과 의와 하나님의 나라를 가져오시는 그리스도의 다가오는 주권을 위해서 산다."[41]

그리고 몰트만은 교회가 그것으로부터 살고 그것을 위해서 살아야 하는 바 말씀선포, 세례와 성만찬을 종말론적으로 재정위(reorientation)시키고, 교회의 선교(mission)를 그리스도의 이 세상에 대한 선교에서 찾는다.[42] 몰트만은 하나님의 뜻과 기대가 그리스도의 선교와 사도들의 사도직 수행에서 들린다고[43] 보고, 교회는 이것의 뒤를 따라 선교사명을 수행하되 "장차 올 하나님의 나라, 장차 임할 의, 평화, 인간의 자유와 존엄성에 대한 종말론적 기대의 지평 안에서"[44] 해야 한다고 한다. 그래서 '세상을 위한 교회'는 다름 아닌 '하나님의 나라를 위한 교회'요 '세상의 변혁을 위한 교회'이다.[45]

그러나 몰트만은 "선교란 단순한 신앙과 소망의 전파가 아니라 삶의 역사적 변혁이다."[46]라고 한다. 이는 다가올 부활하신 주님의 주권은 오늘의 삶에 영향을 준다는 말이다. 몰트만은 "사회생활과 공적인 삶을 포함하는 몸의 삶은 매일 매일 순종하는 희생제사로 기대된다."고 한다(롬 12:1ff). 이 맥락에서 그는 종교개혁자들의 만인제사장직론에 관련된 소명을 말한다. 즉, "믿고 소망하는 사람은 누구나 소명을 받았기 때문에 (vocatus) 그의 삶을 바쳐서 하나님을 섬기고, 하나님 나라의 일을 하며, 신앙의 자유를 위해서 일해야 한다."[47] 그래서 몰트만은 "이 소명은 하나님께서 우리를 부르신 그 소망 안에 종말론적 목표를 갖는다."[48]고 한다.

다시 말하면, 몰트만에게 있어서 '부활'에서 약속된 '새 창조의 세계' 혹은 '죽은 자들의 부활'의 세계에 대한 종말론적 소망을 가진 사람들은 역사 속에서 선교적 사명을 갖는다. 몰트만은 이미 교회의 본성과 선교적 사명이 그의 우주적 종말론적인 비전 하에 있음을 지적하고 있다고 하겠다. 몰트만은 믿는 사람들이 이 약속된 미래에 대한 소망으로부터 이 세상을 '역사'로 경험하고, '역사의식'을 갖게 된다고 본다.[49]

이상에서 몰트만은 종말론에 있어서 보편주의(특수에서 출발한 보편주의이지만)에서 특수로 나간다. 즉, 그는 우주적이고 보편적인 종말론적 복음을 성령님의 역사로, 교회가 신망애(특수)로 수용한다고 하는 구조를 일관성 있게 제시하고 있다. 우리는 이와 같은 구조를 「성령의 능력 안에 있는 교회」에서도 발견할 것이다. 그리고 몰트만의 나머지 저서들은 이와 같은 기본 구조를 보강하는 개별적인 주제들을 다루고 있다고 보인다.

4. 「십자가에 달리신 하나님」(1973)

1) 서론

「소망의 신학」이 종말론적 기독론에 있어서 부활의 차원을 강조했다면, 「십자가에 달리신 하나님」은 종말론적 기독론에 있어서 십자가의 차원을 강조한다. 그러나 「십자가에 달리신 하나님」의 '십자가'는 '부활' 없이는 이해 불가능하다. 이 책은 '예수님의 역사적 재판', '예수 그리스도의 종말론적 재판', 그리고 '십자가에 달리신 하나님'에서 그 중심 사상을 개진하고 있다. 즉, 몰트만은 「소망의 신학」에서 십자가에 달리셨던 분의 부활의 창(窓)을 통하여 객관적이고 보편적인, 그리고 만유구원론적인 종말론의 틀을 소개하였기 때문에, 이 책에서는 이 종말론의 구도를 그대로 유지하면서 부활하신 그리스도의 십자가의 종말론적 의미를 논한다.

2) 종말론적 복음의 십자가 차원을 강조하는 종말론

(1) 예수 그리스도의 종말론적 위격

몰트만은 예수 그리스도의 십자가 사역에 나타난 종말론적 의미를 논하기에 앞서서 예수 그리스도의 위격의 종말론적 의미를 소개한다. 전통적인 기독론으로 말하면, 전자와 후자를 합치면 그것은 '예수 그리스도의 위격과 사역'(the Person and Work of Jesus Christ)에 해당한다.

몰트만은 우선 예수 그리스도의 위격에 대해서 4가지 질문을 한다. "1. 예수님은 참하나님이신가? 2. 예수님은 참인간인가? 3. 오실 그이가 당신이오니이까? 4. 너희는 나를 누구라 하느냐?"가 그것이다. 이 중에서 "1"과 "3"만을 논한다.

몰트만은 "예수님은 참하나님이신가?"에서, 예수님이 십자가에 달리신 그리스도로서 하나님의 아들이시요, 아버지 하나님이 이 아들의 고난에 동참했다고 한다. 몰트만은 예수님이 십자가에 달리신 하나님이라고 주장한다. 아들의 죽음에 아버지 하나님이 고통을 당하셨다는 뜻에서, 그리고 아들이 곧바로 하나님이라는 뜻에서 말이다. 몰트만은 희랍의 신관과는 달리 절대적이고 영원한 하나님이 고난을 당하셨고, 보편적인 하나님이 개인 안에 계셨으며, 불변적이고 불멸의 하나님이 십자가에서 고난을 당하셨다고 한다.[50]

몰트만은 "오실 그이가 당신이오니이까?"에서 예수 그리스도의 위격의 진정한 종말론적 본성을 규명하고 있다. 이 질문은 세례 요한이 던진 질문으로 메시야의 도래를 암시한다. 마태복음 11 : 2 이하("소경이 보며 앉은뱅이가 걸으며……")는 메시야 시대의 징표들이다. 몰트만은 구약의 약속들에 의해서 계시된 미래 곧 하나님의 나라에 대한 메시야적 기대에 입각해서 예수님이 누구신가를 묻고 있다. 구약의 미래에 대한 이러한 약속이 설교하시고 징표를 보여 주신 예수님을 '장차 오실 그분'으로 계시한다고 한다.[51] 이런 관점에서 볼 때에 예수님이 한 유대인이셨고, 이스라엘에 나타나셨으며, 그의 백성의 율법 수호자들과 충돌하셨고, 정죄를 받고 로마인들에게 넘겨지사 십자가에 달려 죽으시고, 제자들이 그의 부활 현현 후 그를 '죽은 자들로부터 부활하신 분'으로 선포했던 것은 하나도 우연한 일이 아니었다는 것이다.[52] 예수님은 철저히 종말론적 시야에서 이해되어야 한다는 것이다.

(2) 예수 그리스도의 종말론적 사역

몰트만은 이상과 같은 예수 그리스도의 종말론적 위격(Person)을 논하고, 이어서 그분의 종말론적 사역(Work)에 해당하는 예수 그리스도의 역사적 재판, 예수 그리스도의 종말론적 재판, 십자가에 달리신 하나님을 논하는데, 이 세 주제가 핵심에 해당한다.

가. 예수 그리스도의 역사적 재판

몰트만은 예수님의 삶과 지상 교역을 무시하는 불트만을 극복, 후기 불트만주의자들을 따라서 비록 예수님의 삶과 교역이 부활신앙에 의하여 소급해서 기록된 신약성경의 기독교적 증언들 속에서 발견되고, 십자가 사건 역시 이 맥락에서 이해되고 해석된 것이지만 그것의 역사성을 매우 존중한다. 그래서 그는 "신약의 증언들에 있어서는 부활 신앙의 경험들이 예수님의 역사에 대한 회상들과 혼합되어 있어서 역사적 알맹이를 추출해 내기가 매우 힘들다."[53]고 한다. 예컨대 몰트만은 예수님이 당시 유대인 지도자들과 로마제국의 지도자들에 의하여 처형된 것은 그 자신의 삶의 행동들에 의해서 촉발된 것이라고 본다.[54]

몰트만은 이상과 같은 전제를 가지고 우선 예수님의 삶과 교역활동 안에서 십자가를 지셔야 했던 역사적 이유를 찾는다. 그는 (1) 예수님과 율법 : 불경스러운 자, (2) 예수님과 권위 : 반역자, (3) 예수님과 하나님 : 하나님께 버림받은 자에서 당시의 역사적 상황 속에서 십자가를 지셔야 했던 이유를 제시하고 있다.

나. 예수 그리스도의 종말론적 재판

여기에서 몰트만은 예수님의 죽음과 삶 곧 그의 역사적 현현 전체를 그분의 죽은 자들로부터의 부활과 종말론적 신앙의 맥락에서 이해하려고 한다. 몰트만은 "무엇이 그분의 죽은 자들로부터의 부활의 빛 안에서 그분의 인격과 삶과 죽음을 종말론적으로 인식하게 만드는가?"라고 질문한다. 그것은 '성령의 선물'과 '종말론적 신앙'이다.[55] 기독교 신앙은 예수님의 역사를 뒤로부터 앞으로 읽는다. 즉, 그분의 십자가는 부활에 비추어 이해되고, 그분의 십자가로 나가는 길은 십자가의 구원하는 의미에 비추어 이해되며, 그분의 말씀들과 기적들은 승귀하신 주님이 되게 하는 부활에 비추어 이해된다.

그런데 이 부활은 죽은 자들의 보편적 부활의 시작으로, 역사 속에 있는 역사의 끝의 시작으로, 그리고 창조자에 의한 창조세계의 종말론적 변혁의 시작으로 이해된다.[56] 이것이 신약성경이 말하는 종말론적 신앙이다. '잠자는 자들의 첫 열매', '죽은 자들의 부활의 첫 열매', '생명의 개척자' (비교. 히 2 : 10)와 같은 부활하신 주님의 현현의 영향 아래 형성된 그리스도에 대한 칭호들은 예수님의 십자가를 부활의 관점에서 이해하게 할 뿐만 아니라 그분의 부활을 장차 임할 하나님과 하나님의 영광 속에 있는 그분의 미래에 비추어 이해하게 한다.[57]

몰트만은 이상과 같은 전제를 가지고 "예수 그리스도의 종말론적 재판" 제하에서 (1) 죽은 자들로부터 예수님의 부활, (2) 부활하신 그리스도의 십자가의 의미, (3) 십자가에 달리신 그리스도라고 하는 징표에 나타난 하나님의 미래를 논하고 있다.

다. 죽은 자들로부터의 예수님의 부활

적어도 예수 그리스도는 '불경스러운 자', '반역자', 그리고 '하나님께 버림받으신 자'로서 '버림받은 인류'를 위해 죽으셨다(버림받으셨다)가 부활하셨다.[58] 이는 불의한 세상의 끝에 분명하게 나타날 새로운 세계를 위한 초석이다.[59] 몰트만은 부활을 사망권세의 멸절로 본다.[60] 그러나 몰트만은 예수님의 부활에서 드러난 죽음의 멸절이 마지막 때에 새 창조를 위해서 완전하게 일어날 것으로 본다.[61]

라. 부활하신 그리스도의 십자가의 의미

몰트만은 "초기 공동체는 부활 사건의 빛 안에서 우선 미래를 바라보았다. 영광의 광채로 그들에게 나타나신 분은 하나님의 영광과 하나님의 새 창조가 멀리 떨어져 있는 것이 아니라 근접하고 있다는 것의 보증이었다."[62] 예수님은 이제 '성령 안에 계신 주님'이다. 그러나 몰트만은 이제 이 부활하신 주님이 걸머지신 십자가의 의미를 추구한다. 즉, 몰트만에 의하면 하나님은 부활을 통해서 예수님을 '그리스도, 하나님의 아들, 주님'으로 세우셨는데, 이런 명칭들은 모두 '그분의 기능, 소명, 하나님께로부터 위임받은 과제 및 그의 선교'를 뜻하는 것이라고 한다.[63]

몰트만은 이상의 부활의 종말론적 비전을 가지고 부활하신 그리스도의 고난과 십자가의 종말론적 의미를 이해한다. 바울에게 있어서 예수님의 고난과 십자가는 부활 이전에도 '죄를 위한 화목제' 혹은 '하나님과 이 세상의 화해'로 이해되고 있으나, "예수님은 부활을 통해서 그분의 위격에 있어서 하나님의 그리스도(메시야)로 규정된다. 그래서 그분의 고난과 죽음은 하나님의 그리스도의 고난과 죽음으로 이해되어야 한다."[64]고 한다.

예수님의 죽음은 바로 이 부활 사건으로부터 '특별하고 유일무이한 구원의미'를 갖는다. 이처럼 부활의 시각에서 십자가의 의미를 들여다볼 때, 몰트만은 그것이 단순히 범죄한 인류를 위한 희생제사가 아니라 부활에서 나타난 우주적 종말과 새 창조의 시각에서 파악되어야 한다는 것이다.[65] 역사적으로 그분은 죽은 자들로부터 그의 부활에 근거한 오시는 하나님에 대한 기대요, 종말론적으로 보면 오실 하나님의 성육신이시다.[66]

그래서 몰트만은 십자가를 부활의 빛에 비추어 볼 때에만 그것이 "그의 부활에서 밝히 드러난 생명과 구원이라고 하는 새로운 요소를 전달할 수 있게 된다."고 한다. 예수 그리스도는 단순히 속죄를 통해서 상실된 낙원을 회복하신 분이 아니다. '죽은 자들'인 '우리'에게 부활의 새 생명과 영생의 미래에 참여케 하시려고 죽으셨다가 부활하신 그리스도 자신이 바로 십자가에 달리셨던 분이기 때문에, 그분의 부활은 "우리를 위한" 그분의 십자가 죽음의 내용이다.[67]

마. 십자가에 달리신 그리스도(메시야)라고 하는 징표에 나타난 하나

님의 미래

몰트만은 '십자가에 달리셨던 그리스도의 부활'과 '부활하신 그리스도의 십자가'에 비추어 '하나님' 개념을 규정한다. 그러면 예수님의 십자가 죽음이 어떻게 해서 하나님의 행동으로 혹은 하나님의 고난으로 이해될 수 있는가? 몰트만은 이 맥락에서 아버지 하나님과 아들 예수 그리스도의 관계에 비추어 아버지가 아들을 십자가에 못 박았다는 뜻에서, 그리고 하나님이신 아들이 십자가에 못 박혔다는 뜻에서 하나님 자신의 종말론적 고난과 죽음을 주장한다(고후 5 : 19, 갈 4 : 4). 바울은 항상 아버지께서 파송하신 아들의 고난과 죽음을 말한다. 그리고 바울은 아들을 내어 주신 아버지와 아들 스스로의 자기희생에 대한 성경구절들을 많이 인용한다(롬 8 : 32, 갈 2 : 20, 롬 4 : 25, 요 3 : 16). 몰트만은 실질적으로 이와 같은 근거에서 하나님 자신이 죽으셨다고 한다.[68] 우리를 살리시기 위하여 하나님 자신이 죽으신 것이다. 그리하여 창조, 새 창조, 그리고 부활은 혼돈과 무성(無性)과 죽음을 없애 버리시는 하나님의 외적인 사역들이다.[69] 하나님 자신이 이 혼돈과 무성(無性)과 죽음을 십자가상에서 걸머지신 것이다. 마가 역시 마가복음 15 : 34에서 십자가의 죽음을 하나님의 아들이 아버지로부터 버림받음의 죽음을 죽으신 것으로 이해한다.

3) 십자가에 달리신 하나님

몰트만은 이상의 기독론에 근거, 그리고 이에 상응시켜 하나님 개념, 인간론, 교회와 사회에 대하여 논한다. 그런데 여기에서는 기독론에 근거한 삼위일체론만을 소개하려고 한다. 그는 십자가 사건에서 삼위일체론의 출발점을 보려고 한다.[70] 그는 바르트가 그리스도의 두 본성론에 입각하여 하나님 자신을 십자가의 고난으로 끌어들이기는 하였지만 충분히 삼위일체론적이지 않았다고 한다. 그래서 몰트만은 두 본성론이 아니라 삼위일체론적으로 십자가의 죽음을 이해한다.[71] 그는 케노시스 (kenosis, 빌립보서 2장) 역시 그리스도의 두 본성론이 아니라 삼위일체론적으로 이해한다. 즉, 그것은 성육신하신 아들의 사역인 동시에 아버지의 사역이요, 또한 성령이 여기에 동참한다는 것이다.[72]

몰트만은 십자가가 모든 타 종교들, 타 신앙 양태들로부터 교회와 교회의 신앙을 구별시키는 것처럼, 삼위일체론 역시 기독교의 하나님 개념을 다신론, 범신론, 유일신론으로부터 구별시킨다고 한다.[73] 몰트만은 창조론, 성육신론, 은총론, 기독교 윤리학, 종말론 등에 있어서 삼위일체론이 중요하다고 본다. 이렇게 볼 때, '부활하신 그리스도의 십자가'를 초점으로 하는 복음 이해와 이 같은 기독론 중심의 삼위일체론은 그의 모든 신학적인 진술들을 결정하는 핵심적 요소들이다. 이런 의미에서 몰트만은 삼위일체 교리의 실질적 원리는 그리스도의 십자가요, 형식적 원리는 삼위일체 교리라고 하였다.[74] 따라서 몰트만에게 있어서 신약성경의 다양성은 모두 예수님의 십자가와 부활사건으로 합류하고, 다시 그것으로부터 넘쳐흘러 나간다.[75]

이제 바야흐로 몰트만은 「소망의 신학」의 종말론적 복음 이해로부터 종말론적 복음 중심의 종말론적 삼위일체 신학으로 명확한 패러다임 이동을 보이고 있다. 이 주제는 「성령의 능력 안에 있는 교회」에서 논의될 주제와 관련하여 매우 중요하다. 즉, 교회가 "세상에 관여하시는 하나님의 삼위일체적 역사"(the trinitarian history of God's dealings with the world) 속에서 우주적이고 만유구원론적인 하나님의 나라에 참여하고, 이 하나님의 나라를 위해서 존재한다는 주제가 그것이다. 그리고 몰트만의 삼위일체론은 「삼위일체와 하나님 나라」(1980)에서 완성된다.

다음에 다룰 교회론은 중요하다. 그 이유는 몰트만이 우주적이고 만유구원론적 하나님의 나라, 새 창조의 세계 혹은 새 하늘과 새 땅을 주장하는 한, "신망애의 공동체인 교회는 왜 필요하고, 교회의 선교와 봉사는 왜 필요한가?"라는 질문이 제기되기 때문이다. 만유구원론은 신망애를 필요로 하지 않는가? 몰트만 신학에 있어서, 보편(종말론)과 특수(교회)가 어떻게 조화를 이룰 수 있을까? 역사의 지평 속에서 하나님의 나라와 세상, 교회와 세상의 관계는 어떠한가? 몰트만적인 미래 종말론의 시야에서 교회와 세상의 관계는 어떠한가?

5. 「성령의 능력 안에 있는 교회」(1975)

1) 서론

몰트만은 이미 「소망의 신학」에서 「성령의 능력 안에 있는 교회」의 기초가 될 만한 교회론을 개진하였다. 「소망의 신학」에서 교회는 십자가에 달리신 그리스도의 부활을 통해서 주어진 종말론적 약속에 근거, 본질적으로 종말론적 소망을 지닌 선교적 교회이다. 교회는 하나님 나라의 보편적 미래에 봉사하기 위하여 이 세계에 대한 '하나님의 선교'(missio Dei)의 사명을 갖는다. 하지만 교회는 이 세계 속에서 종말론적 미래와 자신이 부딪치는 현실 사이의 모순과 갈등을 경험한다. 교회는 항상 종말론적 약속에 의해서 개방된 새로운 미래를 향하여 나가는 '출애굽의 교회'이다.

그러면 몰트만은 왜 「소망의 신학」(1964)과 「십자가에 달리신 하나님」(1972) 다음에 「성령의 능력 안에 있는 교회」를 출간하였는가? 이에 대하여 몰트만은 다음과 같이 주장한다.

> 나는 부활 곧 기독교적 소망의 기초에서 출발, 성금요일 곧 하나님이 당하신 고난에 대한 연구를 거쳐서, 신학적으로 오순절 곧 성령 파송에 도달하였다. 아마도 이것은 교회력을 따라 생각한 것일 것이다. …… 나는 강

조점을 「소망의 신학」이 말하는 '십자가에 달리신 그리스도의 부활' 로부터 **「십자가에 달리신 하나님」**이 말하는 '부활하신 그리스도의 십자가' 로 옮겼으나, 이 두 관점은 '성령의 파송', 성령의 메시야적 역사 및 교회의 카리스마적 능력이 추가되지 않으면 부족한 것으로 여겨진다. 이런 의미에서 이 책은 초기 두 저서들을 보완하는 것으로 보인다.[76]

몰트만은 「성령의 능력 안에 있는 교회」에서, '세상을 다루시는 하나님의 삼위일체적 역사' 의 맥락 속에서 교회의 종말론적 선교를 종말론적 기독론과 종말론적 성령론에 자리매김시킨다. 보캠에 의하면, 몰트만이 이 책으로부터 동방정교회의 삼위일체론에 관심을 갖기 시작하여 향후 계속 삼위일체 하나님을 강조한다고 한다.[77]

보캠은 몰트만의 교회론을 '관계적 교회론'(relational ecclesiology)으로 본다. 삼위일체 하나님은 교회 이외에 이스라엘 백성, 타 종교들, 세속세계를 모두 포함하면서 종말론적 하나님의 나라 혹은 새 창조의 세계를 향해 역사하신다고 본다. 보캠에 따르면 "교회란 그리스도와 성령의 보편적인 하나님의 나라를 향한 보편적 선교에 참여함으로써 전체에 참여한다."[78] 그래서 "교회는 메시야적 공동체로서, 메시야적 소명을 수행함에 있어서 자신을 절대화하지 않으면서 자신의 파트너들과 대화하며 협조하는 개방적인 관계를 지닌다."[79] 따라서 교회는 삼위일체 하나님의 세상 참여에 동참하는 것이다.

우리는 「성령의 능력 안에 있는 교회」에 있어서 성령의 자리매김과 역할에 대해서 언급할 필요가 있다. **「소망의 신학」**이 아직 삼위일체 하나님의 연관 속에서 성령에 대하여 말하지는 않으나, 교회가 성령의 역사 가운데 십자가에 달리신 그리스도의 부활이 열어 보여 준 만유의 새 창조(이 세계의 멸절이 아니라 변형)에 대한 종말론적 약속을 바라보면서 *missio Dei*를 실현해야 한다고 했다. 교회의 *missio Dei*를 가능케 하는 성령은 십자가에 달리신 그리스도의 부활에 나타난 종말론적 약속과 새 하늘 새 땅에서의 약속된 종말론적 변형 사이를 매개한다.[80] 몰트만은 성령을 "그리스도의 미래 곧 우주적 부활과 생명의 미래에 대한 담보요 보증"[81]이라고 한다. 그런데 몰트만은 1970년대에 와서 삼위일체론의 맥락에서 성령을 언급하였고, 계속해서 삼위일체의 맥락에서 성령을 언급한다.

몰트만에게 있어서 삼위일체 교리는 예수님의 역사와 성령의 역사 혹은 예수님의 선교와 성령의 선교에 대한 신학적 해석인데, 삼위일체 하나님과 이 맥락 속에서의 성령의 자리매김과 역할이 **"성령의 능력 안에 있는 교회"**에서 개진되고, 그것이 **"삼위일체 하나님과 하나님의 나라"**에서는 완전히 주제화되었다. 그리고 성령의 자리매김과 역할은 삼위일체 하나님의 역사 참여 안에서 약속된 종말론적 세계를 바라보면서 교회의 *missio Dei*를 진행시키는 데 있다. 따라서 성령의 자리매김과 역할이 예수 그리스도의 역사와 약속된 종말 사이에 있다고 하는 기본적인 입장에는 변함이 없다.

2) 하나님의 삼위일체적 역사 속에 있는 교회

몰트만은 예수 그리스도의 역사(*missio Christi*)와 성령의 역사(*missio Spiritus*)에 근거한 삼위일체 하나님의 역사를 우주적 종말론의 틀거리로 보면서, 만유가 이 삼위일체 하나님 안에서 통일될 것이며 새롭게 창조될 것이라고 한다. 몰트만에게 있어서 교회는 이처럼 종말론적 시야를 가지고 삼위일체 하나님의 세계 참여의 역사에 동참한다. 교회는 기본적으로 삼위일체 하나님의 우주적이고 만유구원론적인 하나님의 나라를 향한 운동(*missio Dei*)에 참여한다. 여기에서 결정적으로 중요한 것은 삼위일체 하나님의 객관적이고 보편적이며 종말론적인 *missio Dei*이다. 교회의 참여는 그 다음 문제이다.

몰트만은 삼위일체 하나님의 정체성을 말하기 위해서 "성부에 의한 성자와 성령의 파송", "그리스도 역사의 기원과 미래", "성령을 통한 성부와 성자의 영화롭게 되심", "하나님의 '연합'", "하나님의 '경험'", 그리고 "교회의 하나님의 역사에의 참여"[82]를 논한다. 여기서는 "교회의 하나님의 역사에의 참여"에 대해서만 논하려고 한다.

3) 교회의 하나님 역사에의 참여

이상에서 몰트만은 하나님의 세계 참여의 삼위일체론적 역사를 종말론적 비전을 가지고 논한 다음에, '하나님의 선교'(missio Dei)에 입각한 교회론을 펼친다. 그는 교회를 삼위일체 하나님의 선교의 대행자로 이해한다. 교회는 성령의 지도 하에서 missio Dei의 대행자이다. 이때에 그는 삼위일체 하나님의 선교운동이 교회뿐만 아니라 나머지 세계와 창조세계까지 포함하는 것으로 이해한다. 몰트만에게 있어서 삼위일체 하나님의 세상 관여는 이스라엘 백성, 타 종교들, 세속 세상, 창조세계를 포괄한다. 이것에 비추어 볼 때 종교개혁 전통의 교회 정의는 교회의 본질과 기능을 교회 안에 가두는 경향이 많다고 하겠다. 몰트만에게 있어서 교회는 종말론적 시야를 가지고 삼위일체 하나님의 세계 참여의 역사에 동참한다.[83]

따라서 몰트만은 사도신경이 '삼위일체 하나님에 대한 신앙'(credo in deum) 다음에 곧바로 '교회를 믿사오며'(credo ecclesiam)를 고백하고 있는 것으로 보고, 교회론이 '하나님의 세계 관여의 삼위일체적 역사' 다음에 오고 있는 것의 근거로 삼고 있다.[84]

4) 예수 그리스도의 교회

몰트만은 이상에서 교회를 객관적이고 우주적이며 만유구원론적인 하나님의 나라를 소망하면서, 하나님의 세상 참여의 삼위일체적 역사에 동참하여 *missio Dei*를 추구하는 것으로 보았다. 이제 몰트만이 하나님의 나라와 교회의 관계를 논하는 "하나님 나라의 교회"(제Ⅳ장)와, 교회를 성령론과의 관계에서 논하는 "성령의 능력 안에 있는 교회"(제Ⅴ장)를 논하기에 앞서 교회의 초석을 예수 그리스도로 보는 것은 신학적으로 참 중요하다. 몰트만은 역사에 관여하시는 종말론적인 삼위일체 하나님의 역사에 동참하는 교회 역시 종말론적인 기독론과 종말론적인 성령론에 근거하고 있다고 보아, 인류 전체와 구별되는 특수 공동체인 교회가 객관적이고 보편적이며 종말론적인 삼위일체 하나님을 바탕으로 하고 있다는 것을 주장하고 있다.

이제 우선 "예수 그리스도의 교회"에서 예수 그리스도께서 교회의 초석일 뿐만 아니라 이 '예수 그리스도'께서 어떤 의미에서 종말론적인 분인가를 소개해야 한다. 아래의 인용은 우선 예수 그리스도께서 교회의 초석임을 힘주어 말하고 있다.

> 그리스도가 없으면 교회가 없다. 교회론은…… 하나님의 그리스도(메시야)이신 예수님과 불가분리하게 연결되어 있다. 교회가 자신에게 이름한 예수 그리스도의 교회는 그리스도를 그의 교회의 주체로 보고, 교회의 삶을 그분께 조율할 것을 요청한다. 교회론은 오직 기독론으로부터 발전될 수 있다. 교회론은 그것의 결과요, 그것과 상응한다.[85]

몰트만이 교회의 초석으로서의 예수 그리스도에 대한 가르침에 있어서 기여하는 바는 그를 종말론적인 위격으로 보는 점이다. 몰트만은 그리스도(기독론)와 교회(교회론)의 관계를 시작(예수님)으로부터 보지 않고 끝으로부터 본다. 예수께서 십자가상에서 자신을 내어 주신 사건을 죽은 자들로부터 부활하시어 주님으로 승귀하신 사건에 비추어서 이해한다.[86] 그런데 몰트만은 이와 같은 예수 그리스도 사건에서 부활을 강조한다. 그는 '주님', '하나님의 그리스도'를 비롯한 모든 기독론적인 칭호들이 부활 사건으로 말미암았다고 하면서, 바로 이 부활이 예수님의 '종말론적 자리'를 확립하였다고 한다. 그래서 몰트만은 교회의 초석이신 예수 그리스도께서 종말론적인 위격으로서 종말론적인 교역을 감당하셨다고 하는 사실과, 이로써 교회론 역시 종말론적인 공동체가 되어야 한다는 것을 말한다.[87]

그래서 교회는 이상과 같은 객관적이고 보편적이며 종말론적인 예수 그리스도의 위격과 교역(the Person and Work) 혹은 복음을 기억하면서 이 복음이 약속하고 보여 주는 미래 지향적인 소망을 가지고 살아간다고 한다.

이어서 몰트만은 "그리스도의 메시야적 선교, 대표적인 자기 내어 주심, 자유케 하시는 주권에의 교회의 참여에 비추어서 교회의 실존과 과제들을 이해하기 위해서"[88] 예수 그리스도의 "삼중직"(triplex munus-예언자직, 제사장직, 왕직)을 논하는데, 바로 이 삼중직을 수행하신 그리스도께서 종말론적인 위격이라는 점을 강조한다. 몰트만은 예언자직과 교회에 대하여 "예수님의 메시야적 선교와 출애굽 공동체"를, 제사장직과 교회에 관하여 "예수님의 수난과 십자가 공동체"를, 그리고 왕직과 교회에 관하여는 "예수님의 주 되심과 하나님 나라의 형제애"를 각각 논한다. 그리고 몰트만은 전통적인 "삼중직" 이외에 "예수님의 영광과 '끝이 없는 축제'"와 "그리스도의 우정 안에서"를 더 논한다. 적어도 몰트만에게 있어서 교회의 존재 이유는 이와 같은 예수 그리스도의 직분들에 근거한 삼위일체 하나님의 역사 참여이다.[89]

5) 그리스도의 현존 안에서 교회의 자리

몰트만은 교회의 '표지들'(notae ecclesiae, marks of the Church)이나 기타 교회의 어떤 특징들의 목록에 의해서 교회를 정의하지 않고, 교회는 '예수 그리스도의 교회'이기 때문에 교회보다 예수 그리스도를 앞세워 예수 그리스도에 대한 논의에서 교회를 정의하려고 한다. 그런데 그는 여기에서 예수 그리스도께서 어디에 계신가를 물으면서, "예수 그리스도께서 계신 곳에 교회도 있다."(ubi Christus ibi ecclesia)고 주장한다. 그 이유는 "교회가 무엇인가?"를 교회의 표지나 그 어떤 특징에서 출발할 경우에 객관적 진리 표준이 문제가 되기 때문이다. 그리하여 몰트만은 "첫째, 그리스도께서는 사도직에, 성례에, 그리고 형제들의 교제에 현존하신다. 둘째, 그리스도는 형제들 가운데 작은 자에게 현존하신다. 셋째, 그리스도는 그의 재림 시에 그 자신으로서 현존하신다."고 말한다.

6) 하나님 나라의 교회

몰트만은 제4장에서 1. 관계 속에 있는 교회, 2. 교회와 이스라엘 백성, 3. 기독교와 세계 종교들, 4. 세계적 삶의 과정 속에 있는 기독교, 5. 미래와 현재에 있어서 하나님의 나라를 논하면서 이 모든 것의 종말론적 완성을 바라보는데, 여기에서 교회는 하나님 나라의 교회이다. 몰트만은 이스라엘 백성, 타 종교들, 세속 세계가 삼위일체 하나님의 세계 참여 속에 있고, 이것이 새 창조의 세계를 지향하는 것으로 보며, 그 다음에 교회가 저 완성될 종말론적인 하나님 나라의 기대요 대표라고 말한다.

7) 성령의 현존 안에 있는 교회

몰트만은 칼 바르트와 더불어 신약성경에 나오는 '신비'(misterion)의 라틴어 번역어가 'sacramentum'인데, 이것이 신약성경에서 '세례'나 '성만찬' 등을 나타내고 있지 않다고 한다. 몰트만은 삼위일체론의 틀 안에서, 그리고 종말론적 기독론에 근거하여 성령의 종말론적 기능을 주장한다. 몰트만은 '신비'를 그리스도만(바르트의 경향)으로도 보지 않고, 교회만(로마 가톨릭교회의 경향)으로도 보지 않는다. 그는 '성령 안에 계신 예수 그리스도'와 '성령 안에 있는 교회'를 하나님 나라의 '신비'로 본다.

몰트만은 이상과 같은 '신비'를 종말론적 기독론, 종말론적 성령론, 종말론적 삼위일체론, 종말론적 교회론에 입각하여 이해하고, 이것을 전제로 '복음', '세례', '성만찬', '예배' 및 '메시야적 생활방식'에 대해서 말하고 있다. 이 부분은 몰트만에게 있어서 사도신경의 교회론 부분인데, 이 부분이 전적으로 이상에서 지적한 종말론적 성령이해에 의해서 결정되었다고 보면 된다. 여기에서는 '복음', '세례', '성만찬'에 대해서만 소개하고자 한다.

(1) 복음

몰트만은 "기독교회란 사도적 복음 선포로부터 태어나고 성장하며 이 선포의 행위 안에서 살아 있다."[90]라고 주장하면서, 여기에서 '선포'란 '공적인 설교'만을 의미하는 것이 아니라 "그리스도의 역사와 이 역사가 개방하는 하나님의 나라를 위한 교회와 기독교의 모든 표현들"[91]을 의미한다고 한다. 따라서 그것은 "설교, 가르침, 그룹들, 개인들과의 대화, 이야기하기, 위로하기, 격려하기 및 공적 매체를 통한 자유케 하기"[92]를 포함한다.

몰트만은 칼 바르트의 기독론적으로 축소되는 말씀이해를 극복하기 위해서 역시 삼위일체론적 말씀론을 펼친다. 몰트만은 삼위일체 신학에 입각하여 하나님의 말씀이신 신약의 복음을 역사적으로, 그리고 종말론적으로 이해하고 있다.[93] 그리고 몰트만은 비종말론적 복음이해를 거부한다. 그는 하나님의 말씀, 설교, 보고 혹은 전승은 복음의 부분적인 측면들만을 재생시킨다고 하면서, '복음'(사도적 선포와 그리스도의 역사)을 종말론적으로 이해한다.[94]

몰트만은 제2이사야와 묵시문학 종말론적 전통에서 '복음'을 이해하는 시각을 발견한다. 제2이사야에 따르면, 예언자는 '여호와의 종국적인 결정적 승리'와 '새 시대의 동터 오름' 혹은 '구원의 시기'를 미래로부터 기다린다는 것이다. 그리고 이 하나님의 통치가 이르기 전에 한 기쁨에 충만한 종말론적 메신저가 나타나 하나님의 왕적인 통치와 그의 백성의 해방을 선포할 것이라고 한다. 그가 하나님의 통치와 인간의 해방을 선포하며 종말론적 시대를 선포할 때, 그의 기쁨에 찬 메시지는 이 종말론적 시대를 현재화시키며 태초의 창조의 말씀처럼 구원의 시대를 창조하는 말씀이다. 그런데 이 새 시대는 열방들의 세계를 위해서도 시작된다.[95] 즉, 몰트만은 구약의 예언서들과 묵시문학의 종말론적 구도를 가지고, '복음'이란 미래 지향적인 하나님 나라의 신비를 계시하고 하나님 나라를 약속한다고 주장하는 것과 마찬가지이다.

그래서 몰트만은 이상과 같은 구약적 배경을 지닌 '하나님 나라의 복음'이 최초로 신약성경의 복음서들에서 발견된다고 한다.[96] 뿐만 아니라 몰트만에 따르면, 바울은 복음서들에서처럼 '하나님 나라의 복음'을 말하지는 않으나 그의 사도적 복음에 대한 이해 역시 종말론적 틀을 갖고 있다. 바울이 절대적인 의미에서 복음이란 말을 사용할 경우, 그것은 '십자가에 달리셨다가 부활하신 예수 그리스도의 구원 메시지'를 뜻한다. 이 복음의 내용은 그리스도 자신, 하나님의 아들, 주님의 종말론적 구원사건으로서 그분의 죽음과 부활이다.[97] 그리하여 몰트만은 "복음서들과 사도적 복음은 상호 보완적이고, 서로가 서로를 해석하며, 상호 연관되어 있다."[98]고 한다.

따라서 사람들은 이상과 같은 객관적이고 보편적이며 종말론적인 복음을 성령의 역사로 받아들여서 교회의 구성원이 되고, 나아가서 삼위일체 하나님의 종말론적 역사 참여에 동참한다. 그리고 이와 같은 복음에 대한 수용은 교회 안에서, 그리고 교회를 통하여 일어난다. 그도 그럴 것이 지금 논하고 있는 부분이 "성령의 현존 안에 있는 교회"이기 때문이다.

(2) 세례

사람들은 객관적이고 보편적이며 종말론적인 복음을 신앙으로 수용하여 교회의 구성원이 되고, 세례를 통해서 공적으로 예수 그리스도와의 교제에 들어가며, 삼위일체 하나님의 역사에 동참한다. 여기에서 우리는 몰트만이 우주적이고 만유구원론적인 하나님의 나라를 주장하고 있음에도 불구하고 교회공동체의 특수성을 부인하지 않고 있다는 사실을 알 수 있다. 하지만 몰트만에게 있어서 기독교인의 세례는 종말론적인 의미를 갖는다. 기독교인들은 세례를 통해서 메시야 시대의 자유에로 부름을 받기 때문이다. 세례를 통해서 그리스도와 교제에 들어가고, 동시에 하나님의 삼위일체적 역사 속에 말려들어 이 하나님의 선교(missio Dei)에 동참하며, 종말론적으로 방향이 잡힌다.[99]

(3) 성만찬

사람들은 복음에 대한 메시야적 선포를 듣고 신앙에 이르며, 이처럼 부름받은 신앙하는 사람들은 그리스도의 교회에서 세례를 받는 데로 인도를 받는다. 그리하여 이 신앙공동체는 주님의 만찬에서 그리스도와의 유대(紐帶), 믿는 사람들 상호간의 유대를 축하하면서 주님의 식탁에서 예배를 드린다. 그래서 복음의 수용과 세례처럼 주님의 만찬에의 참여 역시 객관적이고 보편적이며 종말론적인 복음에 대한 특수공동체(교회)의 수용(收容)에 다름 아니다. 그런데 몰트만은 이 맥락에서 "세례란 유일회적으로 타당한, 출발하는 종말론적 징표요, 주님의 식탁에서의 정규적이고 꾸준한 교제는 도상에 있는 종말론적 징표이다."[100]라고 한다. 또한 몰트만은 "복음을 메시야 시대의 언어라고 하면서, 세례와 성만찬 역시 메시야 시대의 징표들"[101]이라고 한다. 몰트만은 장차 일어날 성만찬의 종말론적 의미를 이미 일어난 그리스도의 메시야적 고난에 대한 기억과 연결시킨다.

6. 결론

위에서 다룬 세 저서에서 몰트만 신학의 윤곽이 잘 드러났다. 그런데 몰트만 신학에 있어서 결정적인 이슈는 모든 인간과 지구생명 공동체, 그리고 나머지 우주만물에 대한 보편구원론에 있다. 그리고 그의 종말론에 있어서 매우 중요한 것은 그것의 출발점이 칼 바르트, 오스카 쿨만과 마찬가지로 성경의 단순한 명제적 진리에 있지 않고 종말론적 복음에 있다는 것이다. 그는 제2이사야와 묵시문학의 종말론적 전통의 시야에서 이 복음의 종말론적 계시와 약속을 제시하는데, 이 복음은 「십자가에 달리신 하나님」부터는 삼위일체론적으로 이해되고 있다.

몰트만은 이미 「소망의 신학」에서 복음의 부활 차원을 강조하는 종말론, 그리고 「십자가에 달리신 하나님」에서는 복음의 십자가 차원을 강조하는 종말론을 펼쳤다. 그는 십자가에 달리셨다가 부활하신 그리스도의 종말론과 부활하신 그리스도의 십자가의 종말론을 상호 관계 속에서 논했다. 몰트만은 이미 「십자가에 달리신 하나님」에서 삼위일체론적인 종말론적 복음을 말했고, 「성령의 능력 안에 있는 교회」에서는 교회가 종말론적 복음에 의해서 계시되고 약속된 객관적이고 보편적이며 만유구원론적인 하나님의 나라를 바라보면서, 역사의 지평 속에서 이 삼위일체 하나님의 역사 참여에 참여할 것을 힘주어 말한다. 몰트만이 「소망의 신학」에서는 복음의 부활 차원을 통해서 계시되고 약속된 종말론적인 시야에서 *missio Dei*를 논했다면, 이제 「성령의 능력 안에 있는 교회」에서는 교회가 삼위일체 하나님의 역사 참여에 참여하는 *missio Dei*를 말한다.

따라서 이상과 같은 몰트만의 종말론은 성경의 명제적 진리들에 근거한 전통적인 전천년설, 후천년설 및 무천년설에 입각한 종말론과 크게 다르다. 가장 크게 다른 점은 전통적인 종말론이 모두 최후 심판 후의 이중적인 결과(천국과 지옥)를 주장하고 대부분 결과론적으로 '제한 속죄'(limited Atonement)를 말하는 데 반해서, 몰트만은 종말론적으로 모든 인류와 모든 지구생명 공동체와 모든 나머지 피조물들의 구원을 주장한다. 비록 몰트만이 '마지막 심판'과 '지옥'이 없는 것이 아니라는 것을 말하지만, 결국 그것들 너머에 하나님의 만유구원이 있게 될 것이라고 주장한다. 이런 의미에서 몰트만은 만인화해론, 나아가서 어느 정도 우주를 포함하는 만유화해론을 주장하는 칼 바르트의 화해론보다 한 걸음 더 나아가 결국 만유구원론을 추구한다고 보인다.

그런데 몰트만은 「성령의 능력 안에 있는 교회」에서 그리스도인들은 종말론적인 복음을 신앙으로 받아 소망 가운데 있게 되고, 종말론적인 세례를 통하여 삼위일체 하나님의 역사 참여에 참여하기 시작하며, 주님의 만찬에 참여함으로써 이와 같은 삼위일체 하나님의 역사 참여에 참여하는 도상에 있게 된다고 말한다. 그리고 그리스도인들은 성령 안에 있는 공동체에 참여하여 종말론적인 삶의 스타일을 영위하고, 은사를 따라 직분을 수행해야 하는 것이다. 이처럼 몰트만은 보편과 특수를 한데 묶는다. 즉, 하나님이 하실 일은 종말론적으로 만유를 구원하시는 것이요, 인간이 해야 할 일은 종말론적인 복음을 받아들여서 삼위일체 하나님의 역사 참여에 참여하는 것이다. 하지만 몰트만은 칼 바르트처럼 'de iure'('원칙적으로는' 만인화해)와 'de facto'('실질적으로는' 신망애의 공동체의 구원)의 이분법을 말하고 있지 않다.

끝으로 몰트만은 「십자가에 달리신 하나님」에서, 종말론적 재판으로서 십자가(부활의 시야에서 그렇게 나타난)를 통한 만유구원과 이것을 종말론적인 완성으로 이끄시는 삼위일체 하나님의 관계를 논하면서, "하나님이 만유의 주로서 만유 안에 계시려 하시는"(고전 15:28) "범재신론"(panentheism)을 논하기 시작하여 향후 저서들에서 이 주제를 더욱더 확고히 다져 간다. 즉, 몰트만은 삼위일체 하나님 자체 내의 상호 교류와 상호 내주(perichoresis)가 모든 인간과 지구생명 공동체와 모든 나머지 피조물들을 포함하는 경세적 삼위일체 하나님의 역사 참여 과정으로 이어지고, 종말론적으로 삼위일체 하나님과 새롭게 된 만유가 상호 교류하고 내주하는 관계 속에 들어가는 '송영론적'(doxological) 차원을 말하고 있다. 하지만 몰트만에게 있어서 삼위일체 하나님이 만유에 충만하시고(Shekinah), 하나님과 만유가 서로 교류하며 내재하는 새 하늘과 새 땅에서도 하나님과 피조물은 질적으로 다르다. 이때에 하나님의 영원 자체와 새롭게 된 시간과 공간의 차이는 엄존할 것이다.

■■■ 미 주 ■■■

1. J. Moltmann, *How I Have Changed*(London : SCM Press, 1997), p. 13.
2. J. Moltmann, *Jesus Christ for Today's World*(Minneapolis : Fortress Press, 1994), pp. 2-3.
3. Ibid.
4. J. Moltmann, *How I Have Changed*, p. 13.
5. Ibid., p. 1.
6. Ibid., p. 14.
7. Ibid., p. 15.
8. Ibid., pp. 15-16.
9. Richard Bauckham, *Moltmann : Messianic Theology in the Making* (Basinstoke : Marshall Morgan and Scott, 1987), pp. ix-x. 비교 : Richard Bauckham, *The Theology of Juergen Moltmann*(Scotland : T

& T Clark Ltd., 1995), p. ix, pp. 3-4.
10. J. Moltmann, *God in Creation*(London : SCM Press Ltd., 1985), pp. ⅹⅳ-ⅹⅴ. 몰트만은 *The Spirit of Life*(1991)을 더 첨가하고 있으나, *God in Creation*에 있어서 God이 결국 성령 하나님이신 것을 감안, 본인은 여기에서 열거한 5권만을 소개하려고 한다.
11. 나머지 저서들의 신학적인 논지들에 대하여는 이형기, 「알기 쉽게 간추린 몰트만의 신학」(서울 : 대한기독교서회, 2001)을 참고하라.
12. J. Moltmann, *Theology of Hope*(New York : Harper & Row, 1975), p. 42.
13. 단순히 성경의 명제적 진리들에 근거한 종말론은 전천년, 후천년, 무천년설적 종말론을 피할 수가 없다.
14. Ibid., pp. 84-86.
15. Ibid., p. 162.
16. Ibid., p. 163.
17. Ibid.
18. Ibid., p. 164.
19. Ibid., p. 202.
20. Ibid., pp. 204-205.
21. Ibid., p. 205.
22. Ibid.
23. Ibid., p. 208.
24. Ibid., p. 209.
25. Ibid., p. 210.
26. Ibid.
27. Ibid., pp. 210-211.
28. Ibid., p. 211.
29. Ibid.
30. Ibid., p. 212.
31. Ibid., pp. 212-213.
32. Ibid., p. 216.
33. Ibid., p. 217.

34. Ibid., p. 218.
35. Ibid., pp. 283-284.
36. Ibid., p. 284.
37. Ibid. 참고 : Ibid., p. 289.
38. Ibid., pp. 304-305.
39. Ibid., p. 325.
40. Ibid., p. 325.
41. Ibid., p. 325.
42. Ibid., p. 325-326.
43. Ibid., p. 327.
44. Ibid., p. 327.
45. Ibid., p. 328.
46. Ibid., p. 330.
47. Ibid., p. 330.
48. Ibid., p. 333.
49. Ibid., p. 92.
50. J. Moltmann, *The Crucified God*(London : Harper & Row, 1974), p. 88.
51. Ibid., p. 98.
52. Ibid., p. 99.
53. Ibid., p. 126.
54. Ibid., p. 127.
55. Ibid., p. 161.
56. Ibid., p. 162.
57. Ibid., p. 163.
58. Ibid., p. 166.
59. Ibid., p. 167.
60. Ibid., pp. 169-170.
61. Ibid., pp. 170-171.
62. Ibid., p. 178.
63. Ibid., p. 179.

64. Ibid., p. 182.
65. Ibid., p. 184.
66. Ibid.
67. Ibid., p. 186.
68. Ibid., p. 192.
69. Ibid., pp. 192-193.
70. Ibid., p. 202.
71. Ibid., p. 203.
72. Ibid.
73. Ibid., p. 235.
74. Ibid., p. 241.
75. Ibid., p. 204.
76. J. Moltmann, *The Church in the Power of the Spirit*(London : Harper & Row, 1977), pp. ⅹⅵ-ⅹⅶ.
77. R. Bauckham, p. 122.
78. Ibid., pp. 125-126.
79. Ibid., p. 126.
80. J. Moltmann, *The Tehology of Hope*, pp. 161-162, 211-212, 216.
81. Ibid., p. 211.
82. J. Moltmann, *The Church in the Power of the Spirit*, pp. 53-63.
83. Ibid., p. 65.
84. Ibid.
85. Ibid., p. 66.
86. Ibid., p. 74.
87. Ibid.
88. Ibid., p. 75.
89. Ibid., p. 119.
90. Ibid., p. 206.
91. Ibid.
92. Ibid.
93. Ibid., p. 209.

94. Ibid., pp. 215-216.
95. Ibid., pp. 216-217.
96. Ibid., p. 217.
97. Ibid., p. 218.
98. Ibid., p. 219.
99. Ibid., p. 226.
100. Ibid., p. 243.
101. Ibid.

VII

얀 밀리치 로흐만 : 화해와 해방을 지향하는 개혁신학[1]

교부 터툴리안(Tertullian)의 말처럼, "태어날 때부터 이미 그리스도인이 된 사람은 아무도 없으며, 사람은 그리스도인이 되어 가는 것이다"(Fiunt, non nascuntur Christiani). 내가 걸어온 신학여정을 쭉 돌이켜 보면, 내가 태어난 체코슬로바키아의 메투지(Nove Mesto nad Metuji) 마을의 분위기가 나에게 끼친 영향을 무시할 수 없으며, 그 무엇보다도 부모님과 형제자매들의 영향이 특별히 컸다.

내가 태어난 고장은 중세적인 유산(가톨릭교회)을 잘 유지하였고, 우리 집은 이러한 동네 분위기 속에서 개신교회의 신앙을 지켜 나가는 소수의 몇몇 가정들 가운데 하나였다. 아버지는 개신교회를 관용하는 가톨릭 마을 체르니로브(Cernilov) 출신이고, 어머니는 세모니체(Semonice)

출신이었다. 부모님의 신앙은 개혁교회의 신앙을 그 명맥만 겨우 유지하는 관습적 신앙이 아니라 분명한 신앙고백과 생명력이 가득한 생활신앙이었다. 이러한 신앙생활은 가정예배에서 시작되었다. 내 어린 시절의 기억을 더듬어 보면 가정예배를 주로 아버지가 인도하셨는데, 아버지는 큰 소리로 찬송을 부르셨다. 이 시간엔 가족들이 자기가 하고 싶은 대로 의자에 앉거나 일어서서 찬송을 불렀다. 아버지는 일어서서 방안을 빙빙 돌아다니면서 찬송을 부르셨는데, 막내아들인 나는 그의 어깨 곧 '보좌' 위에 걸터앉아서 함께 응얼거리며 따라 불렀다. 이때 부른 찬송이 언제나 나의 기억 속에 머물러 있는데, 그 찬송 가사를 소개해 보면 : "보좌에 계신 성부 성자 성령 삼위일체 하나님께 영원히 찬송 드리세." 이 찬송가사는, 특별히 보좌라는 단어에서 언제나 커다란 경이로움으로 내 기억 속에 남아 있다.

그런데 이러한 어린 시절의 경험은 나중에 내가 신학자로서 삼위일체 하나님을 강조하게 되는 씨앗이 되었다. 삼위일체 하나님에 대한 강조는 무미건조하고 창백한 가르침과 이론이 아니라 하나님의 사랑을 체험한 데서 비롯되었고, 여기에서 비롯되어 하나님을 찬송하고 하나님에게 영광을 돌리는 것이었는데, 이 모든 것이 어린 시절의 체험에 그 뿌리가 있다.

이러한 가정 분위기가 나에게 지속적으로 영향을 끼쳐서, 나는 일평생 개혁교회의 신앙고백에 깊은 성실성을 가지고 있다. 토마스 마싸릭(T. G. Masaryk)이 그의 철학사상에서 체코의 역사에 관하여 피력했고 "영원한 관점 아래에서"(sub specie aeternitatis)에서 민주주의에 대하여 서술한 대로, 나는 가톨릭교회의 전통이 깊은 고장에서 개혁교회의 신앙을 지키는 소수의 교인으로서 개인적인 차원에서나 공공의 차원에서도 나의 신앙을 성실히 지키는 일을 소중히 간직하였다. 여기에는 또한 '기독교의 고전적인 노선'에 대하여 관심을 갖게 하는 여러 자극들이 있었다. 이 자극은 우리 가족들이 결코 잊지 못할 소노버(Sonover)의 목사 로마드카(J. L. Hromadka)의 영향에서 비롯되었고, 나의 형님들과 누이들이 기독교청년회(YMCA)의 아카데미 반에서 일하면서 보여 준 모범적인 태도에서 비롯되었으며, 우리 집을 자주 방문하신 수많은 목사님들에 대한 존경심에서 비롯되었다.

특별히 내가 감사함으로 기억하고 싶은 분은 보후미르 포펠라(Bohumir Popelar) 목사님과 얀 두스(Jan Dus) 선생님이다. 포펠라 목사님은 나의 청소년 시절에 우리 교회에서 목회하셨고, 두스 선생님은 짧은 기간이지만 내가 다닌 나호드(Nachod)의 김나지움(Gymnasium) 고등학교에서 종교교육을 담당하셨다.

그러나 이제까지 밝힌 사실들로 말미암아 내가 선뜻 신학수업을 시작하지는 않았다. 나는 청소년 시절에 장래의 직업을 위하여 다른 길을 선택하였다. 먼저 연극을 배우는 학교에 다녔다. 이 무렵에 중학생 시절에 연습 삼아 쓴 문학작품들을 여기저기에 발표했었는데, 신기하게도 이 글들에 대하여 신문과 잡지가 좋은 반응을 보였으므로 나의 문화적 관심이 한층 더 높아지게 되었다. 그리고 그 다음에는 철학수업을 선택하였다. 여기에서 나는 마싸릭과 라들(Emanuel Radl)의 사상에 영향을 크게 입었다. 만일 1930년대 말에 독일이 체코를 침공하지 않았더라면, 나는 철학과 체코 문학을 계속 공부하였을 것이다. 그러나 이 침공사건이 나의 장래계획을 물거품으로 만들어 버렸다.

그런데 이 상황에서 교회가 결정적인 도움을 주었고, 이 도움이 신학을 공부하는 계기로 작용하였다. 독일의 침공 이래로 체코의 신학교는 정규 교과과정에 따라 신학을 가르칠 수 없었는데, 이에 신학자 소우섹(J. B. Soucek) 교수의 탁월한 지도력 아래 '보충수업'(Ersatz-Studium)이라는 형태로 특별과정이 개설되었다. 이때 어떤 사람이 나에게 이 과정에 다니라고 권면하였고, 그가 누구였는지는 기억이 희미한데, 아무튼

이 과정에 지원해서 신학을 배우게 되었다. 또한 이때 교회가 '부(협력) 목회자'(Hilfsgeistliche)라는 증명서를 발급해 주었기에 공안 당국의 감시를 피해 공부할 수가 있었다. 그렇지만 나는 이때만 해도 목회자가 되기를 원치 않았고, 그래서 신학을 시작했으면서도 정말 이 길을 가야 할지 매우 주저하면서 공부를 따라갔다. 예를 들어, 목회자가 되면 장례식을 주관해야 한다는 두려움이 나의 마음을 내리눌렀다.

나는 프라하로 가서 소우섹 교수를 방문하였다. 그리고 그분 앞에서 내 심정을 솔직하게 털어놓았다. 신학을 배우고 싶기는 하지만 이것이 나의 장래 직업과 연결되어야 하는지 확신이 잘 서지 않는다고 말씀드렸다. 그리고 만일 신학을 다 배우고 졸업해서 목회자로서 교회 일을 맡게 되면 이것은 이미 교회를 섬기기로 결단한 어느 한 사람의 자리를 빼앗게 되는 꼴인데, 만일 그렇다면 차라리 이제라도 신학공부를 포기하겠다고 말씀드렸다. 그러자 소우섹 교수님이 결코 잊을 수 없는 말씀으로 응수하셨다. "그래, 네 말의 뜻을 잘 알고 있어. 나도 역시 신학공부를 시작하고자 결심하던 때에 그런 생각을 했었지."

이렇게 해서 나는 신학의 길에 본격적으로 들어섰다. 마음을 굳히니 신학수업이 대단히 만족스러워졌다. 소우섹 교수는 모든 학생들의 마음을 사로잡는 감동적인 스승이셨다. 그는 신학의 기초와 내용들을 세계적인 수준으로 소개해 주셨다. 그의 곁에는 언제나 많은 학생들이 모여들었는데, 그들 가운데는 나의 절친한 친구들도 있다. 루돌프 리샨(Rudolf Rican), 토비아스(F. M. Dobias), 예쉬케(J. B. Jeschke), 그리고 비취(M. Bic) 등이다. 나는 또한 학창시절에 잠시 동안 소우섹 교수의 소개로 스트레쇼비체(Stresovice)에 있는 교회에서 임시 전도사로 일하였는데, 이 교회에는 당시에 청소년 활동이 대단히 활발하였다. 그 후에, 신학교를 졸업한 다음에 클라드노(Kladno)와 라코브닉(Rakovnik)에 있는 교회에서 각각 목회하였다. 나는 이런 식으로 열정이 넘치는 신학자가 되었고, 이 과정에서 조금의 흔들림이나 흐트러짐도 없이 아주 절도 있게 일하였다. 제2차 세계대전이 끝나면서 체코가 해방되고 대학의 문이 다시 열리자 철학을 다시 공부하였다. 그러나 철학에 미련이 남아 있던 것은 아니었으며, 이미 나의 주전공은 신학이었다.

외국 대학에서 유학하던 동안에도 그러했다. 나는 스코틀랜드에서 가장 유서 깊은 성 앤드류(St. Andrews) 대학에서 유학하였다. 앤드류 대학이 지급한 장학금은 아주 귀중한 선물이었다. 그런데 본래 계획은 이 대학이 아니라 에딘버러(Edinburgh) 대학으로 유학 가는 것이었다. 따라서 성 앤드류 대학으로 유학하게 된 것은 내 의지와 관련이 없던 일이었다. 그러나 나중에 나는 가끔 운명의 비밀을 이해하는 열쇠가 되는 격언을 되새기곤 하는데, "인간의 혼돈-하나님의 예견"(Hominum confusione-Dei providentia)이란 경구이다. 성 앤드류에서 생활하면서 처음 느낀 점들이 시간이 지나자 차츰차츰 하나씩, 둘씩 바뀌어 갔는데, 이렇게 작고 아담한 교정에서 신학을 배우고, 특별히 성품이 훌륭하고 학문적으로도 빼어난 베일리(D. M. Baillie) 교수에게 신학적인 도전을 받으면서 많은 것을 배웠다. 이렇게 해서 시작된 이 대학과의 관계가 오늘날까지도 유지되고 있다.

또한 이곳에서 전혀 예상치 못하였던 새로운 길이 다가왔다. 당시에 조직신학자로서 유럽의 신학계에 널리 알려진 에밀 브룬너(Emil Brunner)가 이 대학에서 기포드 강연을 하였는데, 이 기간 동안에 매일 그를 만났다. 그의 주선으로 스위스에서 신학공부를 계속할 수 있는 초청장이 주어졌고, 나는 바젤로 갔다. 당시에 이 도시는 유럽 신학의 중심지였다. 나는 또한 이미 오래 전부터 이 도시와 신학적으로 이런 저런 관련을 맺고 있었다. 예컨대, 내가 신학공부를 하면서 처음으로 쓴 논문의 제목이 바젤의 인문주의자 "에라스무스와 종교개혁과의 관계"였다. 그리고 1946년 바젤에서 에큐메니칼 행사가 열렸는데, 이 행사에 난생 처음으로 기독교청년회(YMCA) 아카데미반 대표들과 함께 참석하였다. 이것이 나의 첫 에큐메니칼 해외여행이었다.

그 무엇보다도 바젤에는 신학자 칼 바르트가 교수로 일하고 있었다. 또한 오스카 쿨만(Oscar Cullmann), 철학자 칼 야스퍼스(Karl Jaspers), 생물학자 아돌프 포르트만(Adolf Portmann) 등 여러 분야의 학자들이 있었다. 나는 이분들의 가르침과 지도에 따라 학문을 닦았다. 그리고 그 이후에 바젤은—특히 칼 바르트가—놀랍게도 나를 잊지 않고 기억해 주었다. 바젤 대학교 신학부의 교회사 교수인 막스 가이거(Max Geiger)의 잊지 못할 주선과 스승 칼 바르트의 강력한 추천으로 나는 이 대학교 신학부의 교수가 되었고, 나중에는 이 대학교의 총장이 되었다.

바젤 대학교의 신학대학 교수로 부임하기까지, 나는 약 20년 동안 체코 프라하의 신학대학에서 교수로 일하였다. 당시의 신학대학을 코메니우스(Comenius) 신학부라 불렀다. 소우섹 교수는 언제나 학문적 용기를 북돋워 주셨는데, 나에게 박사학위 논문을 쓰라고 권하셨고, 그 다음에는 교수직 자격 논문(Habilitation)을 쓰라고 권하셨다. 이 두 논문을 로마드카 교수의 지도 아래 썼다. 로마드카 교수는 나에게 신학을 가르쳐 주신 선생님이시고, 또 나의 신학연구(조직신학)에—칼 바르트와 나란히—커다란 영향을 끼치신 분이다. 그분의 인도하심에 따라 '기독교의 고전적인 노선'과 정치·사회적인 사건에 관심을 가졌다. 그러나 로마드카, 바르트, 소우섹 가운데 그 어떤 분도 자신을 추종하거나 자신의 신학노선을 따르라고 강요한 적이 없었다.

코메니우스 신학대학에서 내가 가르친 분야는 "다양한 이론신학"이었다. 이것은 역할분담에 따라 그렇게 된 것이었고, 나는 이 일을 한 번도 즐겨 맡은 적이 없었다. 철학도 가르쳤는데, 철학을 신학적 관점에서 강의하는 일에 꽤 재미를 들였고, 나중에 바젤로 옮겨 가서 강의하는 동안에 나의 철학강의는 세계 여러 대학에서 적지 않은 관심을 불러일으켰다. 1960년 이래로 나의 가르치는 영역은 반갑게도 완전히 조직신학으로 정착되었다. 가르치는 일과 함께 목회와 행정도 주어졌다. 우리 가족은 비르카시히(Vjicharich) 골목에 있는 후스(Hus) 신학부 건물에 살았고, 이곳에서 기숙사 생활관장을 맡아 일하였다. 두 가지 일을 동시에 맡는 것은 시간적으로나 체력적으로 무척 벅찼다. 그래서 때때로 이 일들을 감당하느라 큰 애를 먹었다. 그러나 뒤돌아보면 신학도들과 더불어 사는 공동생활은—이따금씩 괴로운 일도 일어났으나—나의 삶을 풍성하게 하는 원천이 되었다고 본다. 또한 교회에서 자주 설교하고 강연도 하였는데, 이를 통하여 정치적인 압박이나 온갖 어려움에 시달리는 사람들을 놓임 받게 하는 복음 선포에 주력하였다.

1967년에 바젤 대학교 신학대학의 조직신학 교수로 부임하게 됨으로써 프라하에서 맡고 있던 많은 일에서 놓여나게 되었다. 그런데 이것은 내가 지원하여서 시작된 일이 아니었으며, 이제까지 단 한 번도 외국 대학의 일자리를 지원해 본 적이 없었다. 더욱이 1968년에 시작된 "프라하의 봄"에서 빠져나와 이 도시를 떠나는 것을 원치 않았다. 그러나 먼저 바젤 대학교의 당국과 스위스의 개혁교회가 각각 프라하의 신학대학과 체코의 개혁교회 총회로 청빙위원을 파송하여서 나를 바젤로 청빙하려는 일에 관하여 협의하였다. 그리고 나서 청빙위원들이 찾아왔으며, 나는 이 부름을 받아들였다. 그때 나는 약 7년 정도 바젤에서 일하다가 다시 프라하로 돌아올 것으로 어림짐작하였다. 그러나 나의 짐작보다는 훨씬 더 오랜 기간 동안 이 도시에 머물게 되었다.

바젤로 옮겨 가게 된 이래로 나의 에큐메니칼 활동이 대단히 활발해졌다. 당시의 체코에서는 최근 약 10여 년 동안에 국제적인 에큐메니칼 활동이 불가능하였다. 그저 이따금씩 로마드카 덕분에 해외로 나갈 기회가 주어졌을 뿐이었다. 이렇게 어려운 기회가 주어졌을 때에, 나는 독일의 본(Bonn)에서 잊을 수 없는 한 학기를 지냈다. 이곳에서 학문적으로, 또 인간적으로 깊이 존경할 수 있는 동료 이봔트(H. J. Iwand)와 골비쳐(H. Gollwitzer) 등을 만나 아주 가까이 지내며 교제하였다. 또한 세계교회협의회(WCC)에서, 특별히 1966년 제네바(Geneve)에서 "교회와 사회"라는 주제로 열린 협의회에 참석하였다. 1968년 웁살라(Uppsala)에서 열린 총회에 참석하였는데, 이곳에서 나는 향후 10여 년 동안의 에큐메니칼 지도위원으로 선출되었다. 그리고 그 이후에 세계개혁교회연맹의 지도위원으로 뽑혔다. 이렇게 활동하는 동안에 지구의 저편에 있는 교회들을 잘 파악하게 되었고, 정교회와 가톨릭교회의 풍부한 전통에 대하여 폭넓게 이해하게 되어서 신학적 지평을 넓혀 갔다.

나는 한국의 개혁교회 지도자들과 가깝게 지내면서 그리스도 안에서 교제하였다. 이 가운데서 특별히 기억하고 싶은 점은, 바젤 대학교 신학부의 박사과정에서 공부한 성실한 제자들의 모습[2]과 한국을 여러 차례 방문해서 그곳의 대학과 교회에서 강의하고 설교하였던 추억들이다.[3] 이것은 에큐메니칼 운동의 아름다운 보배임이 분명하다.

***

이제까지의 글은 내 생애에 관한 자서전적인 요약인데, 비록 낱낱의 단편적인 서술이긴 하지만 이것으로 만족하고자 한다. 이제부터는 내가 걸어온 신학여정에 관하여 몇 개의 주제로 나누어서 다루어 보고자 한다. 약 50년 동안 걸어온 신학여정은 여러 다양한 사회와 교회를 경험하면서 추구해 온 것이므로 이 신학 작업을 뭉뚱그려 간략하게 요약하는 것은 간단한 작업이 아니다. 그래서 나의 긴 신학여정에서 중요하게 부각된 다섯 가지의 주제를 뽑고자 한다. 이것은 어디까지나 '신학적 기억'을 위한 자료일 뿐이다. 1972년에 「철저한 유산」(*das radikale Erbe*)이라는 제목을 붙인 책(독어)을 출판하였는데[4], 이 책의 목차 속에 나에게 중요한 신학적 주제들을 자세히 열거하였다. 또한 같은 맥락으로 1988년에 「그리스도냐 프로메테우스냐?」(*Christ or Prometheus?*)라는 제목의 책(영어)을 출판하였다.[5] 이미 이 두 권의 책 속에서 이제부터 다루게 될 다섯 가지의 주제들을 보다 더 자세하고 길게 설명하였다.

1. 태초에 – 하나님

신학자에게 주어진 가장 중요한 과제는 살아 계신 하나님을 인식하고 고백하는 일에 집중적으로 몰두하는 일이다. 이 과제에 관하여 나는 신학공부를 시작하면서부터 분명하게 파악하였다. 신학 곧 '하나님에 대한 학문'(Theo-logie)이라는 개념 자체가 이것을 뜻한다. 이러한 확신을 뒷받침하는 것은 마싸릭의 사상이었는데, 나는 이미 고등학교 재학시절에 이러한 확신을 가졌다. 내가 남에게 들키지 않도록 숨을 죽여 가며 신학을 공부하던 어려운 시대에 숨통을 풀어 주는 신학사상은 로마드카의 역동적인 하나님 중심 신학이었다. 그의 성경적 경건과 신학은 역사의 주인이신 하나님의 뜻을 경외하면서 전개되는데, 우주 만물 가운데서 하나님의 뜻이 이루어지는 예수 그리스도의 통치는 이 세상을 넘어서고 모든 종교적 이상을 뛰어넘는 것이다. "하나님이 계시다"(Gott ist)라는 선포는 나에게 뿐만 아니라 내 동료들에게도 조금도 의심할 바 없는 공리(公理, Axiom)였다.

이 신학이 제2차 세계대전 직후에 한동안 약간 흔들렸으나, 얼마 지나지 않아서 여전히 신학계를 주도하게 되었다. 당시의 유럽 사회에는 세속화물결이 확산되어 나갔는데, 이 현상에 우리의 관심이 끌렸다. 1948년 2월에 체코 정부가 물리적인 힘으로 몰락되자 이제까지 부드럽고도 관용적이던 문화적 환경이 군사적이고 무신론적인 문화로 돌변하였다. 이 모든 현실이 우리를 당혹스럽게 하였지만, 코메니우스 신학부가 학교 문을 열고 있는 동안에는 싫든 좋든 간에 이 문제에 관하여 다룰 수밖에 없었다. 물론 이보다 더 심각한 것은 이러한 신학적 상황에서 터져 나오는 내부의 목소리였다. 특히, 독일 신학자 본회퍼의 음성이 우리에게 거세게 부딪쳐 왔다. "인간은 모든 중요한 삶의 문제들을 하나님 없이(작업가설인 하나님 없이) 저 혼자서 스스로 헤쳐 나가는 법을 배웠다. (이 상황에서) 하나님은 끊임없이 세상의 구석자리로 내몰렸으며, 결국 하나님은 그 구석자리마저 빼앗겨 버렸다. ……" 신학은 이러한 무신론 상황과 힘겨운 씨름을 해야만 했다.

그런데 우리를 깨우치는 이러한 음성이 이웃 나라 독일에서만 들려오는 것이 아니었다. 우리는 체코의 상황 속에서도 이 음성을 듣기 위하여 변화된 현실 속으로 들어가고자 했다. 이때 우리를 인도하는 평신도들이 있었는데, 이러한 평신도신학이 체코 신학의 자랑이다. 이 평신도들은 불라(Miroslav Bula), 코마르코바(Bozena Komarkova) 등이었다. 우리는 이들과 함께 일하면서 '깨어 있는 신학'과 복음의 '시민적 해석' 등을 위해 노력하였는데, 이 점이 시중의 화젯거리가 되었고, 더 나아가서 세계교회의 주목을 끌었다.

이것은 신학의 중심주제인 "하나님"에 대하여 새롭게 다시 고민하도록 자극하였다. 이제까지 오랫동안 체코의 문화 속에 내재해 있던 하나님에 대한 인식이—예컨대, 높은 곳에서 영광 중에 계신 신적 형상, 지배계층의 세계관 속에 잠재되어 있는 삶의 원칙인 하나님에 대한 의무감 등—그 당위성을 잃어버렸다. 이리하여 하나님이라는 주제는 신학적으로, 또 인간적으로 그 타당성마저 잃어버렸는가? 그러나 코메니우스 신학대학과 체코의 교회는 이러한 근시안적 유혹에 동요되지 않았다. 나중에 우리는 에큐메니칼 운동 현장에서 한때 유행되었던 '무신론(a-theistisch) 신학'의 '하나님 없는 신학자'들을 만났다. 물론 우리도 이러한 물결 속에 뛰어들고 싶은 충동을 느꼈으나, 이미 우리는 체코 무신론의 유혹을 겪는 동안에 면역이 되었다. 때마침 체코의 무신론은 천박한 전략을 펼침으로써 사회적 신뢰를 잃어 가고 있는 가운데서 이런 질문이 떠올랐다. "하나님에 대한 기존의 전통 관념이 무너지고, 또 '문화적인 고향 상실'은 오히려 새로운 길을 열어 볼 수 있지 않겠는가?" 즉, "성경에 증언된 하나님이 본래 어떤 분인지 이제부터 올바르고도 다양하게 파악해 볼 수 있지 않겠는가?" 나는 이 질문에 관하여 이미 프라하에서 고민하였으며, 또한 나중에 바젤과 에큐메니칼 현장에서도 이 문제와 지속적으로 씨름하였다.

내가 바젤 대학교에서 행한 두 번째 총장연설에서—독일 신학자 융엘(E. Jüngel)의 신학사상과 관련지어서—다음과 같이 말하였다 : "하나님은 부득이하게 존재해야 하는 분이 아니라 부득이하게 존재하는 그 이상의 분이다." 이 말을 통하여 내가 표현하고 싶은 생각은 성경에 증언된 하나님은 존재론적인 체계 속에 갇혀 있지 않다는 것이다. 존재론적인 체계는 하나님을 우주운행의 시작, 영광, 목표에 붙들어 매었다. 그러나 성경의 하나님 곧 이스라엘의 하나님이며 우리 주님, 예수 그리스도의 아버지는 전혀 미동(微動)도 하지 않으신 채 가만히 앉아 계시는 분이 결코 아니다. 그분의 주위에는 놀라움과 경이로움, 그 무엇보다도 기쁨과 은총이 둘러싸고 있다. 하나님의 본질적 요소(Wesens-Element)는 '자유'(Freiheit)이다. 하나님은 당신의 이름을 구약성경의 사람들에게 알려 주셨고, 이것이 성경에 기록되어 있다. 가령, 이스라엘이 하나님의 이름이 되었고, 출애굽기에 보면 하나님은 당신의 이름을 "나는 스스로 있는 자"로 밝히시면서 당신의 백성을 노예 신분에서 놓임 받게 하시고, 해방을 경험하게 하셨다. 그것은 신약성경에서도 다르지 않다. 신약성경에서 하나님이 누구인지 밝히는 중요한 구절은 로마서 4 : 24("예수 우리 주를 죽은 자 가운데서 살리신 이")이며, 이것은 생명과 사망의 한 가운데서 약속하신 자유이다. "하나님은 생명에 관하여 약속하였으며, 사망권세 속에서 생명의 힘이 용솟음치게 하신다"(독일의 신학자 골비쳐의 말을 인용).

어찌하여 신학이 이렇게 격조 높은 주제와 씨름하기를 단념하겠는가? 이 씨름을 위하여 신학이 어떻게 학문적 기반을 포기하겠으며, 일상의 생활에서 탈피하겠는가? 그러나 나는 이것을 포기하는 신학자들을 서유럽에서 종종 만났고, 이들은 신학에 대한 자긍심을 버리고 그 자리를 다른 것으로 메워 보고자 힘겹게 땀을 흘렸다. 그러나 체코의 전체주의 사회에서 경험한 바에 따라 꼼꼼히 따져 본 나는 이들과는 다른 노선을 선택하였다. 즉, 개인의 삶에서나 사회 전체에서나 인간 본질을 향해 던지는 근본적인 물음이 있는 곳에서, 성경은 어제나 오늘이나 한결같이 가르쳐 주기를 하나님이 삶의 현장에서 일어나는 모든 주제를 당신의 품 속으로 안으시며 희망과 용기를 주시고 해방케 하신다는 것이다. 구체적인 예를 들어 말하자면, 어느 한 개인이 삶 속에서나 죽음에 직면하여서 자신의 정체성에 대한 근거를 찾아보는 일이나 행정관청의 (부당한) 요구를 거부하고 거역하는 행위이다. 나의 경험 속에서 아직도 생생하게 남아 있는 점은, 전체주의 사회체제에서는 하나님에 관한 주제가 공식적으로, 또 공개적으로 금기사항으로 되어 있었는데, 그럼에도 불구하고 생각이 깊은 사람들에게나 사회의 문제점을 직시하며 여기에 참여하는 사람들에게는 이 주제가 자유로운 공간을 열어 주었다.

이러한 경험을 바탕으로, 나는 나중에 신학자 바르트가 쓴 「교회교의학」에 나오는 문장들을 선뜻 시인하였다. 그는 이 책의 2권 1부에서 이렇게 썼다 : "교의학은…… 하나님이 계시다는 것 이외에 어떤 다른 것도 말할 수 없다." 이로써 분명해지는 것은, 우리에게는 신학에 관한 전문지식만이 중요한 것이 아니고, 여기에 덧붙여야 할 것은 "우리 인간은 중요한 일이든 사소한 일이든 우리 현존과 관련된 모든 일 가운데서 (살아 계신) 하나님의 실재를 체험하며 살도록 허락받았고, 또 그렇게 살아야만 한다. 이 하나님의 실재는 모두와 낱낱에게 빛으로 환히 비출 뿐만 아니라 실제로 변화시킨다"(p. 288 이하). 이와 비슷한 강조를 나의 철학 스승인 야스퍼스(Karl Jaspers)의 글에서도 읽어 볼 수 있다 : "오직 초월자 한 분만이 실재하는 존재이다. '이것이 신성이다' 라는 것만으로도 충분하다. 이 신성의 존재에 대하여 확신하는 것은 거기에 이르는 유일한 길이다"(K. Jaspers, *meine Philosophie*, 1941, in : Rechenschaft und Ausblick, 1951, p. 345).

2. 기독론적 집중과 삼위일체 신학

"하나님이 계시다"는 근본문장은 내 신학여정의 전제와 근거가 되었다. 물론 이것이 신학여정의 종착점은 아니다. 이 여정은 여러 가지 다양한 소용돌이를 경험하고, 또 이것을 뚫고 지나가면서 계속 발전되었다. 내 교의학의 기본노선은 "기독론에 집중된 신학에서 삼위일체 신학을 향하여"라고 말할 수 있다. 기독론적 집중(Christologische Konzentration)은 본디 바르트의 표어였다. 그의 표어를 가져와서 나의 것으로 삼았다. 이 표어는 신학의 전문용어(terminus technicus)로서 그 기능을 갖고 있지만, 이와 동시에 바르트에게 역동적이고 생동감이 넘치며 정치적 행위로 발전하는 효소로 작용하였다. 이 표어는 저 유명한 「바르멘 선언」(1934) 제1명제(These)의 변형된 형태로서, 제1명제는 "예수 그리스도는 유일무이한 하나님의 말씀이시다."였다.

이 명제는 그때나 지금이나 신학 인식과 신학의 현실참여에 강한 영향을 끼치고 있다. 당시에 이 명제는 전체주의의 유혹에 빠져드는 기독교 세계를 향하여 신앙의 근본이 무엇이며 신앙고백의 기본척도가 무엇인지를 분명하게 깨우쳐 주었다. 교회가 경계할 점은, 먼저 복음에 필적할 만한 그 어떠한 전통이나 신화가 없다는 점을 명심해야 한다. 복음을 대신할 만한 전통이나 신화는 없다. 이것은 바르멘 선언 당시 독일의 전체주의에 대항한 신앙인들의 신앙고백이었을 뿐만 아니라, 그 이후 제2차 세계대전 이후에 전개된 전체주의 사회에서도 적용되는 신앙고백이었다. '기독론적 집중'은 신학의 모든 영역에 필요한 기본적인 명료성을 부여한다. 그런데 이것은 때때로 오해를 빚기가 쉬운데, 마치 신학 전체가 기독론적 집중이라는 하나의 규율로 집약된다는 인상을 주기 때문이다. 따라서 기독론적 집중을 그리스도일원론(Christomonismus, 一元論)으로 혼동해서는 안 될 것이다. 기독론은―사람의 몸에 비유하자면―기독교 신학의 심장에 해당된다. 신학의 각 주제들은 '그리스도의 사건'(Christus-Ereignis)이 비추는 조명 아래에서 전개되어야 한다는 뜻이다. 그리스도의 사건이란 그리스도의 성육신, 그분의 가르침, 그분의 십자가에 달리심, 그리고 그분이 죽은 자들 가운데서 부활하심 등이다.

체코의 젊은 신학자들이 기독론적 집중에 돌입한 것은 비단 바르트의 영향 때문만이 아니었다. 바르트와 유사하면서도 항상 분명한 방향을 정립한 신학자가 있었는데, 그는 바로 로마드카였다. 나의 여러 스승들과 동료들도 그와 동일한 신학노선을 견지하였다. 이 가운데서도, 나는 스승 소우섹의 신학수업을 아직도 잘 기억하고 있다. 그분은 신약성경에 대한 전통적인 해석방법 속에 있는 문제점들을 비판적으로 직시하고 이것을 밝히면서, 자신의 내면적인 긴장과 성경해석에 대한 전통적인 방법과의 견해 차이에 대하여 속에 묻어 두지 않고 밖으로 표출하셨다.

그러나 동시에 그는 사상가였는데, 다양한 신학사상들을 잘 소화해 내고 여러 이론들을 두루 섭렵하면서도 사도들의 '확고한 노래(예언)'(Cantus firmus)를 가르쳐 주셨다. 그것은 기독론적 집중으로서 "다른 이에게는 구원이 없다."는 것이다. 이 말은 배타적이며, 파당을 형성한다는 뜻인가? 나는 소우섹의 가르침을 통하여 이 말 속에 담긴 뜻은 그것이 아님을 확신하게 되었다. 물론 예수 그리스도에 대한 신약성경적 고백은 배타적(exklusiv)이다. 그러나 그리스도의 배타성이란 제 마음대로 파당을 짓는 원리가 아니라 '그리스도의 뒤만 따르라'는 요청인데, 사람이 되신 그리스도는 각양각색의 차이와 한계를 넘어서서 모두와 연대(solidarisch)하는 포괄적(inklusiv)이신 분이다. 나는 이렇게 생명력과 활력을 불어넣어 준 소우섹의 성경이해를 바젤 대학 총장에 취임하는 강연의 구호로 삼았다 : "진리를 향한 열정과 관용". 진리를 향한 열정과 관용은 서로 대립되는 것이 아니다. 이 양자는 서로 긴장관계에 있으나 서로를 포용하고 서로서로 연대하게 하는 예수의 길에 들어서게 한다.

나는 기독론에 집중된 교의적, 윤리적인 작업을 다른 일련의 주제들과 함께 전개해 나갔는데, 특별히 「대화 속의 교의학」(*Dogmatik im Dialog*)이란 제목으로 출판된 세 권의 책에서 이 작업을 전개시켜 나갔다. 여기에서 하나님이란 주제가 중요하게 부각되었다. '기독론적 집중'이 신학에서 어떤 결과를 빚어 내는가? 내가 이것을 제대로 이해하고 있다면, 이것은 우리의 관심을 예수 그리스도의 복음으로 향하게 한다. 만일 누가 성경의 하나님이 누구인지 알려고 한다면, 그는 이 방향으로 찾아 나서야 한다. 기독교의 하나님은 공허한 원칙이 아니라 성육신하신 하나님의 말씀을 통해서 파악될 수 있다. 즉, 유대인으로 오신 그 말씀이다. 사도 바울은 여기에다 "성령으로 아니하고는 누구든지 예수를 주시라 할 수 없느니라"(고전 12 : 3b)고 덧붙였다. 여기에서 "하나님이 계시다"는 말씀이 무엇을 뜻하는지 환히 밝혀지는바, 하나님은 그리스도와 성령 안에 계신다.

삼위일체 교리는 쉽게 이해되지도 않고 소화해 내기도 힘들다. 이 교리는 함부로 경솔히 표현해서도 안 된다. 여기에는 비밀훈련(Arkandisziplin) 곧 고대교회에서 익숙해 있던 훈련이 요청된다. 나 역시 삼위일체 교리를 파악하기까지는 짧지 않은 세월이 걸렸다. 그런데 이상스럽게도 전혀 예상하지 못한 곳에서 이 교리를 이해하게 되는 기회가 주어졌는데, 한번은 영국신학협회(Society of British Theology)가 나를 강연에 초청하였는데 주어진 강연제목이 "삼위일체론의 사회적 의미"였다. 요즈음엔 귀에 익숙한데―예를 들면 신학자 보프(Leonardo Boff)의 해방신학에서―그 당시에는 상당히 생소한 주제였다. 즉, 교의학이란 세상을 초월해 있는 하나님의 비밀을 다루는 것인바, 어찌하여 이것이 사회·윤리적인 귀결로 나아가는가이다.

그런데 이에 대하여 전혀 의구심을 가질 필요가 없게 되는 삼위일체 교리 형성의 과정이 파악되었다. 삼위일체 교리가 확정되는 고대교회 시대부터 이미 사회·윤리적인 귀결로 이어지는 잠재성이 있었기 때문이다. 다시 말해서, 로마제국 콘스탄틴 대제 시대에 기독교를 통하여 공식적으로 제국주의 이념을 만들어 내려는 시도가 있었는데, 삼위일체론은 이 유혹에 맞서서 잠재적으로나 실질적으로 제동을 걸었다. 만일 그 당시에 기독교의 하나님 이해가 삼위의 하나님 사이를 전혀 구별하지 않고 자칫 유일신론으로 결론이 났더라면, 한 분 하나님-한 분 황제-하나의 제국이라는 도식으로 굳어졌을 것이다. 실제로 당시에 그렇게 되도록 도와준 신학자들이 있었으나 삼위일체론은 그렇게 쉽사리 오용되지 아니하였다.

고대교회의 삼위일체 교리 안에 있는 관계성의 모델은 피라미드식 위계질서적이거나 권세를 휘두르는 방자함도 없다. 하나님 아버지, 아들, 성령의 관계는 종속적이지 않고―전문용어를 사용하자면― '상호내주적이고 상호교류적'(perichoretisch)이다. 간단하게 말하자면 삼위일체 되신 하나님의 본질은 골고루 똑같이 사랑을 나누는 연대성이다. 그리고 이것은 사회적인 차원으로 결실을 맺게 한다. 인간이 하나님의 형상대로 지음받았다는 것이 바로 이를 위한 사회적 의무감을 심어 준다. 여기에 교의학적 자극이 있는데, 이 자극은 사람들의 관계 형성이 기계적 (mechanisch)으로 구성되지 않게 한다. 이 자극은 또한 삼위일체 하나님을 고백하는 신앙인의 마음을 분명하게 이끌어 주되 신앙공동체 안에서 창조적인 사랑이 일어나는 믿음의 길을 열어 준다.

　삼위일체 교리에 관하여 깊이 성찰하고 풍부한 유산을 남긴 체코의 신학자는 코메니우스(Jan Amos Comenius)이다. 그는 삼위일체 교리를 열정적으로 신봉했던 사람이다. 이 신봉이 지나친 나머지 전혀 고증되지 않은 사색에 빠져들기도 하였다. 그러나 그는 삼위일체 교리 속에 담겨 있는 깊은 뜻을 잘 이해하였다. 즉, "하나님은 홀로 고독하지 않다" (Deus non est solitarius), 또한 하나님은 "대화의 총체이시다"(summe communicativus). 이것은 바로 신·구약성경의 근본 메시지이다. 즉, 하나님은 당신이 지으신 피조세계를 굽어 살펴보시는 분, 이 하나님은 계약의 하나님이다. 더 나아가서 육신이 되신 하나님은 임마누엘 곧 우리와 함께하시는 하나님이다. 의사소통이 두절되고 대화가 단절된 세상의 한가운데서 공동체를 모색하고 일체감을 찾는 것이 믿음의 사람들에게 요구되고 있으며, 이 요구는 성경말씀들에서 발견될 뿐만 아니라 하나님의 본질에 속한다.

3. 대화와 송영

　하나님의 삼위일체적 본질에 대한 신학적 여정은 나로 하여금 여기에 걸맞는 신학의 방법(Methode der Theologie)에 관하여 생각해 보게 하였다. 그러나 나는 방법론적 문제에 필요 이상으로 매달리지 않았다. 신학자들 가운데는 방법론에만 몰두하다가 그 본래의 내용이 무엇인지 도무지 파악할 수 없게 만드는 경우가 드물지 않다. 나는 이러한 신학자들에게 서먹서먹함을 느낀다. 물론 신학의 길은 제 마음대로 치고 나가거나 우연히 거쳐 가는 과정이 아니며, 또한 그렇게 될 수도 없다. 신학은 하나의 '길'인데, 이것은 방법론을 모색하는 것이고, 이 길에는 질서가 있고 그 길의 성격도 있다. 내겐 이것이 자명하다. 또한 이것이 구체적으로 무엇을 뜻하는지 두 개의 개념으로 표현한다면, '대화와 송영'이란 개념을 사용하고자 한다.

내가 생각하는 '대화'의 개념은 구체적인 역사적 정황과 관련되어 있다. 먼저, 현실-사회주의(real-sozialistisch) 체제 속에서 어렵고 힘든 세월을 보내던 1960년대를 떠올린다. 당시의 신학은 사회주의 체제의 이데올로기에 의하여 게토 속으로 밀려났다. 우리에게는 그저 학문적 작업을 할 수 있을 정도의 자그마한 공간이 주어졌고, 이곳에서 로마드카의 등 뒤로 숨어든 덕분에 어느 정도 관대한 처우를 받고 있었다. 그런데 이 공간을 살그머니 빠져 나가서 다른 학문의 세계에서 일하는 학자들과 접촉하거나 다른 학문으로 다가가서 기웃거리면 적대행위로 간주되었다. 그리고 그 다음에는 당국이 제약을 가하였다. 그럼에도 불구하고 신학을 진지하게 해 나가려는 신학자들은 이 위험한 상황에 굴복하지 않았고, 또 이 상황과 쉽게 타협하려 들지 않았다. 우리는 접촉을 감행하였다. 그러자 막스주의자들 가운데서 대화의 문을 열려는 신세대들을 발견하였다. 기독교 신학자들 편에서는 로마드카의 주도로 여러 사람들이 대화의 장으로 나왔고, 막시즘 편에서는 마코베치(M. Machovec)와 가르다브스키(V. Gardavsky)가 대화의 장으로 나왔다.

이렇게 하여 체코의 후스 신학부에서 기독교-막시즘의 대화가 시작되었고, 이 대화는 사회의 발효제 역할을 하였는데, 이 발효과정은 1968년에 일어난 프라하의 봄에 절정을 이루었고, 이를 통하여 세계교회의 에큐메니칼적 공감대를 얻었다. 세월이 한참 흐른 뒤에 많은 사람들이 관망적인 자세로, 이 당시를 비판적으로 되돌아보면서 1968년에 일어난

이 운동을 되새겨 본다는 것을 나는 안다. 이것은 분명히 체코의 역사와 사회에 대단히 중요한 사건이었고, 이 사건을 통하여 이 나라 국민인 우리의 의식 속에 싹튼 시민운동에 대한 의식은 우리가 정치적 사건의 객체일 뿐만 아니라 이 사건의 깨어 있는 주체라는 점이었다. 또한 신학적으로 우리가 확인한 점은 신학의 여러 주제들은 일반 대중 속에서 타당성을 가져야 하며, 또 기독교에 대한 적대감정마저 형성되어 있는 세속화된 사회 속에서 신학의 역할이 중요하다는 것이다.

'대화'는 신학사상이나 신학적 작업을 바깥으로 드러내는 도구일 뿐만 아니라 신학 안에서 서로가 의사를 소통하는 도구이기도 하다. 성경 곧 하나님 말씀의 본질은 대화적이다. 하나님의 계시는 결코 기계적으로 임하지 않으며, 또 위에서 수직적으로 떨어져 내리는 운석과 같지 않으며, 수평적으로 인격체에게 말을 거는 것이고, '우리 가운데 거하는' 말씀이다. 이것은—앞에서 살펴본— '대화의 총체'라는 신성에 부합되는 것이다. 또한 교의학적 작업을 하는 데 필요한 기법에도 적용된다. 즉, 고대교회 시대에 형성된 고전적인 교리들에서부터 오늘날 에큐메니칼 신학 작업에 이르기까지 신앙을 표현하는 데에는 언제나 대화와 의사소통을 위해 애쓰는 과정이 중요하였다. 때로는 참석자들의 너무 속물적인 면모 때문에 불만과 불평도 일어났지만, 그럼에도 불구하고 사도들의 첫 공회의에서 이미 표명된바 "성령과 우리는 이 요긴한 것들 외에 아무 짐도 너희에게 지우지 아니하는 것이 가한 줄 알았노니"(행 15 : 28)라는 말씀에 따라 소망 가운데서 대화를 진행하였다. 성령님은 결코 독백을 좋아하시지 않는다고 생각한다.

지금까지 서술한 바를 근거로 해서, 나는 바젤로 온 이래로 '대화 속의 교의학'을 위하여 많은 힘을 기울였다. 바젤 대학교 신학부에는 한동안 나를 포함하여 세 명의 교수가 교의학을 가르쳤다. 하인리히 오트(Heinrich Ott)는 불트만 학파 출신으로서 바르트 학파와 일정한 거리를 두고 있었고 종교학 분야 쪽으로 점차 관심이 높아졌다. 프리츠 부리(Fritz Buri)는 자유주의 신학과 실존주의에 근거한 비판적 신학을 대변하였다. 우리 세 명의 교수들은 신학적 대화를 도모하였는데, 체계적이고 조직적으로 수행하였다. 공동으로 강의를 개설하고 전통 교의학의 주제들(Loci)을 새롭게 다시 검토하였다. 이 작업은 결코 일사천리로 진행되지 않았다. 서로 다른 관점에서 바라보는 신학적 입장의 차이로 말미암아 진행이 원만하지 못하였고, 그 성과도 만족스럽지 못하기가 일쑤였다. 대화식 공동강의의 결과물로 출판된 세 권의 교의학이 이 점을 증빙해 주고 있다.[6] 서로의 견해 차이가 하나의 합일점으로 도달하는 일이 무척 힘들었으며, 강의시간에는 종종 열정적인 토론과 격렬한 논쟁이 일어났다. 이것은 하나의 실험으로서 신학을 배우는 학생들에게 여러 가지 의미로 다가갔다. 예컨대, 신학은 결코 '완성된' 작품이 아니므로 계속 추구하고 노력하며 다른 사람의 견해에 귀를 기울이는 것이 필요한데, 경우에 따라서는 상대편 논쟁자와 입에 거품을 물고 입씨름을 하기까지 추구해야 한다는 점이다. 그리고 신학논쟁이 아무리 격렬하더라도 이것이 결코 인간적인 서먹서먹함으로 가지 말아야 한다는 점이 우리에게 아름다운 경험으로 남아 있다.

그런데 이 경험이 나에게 안겨다 준 결론은 이율배반적이었다. 즉, 대화가 신학작업의 유일한 요소가 될 수 없다는 점이다. 그래서 신학작업의 두 번째 요소를 생각하게 되었는데, 이것은 송영(Doxologie)이다. "마음가짐이 신학자를 만든다"(Pectus facit theologum). 이 문장을 무비판적으로 사용할까 봐 대단히 조심스럽지만, 이 문장 속에 담겨 있는 뜻을 바르게 새겨 보면 경건함이 신학을 형성한다는 것이다. 신학은 신앙의 내용에 대하여 사고하는 것(Denken des Glaubens)이다. 사고한다는 점에서 보면, 신학적 작업이 결코 다른 일반 학문들의 사고하는 작업에 비하여 훨씬 수월한 것이 아니다.

그러나 신학이 사고하는바 그 내용이 무엇이며, 도대체 어떻게 사고하는 것이 중요한가? 신학적 사고는 사고하는 '대상'(Gegenstand)에게 맞추어 가야 한다. 신학의 대상은 하나님 곧 예수 그리스도-말씀 안에 계신 하나님이시므로 신학적 사고는 결코 추상적이지 않으며, 중립적이지도 않다. 신학적 사고는 송영과 예배가 있는 경건의 차원을 가진다. 기도는 신학적 사고의 전제이며, 신학적 작업과 늘 동행한다. 하나님이 당신의 손을 인간에게로 내미시므로 인간 역시 자신의 손을 하나님에게로 내민다. 하나님께 송영, 우리 삶의 높은 곳에서 뿐만 아니라 비천한 곳에서도 하나님 송영이 울려 퍼진다.

나는 결코 우연치 않게 중요한 신학 작품을 '셋이 한 쌍을 이루는 작업'(Trilogie)으로 매듭지었는데, 이 책들은 기독교의 기본적인 가르침을 해설한 것이다. 즉, 십계명 해설,[7] 사도신경 해설,[8] 그리고 주기도문 해설[9]이다. 이 가운데서 주기도문을 해설하는 데 커다란 비중을 두었는데, 그 까닭은 '경건의 실천'(praxis pietatis)을 강조하는 것이 중요하다고 보기 때문이었다. 그러나 나에게는 학문으로서의 신학이 갖고 있는 본질이 무엇인지 해명하는 것도 중요하기 때문에 주기도문을 해설하였다. 고대교회 교부시대 이래로 "기도의 법칙이 신앙의 법칙이다."(lex orandi-lex credendi)라는 기본명제가 종종 상기되어 왔다. 이것을 좀더 확대시킨 문장형태는 "가르침의 법칙이 삶의 법칙이다."(lex docendi-lex vivendi)로 변형되었다.

여기에서 내가 강조하고 싶은 바는, 본디 신학적 사고의 본질 속에는 송영이 들어 있다는 점이다. 예를 들어, 만일 우리가 고대교회 시대에 형성된 교리 텍스트(삼위일체 하나님에 대한 교리, 예수 그리스도의 양성에 대한 교리)를 정적(靜的, statisch)이고 문자적으로 파악하고자 한다면 이것의 내용을 제대로 이해할 수가 없다. 이 텍스트의 본래적인 뜻은 문자를 넘어서서 마음 깊숙한 곳에서 우러나오는 감사와 그 감사함에 대한 믿음이 표출되면서 비로소 파악하게 되며, 그래야만 텍스트의 내용이 우리의 이해 속으로 들어오게 된다. 어거스틴(Augustin)이나 안셀름(Anselm)의 글을 읽어 보면, 이들의 글이 엄격한 규율에 따라 철저한 사고훈련을 거친 작업임을 알 수 있고, 이와 동시에 이들의 글 속에는 하나님의 은총에 대한 놀라움과 진리에 대한 송영이 담겨 있음을 파악할 수 있다. 오늘날 에큐메니칼 신학에서도 슈링크(E. Schlink)가 "교의학의 송영적 구조"(doxologische Struktur des Dogmas)에 관하여 언급하였는데, 이 말은 이 점에서 타당하다고 본다.

신학적으로 사고하는 것은 곧 신학적인 삶을 사는 것이다. 바르트의 '묵시론적' 표현 가운데서 내가 즐겨 기억하는 문장이 있는데, "기도하려고 모으는 두 손은 무질서한 세계를 거부하고 항거하려는 시작이다."라는 문장이다. 이 문장은 형식상 두 부분으로 구성되어 있으면서도 그 내용에 있어서는 하나로 묶인다. 기도하려고 손을 모으는 것은 반드시 필요한 일이다. 기도는 시작이며, 신앙적 사고와 기도는 늘 함께 붙어 있어야 하고 이 일은 나름대로 귀한 진가(眞價)를 지닌다. 그런데 기도는 그 자체가 목적이 된다든지 혹은 의식하든 못하든 간에 세상으로부터 도피하는 수단이 되지 말아야 한다. 기도는 시작이며 여기에 머물지 말고 계속 나아가되, 인간만사를 고치고 바꾸고자 노력하는 가운데서 가까이 있는 사람들과 대화하고 멀리 있는 사람들과 협력하는 현장을 향해 함께 나아가야 한다. 이렇게 송영 가운데서 신학함은 대화적, 교회적, 사회적인 차원을 지닌다.

4. 교회와 대학

이제부터 다루는 주제는 내가 신학자로서 이런 저런 신학 환경을 겪으며 던져 본 적이 있는 질문인데, 어찌 보면 별 대수롭지 않은 질문인 것 같기도 하지만 나에게는 매우 중요한 질문이다. 즉, "신학의 고향이 어디이며, 신학의 사회적 기반은 어디에 있는가?", "우리가 신학적인 작업을 해 나가면서 특별히 어떤 신앙공동체나 단체에 빚을 지고 있는가?" 이 질문에 대하여 나는 조금도 망설임 없이 "신학을 확증하는 곳은 교회"라고 대답하고 싶다. 이것은 전혀 배타적인 대답이 아니다. 신학의 내용은 우주적인 크기를 갖고 있으므로 교회의 규모 속으로 국한되지 않는다. 그러나 그럼에도 불구하고 신학의 고향 곧 신학을 확증하는 곳은 교회이다. 이 확신은 내가 신학을 시작하는 날부터 지금까지 한결같이 지속되어 왔다.

이미 앞에서 밝힌 대로 신학적 섬김은 교회공동체와 연결되어 있다. 이것은 비단 신학적인 입장에서 뿐만 아니라 기본을 갖춘 사람의 신실함에서도 그러하다. 특별히 체코 전체주의 체제의 압력에 시달리던 시절에 신학을 공부하고 나중에 교수로서, 또 목회자로서 일하던 나에겐 언제, 어디서나 이러한 확신이 바뀌지 않았다. 교회와의 굳건한 연대는 신학을 가르쳐 준 스승들을 통해서, 동료 교수들을 통해서 확인하였다. 체코 교회의 총회 임원들이나 코메니우스 신학대학의 교수들 가운데서 어느 누구도 교회와 긴밀하게 결합되어 있지 아니한 사람은 하나도 없었다. 그런데 나는 다른 나라에 가서야 비로소 교회의 주변을 맴도는 신학자들을 만나게 되었다. 이 점은 매우 충격적이었다.

신학자가 오로지 학문적인 업적만을 쌓아 가는 일은 한편으로 가능하다. 그러나 다른 한편으로 이것은 심히 의심스럽다. 이러한 태도는 신학이 본질적으로 교회에 속해 있다는 차원을 빈약하게 만든다. 신학은—내가 결코 좋아하는 정의는 아니지만—'교회를 위한 기능'이라고 분명한 정의를 내릴 수 있다. 어렵고 힘든 시절에 체코의 교회에서 경험했던 나의 풍부한 체험 곧 멸시와 억압 속에서도 생동감과 활력이 넘치는 교회에 대한 경험을 스위스 교회와 에큐메니칼 현장으로 가져올 수 있었다. 전혀 예상하지 않았던 가운데서 스위스 교회가 나를 즉각적으로 받아 준 것은 분명히 내가 체코에서 교회와 깊이 결합되어 있는 점을 중요하게 보았기 때문일 것이다. 그러므로 나는 신학의 고향이 교회라는 점을 전혀 의심하지 않았으며 지금도 여전히 조금도 의심하지 않는다.

나에게는 대학이 제2의 고향이다. 내가 프라하에 있을 당시의 대학은 전체주의 정치구조 속에서 우리의 소망을 펼쳐 볼 가능성이 아주 희박한 상황에 처해 있었다. 물론 제도적인 면에서는 그리 아쉬움이 없었으나 신학 바깥의 다른 학문분야에 소속된 교수들이나 학생들과 대화를 나누고 의사소통을 하는 가능성이 없음을 몹시 아쉬워하였다. 우리는 서로서로 '인간과 인간'으로 만나고 우리를 에워싸고 있는 단단한 껍질을 벗겨 내고자 애썼다. 우리는 '학문의 총체성'(universitas literarum)이라는 사상을 우리들의 이상(理想, Idee)으로 상정하였고, 이것이 신학자인 나로서는 대단히 귀중하게 여겨졌다. 그러므로 바젤 대학교가 나를 신학부의 교수직에 청빙하였을 때 그 순간부터 이 청빙을 고전적이면서도 새로운 신학적 요구로 파악하였다.

다른 인접 분야의 학문과 대화할 수 있다는 점은 대단히 매혹적인 도전이었다. 그리고 바젤 대학교에서 재직하는 동안에 처음부터 끝까지 때가 주어지기만 하면 이 기회를 잘 활용하였다. 또한 총장으로 재직하는 동안에는 이 대화의 기회를 더욱더 잘 활용할 수 있었다. 바젤 대학(alma mater) 총장의 인장은 그 상징성으로 말미암아 내게 매우 인상이 깊다. 그 인장에는 펼쳐진 성경책 위에 위에서 아래로 내려오는 손이 놓여 있고 거기에다 4개의 단어가 적혀 있는데, 경건하게(pie) - 정의롭게(iustie) - 절제 있게(sobrie) - 지혜롭게(sapienter)이다. 이 단어들은 4가지의 미덕을 지칭하는데, 이 단어들은 4개의 학부에 각각 연결되어 있고, 이와 동시에 모든 학부에도 공통적으로 연결되어 있다. 4개의 학부는 공통적으로 진리에 그 뿌리가 있는데, 진리는 사람이 창조해 낼 수 없는 것이지만 이 진리를 향하여 각 학부가—자기네의 고유한 방식과 규율을 따라 진리를 추구하면서도—공동으로 다가서고 다함께 진리를 추구한다.

진리는 체코의 종교개혁 역사 속에서 특별히 후스(J. Hus)의 모티브였는데, 이 경우에 진리는 학문하는 사람들에게 최종적인 권위를 부여하였다. 코메니우스는 학문의 대화적 원리를 요청하였고, 라들과 야스퍼스는 한 목소리로 진리의 주권(Souveränität der Wahrheit)을 강조하였다. 역사적인 과정을 거치면서 학문적으로 정립된 이 모든 것이 대학의 행정직을 맡아 시시때때로 예기치 못한 상황을 겪으며 난제들을 해결해야 했던 나에게 커다란 도움을 주었다.

바젤 대학교의 총장으로서 행정을 담당한 기간이 나의 신학적 작업을 약화시킨 것이 아니냐는 질문에, 나는 오히려 그 반대라고 대답하고 싶다. 총장 재임기간을 마치고 난 다음에, 나는 지나간 10여 년 동안에 목회자의 역할을 톡톡히 해 내었다는 인상을 강하게 가졌다. 이 동안의 목회 장소는 대학이었고, 또 바젤 시였다. 이 점에서 대학은 나에게 제2의 고향이 되었다. 내가 이것을 밝히려는 까닭은 허영심으로 뽐내려고 말하는 것이 아니라 나의 신학여정을 되돌아보기 위함이다. 교회와 대학, 양자의 관계는 '교회가 아니면 대학'이라는 양자택일의 문제가 아니다. 양자 모두 신학적 작업을 위하여 정당한 공간이다. 그런데 양자 사이에서 어느 쪽을 선택해야 할지 머뭇거려서는 안 될 것이다. 둘 가운데서 어느 쪽을 우선적으로 선택해야 할지 잘 생각해야 한다. 여러 가지 일을 한꺼번에 동일한 비중으로 처리할 수는 없기 때문이다. 나는 이미 '첫 번째', '두 번째' 고향이라는 표현을 쓰면서 우선순위를 정함으로써 이것을 암시하였다.

나는 이것을 비유로 설명하고자 한다. 내 큰아들은 고고학을 전공하였고, 고대의 조각 입상(立像)에 대한 전문가이다. 입상의 기본적이고 전형적인 자세는 '떠받치는 다리'(立脚, Standbein)와 '놀이 다리'(Spielbein)로 구분되는데, 전자는 체중을 받치는 다리이고 후자는 체중을 받치지 않는 다리이다. 덜 세련된 비유에 대한 양해를 구하면서 이 비유를 통하여 대학과 교회의 관계를 이야기하면, 신학을 받치고 있는 다리는 교회이다. 체중을 받치지 않고 자유롭게 놀이를 하고 있는 다리는 학문적인 공동체(대학)이다. 이 두 다리 모두 신학여정을 위하여 꼭 필요하다. 놀이는 운동이고, 내 주변의 사람들은 내가 운동을 즐기며, 이 가운데서도 특별히 축구를 좋아한다는 점을 훤히 잘 알고 있다. 수많은 제약과 억압 속에서 신학을 배우던 학창 시절에 축구가 얼마나 소중했던가!

그러나 나는 이제 놀이를 운동으로만 생각하지 않는다. 지혜를 추구하고 찾아가는 인식의 놀이가 있고, 다양한 관점에서 하나의 인식을 찾아가는 놀이도 있다. 그것 역시 신학에 속한다. 따라서 신학의 두 번째 고향인 대학은 환영할 만한 가치가 부여되는 기회인데, 신학이 하나님의 자녀에게 주어진 자유함 속에서 대학을 잘 활용한다는 조건 아래에서 이 말을 할 수가 있다. 신학이 아주 든든하게 '떠받치는 다리'를 갖고 있고 신학의 기초가 약화되지 않는다면, 인식의 놀이는 건강한 신학과 신학자를 위해 대단히 유익할 것이다. 교회는 '거룩한 공동체'(communio sanc-torum)이다.

5. 현 상태의 세계는 갱신될 것이다

나의 신학여정에 대한 이 '보고서'를 종말론적 소망에 대한 합창으로 끝맺고자 한다. 나는 이미 오래 전에 프라하에서 아메데오 몰나(Amedeo Molnar)가 지은 훌륭한 논문 "체코 종교개혁의 종말론적 소망"(*Die eschatologische Hoffnung der tschechischen Reformation*)을 정독하는 가운데서 얀 젤리브스키(Jan Zelivsky)가 쓴 "현 상태의 세계는 갱신될 것이다."(status mundi renovabitur)라는 문장에 큰 감동을 받았다. 그 이후로 나는 이 문장을 자주 인용하였다. 이 문장은 체코 종교개혁의 유산 가운데서 가장 중요한 부분이라고 생각한다. 이 유산의 열매인 종말론적 소망에 관하여 언제나 새롭게 감사함으로 확인하곤 한다.

예를 들어, 1970년대에 나는 세계교회협의회(WCC)의 신앙과 직제 위원회에서 친구인 루카스 피셔(Lukas Vischer)와 함께 "우리의 소망에 관한 보고서"(Rechenschaft von unserer Hoffnung)라는 주제에 관한 연구를 주도하였다. 전 세계에 흩어져 있는 기독교인들이 이 주제에 관하여 그들의 견해를 각각 밝혔다. 이제 마무리 단계에서, 인도 방갈로에서 모임을 갖고 최종보고서를 작성하면서 이 연구를 정리하는 일이 나의 과제였다. 이때 나는 아주 강한 인상을 받았는데 그 여운은 이후로도 계속해서 사라지지 않고 남아 있다. 즉, 통상적인 기준으로 볼 때 도무지 소망이 없는 상황에 처해 있는 기독교인들 속에서 소망의 음성이 울려 나온 것이다. 좀더 자세히 언급하면, 기독교의 소망은 안락하고 편안한 상황에서 형성되는 것이 아니고 낙관적인 분위기가 빚어 내는 것도 아니라는 것이다. 이 소망은 저 깊은 곳에 그 뿌리가 있다. 구체적으로 남미나 한국 등의 상황에서, 전체주의의 독재체제 아래 신음하는 사람들 가운데서 이 소망의 음성이 아주 또렷하게 울려 나온다. 이것은 (십자가를 통한) 부활의 소망이다.

체코의 종교개혁은 이 소망과 더불어 호흡하였다. 이 종교개혁은 이러한 소망의 호흡을 교회와 사회에 나누어 주었다. 그래서 14세기 말 체코 종교개혁의 아버지라 불리는 얀 밀리치 그람시(Jan Milic Kremsier)로부터 17세기의 코메니우스까지 이 소망이 전해 내려갔다. 특히 코메니우스에 관하여 내가 자세히 알게 된 연유는 바젤로 온 이후에야 비로소 대학에서 이런 저런 과제를 수행하면서부터였다. 이 가운데서도—앞에서 서술한 대로—대학과 교회의 관계성을 정립하면서, 신학의 첫 번째 고향이 교회이고 두 번째 고향이 대학이라는 개념을 정리하면서 코메니우스를 자세히 파악하게 되었다. 그는 좋은 시절을 보낼 때나 악한 시대를 견뎌야 할 때나 언제든지 종말론적 소망을 품고 있었다. 이 소망이 그로 하여금 어머니 교회인 보헤미아 형제단(Brüderunitat)이 최후의 순간을 맞이할 때에도 끝까지 충실한 자녀 노릇을 해내게 하였다. 그는—비록 대학에서 일한 것은 아니지만 이에 상응하는—선생으로 활동하였고, '세상만사의 개선'(Verbesserung der menschlichen Dinge)을 위하여 구체적인 프로그램을 만들어서 추진하되 대화-송영을 통한 역동적인 힘으로 활동의 지평을 넓혀 나갔다.

우리 개혁교회 신학자들은 이 길을 뒤따라가도록 초청을 받았다. 이 길이 우리를 인도해 가는 장소는 사람들의 눈에 잘 띄지도 않는 한적한 곳이다. 그러나 우리가 신뢰하며 따르는 부름의 주체는 복음의 역동적인 능력이다. 우리는 이 능력에 힘입어 이제까지 살아왔다. "현 상태의 세계는 갱신될 것이다." 이 소망의 음성은 평온한 시기에는 물론이고 암울한 시대가 닥쳤을 때에도 한결같이 들려온다. 교회를 섬기고, 대학에서 봉사하며, 사회에서 봉사하는 신학의 기능은 이 음성으로 말미암아 그 지평이 계속 넓어진다. 이러한 봉사를 수행하는 데 있어서 신학의 기능을 대신할 만한 그 무엇이 전혀 없을 것이다.

나의 신학여정에 관하여 쓰기 시작하면서 그 첫 주제를 "태초에-하나님"이란 제목으로 잡았다. 이제는 이 글을 마무리지으면서 "마지막의 마지막-하나님"이란 말로 끝을 맺고자 한다. 시작과 마무리 사이의 중간에는 "십자가"가 있음을 강조하고 싶다. "십자가여 오라-유일한 소망이여!"(Ave crux-spes unica) 이 종말론적 표현을 신학이 잘 이해해야 하고, 또 이 정신을 항상 간직하고 있어야 할 것이다. 마찬가지로 신학이 섬기고 있는 현장인 교회와 사회도 이것을 항상 잘 간직하고 있어야 할 것이다. 십자가 아래에서, 또 격변과 곤궁과 절망의 한가운데서 나의 일관된 신학여정은 성경에 기초한 종말론적 소망에 항상 머물러 있다.

〈로흐만의 주요 저서〉

오영석 역. 「사도신경해설」(Das Glaubensbekenntnis. Grundriss der Dogmatik im Anschluss an das Credo). 대한기독교출판사, 1984.

정권모 역. 「기도와 정치」(Unser Vater : Auslegung des Vaterunsers). 대한기독교서회, 1996.

김원배·정미현 편역. 「살아 있는 유산」(Living Roots of Reformation 등). 한국기독교장로회 신학연구소, 1996.

Christus oder Prometheus? Die Kernfrage des christlich-marxistischen Dialogs und die Christologie. Hamburg, 1972.

Das radikale Erbe. Versuche theologischer Orientierung in Ost und West. Zürich, 1972.

Dogmatik im Dialog. Bd. 1 : Die Kirche und die letzten Dinge. Zusammen mit F. Buri u. H. Ott. Gütersloh, 1973.

Dogmatik im Dialog. Bd. 2 : Theologie-Offenbarung-Gotteserkenntnis. Zusammen mit F. Buri u. H. Ott. Gütersloh, 1974.

Dogmatik im Dialog. Bd. 3 : Schopfung und Erlosung. Zusammen mit F. Buri u. H. Ott. Gütersloh, 1976.

Comenius. Gelebtes Christentum. Freiburg/Hamburg, 1982.

■■■ 미 주 ■■■

1. 이 글은 얀 밀리치 로흐만(Jan Milic Lochman, 1922-2004)의 자서적인 글 "개신교회 신학자로서 내가 걸어온 길"(Mein Weg als evangelischer Theologe)을 우리말로 옮긴 것이다. 로흐만은 이 글을 1995년에 자신이 소장으로 재직하고 있는 연구소(Frey-Grynaeisches Institut in Basel)의 연례 보고서(1993/1994)와 함께 발표하였다. 한국기독교장로회 신학연구소(소장 김원배, 1995)는 이 글을 다른 글들과 함께 묶어 우리말로 옮겨서 「살아 있는 유산」이란 제목으로 출판하였다. 이 글을 정미현 박사(이화대학교 강사)가 번역하였다. 이번에 이 글을 다시 새롭게 번역하여 출판한다는 소식을 들은 로흐만은 이 글에 한 문단을 덧붙여 주시면서 우리말 번역을 허락하셨다. 로흐만은 2004년 1월 21일에 세상을 떠났다. 장례식은 1월 29일 바젤 시 뮌스터 교회에서 거행되었다.
2. 로흐만의 재임 시절에 스위스 바젤 대학교 신학부에 박사과정으로 유학한 신학자는 다음과 같다 : 오영석, 김중은, 정지련, 김승철, 이정배, 이은선, 정권모, 김원배, 정승훈, 정미현, 임희국.
3. 로흐만은 1980년대 초반에 한국을 방문하였고, 이때 장로회신학대학, 한국신학대학에서 강연하였으며 새문안교회와 경동교회 등지에서 설교하였다. 그는 1985년에 잠깐 동안 다시 방문했으며, 1995년에 또다시 방문하였다. 이때 한국기독교학술원(원장 이종성)과 여러 대학 및 신학대학에서 강연하였다. 1970년대 이래로 세계교회 에큐메니칼 운동에 참여한 그는 국내 여러 신학자 및 목회자와 좋은 교제/대화를 나누었다.
4. 역자 주 : J. M. Lochman, *das radikale Erbe*, Versuche theologischer Orientierung in Ost und West, Zürich, 1972.
5. 역자 주 : *Christ and Prometheus? A Quest for Theological Identity*, Geneve, 1988.
6. 역자 주 : 박해상황을 헤쳐 나가기 위하여 성만찬 예식에 참여하는 훈련
7. 역자 주 : *Dogmatik im Dialog*, Bd. 1 : Die Kirche und die letzten Dinge, Gütersloh, 1973 ; *Dogmatik im Dialog*, Bd. 2 : Theologie-Offenbarung-Gotteserkenntnis, Gütersloh, 1974 ; *Dogmatik im Dialog*, Bd. 3 : Schöpfung und Erlösung, Gütersloh, 1976.

8. 역자 주 : Das Glaubensbekenntnis, *Grundriss der Dogmatik im Anschluss an das Credo*, Gütersloh, 1982. 우리말 번역 「사도신경 해설」, 오영석 역, 대한기독교출판사, 1984.
9. 역자 주 : Unser Vater, *Auslegsung des Vaterunsers*, Gütersloh, 1988. 정권모 역, 「기도와 정치」, 대한기독교서회, 1996.

제6장 결론 : 일치와 갱신 – 개혁교회의 유산에 근거한 개혁교회의 새로운 방향과 사명

Ⅰ. 시대상황에 대응하는 개혁신학 전통 / 439
Ⅱ. 개혁신학의 공통분모 / 454
Ⅲ. 개혁신학의 '다름'과 다양성의 문제 / 463
Ⅳ. 개혁교회의 일치추구 / 465

제6장

결론 : 일치와 갱신
– 개혁교회의 유산에 근거한
개혁교회의 새로운 방향과 사명

I. 시대상황에 대응하는 개혁신학 전통

본 서가 지금까지 논한 17~19세기 개혁교회의 신학은 물론 20세기의 개혁신학 역시 각각 그 시대상황에 대응하는 신학이었다. 우리는 17세기에서 20세기에 이르는 개혁신학들을 각각 그 시대의 상황과 결부시켜서 이해해야 할 것이다. 모든 시대의 신학들은 진공 속에서 솟아난 것이 아니라 마땅한 시대적인 토양 속에서 싹이 나고, 잎이 피고 꽃이 피어난 것이다.

1. 17세기 시대상황에 대응하는 17세기 개혁교회의 신학

　16세기가 복음의 역동성을 강조하는 종교개혁의 시대라면, 17세기는 성서의 권위와 성서주의(biblicism)에 입각한 교파별 교리주의 시대였다. 루터는 복음과 삼위일체 하나님을 공유하고 있는 멜란히톤과 칼빈의 신학을 인정하였다. 루터는 자신의 사명이 밭의 나무들을 잘라 내고 큰 돌을 집어 내는 것이라면, 멜란히톤의 사명은 밭을 갈고 씨를 뿌리는 것이라고 하였고, 또한 칼빈의 「기독교 강요」 초판(1536)을 읽고 칭찬을 아끼지 않았다. 이 종교개혁자들은 상호간에 신학적인 차이를 가지고 있었으나 복음과 삼위일체 하나님에 대한 신앙을 공통분모로 가지고 있었다. 이 종교개혁자들에게 있어서 성경의 모든 명제들은 복음과 삼위일체 하나님을 증언하고 나타낸다. 하지만 17세기 개신교 정통주의는 루터교이든, 개혁교회이든 성경의 모든 명제적 진리들에 근거한 신학명제들과 진술들을 절대화하는 경향이 있었다.

　16세기 종교개혁은 대체로 잘못된 로마 가톨릭교회를 어떻게 개혁하는가에 관심을 기울였으니, 선교활동이나 교회의 사회봉사 차원에서는 크게 진전을 볼 수 없었다. 그리고 16세기 종교개혁은 복음과 기독교의 확장이라고 하는 선교에도 전혀 공헌할 수가 없었다. 16세기의 종교개혁은 무엇보다도 '복음의 재발견'(the rediscovery of the Gospel)과 성경과 교부들의 신학에로 복귀하는 운동이었다. 물론 루터와 칼빈 등 개신교 개혁자들이 새로운 복음이해를 가지고 개신교를 확장시키는 결과를 가져왔으며, 루터파와 로마 가톨릭교회, 그리고 칼빈과 스위스 개혁교회 자체 내에서 교회일치운동이 있었으나 16세기 종교개혁은 교회분열의 결과를 초래한 것으로 악명이 더 높다고 하겠다.

　그런데 17세기는 복음의 역동성보다도 성경의 명제적인 진리들에 근거한 신학적인 명제들을 절대화하는 교파절대주의(confessional absolutism) 시대로서 정통주의(orthodox, 바른 가르침)의 시대이다. 루터의 종교개혁은 루터교 정통주의(Lutheran orthodox)를, 칼빈을 비롯한 개혁주의 종교개혁(Reformed orthodox)은 개혁주의 정통주의를 형성하였고, 로마 가톨릭교회의 반종교개혁(the Counter-Reformation)은 트렌트 공의회(1545-1563)의 교리선언을 정통주의로 내세웠던 것이다. 17세기는 바야흐로 교파주의 시대를 맞이하였으니, 1618~1648년 어간에는 교파절대주의와 민족주의와 국가의 이익이 뒤얽힌 유럽의 30년 종교전쟁의 기간이었다. 이 17세기는 칼릭스투스(George Calixtus, 1586-1656)와 그로티우스(Hugo Grotius, 1583-1645)와 같은 기독교적 휴머니즘, 아른트(Arndt, 1555-1621)와 슈페너(Spener, 1635-1705)와 같은 독일 경건주의 및 튜레티니 등 합리적 정통주의가 어느 정도 교회일치운동을 벌인 것을 제외하면 전적으로 교파주의가 지배하던 시기였다. 이 시기는 신학적인 경직화에 있어서 그 어느 시대하고도 비교될 수 없을 정도였다.

우리는 17세기 신학이 루터교, 개혁교회, 로마 가톨릭교회를 막론하고 왜 그렇게 성경의 권위와 냉세석 신리늘로서 성경의 명제들과 여기에 근거한 신학적 명제들을 절대화했는가를 생각해 보아야 할 것이다. 첫째로 교파 절대주의가 신학적인 경직화의 배경이요, 둘째로 성경의 영감과 권위에 대한 경직화된 주장은 국가권력과 교황주의의 강화에 대한 반작용이요, 셋째로 그것은 과학적인 이성의 시대로서 과학주의에 대한 반작용이었다.

17세기는 18세기의 계몽주의가 이미 시작된 때였다. 경험론에 입각하여 귀납법을 주장한 베이컨, 코페르니쿠스의 뒤를 이은 케플러, 자연법칙에 근거하여 기계론적 세계관을 주장한 뉴튼 등의 과학혁명과, 진리의 확실성의 근거를 성경이나 교회의 신학이 아니라 사고하는 주체의 선험적 관념에 두는 데카르트의 철학혁명이 일어난 것도 17세기였다.

뿐만 아니라 영혼과 의지의 형이상학적 실체성을 거부하고 초자연적 세계와 초자연적 진리를 철저히 거부하는 유물주의의 경향으로 나가는 홉스와, 기독교를 자연종교화시킨 허버트 경, 그리고 성경 안에 있는 합리적 진리를 강조하는 로크 역시 17세기의 철학자였다. 이와 같은 시대상황에 대응하여 17세기 정통주의, 특히 정통주의 개혁신학이 나오게 된 것이다.

교회사는 흔히 17세기 개신교 정통주의를 개신교 스콜라주의(Protestant scholasticism)라고도 부른다. 대체로 교회사는 안셀름에서 피터 더 롬바르드와 토마스 아퀴나스를 거쳐 중세 말의 유명론에 이르는 중세 신학을 '스콜라주의 신학'(the scholastic theology)이라 일컫는데, 그 이유는 교회의 설교보다도 종합대학(라틴어로 'schola'는 학교라는 뜻이다.) 안에서의 신학하기를 일삼았기 때문이다. 즉, 중세 신학은 성경과 교회의 신학전통을 아리스토텔레스로 대표되는 철학의 인간이해와 세계이해에 연관시키어 지리멸렬(支離滅裂)한 철학적 변증신학을 추구하였다. 마찬가지로 17세기 개신교 정통주의 역시 종교개혁의 신학 전통을 17세기에 다시 부활한 아리스토텔레스 철학에 관련시키어 철학적 변증신학을 펼쳤던 것이다. 특히, 17세기 개신교 정통주의는 경직화된 "오직 성서로만"(sola Scriptura)의 원리를 가지고 성경의 각 명제를 철학적 사고에 지리멸렬하게 관련시켰다. 그런데 이 17세기의 성경관과 20세기 초 미국의 개신교 근본주의의 축자 영감론적인 성경관은 선교사들을 통해서 우리 한국교회에로 이어졌다. 물론 한국 개신교회의 역사 속에는 영미 계통의 복음주의 부흥운동의, 복음주의 전통의 피도 역력히 흐르고 있지만 말이다.

2. 18세기 시대상황에 대응하는 18세기 개혁교회의 신학

이미 논한 17세기는 정통교리주의 시대 혹은 교파절대주의 시대였다. 이 17세기에는 교회의 잘못된 신학과 국가의 이해관계가 얽혀 30년 종교전쟁이 일어났다. 하지만 1648년 웨스트팔리아 평화협정과 1689년 영국의 명예혁명으로 공포된 '관용법령'은 배타주의적 교파 싸움에 종언을 고하였다. 이와 같은 지리멸렬하고 무미건조해진 17세기 정통주의 신학에 대한 반작용으로 18세기에는 계몽주의 운동과 경건주의 운동이 일어났다.

18세기에는 한류와 난류가 흘렀다. 하나는 인간의 이성을 만물의 척도로 하는 계몽주의의 흐름이다. 18세기는 유럽 역사에 있어서 계몽주의(Enlightenment=Aufklarung) 시대로 구분된다. 18세기 계몽주의는 17세기의 교리논쟁과 교파싸움을 극복하기 위하여 성경, 교회, 그리고 신학이 아니라 인간의 이성을 모든 진리(종교적 진리까지도)의 척도로 삼았다. 그래서 우리는 18세기 계몽주의 시대를 '이성의 시대'(the Age of Reason)라고도 부른다. 대체로 우리는 30년 전쟁이 끝나는 1648년부터 프랑스 혁명이 일어나던 1789년까지를 계몽주의의 시기로 본다. 이 시기는 세속화의 시기이기도 하다. 그도 그럴 것이 이성, 자연(세계), 철학, 그리고 자연법이 계시, 초자연, 신학, 그리고 계시법으로부터 해방되어 오직 자율을 추구했기 때문이다. 이 세속화 과정은 미국 혁명에 이어 프랑스 혁명에서 절정에 달하였다. 이 시대는 과거의 문화전통들과 삶의 규범들로부터의 해방을 지향했다. 이 시대는 르네상스 휴머니즘과 희랍-로마의 고전문화로 소급하는 서양의 자유주의 사상의 맥을 잇는 바, '모더니즘' 시대에 해당한다.

다른 하나는 경건주의와 이에 따른 복음주의 부흥운동이었다. 그런데 이 두 운동은 모두 17세기의 교파절대주의 시대 혹은 신학적 명제들을 절대화하는 시대에 대한 반작용으로 일어났다고 보인다. 영국의 청교도의 영향, 네덜란드 개혁교회의 영향 및 독일 서북부의 개혁교회의 영향 하에서 일어난 '경건주의'는 주로 루터의 종교개혁 정신을 상실했던 독일의 영주국별 루터파 교회의 갱신을 위해서 일어났다. 즉, 독일의 슈페너가 '경건한 무리'(collegia pietatis)를 만들어 성경공부와 기도, 설교 토론과 경건서적 읽기를 시작한 데서 비롯되었다. 그런데 경건주의가 공헌한 점들 가운데 중요한 것은 프랑케에 의해서 할레 대학과 헤른후트를 중심으로 개신교 선교의 꽃을 피웠다고 하는 사실이다. 인도의 동남쪽 트랑크바르 등에 많은 선교사들을 파송하기 시작하였으니, 이들의 선교활동은 개신교 선교의 모델이 되었다. 개신교는 18세기 프랑케 등 경건주의 운동에 힘입은 선교활동으로 비로소 복음과 기독교를 확장하는 역사를 일구게 되었다.

이와 같은 맥락 속에서 경건주의에 크게 영향을 받은 영국의 웨슬레와 휫필드, 그리고 미국의 조나단 에드워즈는 영미 계통의 복음주의 부흥운동의 기치를 높이 들었고, 이 부흥운동의 여파로 개신교의 선교활동이 놀랍게 확산되었다. 이와 같은 18세기의 경건주의, 복음주의 부흥운동, 그리고 선교활동은 17세기의 교파절대주의를 극복하고 에큐메니즘의 길을 여는 데에 기여했다고 생각한다. 경건주의자들은 물론 복음주의 부흥운동 역시 교리적 주장이나 신학적인 주장보다도 복음을 전하여 회심과 성화의 삶을 살게 하는 것이 훨씬 더 중요하다고 확신하였기 때문이었다. 그리하여 18세기의 복음주의 각성운동과 선교활동은 19세기의 전주곡이었다고 판단된다. 에큐메니칼 운동이 복음주의 부흥운동과 선교활동에 크게 빚지고 있다고 한다면, 우리는 세계 개신교의 에큐메니칼 운동을 18세기의 경건주의 운동, 복음주의 부흥운동 및 선교활동에까지 소급하여 추적해야 할 것이다.

따라서 우리는 18세기 개신교회들의 선교단체들을 나열할 필요가 있다. 그것이 19세기 선교운동으로 이어지고, 에큐메니칼 운동의 전주곡이기 때문이다. '해외복음 전도협회'가 1701년에, '할레-덴마크 선교'가 1701년에 각각 탄생하였다. 1732년에는 모라비안들이 눈에 띌 만한 선교활동을 하였고, 이즈음 퀘이커 교도들도 선교적 열정을 보였다. 그리고 영국의 쿡(James Cook) 선장의 태평양 탐험에 힘입어 케리(William Carey)가 선교적 열정으로 불붙었고, 1792년에는 '이교도들을 위한 복음 전도 침례교 협의회'가 생겼다. 이어서 1795년 초교파적 기구로서 '런던선교협회'가 형성되었는데, 주로 회중교회의 목사인 보그(David Bogue)와 하웨이스(Thomas Haweis)의 노력에 의한 것이었다. 끝으로 1799년 벤(John Venn)과 스코트(Thomas Scott)의 노력으로 영국 국교의 복음주의 계열의 '교회 선교협의회'(The Church Missionary Society)가 조직되었다. 그리고 '영국 웨슬리 감리교 선교협의회'(1817-1818)와 '스코틀랜드의 교회 선교국'(1825)은 19세기의 선교단체였거니와, 이상의 선교적 관심은 점차 다른 나라들에도 영향을 주었다.

3. 19세기 시대상황에 대응하는 19세기 개혁교회의 신학

교회사가 라투렛(Kenneth S. Latourette)은 프랑스 혁명 후, 그리고 나폴레옹 전쟁이 끝나는 1815년에 시작해서 제1차 세계대전이 일어나는 1914년 어간의 19세기야말로 서양 제국주의 시대로서 유럽인들이 지구의 대부분을 통치하는 시대이지만, 바로 이 99년 동안에 기독교 2000년 역사 동안 그 유래를 찾기 힘들 정도로 '복음'과 '기독교'가 널리 확장된 '위대한 세기'(the Great Century)라고 하였다. 이와 같은 '선교'의 원동력은 18세기에서 19세기로 이어지는 개신교회들의 복음주의 부흥운동이었으니, 19세기 미국의 제2차 대각성운동과 영국 및 유럽 대륙의 복음주의 부흥운동이야말로 위대한 19세기의 추진력이었다.

라투렛은 7권으로 된 그의 방대한 「기독교 확장사」(History of the Expansion of Christianity, 7vols., 1937-1945) 중 3권을 19세기에 할애하였다. 그 이유는 1815~1914년까지 100년 동안에 기독교가 남북미, 호주, 아프리카, 태평양군도, 한국을 비롯한 아시아권에까지 확장되었기 때문이다. 19세기 한 세기 동안 세상을 향한 선교활동에 의한 광범위한 영향은 1800년 동안의―기독교가 미쳐 온―영향을 능가할 정도였다. 미국 장로교 선교사 언더우드가 한국에 장로교를 옮겨 심은 것도 이 '위대한 세기'―1885년 4월 5일 인천에 상륙―였다. '겨자씨'가 '나무'가 되고, '누룩'이 '가루 서 말'을 부풀리는 역사로서는 바로 이 99년 사이가 2000년 교회 역사상 가장 두드러진다고 하겠다. 비록 우리가 이와 같은 기독교의 양적이고 질적인 성장을 직접적으로 하나님의 나라와 동일시할 수는 없으나, 그것이 하나님 나라의 징표들을 보였고, 하나님의 나라에 대한 미리 맛봄을 경험했다고 보는 것이다. 물론 그것이 19세기 산업화와 제국주의, 그리고 자본주의와 지리적인 확장에 편승하여 일어났다는 점에서 철저한 자기비판을 거쳐야 하지만 말이다.

다른 한편 19세기는 유럽 전체의 세속화 과정을 보여 준다. 과학발전에 의한 기독교의 세속화, 즉 유럽인들은 인간과 세계의 기원과 발전과 목표를 과학적으로 보았으니 창세기의 기사들을 더 이상 액면 그대로 받아들일 수 없게 되었다. 역사에 의한 역사의 세속화, 즉 유럽인들은 역사를 더 이상 하나님의 숨은 손길에 의해 움직여진다고 보지 않고, 역사의 어떤 법칙이나 인간의 주체에 의해서 결정된다고 보게 되었다. 구속사란 더 이상 없다. 도덕성에 의한 윤리의 세속화, 즉 유럽인들은 더 이상 성경에 나타난 하나님의 명령이라든지 그 어떤 초월적 차원에서 들려오는 도덕적인 명령을 인정하지 않게 되었다. 노동의 세속화, 즉 노동의 의미가 더 이상 하나님의 영광이나 하나님의 나라 건설과 관계가 없고 임금문제하고만 직결되었다. 칼 마르크스에 의한 종말론의 세속화, 유럽인들은 역사를 유물 변증법으로 보아 부르주아 계급이 필연적으로 망하고 프롤레타리아 계급이 종국적으로 승리하여 지상 천국을 누릴 것이라고 하는 것이다.

슐라이어마허, 헤겔주의 신학자들, 리츨, 하르낙, 트뢸취 등에 의한 19세기 독일의 자유주의 개신교 신학은 방금 위에서 논한 19세기 세속주의에 대한 응전이었다. 17세기 개신교 정통주의, 18~19세기 복음주의적 부흥운동 및 20세기 칼 바르트 등 신정통주의자들의 입장에서 19세기 독일의 자유주의적 개신교 신학은 변명의 여지없이 비판을 받는 것이 사실이다. 이 19세기 개신교 신학이 인간 중심의 신학이요 문화의 신학으로 문화 속에 용해되는 신학이라고 비판받는 것이 마땅하지만 19세기 세속화 물결에 대응하려 했고, 이처럼 세속화의 물결 속에 있는 19세기 세속화 인간들에게 기독교를 변증하려 했다는 점에서 그 훌륭함이 인정되어야 하는 것도 사실이다.

그러나 19세기는 유럽 전체의 급격한 세속화, 낭만주의와 관념철학, 산업혁명, 식민지주의, 무엇보다도 독일의 자유주의적 개신교 신학에도 불구하고 '위대한 세기'였다. 19세기는 18세기 개신교의 복음주의 각성운동과 선교활동을 이어 받아 그것을 더욱더 활성화시켰고, 교회 역사상 유래가 없었던 기독교의 확장을 경험하였다. 19세기의 복음주의 부흥운동은 잉글랜드와 스코틀랜드, 유럽 대륙의 경우에는 독일, 스칸디나비아, 스위스, 프랑스 및 네덜란드에서 일어났고, 미국에서는 제2차 대각성운동이 일어났다. 그리고 이처럼 복음주의 각성운동이 일어난 모든 나라에서는 선교활동이 활발히 전개되었던 것이다. 우리는 우리가 이미 논한 18세기 개신교파들의 복음주의 각성운동이 19세기로 이어지는 것으로 보기 때문에, 19세기의 그 부분을 반복하지 않고 영국(Great Britain), 유럽 대륙 및 미국의 선교활동 상황만을 언급하려고 한다.

그러나 19세기의 선교활동은 교파주의적 색채를 띤 기독교 확장의 역사였다. 19세기에는 어느 나라, 어느 교파의 선교사나 선교단체가 어느 나라에 어떤 교파의 교회를 개척하여 성장시키느냐가 중요했다. 종교개혁 이래로 17세기의 교파절대주의(confessional absolutism)를 거쳤고, 18세기 계몽주의를 거친 19세기의 개신교는 아직도 교파주의로 인한 어려움을 겪었다. 이 같은 기독교는 교파주의와 개교회의 성장주의 이상을 볼 수 없었다.

그럼에도 불구하고 복음주의 부흥운동과 선교활동으로 불타올랐던 19세기는 특히 피선교 지역의 선교 현장에서 교파들 간의 친교와 연합, 나아가서 선교단체들 사이의 친교와 연합의 필요성을 느끼기 시작하였다. 라우즈(Ruth Rouse)는 "선교와 에큐메니즘은 불가분리하다. 복음주의적 부흥운동, 선교, 기독교적 일치 추구는 필연적으로 연결되어 있다."고 했고, 브렌드레트(Henry Renauld Brandreth)는 19세기가 기독교의 놀라운 확장을 경험했다는 라투렛의 주장을 인정하면서, 19세기야말로 기독교 역사상 일찍이 없었던 각 교파의 세계적 연합기구의 확산과 교파 대 교파의 연합운동을 보았다고 주장한다.[1]

우리는 여기에서 브렌드레트가 제시하는 19세기의 교파 단위의 세계적 연합운동과 교파 간의 세계적 연합운동을 소개함으로써, 19세기가 단순한 기독교 확장의 '위대한 세기'일 뿐만 아니라 교회들의 일치추구에 있어서도 그 이전에는 경험할 수 없었던 '위대한 세기'였음을 지적하려고 한다. 1) 람베드 주교대회(1867), 2) 세계 개혁교회 연맹(1875), 3) 미국감리교 감독 교회 총회(1876), 4) 세계의 구(舊) 가톨릭교회들의 우트레히트(Utrecht) 연합(1889), 5) 제1차 국제 회중교회 협의회(1891), 6) 제1차 침례교 세계대회(1905).[2] 18세기의 경건주의 전통을 이어받은 복음주의 각성운동과 선교활동, 그리고 18세기의 복음주의 부흥운동과 선교활동을 물려받은 19세기의 복음주의 각성운동과 선교활동은 개인의 회심과 성화, 그리고 교파별 개교회의 개척과 성장을 한결같이 강조하는 경향을 보이는데, 방금 언급한 19세기의 교파별 세계 연합기구들과 교파 대 교파의 연합 노력은 20세기의 에큐메니칼 운동을 내다보는 새로운 패러다임의 교회의 세계화에로의 노력(에큐메니칼 운동)을 보여 주고 있음이 틀림없다.

우리는 이상과 같은 18~19세기 기독교의 역사적 흐름에서 복음주의와 선교활동이 필연적으로 에큐메니칼 운동을 낳았다고 하는 역사적 필연성을 발견한다. 그런데 이와 같은 맥락에서 교파를 초월하는 '자발적 공동체들'(voluntary associations)의 성격을 띤 기독교 단체들이 생겨 에큐메니칼 운동에 기여하게 된다.

남북전쟁의 도전 앞에서, 그리고 미국의 급격한 도시화와 산업화에 따른 유럽인들의 홍수 같은 이민의 물결 앞에서 기성 제도권 교회들은 상당히 무기력하였다. 오히려 19세기 중엽 영국에서 들어온 YMCA와 YWCA 운동, 초교파적 주일학교운동, 그리고 대각성운동을 잇는 무디(D. L. Moody) 중심의 복음주의 부흥운동이 미국교회에 활력을 불어넣었다. 특히, 무디의 헐몬 산(메사추세츠의 노스필드 근처) 성경공부 대집회를 통해서 결성된 SVM(Student Voluntary Movement for Foreign Mission)은 "이 세대 안에 전 세계를 복음화하자"("The Evangelization of the World in this Generation")라는 표어를 내걸고 선교운동에 박차를 가하였다. 바로 이 집회에서 100명 이상의 대학생 선교 지망생들이 나타났고, 이 운동은 세계로 확산되어 1892년 이 운동의 국제기구(International Student Voluntary Missionary Union)가 생기기까지 하였다. 다른 한편 19세기 중엽에 시작된 '기독학생 운동'(Student Christian Movement)은 1895년에 '세계 기독학생 연맹'(the World Student Christian Federation)을 낳았다. 이러한 개신교의 복음주의적 초교파 운동은 에큐메니칼 운동의 전주곡이기도 하였다. 그도 그럴 것이 모트(John Mott), 올드헴(J. H. Oldham), 템플(William Temple), 죄더블롬(N. Soederblom)과 같은 초기 에큐메니칼 운동의 지도자들이 모두 기독학생 운동의 지도자들이었기 때문이다.

본 서는 슐라이어마허, 알렉산더와 하지와 워필드, 필립 샤아프를 위와 같은 19세기의 맥락 속에 자리매김 시키는 바, 슐라이어마허는 낭만주의 계통의 19세기 세속화에 대응하는 개혁신학을, 알렉산더와 하지와 워필드는 19세기 세속화에 항거하는 17세기 정통 개혁신학 전통의 부활을, 그리고 샤아프는 동터 오르는 에큐메니즘의 흐름 속에서 고대 에큐메니칼 공의회들의 교리결정과 고전적인 개혁신학을 매우 존중하면서, 미국의 복음주의 부흥운동 전통 개혁신학의 약점들을 비판하였다.

4. 20세기 시대상황에 대응하는 21세기 개혁교회의 신학

포스트모더니즘(post-modernism)은 우리말로 '탈근대주의' 혹은 '후기 근대주의'(post-modernism)로 번역될 수 있다. 그런데 전자는 모더니즘으로부터 벗어난다고 하는 의미에서 반근대(anti-modern)의 뜻을 함축하는 바 다분히 가치판단이 전제된 것이고, 후자는 근대주의라는 시기 다음에 이어지는 시기를 뜻한다. 물론 포스트모더니즘은 모더니즘과의 여러 가지 관계 양상을 가지고 정의되는 것이 사실이지만, 우선 우리는 그것을 시대구분의 의미로 받아들인다. 이와 같은 시대구분이 새로운 시대를 특징짓는 동질적인 특징들에 의해서 규정됨으로써, 과격한 포스트모더니스트들에 의해서 '보편화' 혹은 '전체화'의 우를 범하는 것으로 판단되기도 하고, 이와 같은 시대구분 역시 어느 정도 가치판단을 함축하고 있다고 하겠다.

베스트와 케르너[3]는 '포스트모더니즘'이란 용어가 이미 1870년부터 사용(토인비)되었고, 결정적으로는 제1차 세계대전 이후에 여러 분야에서 급격히 많이 사용되었다고 한다. 베스트와 케르너가 가치판단을 유보한 채 '포스트모더니즘'의 용어 사용의 역사를 기술하고 있는데, 우리는 일단 제1차 세계대전 이후부터 그것이 점점 더 많이 사용되어 왔다는 것을 인정하면서, 모더니즘으로부터 포스트모더니즘으로 넘어오는 시기를 확정지을 필요가 있다.

첫째로 그 결정적인 전환은 제1차 세계대전(1914-1919)과 볼셰비키 혁명(1917)이라고 하는 주장이다. 한스 큉은 제1차 세계대전을 계기로 포스트모던 시대가 동터 올랐고, 그것이 1960년대와 1970년대에 발전해 나갔다고 본다.

이 시기를 우리 문화 전체의 관점에서 보면, 우리는 제1차 세계대전을 전환점으로 하여 그 이후 시기를 포스트모더니티의 동터 오름으로 인식한다. 특히 그것이 1960년대와 1970년대에 사회·문화적 현상들을 가리키는 말로 사용되지만, 그것의 뿌리는 훨씬 더 깊으며, 수십 년의 준비 기간을 지니고 있다.[4]

큉은 칼 바르트의「로마서 주석」(1922)을 비롯한 개신교의 신정통주의 신학을 포스트모더니즘에 대한 대응신학의 시작으로 본다. 데이비드 보쉬 역시 한스 큉과 입장을 같이한다. 보쉬는 아인슈타인과 하이젠베르크와 같은 자연과학자들이 이미 자연과학 영역 내에서 모더니즘을 극복하였고, 이어서 인문사회과학 쪽에서도 이와 같은 새로운 패러다임이 움트게 되었다고 한다. 보쉬는 제1, 2차 세계대전(1914-1918, 1939-1945)이 옛 패러다임을 깨고 새 패러다임을 가져오기 시작한 시기라고 본다. 그리고 신학에 있어서는 칼 바르트가 모더니즘의 소산인 자유주의신학에 대응하여 새로운 신학적 패러다임을 제시하였으며,[5] 역사철학에 있어서는 슈펭글러(Oswald Spengler)가, 사회학에 있어서는 소로킨(Ptirim Sorokin)이 옛 패러다임의 몰락과 새 패러다임의 등장을 예고한

것으로 본다.[6]

제1차 세계대전 직후에 등장한 바르트는 그의 「로마서 강해」 제2판(1922)에서 모더니즘 시대의 신학적인 유산과 단절하였고, 그의 「교회교의학」 Ⅲ/3. 1, 1959(pp. 40-188)에서는 '빛'(Light)이시요, '말씀'(the Word)이시요, '진리'(the Truth)이신 예수 그리스도께서 '다른 빛들', '다른 말씀들' 혹은 '다른 진리들'의 근거도 되신다고 함으로써 타종교와 다(多)문화 속에 있는 빛들과 말씀들과 진리들을 인정하였으니, 종교주의, 다문화주의(multiculturalism)를 주장하는 포스트모더니즘 시대를 열었다. 그리하여 본 서가 논한 "오늘의 개혁신학"에서 우리는 바르트뿐만 아니라 나머지 모든 20세기 개혁신학자들 역시 모더니즘 시대의 개혁신학과는 단절되고, 나아가서 포스트모더니즘 시대에 걸맞는 신학을 펼쳤다고 판단한다.

우리는 여기에 더하여 1920년을 계기로 세계교회가 신앙과 직제(Faith and Order), 사회참여(Life and Work) 및 선교(World Missionary Conference)에 있어서 역시 신학의 패러다임 이동(paradigm shift)을 보여주고 있다는 사실을 간과해서는 안 될 것이다. 삶과 봉사운동은 1914년의 제1차 세계대전 직전에 "평화에의 호소문"을 통해서 전쟁을 만류했던 죄더블롬에 의해 시발되어, 1920년에는 제네바에서 세계대회를 준비하는 대회로 모였고, 1910년 에든버러 WMC 이후로 미국 성공회의 브렌트 주교에 의해서 착수된 신앙과 직제운동 역시 1920년에 제네바에서 세계대회를 준비하기 위해서 모였으며, 바로 이 1920년에 동방교회의 중심지인 콘스탄티노플에서 열린 주교총회(Holy Synod)가 국제연맹(League of Nations)에 맞먹는 '교회들의 국제연맹'(League of Churches, Koinonia of the Churches)을 제안하는 공식문서(encyclical)를 발표하였다. 그리하여 바야흐로 1937년 신앙과 직제 및 삶과 봉사가 네덜란드의 우트레히트에서 세계교회협의회(WCC)를 구성, 교리헌장

(the Basis)을 작성하였고, 제2차 세계대전이 끝나는 1948년 암스테르담에서 제1차 세계교회협의회를 개최하였던 것이다.[7]

우리는 제1, 2차 세계대전, 그리고 에큐메니칼 운동의 태동이 새로운 패러다임의 시대 혹은 포스트모더니즘의 시대를 등장시켰고, 그것이 1960년대와 1970년대에 본격화되었으며, 1980년에 획기적으로 발전했다(베스트와 케르너)는 사실을 지적하였다. 바로 이와 같은 시대상황 속에서 1962~1965년 사이에 제2바티칸 공의회가 열려 로마 가톨릭교회는 자신들의 오랜 교리 전통을 새롭게 하여 오늘의 시대에 걸맞게 만들었다(aggiornamento). 그리고 1970년대에는 중남미 계통의 해방신학과 우리 한국의 민중신학이 등장한다. 시장경제의 세계화 혹은 신자유주의의 세계화, 그리고 정보화 사회의 세계화라고 하는 1989~1990년 이래의 지구화(globalization)[8]에도 불구하고, 포스트모더니즘은 오늘 우리가 살고 있는 시대를 힘차게 흐르고 있다. 지구화는 모더니즘의 유산임에도 불구하고 오늘 우리 시대는 포스트모던 시대에 해당한다.

본 서가 이미 소개한 1) 칼 바르트의 말씀의 개혁신학, 2) 에밀 브룬너의 접촉점의 개혁신학, 3) G. C. 베르까우어에 있어서 로마 가톨릭과 칼 바르트의 신학을 비판하는 개혁신학, 4) 오토 베버의 중도적 개혁신학(존 칼빈과 칼 바르트 사이), 5) 라인홀드 니버와 H. R. 니버의 신(新)칼빈 신학, 6) 율겐 몰트만의 종말론적 개혁신학, 7) 로흐만의 화해와 해방의 신학의 개혁신학은 한스 프라이(Hans Frei)와 린드이(Lindbeck)로 대표되는 '신예일신학'(the New Yale School)[9]과 더불어 21세기 포스트모더니즘 시대의 신학이다. 그도 그럴 것이 이들은 모두 그렌츠가 제시하는 바, 1) 개인주의 이후 시대의 복음, 2) 이분법 이후 시대의 복음, 3) 합리주의 시대 이후의 복음, 4) 주지주의 시대 이후의 복음에 입각한 신학을 추구했기 때문이다.[10] 그리고 무엇보다도 이들은 한결같이 칼 바르트와 더불어 19세기의 '모더니즘' 적 신학을 거부하고 있기 때문이기도 하다.

Ⅱ. 개혁신학의 공통분모

본 서는 제1권 「16세기 종교개혁과 개혁교회의 유산」을 잇는 제2권 「개혁교회의 역사와 신학」이다. 개혁신학은 16세기에 기원하여 오늘에 이르기까지 발전하였기 때문에 이 글은 "근대의 개혁신학"(17세기 개혁파 정통주의, 18세기 개혁파 : 청교도와 경건주의, 그리고 19세기 개혁신학)을 논했고, "오늘의 개혁신학"(바르트, 브룬너, 베르까우어, 베버, 니버, 몰트만, 로흐만)을 논했다. 이 글은 개혁신학을 개혁교회의 신학전통을 통해서 보기 때문에 어느 한 시대나 한 신학자의 신학을 절대화하지 않는다. 그런데 우리는 개혁신학들의 역사적인 퍼레이드로 만족할 수가 없다. 우리는 개혁신학 전통의 파노라마를 통해서 그것의 연속성, 공통분모, 불연속성, 그리고 다양성을 따져 보아야 할 것이다. 우선 우리는 개혁교회 전통들의 '다름'과 다양성에도 불구하고 그것이 연속성과 공통분모를 가지고 있기에 '개혁교회의 보편성'(the Reformed Catholicity)을 인정해야 할 것이다.

세계교회협의회의 신앙과 직제 총무로서 십수 년 동안 일했고, 세계개혁교회 연맹(WARC, World Alliance of Reformed Churches)의 신학부 총무로 수고하였으며, 현재 제네바의 존 녹스 센터에서 '일치 가운데 선교'(mission in unity)를 오랫동안 추구해 온 루카스 피셔는 바르멘 이후 개혁신학 전통에서 개혁신학의 공통분모를 15가지로 보고 있다. 즉, 1) 오직 그리스도, 2) 만사에 있어서 하나님께 영광, 3) 구원과 삼위일체론적 사고, 4) 성경의 권위, 5) 신앙고백, 6) 교회, 7) 기도와 예배, 8) 제자도와 치리, 9) 교역과 교회직제, 10) 개교회와 보편교회, 11) 복음 증언에로의 소명, 12) 진리와 일치, 13) 교회와 국가, 14) 사회 속에서의 교회의 증언, 15) 하나님의 나라를 향해 순례하는 백성으로서의 교회가 그것이다. 이와 같은 항목들을 요약해서 소개하면 다음과 같다.[11]

1. 오직 그리스도

개혁전통은 예수 그리스도만이 구원의 유일무이한 근원이라는 사실을 특별한 열정으로 강조한다(「기독교 강요」 II, xvi, 19).

2. 만사에 있어서 하나님께 영광

개혁전통은 하나님과의 관계에서 인간의 피조성과 죄성을 강조하기 때문에 십계명 중 제1계명을 매우 중요시한다. 즉, 인간의 구원은 전적으로 하나님에게 달렸다는 것이다. 하나님께서는 그의 아들 예수 그리스도를 통해서 인간과 하나님 사이를 가교(架橋)하셨다는 말이다. 예정론은 인간과 관계하시는 하나님의 신비를 강조하기 위한 한 교리인 바, 이것이 모든 인류의 복음을 선포하고 나누어야 할 긴급성을 결코 감소시키시 않는다.

3. 구원과 삼위일체론적 사고

개혁전통은 아버지와 아들과 성령으로서의 하나님을 믿는다. 만유의 창조자 하나님은 인간이 되셔서 성령의 능력으로 구속을 이루시는 하나님과 동일하신 분이다. 개혁전통은 특히 성령의 구원하시고 치유하시는 능력을 강조한다.

4. 성경의 권위

성경은 성령으로 영감된 책이기 때문에 성령의 조명 하에서만 이해되고 해석되어야 한다. 하지만 이와 같은 영감이 신앙공동체로부터 고립된 상태에서 강조되어서는 안 된다. 오늘날 많은 개혁교회들은 역사비평적 성경 연구의 결과로 성경이 이 세상을 창조하시고 구속하시는 하나님의 위대한 행동들을 증언하는 책으로 오늘날도 교회에 의해서 읽혀져야 하고, 해석되어야 하며, 행동되어야 할 하나님의 행동들에 대한 신앙공동체의 반응으로 본다. 오늘날 개혁교회의 신앙고백들은 성경관을 '성령과 교회'라는 항목에서 다룬다.

5. 신앙고백

개혁교회는 그동안 복음 진리를 확언하고 설명하기 위하여 다양한 신앙고백서들을 작성해 왔다. 개혁교회는 각 시대에 대응하여 성경의 증언들로부터 획득된 새로운 통찰에 대해서 열려 있다. 하지만 신앙고백서들은 어디까지나 성경에 종속하는 표준들이다. 개혁교회는 16세기부터 오늘날에 이르기까지 다양한 신앙고백서들을 가지고 있고, 1934년 바르멘 신학선언을 계기로 진보적인 신앙고백서들과 근본주의적 신앙고백서들을 갖게 되었다. 따라서 우리 개혁교회는 여러 다양한 목소리들에 직면해 있기 때문에 건설적인 대화를 추구해야 한다. 하나님 말씀에 대한 바른 반응을 향한 노력은 개혁교회 가족의 특징들 가운데 하나이다.

6. 교회

하나님은 사람들을 불러 교회로 삼으시는 바, 교회는 하나님의 백성, 그리스도의 몸, 그리고 성령의 전이다. 역사를 통해서 하나님의 이름을 영화롭게 하는 선택된 백성이 살아왔다. 교회란 하나님의 자유케 하시는 말씀이 선포되고 응답되어질 수 있는 장(場)이다. 참교회에 속한 사람이 누구인가는 하나님만이 아신다. 우리는 역사 속의 교회를 경멸해서는 안 된다. 우리는 하나님의 말씀을 듣고 응답하기 위해서 교회공동체에 의존할 수밖에 없다. 칼빈은 교회를 하나님의 나라에로의 도상에 있는 우리 믿는 사람들을 하나님의 나라에로 인도하는 어머니라고 하였다.

7. 기도와 예배

하나님의 은혜에 대한 첫 번째 반응은 기도와 찬송이다. 우리는 개인적으로든, 공동체적으로든 하나님을 영화롭게 하기 위해서 부름을 받았다. 예배는 우선적으로 공동체적 행동이다. 이 예배에서 말씀이 선포되고 성만찬이 집례된다. 공동체적 예배의 중심적 요소들은 기도와 선포와 성만찬의 축하이다. 오늘날 개혁교회 안에는 다양한 예배형식들이 있다. 역시 개혁교회 안에서 에큐메니칼 대화가 요청된다.

8. 제자도와 치리

칭의와 성화는 동전의 양면이다. 성령에 의한 예수 그리스도와의 연합은 칭의뿐만 아니라 사랑의 실천에 있어서 열매들을 맺게 한다. 개혁

전통은 우리의 연약성을 인식하게 하는 율법의 기능뿐만 아니라 갱신된 삶의 지침으로 사용된다. 특히 개혁교회는 개인적인 갱신뿐만 아니라 공동체적 갱신을 강조한다. 개인의 성화에 머무는 것이 아니라 공동체적 성화로 나간다는 말이다. 그리고 개혁전통은 설교와 성례전 집례에 더하여 치리를 강조하는데, 요즈음은 소수 개혁교회만이 제도적 형태의 치리를 행사하고, 서양의 세속화된 나라들에 있어서 대부분의 개혁교회들은 치리를 공동체 구성원들의 상호 작용에 내맡기는 경향이 있다.

9. 교역과 교회직제

개혁전통은 교회직제를 중요시하는 경향이 있다. 교역직이 교회의 생명을 위해서 꼭 필요하다는 것이다. 일찍이 칼빈은 가능한 한 성경에 제시된 대로 4중직을 주장하였다. 즉, 말씀을 설교하고 성례전을 집례하며 치리를 감당하는 목사들, 목사를 돕고 치리를 돕는 장로들, 행적 차원에서 섬기고 가난한 자들을 돕는 집사들, 그리고 교회의 순수한 가르침을 위해서 책임을 지는 교사들을 말한다. 그런데 칼빈은 정규적인 말씀설교가 확보되는 한 교역직의 다양성을 허용하였다. 개혁교회 직제는 반교권주의적 공통점을 가지고 있는 바, 목사들과 장로들의 집단 지도체제적이면서도 회중의 뜻을 존중한다. 그러나 영국 성공회의 감독체제에 대하여 반대하는 맥락에서 '장로교주의'(presbyterianism)를 경직되게 강조했던 스코틀랜드 장로교회와 같이 장로교주의를 너무 내세우는 개혁교회들도 있다. 다른 한편 최근의 개혁교회들은 교회연합을 통해서 장로교주의와 회중교회주의와 감독체제를 조화시켜 나아가고 있다. 장로교주의와 감독체제를 어떻게 조화시킬 수 있는가가 오늘날 직제문제에 있어서 개혁교회가 풀어야 할 숙제이다.

10. 개교회와 보편교회

종교개혁자들은 두세 사람이 모여도 거기에서 복음이 선포되고, 성례전이 베풀어지는 한 예수 그리스도께서 임재하신다고 하는 하나의 회집된 개교회를 강조하였다. 따라서 하나님의 말씀 밑에 있는 개교회가 궁극적인 권위를 갖는다. 물론 이와 같은 경향이 개혁교회들의 강한 참여와 책임의식을 나타내는 점에서 훌륭하다고 하겠다. 그러나 개혁교회들의 주류는 노회, 대회 및 총회 차원에서의 공동의 결의의 필요성을 강조한다. 그럼에도 불구하고 개혁교회의 시야는 국가별 차원에 국한되어 있다. 즉, 국가별 개혁교회들의 상호관계나 양자 간, 다자 간에 대화가 부족하다는 말이다. 현재 많은 개혁교회들이 WARC와 같은 기구에도 가담하고 있지 않고, WARC조차도 아직 하나의 총회와 같은 구실을 하지 못하는 형편이다. 개혁교회는 보편교회(the catholic church)에 대한 인식의 부족으로 자체 내에서 교파분열을 많이 경험하는 경향이 있다.

11. 복음증언에로의 소명

개혁교회들은 대체로 교회의 선교적 소명에 대해서 강한 헌신을 가지고 있다. 16세기 종교개혁은 로마 가톨릭교회의 갱신에는 집중하였지만 선교에는 소홀하였다. 칼빈까지도 마태복음 28 : 19~21과 같은 선교 위임 명령이 사도들에게만 주어진 것이고, 사도시대에 성취된 것이라고 하였다. 선교는 18~19세기의 복음주의 부흥운동과, 특히 19세기 초 이래의 선교활동으로 개혁교회의 특징이 되었다. 하지만 최근 개혁교회의 신앙고백서들은 대부분 교회의 선교적 책임을 명시적으로 고백하고 있다. 이런 의미에서 스코틀랜드 교회는 웨스트민스터 신앙고백을 보완하였다.

12. 진리와 일치

개혁교회는 모든 교회와 마찬가지로 그리스도에의 헌신에 의한 일치와 상호간의 코이노니아 사이의 갈등을 경험하고 있다. 종교개혁 전통을 따라서 그리스도에게로 돌아가야 한다고 하는 당위성을 아는 개혁교회는 머리 되신 그리스도의 지체가 된 타 교회들 및 타 교파들과의 일치 문제로 고민하고 있다. 우리는 이와 같은 연합과 일치에로의 장애물들을 제거하는 일을 위해 힘써야 하겠다. 많은 개혁교회들이 아직 에큐메니칼 운동에 가담할 수 없다고 느끼고 있으나 다수의 개혁교회는 대화, 협력 및 연합을 향한 에큐메니칼 노력에 적극적으로 참여하고 있다. 교리와 교회구조 문제에 대한 철저한 논의에 근거한 일치추구가 개혁교회들의 한 특징이 되었다.

13. 교회와 국가

칼빈주의적 개혁교회들은 국가권력으로부터의 교회의 자율을 옹호한다. 이들은 국가와 사회생활 전반에 관하여 국가의 권위를 인정하지만, 교회의 내적인 삶과 증언활동을 국가권력에 종속시키려는 모든 시도들에 저항한다. 하지만 어떤 나라들의 개혁교회는 종교개혁 당시 국가권력과의 협조 하에서 생겨났기 때문에 지금까지도 국가권력에 의존하는 양상을 보이고 있다. 따라서 오늘에 이르기까지 국가와의 바른 관계를 찾으려고 노력하는 개혁교회들이 있다.

14. 사회 속에서의 교회의 증언

종교개혁은 주로 로마 가톨릭교회에 대한 개혁에 주력하였다. 하지만 종교개혁자들의 증언은 초기부터 사회 전체에 미쳤다. 이들은 하나님의 뜻이 사회 전체와 삶의 모든 차원에서 존중되고 구현되어야 한다고 믿었다. 이들은 정의가 지배하는 사회건설을 원했다. 또한 칼빈은 정의를 변호하고 가난한 자들을 보호하는 일을 위해서 제네바 시의회에 깊숙이 참여하였다. 20세기 독일에서의 바르멘 신학선언은 칼빈보다 한 걸음 더 나아가 "우리는 우리의 삶의 어떤 영역들에 있어서 우리가 예수 그리스도에게 속하지 않고, 다른 주권자들에게 속하여 이 영역들에서는 예수 그리스도를 통한 이신칭의와 성화가 필요 없다고 하는 거짓된 가르침을 배격한다."라고 선언하였다. 그런데 이와 같은 기독교의 사회적 증언은 개혁교회들 안에서 분열과 갈등을 빈번히 불러일으켜 왔다.

15. 하나님의 나라를 향해 순례하는 백성으로서의 교회

개혁교회들은 히브리서를 따라서 자신들이 하나님의 나라를 향해 순례하는 하나님의 백성이라고 생각한다. 이들은 이 도상에서 새로운 상황을 만날 때마다 성경에 증언된 하나님의 말씀에 충실하고, 이 말씀을 좇아 자신들의 삶을 교정하고 갱신하기 위해 노력한다. 이들은 새로운 시야를 열도록 준비되어 있다. 이들은 "개혁된 교회는 항상 다시 개혁되어야 한다."(Ecclesia reformata est semper reformanda)라는 모토를 따라서 항상 새로운 시야와 새로운 통찰을 향해 열려 있다.

이것은 항상 새로운 상황에 응답하기 위해서 성경이 증언하고 있는 하나님의 말씀에 청종함으로써 일어나야 할 것이다. 그런데 다음의 사항들은 개혁교회의 공동 유산에 속한다.

- 개혁교회의 선교적 헌신은 항상 언급되어 왔다.
- 관용의 가치들과 인권투쟁은 18세기의 지성적, 영적 발전들에 뿌리를 내리고 있다.
- 개혁교회들은 언약신학(예 : Johannes Cocceius)을 추구해 왔다. 이들은 구약의 이스라엘 백성의 구속사가 인류구속을 위해서 이 땅 위에 성육신하신 하나님의 아들 예수 그리스도를 통해서 성취되었다고 확신함으로써, 구약에 근거한 사회윤리를 강조함으로써 유대인들에 대한 태도와 생각이 각별하다. 이와 같은 언약신학은 제2차 세계대전을 계기로 개혁교회의 지배적 신학이 되었다. 오늘날 개혁교회 안에서 어떤 개혁교회들은 바울의 선교명령을 따라서 "첫째는 유대인에게요 헬라인에게로다."라고 외치고, 더 많은 개혁교회들은 이들과의 대화가 기독교적 증언의 적절한 형태라고 믿는다.
- 여권 추구와 여권신장 운동의 발생은 많은 개혁교회들에게 큰 영향을 끼쳤다. 많은 개혁교회들에게 있어서 여성들의 교회참여와 여성안수(목사들과 장로들)는 하나의 원칙이 되어 버렸다. 하지만 개혁교회들 가운데는 아직도 여성안수 문제가 성경에 위배된다고 못 박는 교회들도 있다.
- 생태학적 위기가 창조 주제를 전면으로 끌어냈다. 많은 개혁교회들은 자신들의 전통적인 가르침이 이 문제에 대해서 충분히 다루지 못했다는 사실을 인정한다. 즉, 그것은 인류들이 전 창조세계와 더불어 조화를 이루고 코이노니아를 누려야 할 필요성에 대해서 충분히 논하지 않았다는 사실을 말한다. 하지만 여러 개혁교회들이 창조 문제에 관하여 관심을 갖기 시작하였다. 1983년 미국의 기독교 개혁교회(the Christian Reformed Church)가 채택한 "오늘의 증언"에서 이렇게 고백하고 있다. 즉, "우리는 과학과 기술의 좋은 소산들을 감사히 사용하되 그것의 우상화를 경계해야 하고, 하나님의 이웃사랑의 요구에 걸맞는 방법으로 조심스럽게 사용해야 하며, 이 땅과 땅의 피조물들을 돌보아야 할 것이다."

Ⅲ. 개혁신학의 '다름'과 다양성의 문제

개혁교회의 전통은 로마 가톨릭교회나 동방 정통교회, 그리고 성공회나 루터교회와 달리 획일적인 신앙고백서가 아니라 다양한 상황에서 다양하게 고백하는 다양한 신앙고백서들을 가지고 있음으로 다양한 신학적 주제들을 발전시켜 왔다. 하지만 동시에 개혁교회는 다양한 신앙고백서들에 따른 다양한 신학들 때문에 개혁교회 내의 교파분열의 경향을 나타내 보이고 있다. 무엇보다도 개혁교회의 신앙고백서들 중 바르멘 신학선언(K. Barth)을 계기로 그 이전의 신앙고백서들과 그 이후의 신앙고백서들 사이에 신학적인 공통분모와 상이점들이 있다. 이와 같은 경향에 대응, 1982년 오타와 WARC 총회는 '복음'을 다양한 개혁교회들의 신앙고백서들의 공통분모로 보았다. 이 복음은 에큐메니칼 운동과 WCC의 공통분모이기도 하다. 따라서 우리 개혁교회는 개혁신학 전통을 지향하면서도 WARC와 WCC에 대하여 열려 있어야 한다. WARC 문서[12]는 바르멘 신학선언 이전의 신앙고백서들과 그 이후의 신앙고백서들 사이의 공통분모들을 지적함으로써 양자간의 대립 갈등을 해소하려고 노력하였고, 이 양자간의 차이점들을 제시함으로써 우리가 지향해야 할 방향을 제시하고 있다.

우선 개혁교회 신학의 공통분모에 대해서 알아보자. 사도신경과 니케아-콘스탄티노플 신조(381)에 나타난 삼위일체 하나님, 칼세돈(451)의 정통 기독론을 공유하고 있고, 하나님의 주권(예정과 섭리)을 강조하며, 구약에서 신약으로 이어지는 구속사와 예수 그리스도 안에서 새롭게 된 하나님과 인간 사이의 은혜의 언약 및 구약의 예언자 전통에 따른 사회윤리를 힘주어 말하고 있다. 그리고 개혁교회들은 한결같이 성경에서 기독교적 삶의 지침을 찾고, 예배와 직제의 근거를 찾으며, 만인제사장직론을 무시하지 않으면서도 직제를 강조하고, 개인의 자유와 책임을 강조한다. 나아가서 개혁교회들은 성령의 코이노니아를 공유하고 있다.
    이제 우리는 바르멘을 전후로 개혁신학들의 상이점에 대해서 알아보자. 바르멘 이전의 개혁신학들은 성경주의(biblicism)를 지향하는 데 반하여, 그 후의 개혁신학들은 복음 중심의 성경이해를 추구하고 있다. 삼위일체론에 관하여 전자는 형이상학적인 측면들을 강조하고, 후자는 경륜적인 차원을 강조한다. 그리고 전자는 기독론에 관하여 예수 그리스도의 신성을 강조한다면, 후자는 아래로부터의 기독론, 즉 예수 그리스도의 인성을 강조한다. 하나님의 나라에 관하여 전자는 타계적인 하나님의 나라를, 후자는 역사 속에서 구현되어야 할 하나님의 나라를 강조한다. 따라서 전자는 하나님의 나라와 이 세상의 이분법을, 후자는 세상과 역사를 하나님의 활동 무대로 본다.
    또한 전자가 하나님의 불변적 속성을 강조한다면, 후자는 정치, 경제, 사회, 문화 속에서 하나님의 공의의 실현을 강하게 주장한다. 따라서 후자는 예수 그리스도의 고난과 교회의 투쟁을 강조하고, 속죄론에 포함되는 만족과 형벌보다도 예수 그리스도를 통한 보편적 화해와 역사를 통한 이 화해의 실현을 힘주어 주장한다. 그리고 전자는 웨스트민스터 신앙고백 등 전통적인 개혁교회의 신앙고백을 고수한다면, 후자는 감리교, 회중교회, 성공회 등과 더불어 연합 신앙고백을 시도한다. 끝으로 전자는 '보편은총', '행위언약', '자연법' 이론을 내세우지만, 후자는 복음과 삼위일체 하나님의 특수 은총과 예언자 전통 및 기타 성서적 전통에 나타난 하나님의 뜻의 생활화를 강조한다.
    이상과 같은 "개혁신학의 공통분모"와 "개혁신학의 '다름'과 다양성의 문제"에 비추어 볼 때 본 서가 논한 "근대신학"은 대체로 웨스트민스터 신앙고백 이전의 신학이요, "오늘의 개혁신학"은 웨스트민스터 신앙고백 이후의 신학이다. 비록 19세기의 필립 샤아프는 상당한 정도로 웨스트민스터 신앙고백 이후의 신앙과 신학에 해당하고, 20세기 베르까우어의 초기의 성경관은 상당한 정도로 웨스트민스터 신앙고백 이전의 경향을 지니고 있지만 말이다. 그리고 18~19세기 개혁신학이 17세기 개혁 정통 신학보다는 훨씬 웨스트민스터 신앙고백 이후적인 경향을 지니고 있는 것으로 판단된다. 그런데 이미 지적한 바, 이 개혁신학 전통들은 그와 같은 '다름'과 다양성에도 불구하고 기본적인 공통분모들을 가지고 있어서 개혁교회의 보편성을 지향하고 있다고 하겠다. 진실로 우리는 세계 개혁교회들의 신앙고백서들이 지니고 있는 공통분모를 소중히 여기면서 충돌하는 부분들에 관하여는 바르멘 이후의 신학경향을 따라야 할 것이다. 그리하여 각 개혁교파는 타 개혁교파의 '다름'과 다양성으로 인하여 타 개혁교파를 억압하거나 소외시켜서는 안 될 것이다.

Ⅳ. 개혁교회의 일치추구

개혁교회는 16세기 종교개혁 이래로 계속해서 일치추구에 힘써 왔다. 마틴 부처는 루터와 함께 「베텐베르트 일치신조」(1536)에 합의함으로써 성찬론 논쟁을 종식시켰고, 칼빈과 불링거는 *Consensus Tigurinus* (취리히 일치협약, 1549)를 작성하여 성만찬에 대한 신학적 일치를 통해 개혁교회의 일치를 추구했고, 불링거는 「제1, 2 스위스 신앙고백」(1536, 1566)의 작성으로 스위스 내에서 개혁교회의 일치를 시도했다. 개혁교회는 17~18세기에도 유럽 대륙과 영국에서 각각 신앙의 본질적인 항목들의 일치를 통한 교회일치를 추구했고, 19세기의 개신교 선교활동은 교회일치와 선교적 협조를 크게 진척시켰다. 그리고 20세기 에큐메니칼 운동의 선구자들 가운데 큰 인물들(Visser't Hooft와 Eugene Carson Blake)이 개혁교회의 사람들이기도 했다.

그러나 오늘날 세계의 개혁교회들은 하나 됨을 이룩하지 못하고 있다. 기독교 세계에서 오직 개혁교회만이 2개의 교파별 세계적 협의기구를 갖고 있다. 즉, 하나는 WARC이고, 다른 하나는 'Reformed Ecumenical Council'인데, 전자에 소속된 장로교가 164개 교파이고, 후자에 속한 장로교는 33개 교파이며, 전자에도 후자에도 속하지 않은 교파들도 100개 교파 정도 된다.

우리 한국의 장로교회는 103개 교파로 나뉘었는데, 이들 중 3교파 정도만 WARC에 가입하였고, 더 많은 보수 장로교파들은 'Reformed Ecumenical Council'에 가입하고 있다. 1980년 10월에 발족한 한국장로교협의회(기장, 통합, 고신, 대신, 개혁)는 WARC에 가입하였고, 1992년에 발족한 예장협의회(합동개혁, 합동보수, 호헌, 합동정통 등 25개 교단)는 'Reformed Ecumenical Council'에 가담하였으니 세계개혁교회의 분열은 우리 한국장로교회에까지 영향을 미치고 있다.

그러나 1875년에 창설된 WARC는 개혁교파들이 그리스도 안에서 하나가 될 것을 강조했고, 개혁주의 전통이 보편교회적(catholic) 뿌리를 갖고 있다는 사실을 강조하였다. WARC의 최초의 잡지가 "보편교회적 장로교"(the Catholic Presbyterian)라는 제목을 취한 것은 큰 의미를 갖는다. WARC의 역대 총회는 개혁교회의 분열문제를 거듭 다루어 왔다. 1948년 제네바에서 열린 WARC 총회는 "한 나라 안에서 분열된 개혁교회의 큰 불행"을 강조했고, 6년 후 프린스턴 WARC 총회는 회원교회들에게 "보다 친밀한 교제와 궁극적인 재연합을 위해서 대화를 시작할 것과 시작된 대화를 지속할 것"을 강권하였다. 1982년 캐나다의 오타와 총회와 1989년 서울 총회도 역시 개혁교회의 일치추구를 위해서 힘썼다.

이상 개혁교회의 일치추구가 미국 장로교회와 네덜란드 개혁교회에서 열매를 거두었고, 개혁교파들과 다른 개신교와의 연합도 가능케 하였다. 즉, 미국의 경우 1983년에 'The Presbyterian Church in the US'(미국의 남장로교)와 'The United Presbyterian Church in the

US'(미국의 북쪽에 있는 연합장로교)가 완전 통합되었고, 네덜란드에서는 'De Gereformeerde Kerken in Nederland'(Abraham Kuyper 계통의 보수파)과 'De Hervormde Kerk' 사이의 연합이 크게 진전되고 있으며, 개혁교회들은 여러 나라들에서 다른 개신교파들과 연합협상을 벌이고 있다. 적어도 WARC 회원교파들 가운데 16개 교파가 타 개신교파들과 연합교회를 이룩하였다.

교파들의 일치란 교파들의 획일주의적 일치를 의미하지 않는다. 그것은 성경 내용의 다양성에 근거한 다양한 교파들의 코이노니아이다. 모든 교파들은 성경의 통일성(복음)에 근거하여 교회의 통일성을 지향하고, 삼위일체 하나님과의 신비적인 연합에 근거하여 일치를 추구해야 하며, 성경의 다양한 메시지들에 대한 다양한 신학적 해석전통에 근거하여 교파적 다양성의 코이노니아를 가시적으로 성취해 나아가야 할 것이다.

오늘날 세계의 장로교파들은 "오직 성경으로만"의 원리, 성경의 통일성을 이루는 복음에 대한 공동이해, 성경의 다양한 메시지들에 대한 다양한 개혁신학적 이해, 사도신경과 니케아-콘스탄티노플 신조(AD 381)에 나타난 삼위일체 하나님 신앙, 칼세돈 신조(AD 451)에 나타난 참하나님과 참인간이신 중보자 예수 그리스도에 대한 신앙 및 세례, 성만찬(직제는 예외)에 대한 신학적 이해와 실천에 있어서 이미 선물로 주어진 일치를 누리고 있다. 우리는 '이 주어진 일치'를 실천을 통해서 가시화시켜야 하고 구체화시켜야 한다. 우리는 이미 주어진 "성령의 하나 되게 하신 것"(엡 4:3)을 인내와 온유와 겸손과 사랑으로 지켜야 할 것이다. 또한 신앙의 본질적인 내용들에 있어서의 일치를 신앙의 비본질적인 내용들에 대한 불일치보다 중요시 여겨야 한다. 우리 한국의 장로교파들은 스위스 개혁교회를 비롯한 세계의 여러 개혁교회들의 신학적 유산들을 함께 나눔으로써 세계 개혁교회들과의 코이노니아를 추구해야 할 것이다.

  그런데 WARC[13]는 6가지 세계 개혁교회의 신학적인 분열 원인들을 16세기 종교개혁신학과 개혁신학 전통 및 그 발전사에서 찾는 바, 이것을 한국장로교회의 신학 전통에 결부시켜 소개하면 다음과 같다.

  1. 개혁자들은 교회 갱신에 있어서, "살아 있고 자유케 하시는 하나님의 말씀(복음—역자 주)의 역할을 강조하였다. …… 그러나 개혁교회의 신학사를 통해서 보면 성경이나 신앙고백서들을 우상화하는 경향이 있어 교회를 분열시키기도 했다."

  2. 개혁자들은 예수 그리스도께서 살아 있는 말씀과 성령의 능력으로 항상 새롭게 현존하신다는 사실을 강조하였다. "두세 사람이 내 이름으로 모인 곳에는 나도 그들 중에 있느니라"(마 18 : 20). 교회가 교회 되는 것은 하나님의 자기계시에 의해서이다. 그러나 개혁교회들은 이처럼 계시를 강조한 나머지, 친교(공동체성)와 여러 세기를 통해서 내려오는 전통의 연속성을 무시하기도 하였다.

  3. 개혁자들은 복음을 듣고 받아들이는 개인적 영접의 측면을 위해서 길을 예비하였다. 사죄의 복음과 하나님의 용납은 교회의 중보 없이 직접 개인에 의해서 선포되고 받아들여졌다. 그러나 이것을 지나치게 강조한 나머지, 하나님의 은총이 교회의 친교(코이노니아)를 가져온다고 하는—못지않게 중요한—통찰을 낮게 평가해서는 안 된다. 개인들은 각자 자기 자신의 경험에 도취되어 종종 교회의 친교를 소홀히 여긴다.

  4. 그러나 선민의식은 종종 쉽게 오해된다. 개혁교회들 자신들이 선민으로서 다른 교회들과 세상보다 훨씬 우월하다는 시험에 떨어진다. 이는 교회 일치와 인류 일치에 무서운 손상을 준다.

  5. 개혁자들은 개교회로서의 교회를 중요시하였다. 그리스도의 전(全) 몸이 각 특정 장소(개교회—역자 주)에 충만히 현존하심으로, 이 특정 장소는 예수 그리스도와의 친교를 가능케 하는 살아 있는 초점이다. 남녀

제6장
결론 : 일치와 갱신

가 말씀을 듣고 떡을 떼는 곳에서 예수 그리스도의 몸이 충만히 현존하신다. …… 그러나 개혁교회는 이것을 지나치게 강조한 나머지 개교회 혹은 어떤 특정 나라의 교회가 보편적 교회와의 코이노니아에 대하여 폐쇄적으로 되고 말았다.

6. 개혁 전통은 처음부터 개인의 결단과 개인적 관계 및 공적인 삶을 포함하는 인간의 모든 삶의 영역들이 복음의 요구와 주장 하에 있음을 강조해 왔다. 교회는 설교와 신실한 순종으로 인간사회에서 정의를 위해서 싸우도록 부름받았다. …… 그러나 종종 이에 대한 논란이 교회의 분열을 초래하였다.

이상에서 우리는 종교개혁신학과 개혁신학 그 자체가 어떤 약점들을 지니고 있으며, 개혁신학 전통을 타고 내려오면서 어떤 약점들을 보였는가를 지적하였다. 다시 정리하면, 1) 종교개혁은 중세기의 성서주의(biblicism)[14]에 반하여 복음을 재발견하였으나 두세 사람이 모인 개교회를 강조한 나머지 다른 교회들과의 코이노니아와 보편교회의 신학 전통을 소홀히 여기게 되었다. 2) 종교개혁은 복음에 대한 개인적 영접을 강조하기 시작하여 18~19세기 복음주의 부흥운동을 거치면서 이 같은 주관적 수용을 매우 강조하게 됨으로써 역시 코이노니아와 보편교회 및 보편교회의 신학 전통을 소홀히 여겼다.

그리고 3) 개혁교회의 선민의식이 코이노니아에 역기능으로 작용하였다. 4) 종교개혁은 말씀이 설교되고 성례전이 베풀어지는 하나의 회집된 개교회를 강조한 나머지 타 교파 및 보편교회와의 코이노니아를 상실하였다. 5) 개혁교회는 예수 그리스도의 주권에 의한 사회와 문화의 개변을 강조한 나머지 이로 인하여 교회분열을 경험하였다. 무엇보다도 우리 한국 개신교와 장로교 모두는 이 코이노니아와 보편교회에 대한 차원에 있어서 매우 취약하므로 교파분열을 거듭해 왔고, 사회참여와 선교에 있어서 연합과 협력을 해 올 수 없었다. 우리 개혁교회는 겸허한 자세로 개혁신학과 개혁전통의 약점을 반성하여, 이 코이노니아와 보편교회 의식에 관해서는 동방 정통교회와 로마 가톨릭교회로부터 배워야 할 것이다.

우리 한국 개혁교회는 모든 세계개혁교회들에게 있어서처럼 '코이노니아'와 보편교회에 대한 의식에 있어서 매우 부족하며, '만인제사장직론'과 '다양성 속의 통일성'에 대한 의식에 있어서도 취약하고, 나아가서 성부와 성자와 더불어 예배의 대상이 되시는 성령과 은사에 대한 바른 사용이 매우 부족하다. 우리는 우리들 안에 계신, 그리고 우리들에게 오시는 성령만을 생각하고(18-19세기의 복음주의 전통) 성부와 성자와 더불어 예배와 영광(니케아-콘스탄티노플 신조, 381)을 받으셔야 할 성령을 도외시하고 있으며, 모든 은사들을 어떻게 교회공동체와 하나님의 나라를 위하여 사용해야 할 것인가를 충분히 이해하지 못하고 있다. 그리고 이미 지적한 바 세계 개혁신학 전통은 사회와 문화, 개별적 '성화'를 강조하며, 이런 의미에서 구약의 예언자 전통을 매우 선호한다고 하였다. '두 왕국' 사상은 교회의 세상에 대한 책임을 너무 소극적이게 한 나머지, 우리 한국의 개혁교회와 개혁신학 전통은 교회의 예언자적 책임에 있어서 아직도 상당히 부진한 편이다.

끝으로 지금까지의 개혁신학 논의에서 부족한 점들을 지적한다면, '복음' 내용에 창조세계의 회복에 관한 것이 제외되어 있고, 교회를 하나님 나라의 징표요 미리 맛봄이며 도구로 보는 것이 결여되어 있다는 사실이다. 이 점에서 '복음'의 종말론적 성격과 하나님 나라와의 긴장관계에 있는 교회에 대한 것도 결여되어 있다.

제6장
결론 : 일치와 갱신

■■■ 미 주 ■■■

1. Ruth Rouse, "Voluntary Movements and The Changing Ecumenical Climate" in *A History of the Ecumenical Movement*, vol. 1, ed. by Ruth Rouse and Stephen Charles Neill(Geneva : WCC, 1986), p. 300. 그리고 Henry Renauld Turner Brandreth, "Approaches of the Churches Towards Each Other in the Nineteenth Century" in Ibid., p. 265.
2. Ibid., pp. 264 이하.
3. Steven Best and Douglas Kellner, *Postmodern Theory : Critical Interrogations*(New York : The Guilford Press, 1991), p. 13.
4. Hans Küeng, *Theology for the Third Millennium : An Ecumenical View*, tr. by Peter Heinegg(New York : Doubleday, 1988, 독일어판은 1987), p. 4.
5. 참고 : Huston Smith, *Beyond The Post-modern Mind*(Wheaton, Illinois : Quest Books, 1989, 제2판), pp. 12-13 : 스미스는 키에르케고르, 칼 바르트 및 미국의 라인홀드 니버를 모더니즘적 객관주의에 호소하지 않는 계시진리를 말하는 포스트모던 신학자로 보고 있다.
6. David Bosch, *Transforming Mission : Paradigm Shifts in Theology of Mission*(Maryknoll, New York : Orbis Books, 1992, 제4판, 초판은 1991), pp. 350-351.
7. 이형기, 「21세기를 향한 새로운 신학적 패러다임의 모색」(서울 : 장로회신학대학, 1997), pp. 208 이하.
8. 이 주제에 관하여 우리는 본 서의 제1부 끝에서 "지구화와 포스트모더니즘"이란 제목으로 다룰 것이다.
9. 이형기, 「모더니즘과 포스트모더니즘, 그리고 기독교 신학」(서울 : 장로회신학대학출판부, 2003), pp. 359 이하. 참고 : Hans Frei, *The Eclipse of Biblical Narrative*(New Haven : Yale University Press, 1974) ; Hans Frei, *The Identity of Jesus Christ*(Eugene Or 97401 : Wipf and Stock Publishers, 1997) ; George A. Lindbeck, *The Nature of Doctrine* (Philadelphia : The Westminster Press, 1984).

10. Ibid.
11. *The Reformed Family Worldwide*, pp. 26-33.
12. *Confessions and Confessing in the Reformed Tradition Today*, WARC General Council Ottawa, 17-27 Aug. 1982(Studies from the WARC, 2), pp. 11-17 : 이에 관한 자세한 해설은 본인의 저서인 「21세기를 향한 새로운 신학적 패러다임의 모색」(장로회신학대학교출판부, 1997), pp. 404 이하를 참고하라.
13. Section Ⅱ : Mission and Unity : 22nd General Council of the WARC : August 15-27, 1989, Seoul, Korea(Geneva : WARC, 1989), pp. 38-55.
14. 성서주의란 중세기 로마 가톨릭 스콜라주의 신학과 17세기 개신교 정통주의 신학을 지배하던 성경관으로서, 이 두 전통 모두는 성경의 모든 명제적 진리들에 대한 인간의 지적인 수긍(intellectual assensus)을 강조하는 바, 이들은 살아 계신 예수 그리스도(복음)와 성령, 그리고 삼위일체 하나님과의 해후(encounter, Begegnung)보다도 성경의 모든 명제적 진리들을 하나님의 계시진리들(Offdenbarungwahrheiten)로 본다. 특히 이들은 성경의 각 명제를 철학과 합체시키고 있다. 결국 이들은 성경의 통일성을 놓치고 있다. 문자적 영감론을 매우 힘주어 주장하는 20세기 초 미국의 '근본주의'(Fundamentalism) 역시 이들과 입장을 같이한다.

개혁교회의 역사와 신학

초판인쇄 · 2004년 8월 20일 / 2004년 8월 30일 · 초판발행
편집인 · 총무 **최 기 준**
대한예수교장로회총회교육자원부
주소 · 110-470 / 서울특별시 종로구 연지동 135
전화 · (02)741-4356~7 / 팩스 · 741-3477
홈페이지 · www.edupck.net / E-mail · pcked@edupck.net

발행인 · **박 노 원**
발행소 **한국장로교출판사**
주소 · 110-470 / 서울특별시 종로구 연지동 135
한국교회100주년기념관(별관)
전화 · (02)741-4381~2 / 팩스 · 741-7886
홈페이지 · www.pckbook.com / E-mail · book@pckbook.com
영업국 · (031)944-4340 / 팩스 · 944-2623
등록 · No. 1-84(1951. 8. 3)
ISBN 89-398-3669-3 / Printed in Korea
89-398-3675-8 (세트)

값 20,000원

※ 이 출판물은 저작권법에 의해 보호를 받는 저작물이므로
무단전재와 무단복제를 할 수 없습니다.